謀殺天后與她的未解之謎

阿嘉莎·克莉絲蒂

露西·沃斯利——著 李佳純、薄文承——譯

L U C Y

W O R S L E Y

AGATHA CHRISTIE

an elusive

這本書以感激之情獻給Felicity Bryan的回憶。

「克莉絲蒂夫人是一個非常難以捉摸的人。我沒力氣理會她。」

——阿嘉莎・克莉絲蒂以特蕾莎・尼爾森的身份表示
《每日郵報》，一九二六年十二月十六日

・目次・

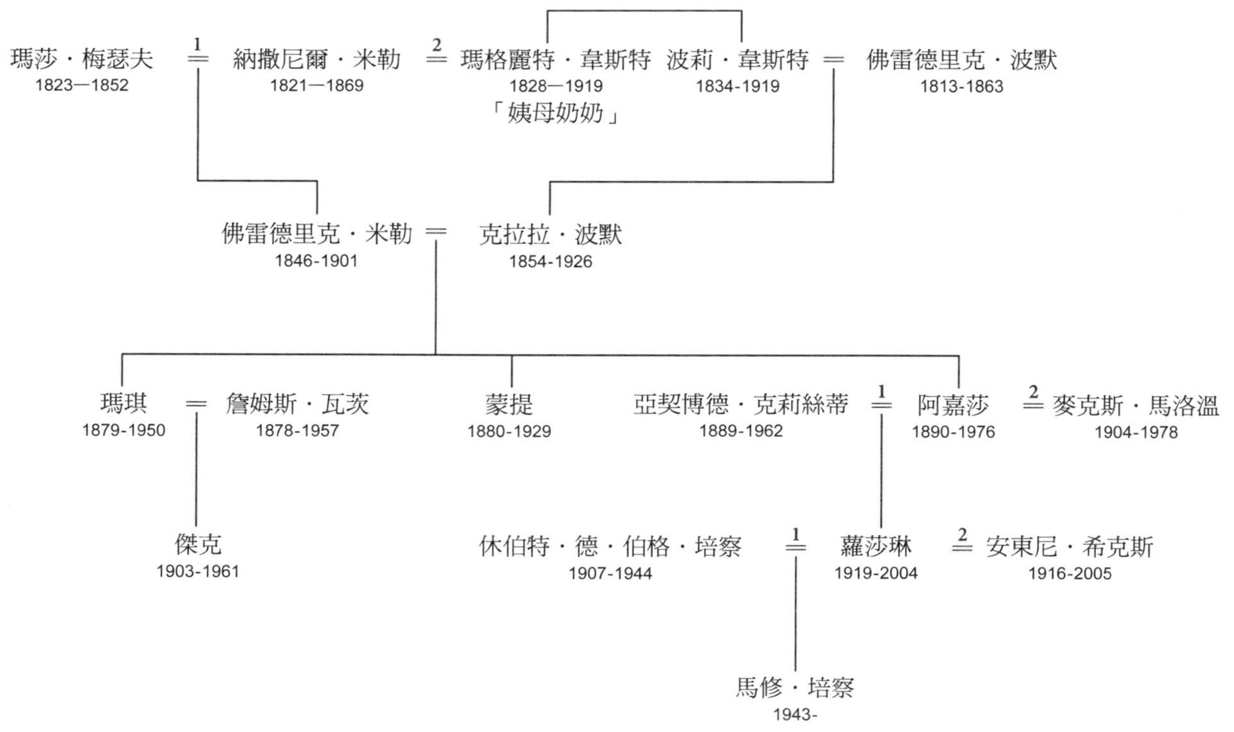
瑪莎・梅瑟夫
1823—1852
1
納撒尼爾・米勒
1821—1869
2
瑪格麗特・韋斯特
1828—1919
「姨母奶奶」
波莉・韋斯特
1834-1919
佛雷德里克・波默
1813-1863
佛雷德里克・米勒
1846-1901
克拉拉・波默
1854-1926
瑪琪
1879-1950
詹姆斯・瓦茨
1878-1957
蒙提
1880-1929
亞契博德・克莉絲蒂
1889-1962
1
阿嘉莎
1890-1976
2
麥克斯・馬洛溫
1904-1978
傑克
1903-1961
休伯特・德・伯格・培察
1907-1944
1
蘿莎琳
1919-2004
2
安東尼・希克斯
1916-2005
馬修・培察
1943-

序章：藏於顯而易見之處

阿嘉莎．克莉絲蒂靜靜地坐在火車上時，無意間聽到一個陌生人提及她的名字。在同個車廂裡，她說，有「兩個女人在討論我，她們的腿上都擺著我的平裝本小說。」這兩位女士並不知道這位同行中年女乘客的真實身份，繼續談論著這位享譽全球的作家。「我聽說，」其中一位女士說，「她喝酒喝得很兇。」[1]

我挺喜歡這個故事，因為它大致上概括了阿嘉莎．克莉絲蒂的一生。首先，這件趣事是她在一九七〇年慶祝自己八十大壽而發表的訪談中講述的。她過了一段如此漫長且跌宕起伏的人生！

生於維多利亞時代晚期的她含著金湯匙出生：她的家庭繼承了龐大的財產、帶有舞廳的豪宅，和許多傭人。這一切都將消失，徒留阿嘉莎一人自力更生。這八十年的人生也帶她經歷了兩次世界大戰、大英帝國的衰亡，以及近百年來劇烈的社會變革。她將這一切都詳盡地記錄在她的八十本著作中。這些作品不僅是令人不能自拔的娛樂，對歷史學家而言更是絕佳的考證資料來源。

再者，火車上的**兩位**女士都有阿嘉莎・克莉絲蒂作品的平裝書。她們當然會有了。阿嘉莎的作品可說是無處不在，尤其是在戰後時期，「克莉絲蒂聖誕禮」（Christie for Christmas）*成了一種年度儀式。克莉絲蒂是繼莎士比亞和《聖經》之後最暢銷的作家，這已經是老生常談了。然而，真正令我感興趣的是，她不僅享有這樣的地位，而且還是以**女性**的身份做到的。她也不只是一名小說家，更是歷史上作品被演出次數最多的女劇作家。她的成就非凡，人們多認為她是位優秀的長青作家，而不是將她視作創新的先驅作家，但她其實兩者皆是。

第三點是誤解。有太多對於阿嘉莎的錯誤看法了！讓我們先回到火車上的兩位女士身上：阿嘉莎並沒有喝酒「喝得很兇」，她其實根本滴酒不沾，她一點也不喜歡喝酒，她最愛的飲料是純奶油（neat cream）。但那兩位女士卻認為這位作家肯定是酒精成癮、受過傷害且鬱鬱寡歡。

在那節車廂裡還有阿嘉莎本人的存在，她雖然在場但卻沒有被注意到，她用自己的一生來進行藝術創作。一名小說家無意間聽到有人說她是個酒鬼，這段具體的情節出現在阿嘉莎的小說《弄假成真》（*Dead Man's Folly*）中，發生在小說中她本人的虛構化身——名偵探作家

* 譯註：源自當初出版社所發想的廣告詞，意思是聖誕節不知道要送什麼禮物，不妨就送阿嘉莎的小說。此外，出版社每年出版一本她的小說，並且刻意安排在十一、十二月出版，這更是強化了將阿嘉莎小說當作聖誕禮物的印象。

阿蕊登．奧利薇夫人——身上。

這個場景還包含了關於阿嘉莎．克莉絲蒂個人的一個重要事實。沒錯，她很容易被人忽略，幾乎所有過了中年的女人都是如此。但阿嘉莎卻刻意利用這個事實，讓自己顯得如此平凡無奇。這是她精心塑造出的公眾形象，用來掩蓋她真實的自我。

如果火車上的那兩位女士問她叫什麼名字，她也不會說「阿嘉莎．克莉絲蒂」，她會回答「馬洛溫爵士夫人」（Mrs Mallowan），那是她第二任丈夫的姓氏。他比她小十四歲，是一名考古學家。他們認識沒多久便決定共度終生。

如果問她是做什麼工作的，她會說自己沒有在工作。每有官方文件要填寫職業時，這位估計已賣出二十億冊書的女士總是寫「家庭主婦」。儘管她取得了非凡的巨大成就，她仍保持著局外人和旁觀者的視角，不讓這個世界定義自己是誰。

在本書中，我想探討為何阿嘉莎．克莉絲蒂終其一生都在假裝平凡，而她其實又在打破各種限制與束縛。她曾說「我是全世界最不適合當女主角的人」。[2] 這樣的想法在某種程度上是源自她那極度謙虛的個性，但也與她所處的世界有很大的關係，那個世界規定了女性能做什麼、又不能做什麼。本書是一本帶有歷史色彩的人物傳記，講述了一位女性的一生，而她的人生故事又與二十世紀的歷史背景緊密相連。

每當我告訴別人我在寫阿嘉莎．克莉絲蒂的傳記時，他們第一個問題往往就是關於她在一九二六年戲劇性「失蹤」的那十一天，讓全國上下都在尋找她的屍體。人們常說她躲起來是為了以謀殺罪陷害她的丈夫，但這是事實嗎？

人們常說阿嘉莎終其一生都對這起眾所周知的事件三緘其口，但事實並非如此。她其實有談論過此事件，我整理了她對此的大量陳述。若仔細觀察，我相信所謂的謎團大多會煙消雲散。

阿嘉莎打破了二十世紀對於女性的諸多規範。與她處於同時代和社會階層的女性總被認為應該要有纖細苗條的身材，無法自力更生，盲目寵愛眾多子女，並且永遠為了他人奉獻自我。

阿嘉莎唯一完全做到的只有最後一點。她確實將自己最好的一面——她的勤奮努力、她的創造力、她非比尋常的才華與天賦——都給了她的讀者，也難怪她的讀者至今仍愛著她。

如今，我們不必將女性奉為完人，這也意味著我們必須正視這個事實：在阿嘉莎・克莉絲蒂矛盾多變的內心中，有著相當黑暗的一面。這不只是因為她能憑空想出連孩童都能下手殺人的故事，也因為她作品中所帶有的那些種族和階級觀點，在現今是不為人所接受的。但這也不代表我們就應該要嗤之以鼻並視而不見，這點很重要，因為阿嘉莎・克莉絲蒂的作品已經代表了某種典型的英國人世界觀。她常在自己的小說中顯露她身處的社會階級與時代所抱持的那些偏見，而那些也都是二十世紀英國歷史的一部份。

儘管阿嘉莎的作品表面上看來是保守的，我還是認為她默默地以正面方式改變了她讀者對世界的看法。她的故事告訴人們，一個身材矮小、女性化，又有個滑稽姓名的「外國人」，能夠不靠蠻力，而是運用智慧戰勝邪惡。即便只是個緊張不安的老婦人，也能夠讓壞人受到應得的懲罰。膝下無子女的單身人士——赫丘勒．白羅和瑪波小姐都沒有結婚——不需要傳統家庭的滋養，也能夠成長茁壯。[3]

最後我想要澄清的是，克莉絲蒂最初的那些讀者群並不「懷舊」，和「傳統」也扯不上關係。在孩童時代，我常常在電視上看到她的小說被改編成溫馨且闔家觀賞的劇集，但其原著小說其實是二十世紀打破傳統舊習的產物。克莉絲蒂本人過著「現代的」生活：她會去夏威夷衝浪；她喜歡開快車；她對心理學這新興的科學頗感興趣。而每當她的小說出版時，那些作品也是令人驚嘆地「現代」。

在本書中，我們將會認識這位二十世紀最偉大的作家之一，她也是個不斷被貶低且一直受到誤解的人，她非凡的偉大成就儘管近在眼前，卻幾乎無人發現。

不過先讓我們回到故事的開頭，來認識一位有著一頭亞麻色頭髮的小女孩。

第一部

維多利亞時代的女孩——1890年代

第一章 我出生的那棟房子

阿嘉莎・米勒（Agatha Miller）在一個特殊的地方長大，她兒時的家在托基（Torquay）的一座小山丘上，那是位於德文郡（Devon）南方的海濱度假勝地。

被稱作梣田（Ashfield）的阿嘉莎故居是一棟維多利亞風格的大別墅，坐落於滿是奇特花草樹木的庭園之中。阿嘉莎很喜歡她記憶中庭園最初的那幾棵大樹：「巨大的山毛櫸、巨杉、松樹、榆樹」還有「猴謎樹旁青綠色的仙女環」，她曾在那玩呼拉圈。

那座庭園如今已不復存在，梣田也早已被拆除了。不過有一點未曾改變。若是走在現今那塊土地上的公寓大樓間，你仍可清晰看見遠處的海景，有時會有一大片積雨雲聚集在海灣對面的布里克瑟姆（Brixham）上空。

儘管日後歷經重重冒險，阿嘉莎的老家仍是她生命中最重要的地方。步入晚年時，她開始撰寫自己的人生故事，並出版了《克莉絲蒂自傳》（*An Autobiography*）。自傳中她人生故事的開頭與結尾都在梣田，寫的都是她自身在花園裡的形象：一個「嚴肅莊重，有著一頭淡亞麻色羅馬鬈髮的小女孩。」

所以，一八九〇年九月十五日米勒夫婦（Frederick and Clara Miller）的女兒阿嘉莎出生在自家宅邸裡，也就成為合情合理的地點。

助產士於星期一下午接生了嬰兒阿嘉莎，三十六歲的母親喜迎第三個孩子。克拉拉（本名是克拉麗莎〔Clarissa〕）已經育有一兒一女，兩人分別是十歲和十一歲。

阿嘉莎出生時，在場的還有她的姨婆瑪格麗特（Margaret），瑪格麗特不只是阿嘉莎母親的姨母，同時也是她父親的繼母，這也是為何米勒一家都稱她為「姨母奶奶」（Auntie-Grannie）。沒錯，這是個複雜的家庭，你必須全神貫注才能記清楚誰是誰，就好像偵探小說的故事情節一樣。在阿嘉莎小說中經常看到的複雜家庭，就是源於她的自家生活經驗。

米勒家族名聲顯赫，當地的報紙和《倫敦晨報》（*London Morning Post*）都報導了阿嘉莎的出生。[1]她的父親佛雷德里克．亞勒瓦．米勒（Frederick Alvah Miller）先前才捐錢協助重建山腳下能容納八百人的諸聖教堂（All Saints Church），阿嘉莎也是在那裡受洗的。在教區登記冊上，她父親的「職位或職業」是「紳士」（gentleman）。洗禮盆旁圍繞著有頭有臉的贊助人，有當地醫院的院長夫人、一位尊貴人士和一位未來的子爵。

或許因為這第三個孩子對克拉拉來說就像是個意想不到的禮物，幾乎過了兩個月後，她才僱了一名普通的保姆來幫忙她照看孩子。[2]她的小嬰兒是個美人胚子，阿嘉莎的眼珠有時被描述為灰色，有時是藍色，有時又是綠色的。[3]在照片中，她一動也不動地被裹在硬梆梆的白色棉褶邊中，頭上戴著一頂維多利亞時代晚期上流社會嬰兒會戴的那種童帽。

一個衣食無憂、奢華鋪張且自負不凡的維多利亞上流階層家庭，似乎能提供小阿嘉莎想要的一切。在一張照片中，還是個瘦小孩子的她坐在小型的貴婦躺椅軟墊上，在父親堅實可靠的膝間，從茂盛的梣田庭園裡的翠綠林葉中，昂然地看向鏡頭。[4]

阿嘉莎還有某個面向是維多利亞時期那種生硬嚴肅的攝影方式無法捕捉的，那就是生活的樂趣。她很懂得如何活在當下，並為自己能夠「讓一切變得美好」而感到自豪[5]。她與自己的外孫關係緊密，他說她有種特別的「幸福天賦」。[6]這個獨特的女孩一點也不拘謹古板，完全不像人們刻板印象中的維多利亞女孩。

隨著年齡增長，阿嘉莎學會享受日常生活的樂趣：鋼琴課、美食（尤其是蛋糕和鮮奶油），不過她很討厭熱牛奶的味道。她總是興高采烈。七歲時，她說自己最討厭「該睡覺但仍很清醒的那段時間」，說她「當下的精神狀態」是「興奮不已的」。[7]她「很不愛乾淨」，在家裡，她的個人物品、筆記和玩具總是走到哪丟到哪。[8]

而且她是被愛著的，這既是福也是禍。在梣田及其庭園構築的美好世界中，父母用愛呵護著她，日後的人生中，還能有誰像他們一樣愛她？

托基的其他女孩、鄰居和舞蹈班的同學都記得阿嘉莎輕盈的曼妙舞姿，這或許會令那些只能透過她晚年的莊重樣貌想像她過往容貌的人感到驚訝，當時她已經展露了對鮮奶油的熱愛。「我記得你，」一位當年的舞伴回憶道，「你穿著可愛的絲質褶裙開懷大笑……一頭飄逸金髮，就像是海中的仙女忒提斯（Thetis）。」[9]

然而，從阿嘉莎年復一年為愛拍照的父母所擺出的姿勢中，你大概很難感受到這種活力：少女時期的阿嘉莎穿著高筒靴，雍容地使用灑水壺；她在水手服外套上再套上羊腿袖*。隨著年紀增長，她將頭髮用鬈髮鉗給捲了起來，面容也開始給人一種莊嚴的神祕感。她面無表情地與她那隻叫作喬治・華盛頓（George Washington）的狗狗一同坐在樹枝堆中，感覺遺世而獨立。

她的自傳詳細描述了她在自家庭園裡玩的遊戲，我們可以從中看出，那些樹枝肯定代表著某個現今已然消失的想像世界。阿嘉莎相當享受獨處，喜歡一個人編織故事、創造假想

阿嘉莎與她的愛犬喬治・華盛頓，這名字讓人聯想到她的父親是美國人。在童年時期的花園裡，阿嘉莎和想像的朋友們在猴謎樹下玩耍。圖片來源：Christie Archive Trust

* 譯註：肩部和上臂處蓬鬆，且從手肘處到手腕處收緊的袖子。於十九至二十世紀初期特別流行。

的朋友。雖然和家人相處時很放鬆，但和陌生人在一起時，她還是會因為緊張而說不出話。「我始終都是個不善言辭的人，」她解釋道，「這也是我成為作家的原因之一。」前面提及的那本阿嘉莎自傳是最佳的參考資料來源，它告訴我們梣田和母親何以成為阿嘉莎一生中最重要的事物。初讀之下，這本自傳講述的是一段成長故事，而阿嘉莎所感受到的似乎是出乎意料且受之有愧的幸福與成功：「光是活著就已經是件很了不起的事了。」[10]有些讀者對於書中淺薄且樂觀的筆調感到失望：有叨叨絮絮的故事、古怪的人物，以及不斷改變的社會風俗，但卻缺乏對靈魂的深刻自省。

但那背後其實還藏有一條故事的暗線。就像是與阿嘉莎．克莉絲蒂相關的一切，自傳光鮮亮麗的表面之下，隱藏著難以言說的殘酷真相。她的人生也曾有過一段極不快樂的時光。

阿嘉莎認為梣田實際上是她母親的房子，克拉拉在阿嘉莎的父親佛雷德里克出國時，出人意料地買下了那棟房子。阿嘉莎在她的自傳開頭就講述了這段故事：

「你為什麼要這麼做呢？」父親問道。

「因為我就想這麼做，」母親如此解釋道。

阿嘉莎認為，她的母親覺得一個女人因為想要就隨意買下一棟房子，是很正常且幾乎必然會發生的事。

但是各位看呀：這故事才剛開始，我們就已經在風雲變化之中了。儘管克拉拉和阿嘉莎**相信**這段故事，但事實卻並非如此。實際上，克拉拉沒辦法合法買下梣田，她是個已婚婦女，法律會將已婚夫婦視作一個人，而那個人總是男性。克拉拉的確有些自己的錢，那是一筆繼承來的遺產，但這筆錢受信託基金所管，她必須說服其他人才能獲允動用那筆財產。而且，梣田並非真的要出售，它只是個租賃房產。[11] 然而，在講述這段故事時，阿嘉莎也並不是說謊。對她而言，她的夢想、記憶和說故事遠比冰冷的事實更重要。

但這個關於她母親隨興就買下一棟房子的故事，**確實**揭露了阿嘉莎人生中一個深沉的真相。她的母親是個控制慾很強的人，而且對於是非對錯有著某種直覺。

阿嘉莎一直觀察著她母親的衝動行為。她後來也像克拉拉一樣成為獨居長者、囤積者，以及強迫性買房者，她不斷為自己購置房產，曾一度擁有多達八間房屋。

阿嘉莎一直將擁有一棟房屋視作圓滿無缺的幸福。打從童年時期，她就會寫故事來娛樂自己和家人，她最早的故事是關於「殘忍的阿嘉莎夫人」以及「一個關於繼承城堡的陰謀」。在另一個她早期寫下的故事中，敘事者夢想有間房子：

> 一棟美輪美奐的房屋……我佇立著欣賞它的美……這念頭聽起來不怎麼樣，卻令我魂牽夢縈。那棟房屋是如此美妙，且無庸置疑就是幸福。[12]

在阿嘉莎晚年所寫的另一部傑作中，房子再度成為癡迷的焦點，是「對我而言最重要的東西」。[13]

然而，阿嘉莎在心愛的梣田和父母生活的時光，並不一直是她幼年看似的那種天堂般的生活。

第二章　家族中的瘋狂因子

阿嘉莎．克莉絲蒂的出版社將這位作家包裝成最典型的英國女士，在德文郡肥沃的紅土上成長，熱愛英式奶油茶點。但事實上，她的家庭喜歡到世界各地去旅遊。從一開始她就是以旁觀者的視角看待英國和英國人。

阿嘉莎的父親佛雷德里克出生於紐約市，雙親都是美國人；而她的母親克拉拉則是在都柏林出生。克拉拉的父親來自一個德裔家庭，而她的母親是英國人，曾以軍眷的身份到世界各地旅遊。

阿嘉莎的祖父納森尼爾．亞勒瓦．米勒（Nathaniel Alvah Miller）來自美國麻薩諸塞州，是個白手起家的商人，阿嘉莎家族的財富就從他開始累積。納森尼爾起初是挨家挨戶到處兜售餐具的銷售員，後來成為職員。他那一下叫作瑪莎（Martha），一下又叫作密涅瓦（Minerva）的妻子是屠夫的女兒。他們兩人住在下東區的寄宿住宅裡。但納森尼爾很有賺錢的天賦，他從地位卑微的職員晉升為克萊佛林梅隆（Claflin, Mellon & Company）批發公司的合夥人，阿嘉莎常常把這間公司的名字拼錯成「查夫林」（Chaflin），這是間充滿活力的企業，總部設於百老匯。

米勒夫婦的兒子佛雷德里克出生於一八四六年十月三十一日。佛雷德里克五歲時，母親就死於肺結核，此後納森尼爾就變得越來越像歐洲人。他將佛雷德里克送到瑞士接受教育，那是個相當有遠見的選擇。他也常常搭上船程八天的蒸汽船到曼徹斯特採購縫紉機，然後再運回美國銷售。一八六一年，克萊佛林梅隆公司在曼哈頓開了一間雇用七百名店員的新旗艦店。納森尼爾申請歸化成為大英帝國國民時，他所列出的贊助人朋友全都是商人和銀行家。[1]

納森尼爾在英國娶了第二任妻子瑪格麗特・韋斯特（Margaret West），也就是佛雷德里克的新繼母「姨母奶奶」，她帶著她的外甥女克拉拉一起加入了米勒家族。

佛雷德里克和克拉拉可說是青梅竹馬，而談到婚姻，佛雷德里克也懶得捨近求遠去討老婆。他的女兒形容他是個「和藹可親的人」，但不可否認的是他也相當懶惰。「照現今的標準來看，」阿嘉莎承認，她的父親「可能無法得到認可……如果你有被動收入，就不用工作，也不需要工作。我強烈懷疑，我父親根本就不怎麼擅長工作。」

佛雷德里克也沉迷購物，然而用他的話來說，他最喜歡的工作就是「無所事事」。這是他在一份紙本問卷調查中給的答案之一，他們一家偶爾喜歡填寫這類問卷。在回答「最愛的食物」這題時，佛雷德里克留下了最長最興奮的回答：「牛排、排骨、炸蘋果餡餅、桃子和蘋果；各種堅果；更多桃子；更多堅果和愛爾蘭燉肉；果醬布丁捲。」

佛雷德里克，這個和藹可親且懶惰的男人，三十一歲的他在一八七八年四月，於諾丁丘

（Notting Hill）的一間教堂輕鬆成婚。二十四歲的新娘克拉拉則不像他那麼懶惰，也不那麼和藹可親，她穿著奶油色的緞面禮服，腰間繫著鑲珍珠的緊身腰帶。[2]

雖然佛雷德里克和克拉拉夫婦倆主要在英國生活，但佛雷德里克仍經常回美國，他的名字還被列入了紐約社會名人錄（New York Social Register），是該名冊中少數白手起家的有錢人。儘管他的父親事業有成，但他的朋友很快地解釋道，佛雷德里克本人「從未經商」，而且他「受到所有紐約上流社會人士的歡迎」。[3]

然而，佛雷德里克和克拉拉決定在環境舒適且方便交際的英國海濱度假勝地托基租下一棟房子。佛雷德里克喜歡參加各種社團組織，他加入了遊艇俱樂部，還替托基板球俱樂部的比賽計分。（「我為自己能幫上忙感到自豪，」阿嘉莎回憶道，「而且也相當看重此事。」）[4]

在一八九〇年代，托基主要是作為避寒勝地而聞名。一八七九年一月九日，佛雷德里克和克拉拉的第一個孩子於他們在托基的租屋處出生。這孩子自然而然以姨母奶奶的名字取名為瑪格麗特（Margaret），但阿嘉莎的姐姐更常被稱呼為瑪琪（Madge）。

翌年六月，克拉拉的兒子路易斯・蒙塔特（Louis Montant），又名為蒙提（Monty），在一次訪美的途中出生。一家人決定在美國定居，並回到托基處理相關事宜。佛雷德里克獨自一人回到紐約時，一棟名為梣田的別墅引起了克拉拉的注意。那棟別墅有六間臥房以及連接托基下水道系統的管線，但真正吸引人的是那座庭園，園裡有「大型溫室、蘭花屋、蕨類園、豐盛的大型果園、上等的草坪和菜園」。[5]

於是克拉拉決定不去美國了，她是個不容易改變主意的女人。她的穿衣風格相當浮誇：她身穿「一襲飄逸的馬羅坎平紋縐長大衣，十分端莊優雅……她走進家門時總是昂首挺胸。」[6]她的品味高雅：她欣賞丁尼生、藍道西爾（Landseer）、孟德爾頌和「南丁格爾小姐」。但克拉拉也是凡人，她也承認自己非常喜歡「冰淇淋」和「美國的汽水」。[7]

儘管擁有強烈的情感，克拉拉·瑪格麗特·波默（Clara Margaret Boehmer）[*]真正渴望的是安穩。她的父親佛里德里希·波默（Friedrich Boehmer）是一位軍官，出生於馬丁尼克（Martinique）、父親是個德國人，她的母親波莉（Polly）則是英國人。這對夫妻共有五個孩子，四個男孩和克拉拉一個女孩，克拉拉出生於佛里德里希在都柏林服役的期間。[8]佛里德里希從軍旅生活退休後，舉家搬到澤西島（Jersey），他也在那兒逝世。根據阿嘉莎的說法，他是墜馬身亡。但根據教區登記冊上比較平淡無奇的記載，他是死於支氣管炎。

這讓波莉只能靠軍隊的退休金來撫養五個孩子，而且她的兒子們還得面臨失去中產階級地位的危機。於是她將年僅九歲的克拉拉送給姐姐瑪格麗特（「姨母奶奶」）撫養，瑪格麗特當時正要嫁給一名有錢的美國商人。克拉拉終生無法忘懷生母將她送養的事實，她一直都很需要他人關懷且黏人，很容易「把自己搞得很焦慮」。阿嘉莎形容她的母親「既害羞又極度缺乏自信」。

* 譯註：此為阿嘉莎·克莉絲蒂母親克拉拉的全名。

克拉拉因為自己身為米勒家族中的「窮親戚」而始終懷有不安全感，但新的研究更指出她的家族有罹患精神疾病的傾向。[9]克拉拉的哥哥佛雷德里克開槍自戕，大表妹艾米．波默（Amy Boehmer）投水自盡，二表妹也是如此。克拉拉的舅公在精神病院離世，她的姑婆也在一八五〇年住進精神病院一段時間。一八八〇年，差她一輩的一位表親在精神病院中因「狂躁症」離世，而這位表親的妹妹也在一八九一年被送進精神病院。她另一位差一輩的表親是個酒鬼，還曾因毆打妻子被判刑。

這些狀況是否有所關聯並不重要，但這類故事會讓維多利亞時期的家庭感到恐懼和丟臉。阿嘉莎母親家庭中的瘋狂因子（人們當時如此稱之）不斷在阿嘉莎的作品中反覆出現。在她早期以華美房屋為主題的故事中，女主角的母親就死在精神病院裡：

> 你也知道，他們家族有精神病的瘋狂因子。祖父開槍自盡，一個姐姐……跳窗自殺……艾蕾格拉（Allegra）的母親在這棟屋子住了好幾年，她不僅只是有點奇怪，你也知道，她非常、非常瘋癲！精神失常真是太可怕了。[10]

雖然大大小小的麻煩不斷，但克拉拉與佛雷德里克長久且幸福的婚姻中所留下的一切蛛絲馬跡，都沒有透露出一絲的不快樂。打從十歲起，她就從未考慮過其他男人。或許可以說，克拉拉對丈夫的仰慕與崇拜是維多利亞時期婚姻關係中既定的一部分。

克拉拉是阿嘉莎成為作家的第一個榜樣，她既會寫故事又會作詩。克拉拉親手所寫的詩非常個人，這些作品讓人們可以從維多利亞時代價值觀的角度，去理解她和佛雷德里克對於婚姻的看法。克拉拉認為自己在這段婚姻中的地位較低：

天上的神啊請聆聽
聆聽我低聲的祈禱
讓如此卑微的我也值得
分享他所有的愛與生命

佛雷德里克所寫的答詩則顯露，他將自己的妻子視作「家中的天使」，這正是維多利亞時期對於女性的典型想像，女性是嫻靜的、忠貞的、顧家的，也是一個家庭的道德準則。

而我的心全是真誠與溫柔
充滿了對我寶貝妻子的愛
她是擁有純潔心靈的天使
是比生命還要珍貴的存在
只有她能指引我

從黑暗走向光明[11]

他們之間堅定不移的感情，讓阿嘉莎在生命中的第一個十年裡深感被愛，尤其是克拉拉，她與阿嘉莎共享一套特殊的思考方式，那是「一種對常人不解之事的直覺理解」。[12]

然而，阿嘉莎未來終究要離開梣田，並且要面對二十世紀的現實。在這個時代，女性再也無法只是當個「擁有純潔心靈的天使」，她們得面對輕蔑與侮辱、工作的必要，以及金錢的匱乏。

第三章　屋裡的那東西

一八九二年的新年前夕，佛雷德里克．米勒在花園中散步時，發現溫室裡的熱水管摸起來是冷的。

他覺得奇怪。於是決定動身去找為他工作了三年，「刻苦勤奮」的園丁威廉．亨利．卡利考特（William Henry Callicott）。

但四處都找不著威廉。佛雷德里克持續搜尋，最後打開了廢棄馬廄的門。

失蹤的威廉就在那裡，已然身亡，屍體吊在一根繩子上。

梣田有電話，所以佛雷德里克立刻報警了。威廉以小女兒生病為理由，沒有和其他傭人一起參加梣田的聖誕派對，但事實上，這名園丁一直很擔心自己患有心臟病，而這份恐懼疑似就是他自殺的原因。[1]

熱水管變冷的線索和屍體被發現的狀況，聽起來就像是阿嘉莎．克莉絲蒂推理小說的開場。其實這起事件曾寫在她的一本非推理小說，也就是她的半自傳小說《未完成的肖像》（*Unfinished Portrait*）之中。在許多作品中，家被她描述為一個既美好又不祥的地方，這本書只是其中之一。

阿嘉莎在童年時期就被灌輸了維多利亞時代的價值觀：家是生活的重心。

她後來寫道，梣田這個封閉的世界給了她豐富而強烈的諸多感受。廚師珍・羅伊（Jane Rowe）在梣田是個重要角色，阿嘉莎很喜歡珍做的食物。梣田的食物永遠不會太過豐盛或是奢華，阿嘉莎自認是個「貪吃的女孩」，「她的最愛是**鮮奶油**，過去如此、現在如此，或許未來也永遠都是如此。」在克拉拉為女兒所寫的手寫食譜中，「加半品脫鮮奶油」的字樣反覆出現，從醬汁雞到「中式飯」的各式菜餚都看得到。[2]

一八九一年的人口普查讓我們得以知道阿嘉莎少女時期玩伴的名字，她們都是家裡的傭僕。在她七十年後所寫的自傳中，她將她們視為知己：除了珍・羅伊之外，還有客廳女僕珍・拉特克利夫（Jane Ratcliffe）、女傭夏洛特・佛勞德（Charlotte Froude），而最重要的是阿嘉莎的保姆蘇珊・路易斯（Susan Lewis）。阿嘉莎來自一個無法想像沒有傭人該如何生活的階級。有人曾聽見她對蘇珊說：「奶媽，等我長大了，我們在梣田的庭園裡蓋一棟小屋，然後你和我就一起**永遠**住在裡面。」[3]

除了提供豐富的食物和深厚的女性情誼外，梣田更是個令人目不暇給的地方。從照片中可以看出，梣田被各種物品塞得滿坑滿谷，其中許多東西最終會被搬到阿嘉莎後來的住處，也就是位於德文郡那棟名為綠徑屋（Greenway）的別墅。那裡一樓的臥室在一九九〇年代被改建成浴室。日用織品櫃裡堆滿了細心分類的索蘭德書狀盒*，盒中滿滿的文件是佛雷德里克老愛衝動購物的證據。

　　這些盒子塞滿了各種帳單，包含一對瑋緻活（Wedgewood）**的動章、「兩個東亞碗」和「八座直立的石雕人像」。佛雷德里克無法抗拒一家經營「藝術品、稀有瓷器、古銅器和各式古董生意」商店的吸引力。他為自己和克拉拉買了一枚紫水晶戒指、一個雨傘架、一對雕花玻璃酒瓶、五張有著刺繡圖案的上等齊本德爾式***紅木椅，以及十八對裝在盒子裡的銀質珍珠母甜點叉。[4] 佛雷

位於托基這棟名為梣田的別墅是阿嘉莎人生的重心，她在這裡出生、成長、接受兩次求婚，並生下了她的女兒。圖片來源：Christie Archive Trust

* 譯註：具有保存功能的書本狀容器，原先被用來收藏植物標本，之後也被用來收納書籍、版畫和文件等。是由瑞典植物學家丹尼爾·索蘭德（Daniel Solander）於十八世紀時發明。

** 譯註：英國一間知名的陶器生產商，由約書亞·威治伍德（Josiah Wedgewood）於一七五三年創立，並於一九八七年與沃特福德水晶公司（Waterford Crystal）合併成為瑋緻活公司（Waterford Wedgwood）。

*** 譯註：湯瑪斯·齊本德爾（Thomas Chippendale）是十八世紀英國的知名家具設計師，甚至被譽為英國家具工匠界的莎士比亞。他所設計的齊本德爾式家具風格是為當時設計界的主流。

德里克必須擴建房屋，好為這些東西騰出空間，他還增建了一個「能容納一百二十名舞者的」舞廳。[5] 並將油畫盡可能地掛滿牆上。

阿嘉莎仿效她父親裝飾房屋的興趣，但裝飾的規模小多了。她會用自己的零用錢來為她喜愛的玩具小屋購買新家具：

> 附有鏡子的梳妝台、擦得亮晶晶的圓形餐桌、醜陋的橘色錦緞餐廳套裝家具……我的玩具小屋很快就看起來更像是個家具倉庫。

直到她年老時，才意識到自己這個終生愛好的種子早早已被播下。「我從那時開始就一直在玩扮家家酒，」她寫道，

> 我看過無數間房子、買過房子、換過房子、布置過房子、裝飾過房子、調整過房子的格局結構。房子呀！上帝保佑房子！

阿嘉莎到姨母奶奶在伊令（Ealing）的家做客時，看見了更多她祖父母那一代黑暗且令人沉醉的室內裝潢。克萊文九號莊園（Nine Craven Gardens）位於一排整齊劃一的並排別墅之中，離伊令車站相當近而便捷。

姨母奶奶在阿嘉莎的童年時期是個核心人物，她有著堅定不移的觀點，對「櫻桃白蘭地」喜愛萬分。姨母奶奶自稱「能快速洞悉人們的性格」，有著一雙觀察力敏銳且善解人意的閃亮雙眼，而阿嘉莎將這一特質放到小說中的瑪波小姐身上。[6]

姨母奶奶對於人們（尤其是男人）「真正的」需求與渴望瞭若指掌。瑪波小姐小心翼翼地替人斟酒時，喃喃道出男士們「想要比茶更烈的東西」，[7]這個橋段中的形象就是阿嘉莎心裡的姨母奶奶。姨母奶奶還認為「每個女人都應該隨身帶著價值五十英鎊的五英鎊紙幣，以備不時之需。」一直到一九六八年，阿嘉莎還不忘在一本小說中讓一位阿姨說出這句話。[8]

這個莊嚴的維多利亞時代中期世界令年輕的阿嘉莎大開眼界，姨母奶奶家華麗的廁所和裡面「大得浮誇的紅木馬桶座……讓人感覺就像坐在王座上的女王。」在燈光昏暗的客廳裡，姨母奶奶日復一日過著久坐不動的生活，起身移動只為了打開儲藏櫃的鎖，從中拿出「法國李子、櫻桃、歐白芷、一包包葡萄乾和果乾、數磅奶油和幾袋糖」。隨著歲數增長，她的囤積症變得越來越嚴重。阿嘉莎也逐漸不再將年邁的瑪格麗特．米勒視為可愛且無所不能的人，而是一個可愛但脆弱不堪的人。即便是那華麗的儲藏櫃，也無法從即將到來的死亡手中將姨母奶奶拯救出來。

梣田和克萊文莊園的生活都仰賴家中傭人的勞動。重讀自己一九六〇年代所寫的早期小說時，阿嘉莎對「書中四處可見的傭人」感到驚訝。[9]她小時候認為這一切都是理所當然的，但隨著年齡增長，她開始仔細研究家政服務這行業。阿嘉莎認為，她們家的女人「讓傭

阿嘉莎強勢的姨母奶奶，她身上有瑪波小姐的影子，能夠看出他人的心思。圖片來源：Christie Archive Trust

人累得半死，但當他們生病的時候，會對他們倍加照顧。如果有個女傭意外懷上孩子，奶奶就會去找那個年輕人說：『你會負起責任好好對待哈莉特嗎？』」[10]她認為主僕雙方都從這一關係中獲益：有個「好」女主人，傭人的社會地位也得以提升。

不過這只是故事的其中一面。阿嘉莎對於其他人家中的傭人所經歷的屈辱並無所知，而這也是她身為作家經常被人「指責」的一點：她不把家庭傭工當成平等人看待。就像在《豔陽下的謀殺案》（*Evil under the Sun*）中，一間旅館的員工就全然因為階級而擺脫了嫌疑。但她也會利用人們的成見，如果讀者認為克莉絲蒂筆下的傭人「不可能犯罪」，他們可就大錯特錯了。作家阿嘉莎並不鄙視傭人，她對他們不斷改變的社會地位很感興趣，在她筆下，她有時也會花費篇幅去窺探傭人的生活。

雖然在伊令的生活不怎麼需要活動，但阿嘉莎在托基的童年則是充滿健康且大量的運動。她經常游泳，也對自己的泳技相當有自信，她會在碼頭溜輪鞋，還會租小馬來騎；托基有許多吸引年輕人的事物。從一八六〇年代開始，這座渡假小鎮就有一間帝國飯店（Imperial Hotel），這是倫敦之外的第一間五星級飯店，也曾出現在阿嘉莎的小說《危機四伏》（*Peril at End House*，一九三二年）和《藏書室的陌生人》（*The Body in the Library*，一九四二年）中。與此同時，大飯店（Grand Hotel）也於一八八〇年代建成，以接待前來大西部鐵路（Great Western Railway）車站附近的遊客。

然而，儘管阿嘉莎在這個歡快的小鎮中過著安逸的生活，她看待世界的方式卻出人意料地黑暗。

我們前面提過阿嘉莎早期作品《麗人之屋》（*The House of Beauty*，暫譯），其中有個日後貫穿阿嘉莎作品的主題已然萌芽：潛伏在房屋裡的邪惡。在怪異且緊張的氛圍中，敘事者以為自己遇見了夢想中的完美房屋，隨後才發覺邪惡其實就藏在屋裡。

在他所有做過的夢中，這棟房子從來沒有像今晚這般精緻而華美〔……〕有人來到窗前……

他驚醒了！仍然因為恐懼而顫抖著，他對「那東西」有種說不出的厭惡感……那東西來到窗前，惡狠狠地盯著他看……因為它實在太嚇人、太邪惡、太可憎，光是回想就讓他感到極不舒服。

我們在此看見這個主題：阿嘉莎相信，即便是在一個幸福美滿的家中，也可能存在邪惡的禍患。

這個主題將會一再出現，甚至在最後出版的瑪波小姐作品中，一個名叫昆妲的角色發現了一扇消失的門。「突然之間，」昆妲「感到一絲細微的不安。」這扇神祕的門讓她想起了兒時被壓抑的記憶，那段曾目睹一起兇殺案的記憶。昆妲突然發覺自己的家並不安全：「這棟房屋令她感到害怕。」[11]

一棟房屋、甚至是一個人，都有可能突然從親近友好變成邪惡可憎，阿嘉莎對此再熟悉不過了，因為這種事就曾發生在她童年時關於槍人（Gunman or Gun Man）的惡夢中。

槍人是個重要且可怕的虛構人物，在阿嘉莎的自傳和半自傳小說《未完成的肖像》中都有對他的描述。根據阿嘉莎親近友人的說法，在這本書中包含了「許多阿嘉莎從幼年初期到中年初期的私密回憶片段。」[12] 槍人會在平凡的日子突然憑空出現，有時身穿十八世紀的大衣，有時少了一隻手。有時甚至會附身在其他人的身上。

> 你抬起頭看著媽咪的臉——那當然是媽咪沒錯——然後你看見了那雙淡淡的鐵青色眼睛——從媽咪連身裙的袖子裡——哦，好可怕！——那可怕的殘肢。那不是媽咪——那是槍

人……[13]

對幼小的阿嘉莎來說，恐怖的來源還不止於此。她的姐姐瑪琪是個很有天分的演員。應阿嘉莎的要求，她有時會扮演另一個恐怖的人格「大姐」。「大姐」的長相和瑪琪一模一樣，她會用一種令人害怕的「油膩」嗓音說：「親愛的，你知道我是誰，對吧？我是你的姐姐瑪琪，你不會以為我是別人吧？」

在阿嘉莎的想像裡，媽媽和姐姐會變成怪異且可怕「槍人」和「大姐」，這些都是相當重要的童年幻想，它們說明了阿嘉莎偵探小說中一些特別現代的元素。舉例來說，在福爾摩斯（Sherlock Holmes）的小說世界中，犯罪者通常離受害者的社交圈很遠。然而，在阿嘉莎·克莉絲蒂筆下，殺人兇手往往都是某個深得信任的家庭成員。[14]

阿嘉莎確信瑪琪真的就是瑪琪本人，但她的心中仍然會懷疑：「那聲音——那狡詐的、斜視的雙眼……讓我感到無法言喻的恐懼。」在《麗人之屋》中，你可以看到她利用自己的恐懼精心設計出一樁謀殺事件。一位女性角色：

以某種奇怪的姿勢蜷縮在沙發上〔……〕她緩慢地抬起頭，她正在盯著他看……他停下動作，無法動彈。因為在她的眼裡，他看見了熟悉的眼神。

那是房屋裡**那東西**的眼神。[15]

但事實上，楞田裡真正不可告人的祕密、潛藏在米勒家族富足生活背後的「屋裡的那東西」，是他們家很快就要沒有錢了。

第四章 破產了

米勒家開始出現財務問題時，阿嘉莎年紀還太輕，不懂發生了什麼事。

接近一八九〇年代末時，她無意間聽到父母在討論他們家投資報酬率下降的問題。對阿嘉莎而言，這聽起來相當熟悉：這種事常發生在她讀過小說中的家庭。她信誓旦旦地向女家庭教師說米勒家破產了。懲罰來得相當快。「『阿嘉莎，我說真的，』」對她的輕率和誤解感到生氣的母親說道。「『我們家**沒有**破產。我們只是暫時手頭有點緊，必須省吃儉用。』

『**沒有**破產嗎？』我深感懊惱地問道。『沒有破產。』母親堅定地回答。」[1]

然而沒過多久，「破產」一詞就能名正言順地用來描述米勒家的境況了。

阿嘉莎的爺爺納森尼爾因克萊佛林梅隆公司，也就是後來的霍布克萊佛林公司（H.B. Claflin）而發家致富。他將部份財產投資在這間公司上，部份投資在房地產。然而隨著時間過去，佛雷德里克發現他的收入莫名地減少了。一九〇一年，米勒家家族基金的一位受託人試圖在旅館房間裡開槍自殺。對米勒家而言，這似乎是因財務管理不當而導致的愧疚所致。[2]

阿嘉莎以此為靈感，日後在《尼羅河謀殺案》（*Death on the Nile*）一書中，創造出盜用一名年輕女士財產的狡詐受託人角色安德魯・潘尼頓。

然而，佛雷德里克並非天性節儉之人。五年前，他大張旗鼓地將大女兒瑪琪送進上流社會的社交圈子，在鍍金時代的尾聲帶她到紐約亮相。在瑪琪十七歲生日那天，佛雷德里克陪著她走進第五大道華爾道夫酒店（Waldorf Hotel）的宴會廳，在六百名賓客的環伺下接受社會名流卡洛琳・阿斯特（Caroline Astor）的接見。[3]

在紐約待了四個月後，佛雷德里克和瑪琪就帶著十三箱行李搭船回家了。但佛雷德里克沒能把旅行的短暫和他日漸衰頹的命運聯繫在一起。他感到「困惑迷茫且消沉沮喪，」阿嘉莎寫道，「但他並不是個務實的人，他不知道該如何是好。」最終佛雷德里克被迫採取極端手段。他將梣田租出去，帶著家人轉徙於法國的各家旅館。在一年之間，他們從南部的波城（Pau）遷到巴黎，再到北部的迪納爾（Dinard），最後來到根西島（island of Guernsey）。在阿嘉莎的記憶裡，她是在六歲那年踏上這段顛沛流離的旅程，但實際上當時她已經九歲了。[4]

但即便身處這樣的窘境，佛雷德里克和克拉拉也沒能真正做到節儉。阿嘉莎描述收拾行李時的繁瑣：她母親帶著「素色皮製行李箱、一兩個格雷包（Gladstone bag）*或旅行包、兩個大型帽盒和儲物櫃、珠寶箱、旅行袋和梳妝盒。所有東西都不用塞，也不會被擠壓到，還帶了很多紙巾。」這一大堆行李箱最終導致行李超重，必須支付高額費用。「我說真

* 譯註：一種小型的手提包。由十九世紀的英國人J．G．比爾德（J. G. Beard）設計，名稱取自他所景仰的英國首相威廉．格萊斯頓（William Gladstone），又被稱作醫生包（Doctor's bag）。

的，」佛雷德里克說，「這些法國鐵路的收費標準實在太不公平了。」「而且我們根本就沒帶什麼東西，」克拉拉歎息道。[5]

一家人回到托基後，佛雷德里克因為錢不夠用而開始認真考慮找份工作，但他並不擅長任何事情。更糟的是，這股壓力讓他開始生病了。儘管阿嘉莎的父母試圖隱瞞，她還是察覺了父親的憂慮和煩惱正在影響他的健康。

瑪琪在紐約的初次亮相非常成功，開啟了她充滿活力的社交生活。但佛雷德里克掛念的另一個重擔是蒙提。作為父親的心頭肉，蒙提和他父親一樣悠哉懶散。他的最大愛好是「調情」，老在「說俚語和發脾氣。」[6]「我討厭任何形式的工作，」蒙提強調。[7]自從去了哈羅（Harrow）讀書後，他就從阿嘉莎的生活中消失了。但就連在這間不怎麼看重知識水準的學校，蒙提還是慘遭退學。他唯一稱得上有熱情的事情是在船上瞎混，所以他的父母替他在船廠找了份工作。波爾戰爭（Boer War）的爆發似乎為蒙提的人生指引了方向。他在一九〇〇年志願從軍。

隔年，佛雷德里克越發擔心自己的健康狀況。他似乎受到心臟病的折磨，九月之前就發作了二十八次。他的病歷紀錄上寫著「迅速且猛烈的發作」、「嚴重發作」和「極為嚴重的發作」。他開始認真減重，將體重從十四英石減到十三英石*。但是心臟病發作的頻率似乎

* 譯註：英石（stone）為英制重要單位，曾為大英國協國家普遍採用的度量衡單位，但公制化後，已不再用於正式量重。一英石約等同於六點三五公斤。所以此處大概是從八十九公斤減重至八十三公斤。

有增無減。

在倫敦看過一名專科醫師後，佛雷德里克放心了不少。「我親愛的克拉拉，」他在寄回家的信中說，醫生建議他「呼吸新鮮空氣、多喝蒸餾水，以及飯後喝牛奶……他非常肯定我的心臟並沒有擴張。」放下心中大石的佛雷德里克相當開心，迫不及待想見到妻子。「我感覺狀況好極了。」他寫道：

我幾乎不再喘不過氣，晚上也睡得很好。我不知道這是因為泰勒的處方藥單中有毛地黃，還是因為我幾乎都沒在走動……如果狀況一切順利，我打算在三十日（星期三）回家。

在那之前，他打算就和姨母奶奶一起在伊令待著。他向克拉拉坦承，「我現在也很希望能趕快回到你身邊，但母親實在是太親切好心了，我不忍心讓她失望。」[8]

然而，新鮮空氣和餐後牛奶並不足以阻止佛雷德里克的病情惡化。他在十一月回倫敦找工作時再次病倒。十一月二日，記錄他每日開銷（理髮費、雞尾酒、報紙和計程車錢）的日記就停在這一天了。身體不適又孤獨的他渴望盡快回到家人身邊。「很遺憾你的病還沒好，」他的小女兒在信中寫道，「珍讓我在廚房裡做蛋糕……我在茶裡加了德文郡奶油唷！……愛你的阿嘉莎敬上。」[9]

此時佛雷德里克已染上嚴重的肺炎，一想到女兒快樂的生活可能很快就會破滅，就讓他痛苦萬分。他對即將到來的事情已有預感。他寫了最後一封信給克拉拉，內容讀來令人不禁哽咽。「你的存在讓我的生活變得截然不同，」他如此告訴她。

再也沒有人能找到像你一樣的妻子。婚後的每一年，我都越發愛你。感謝你給予的感情、愛與支持。親愛的，願上帝保佑你，我們很快就會再次相聚了。

一九〇一年十一月二十六日，佛雷德里克過世了。阿嘉莎當時才十一歲。不只家庭破碎了，她樂天且可靠的父親也永遠離開了。

這沉重的打擊幾乎擊潰了克拉拉。她一直保存並珍藏著佛雷德里克葬禮的印刷卡片、來自伊令公墓（他埋葬之處）的玫瑰壓花，以及他「最後的信」。她把這些東西放在她多年前為他做的繡花小盒子裡，盒子上寫著一句已應驗的可怕引言：「克拉麗莎寫給佛雷德里克〔……〕愛和死一樣強大。」[10]

少了佛雷德里克的梣田生活充斥著悲傷憂鬱的氛圍。瑪琪終究結婚且離開家裡。軟弱的蒙提不但沒有出席父親的葬禮，甚至也未曾回覆告知父親死訊的電報。[11] 波爾戰爭結束後，他留在非洲當起了獵人，還因非法獵殺十五頭大象而遭到審判（後來洗脫罪名）。有人聽說他吹噓自己「觸犯許多國家的法律，藏存不少非法持有的象牙。」[12]

蒙提不在家的這段時間，他的母親和妹妹則面臨破產的危機。克拉拉每年還能從佛雷德里克的遺產中獲得三百英鎊，而阿嘉莎個人的所有財產只有她爺爺遺囑中留給她的「每年一百英鎊」。

考慮到一九〇一年英國的人均年收入僅有四十二英鎊，女傭的平均年收入是十六英鎊，克拉拉和阿嘉莎無疑已經相當富裕了。[13]但她們嚮往名門的生活，而現在的生活並不如其所願。她們也失去了上流社會中的地位，她們不再是一個家庭，只是由還留在梣田的傭人照顧的孤女寡婦。

年輕的阿嘉莎傾盡全力安慰母親，告訴她「父親現在平靜地長眠著，他是幸福的，你不會希望他回來，對吧？」

阿嘉莎知道她應該要這麼說。正如她所言，「大家都告訴孩子這麼做是正確的，他們也知道這是正確的，但不知為何他們總感覺這麼做有可能是個**錯誤**。」

而這顯然是錯誤的。克拉拉幾乎對著阿嘉莎咆哮：

她從床上跳起身，激動的手勢把我嚇得後退。「會，我希望他回來啊，」她低聲哭道，「我會，我當然希望。只要能讓他回來，我什麼事都願意做——任何事都行，任何事我都願意。」[14]

她的母親成了一個陌生人。就彷彿是槍人闖入了她所熟悉的克拉拉的臥室。

阿嘉莎害怕地縮了回去。母親那強烈爆發而出的情感嚇壞她了。

她開始害怕母親也會離她而去。「我常常在夜裡醒來，」她解釋道，「心臟跳得很快，確信我的母親死了。」於是她沿著走廊緩慢接近克拉拉的房間，在門外聽著房內的呼吸聲。阿嘉莎與陌生且情緒激動的克拉拉，兩人因為悲傷而變得更加緊密。

阿嘉莎人生的開頭如此美好，但卻遭逢可怕的轉折。這個孤獨寂寞且焦慮不安的女孩，該如何在失去財富與父親的情況下生存下去？又該如何重拾在梣田猴謎樹附近的仙女環中玩耍的那種安全感呢？

阿嘉莎與她的母親。克拉拉是個奇怪且熱情的女人，她對女兒的愛是「相當危險的強烈情感」。克拉拉的死讓阿嘉莎陷入了一段危險的憂鬱時期。圖片來源：Christie Archive Trust

第二部

愛德華時期初進社交圈的年輕女子——1900年代

第五章　等待那個男人

二十世紀最受歡迎的作家之一曾這樣描繪一九〇〇年代初，一名上層中產階級女孩的成長歷程：

我們被狹隘且諸多限制的社會風俗所包圍，在虛榮與勢利中成長茁壯，對於自身階級之外的人，我們不曾接觸，也一無所知。[1]

這段話描述的主角是芭芭拉・卡德蘭（Barbara Cartland），她和阿嘉莎一樣，年幼時就失去了財富和父親。米勒一家雖然失去了社會地位，但克拉拉仍希望她的小女兒能爬到上層階級，因此對阿嘉莎而言，這些「諸多限制的社會風俗」更加難以應對。她還是必須嫁進比自身社會階級稍高的家族。

阿嘉莎的母親相信，如果她沒能好好教育女兒，這類婚事更有可能成功。克拉拉認為「養育女孩最好的方式」，就是「提供她們充足良好的食物和新鮮空氣，但不要用任何方式迫使她們思考。」

阿嘉莎根本不該學習任何謀生技能，那是她未來丈夫該做的事。一九〇一年（即愛德華時期元年）的官方統計顯示，英國只有百分之三十一點六的女性在就業中，大多數從事家政服務業或紡織品製造業。[2]阿嘉莎如此描述她被灌輸的人生觀：簡單來說，「你等待**那個男人**，一旦他出現，他就會改變你的一生。」

想當然耳，這套人生觀並不適用於男孩。蒙提讀的是公立學校，但更耐人尋味的是，阿嘉莎的姐姐瑪琪也上過公立學校。

相較於愛幻想的阿嘉莎，瑪琪的性格更有活力，她曾就讀位於布萊頓（Brighton）的寄宿學校，後來又更名為羅丁女子學校（Roedean）。和切爾騰漢姆女子學院（Cheltenham Ladies' College）一樣，羅丁女子學校是女性教育的最前線，替她們未來進入格頓學院（Girton）和紐納姆學院（Newnham）這兩間劍橋大學新設的兩間女子學院做準備。在學校裡，瑪琪被塑造成二十世紀初中產階級女性主義圈中的新型女性，又被稱作「新女性」（New Woman）。

阿嘉莎相當欽佩才貌雙全的姐姐。瑪琪最顯著的人格特質是「性急」，座右銘則是「就去做吧」。[3]但她總是會為阿嘉莎騰出時間，「我希望你的行為舉止得體合宜」，她從寄宿學校的來信中寫道，「還有別忘了我。」[4]阿嘉莎認為，瑪琪是那種一旦下定決心就能達到目標的人。瑪琪剛開始寫小說時，作品就被刊登在《浮華世界》（*Vanity Fair*）雜誌上。

阿嘉莎漂亮且機智的姐姐瑪琪，具有「強烈的性吸引力」。她寫起小說和劇本來似乎毫不費力，還嫁給了阿布尼公館的繼承人。圖片來源：Christie Archive Trust

但當瑪琪從學校返家後，她的父母卻不太高興，因為她大談壞人比好人更有趣這樣的觀點。阿嘉莎注意到姐姐也開始散發出「強烈的性吸引力」，這挺令人擔憂。瑪琪畢業後，父母決定不讓她去格頓學院就讀，而是直接進入婚姻市場。瑪琪在那裡的表現一如預期般優秀。但是，如果得到適切的鼓勵，瑪格麗特・佛雷里・米勒（Margaret Frary Miller）*的人生無疑能夠達成更了不起的成就。

由於瑪琪接受新教育的結果不盡如意，克拉拉轉而對阿嘉莎採更傳統的教育方式，強調音樂、法語、談話技巧和「品格」。這種做法在當時並不罕見：在一八九〇年代，許多人認為，接受過多的教育會讓女孩的健康負擔過重。一八九五年一本關於兒童教育的書指出，如

* 譯註：瑪琪的全名。

果女孩過度用腦，她們的生殖能力將會受損。「所謂的新女性，」寫這本書的醫師總結道，「只可能出現在小說中，而不可能存在於現實裡。」[5]

由於克拉拉教育方針的改變，阿嘉莎終生都對「新女性」的價值觀表示厭惡和反感，她總是反對女性進入職場、女性經濟獨立，或是任何女性與男性平等的訴求。但她同時也對「新女性」的概念產生了源源不絕的興趣。阿嘉莎的作品中出現過無數個充滿活力且深具魅力的女主角，她們就如瑪琪一般神氣瀟灑。

阿嘉莎受的正規教育並不多，而這也讓她擁有大量的個人時間。為了自娛，她學會了閱讀。她回想道，「確實，很多時候我感到百無聊賴。」[6]於是她成為一隻書蟲，如飢似渴地吞下能得到的一切知識，並學會了那些大人沒有教她的事物。

從她日後的人生看來，真正對阿嘉莎有幫助的是財務教育。但米勒一家從來不談錢。佛雷德里克去世前，曾在餐桌上教阿嘉莎算術，而她也很有興趣。阿嘉莎日後想到，如果當初她有去正規學校上學，她肯定會很樂意認真學習數學，她一直覺得數學非常有趣。

瑪莉・蓋爾小姐（Miss Mary Guyer）在托基的私人「女子學校」是以聲名狼藉的格頓會堂（Girton Hall）命名的，阿嘉莎那時每週也都會去那裡上幾天課。但剩餘的時間，阿嘉莎都盡情徜徉於書海之中。「我是讀狄更斯的書長大的，」她說道，「我也很喜歡珍・奧斯汀，誰不喜歡呢？」[7]

缺乏正規教育讓阿嘉莎具有一種非傳統的嶄新思維。然而，日後她遇到受過教育的人

在後排左側的阿嘉莎幾乎達到了職業鋼琴家和歌唱家的專業水準。其他托基的女孩形容她看起來像是有著「一頭飄逸金髮的海中仙女」。圖片來源：Christie Archive Trust

時，她還是會產生自卑感。當她成長到已擺脫了父母對於「新女性」的擔憂時，她甚至會將未受教育所感到的怨恨與不滿，當作她小說中的殺人動機。「雖然我是個女孩，但我從小就很聰明！」她筆下的一名女兇手說道，「但他們不讓我做任何事……我只能成天待在家裡無所事事。」[8]最終，這份挫折感驅使她犯下殺人罪。

然而，即便阿嘉莎沒有受過數學和科學教育，但她在鋼琴演奏和歌唱上投入許多努力，她所受的教育其實比一般人所想的更加嚴格。就如同對待她深切在乎的所有事一樣，阿嘉莎全心全意地投入音樂訓練中，也因此達到了近乎職業的水準。

阿嘉莎十五歲時，克拉拉將她送到幾所法國的小型女子精修學校，音樂學習在那裡是首要之重。在家庭相簿中快成年的阿嘉莎衣領筆挺，繫著領巾並戴著一頂小小的斜扁帽，在旅館的陽台上微笑俯瞰冬季巴黎的林蔭大道。這麼做一部份的原因還是為了要省錢：阿嘉莎和克拉拉不在的時候，梣田就可以暫時關閉了。

然而，儘管阿嘉莎在音樂課上投入相當大的熱忱，她在巴黎的老師仍認為，她的表演才能尚不足以讓她成為真正的演奏家。雖然她頗具天賦，但音樂這條路結果還是一條死路。克拉拉也認為阿嘉莎不適合走上她為其安排的另一條路，也就是成為一名護士。

阿嘉莎嚴謹務實且對解決問題頗感興趣，她本可能在未來成為一名科學家。但她的母親當然會希望小女兒能夠跟隨大女兒的腳步，踏入一段成功的婚姻。

第六章　維多利亞時期最好的廁所

在米勒一家的照片中，少女阿嘉莎冷峻的眼神既挑釁又神祕。她個子高且體格健壯。她戴著大大的帽子並穿著束腰服裝，就像個典型的愛德華時期年輕少女，在遊艇上瞎混，也溜輪鞋和打網球。阿嘉莎描述流行款式衣著帶給身體的那種痛楚：「螺旋狀金屬絲撐起女裝襯衫衣領的痛苦……高跟的漆皮晚宴鞋……都讓人極為不適。」[1]

因為眼下米勒家的經濟狀況拮据，沒有錢搭馬車或出租車，阿嘉莎不得不穿著高跟鞋步行前去參加各種派對。但在拜訪瑪琪時，她還是能體驗到何謂奢華。瑪琪丈夫家美輪美奐的阿布尼公館（Abney Hall）位於奇德爾（Cheadle），上下都很歡迎阿嘉莎的來訪，她也在那裡學會鄉間的別墅生活方式，以及如何和有錢人打交道。

二十三歲的瑪琪在佛雷德里克過世後幾個月結婚，那是在一反常態的自我懷疑狀態下所做的決定。她的父親不太贊成女兒與詹姆斯．瓦茨（James Watts）的婚事，但佛雷德里克一過世，擔心瑪琪未來的克拉拉就「迫切地催促這門婚事」。阿嘉莎的法文家庭女教師也有她的看法，她認為詹姆斯能給瑪琪很大的幫助：「一個沉默寡言且穩重可靠的丈夫很適合她，而他也會欣賞她的與眾不同之處。」

於是二十三歲的瑪琪和二十四歲的詹姆斯就在眾人的鼓吹之下，踏入禮堂成婚了，當時十一歲的阿嘉莎相當享受這「第一次當伴娘的重要身份」。詹姆斯（也稱吉米）剛從牛津大學畢業，未來會進入家族的紡織公司做事。他是個聰明懂事的男人，阿嘉莎也一直挺喜歡他，他「最大的優點」就是「可靠」。[2]

結婚後，瑪琪和可靠的詹姆斯一同住進奇德爾的莊園小屋，等著繼承阿布尼公館豪宅。阿布尼公館是詹姆斯家族的祖父輩買下的。阿嘉莎一九〇二年開始來拜訪時，住在這裡的有瑪琪的岳父母、廚師、兩名侍女、幫忙廚事和縫紉的女工、四名女傭和一名保姆。庭院住著瓦茨家的園丁、莊園管家、農工和牧牛工，庭院小屋則住著裁縫師。[3]阿嘉莎一開始只在聖誕節和新年假期來訪。而在一九二六年瑪琪成為這座莊園的女主人後，她更隨時受到熱烈的歡迎。

阿嘉莎描寫阿布尼公館有「走廊、出人意料的台階、後樓梯、前樓梯、園中涼亭、壁龕，所有孩子都會想要的一切……唯一缺乏的是日光，阿布尼公館非常昏暗。」有個建築歷史學家形容這座大莊園是「窮盡奢華的普金式哥德（Puginesque Gothic）建築，也因此有種令人窒息的氛圍。」[4]裡面還掛了三百幅油畫作品和一隻絨毛獅子。[5]

阿嘉莎的年紀還太小，無法欣賞阿布尼公館那幽暗卻又閃閃發亮的室內裝潢風格，到了一九〇二年，這種風格的裝潢已經退流行了。阿布尼公館的室內設計師是奧古斯都・威爾

阿嘉莎經常造訪宏偉但幽暗的阿布尼公館，她將那形容為風格上「維多利亞時期最好的廁所」。一九二六年，她正是在此被媒體團團包圍。圖片來源：Christie Archive Trust

比・諾斯摩爾・普金（A.W. N. Pugin），倫敦的西敏宮（Palace of Westminster）也是出自他手，阿布尼公館是維多利亞全盛時期的瑰寶，閃耀著群青色、朱紅色和深紅色的耀眼光芒。但阿嘉莎卻把這種風格形容成「維多利亞時代最好的廁所」。

這座宮殿的主要推手，是吉米・瓦茨的祖父詹姆斯・瓦茨爵士。他從織布工起家，後來做起了布料生意，事業版圖大到足以購置一座威尼斯風格宮殿的倉庫，他還曾當過曼徹斯特的市長。

這座維多利亞式宮殿激發了阿嘉莎的想像力，從她的小說中也可看出這一點。在《葬禮變奏曲》（*After the Funeral*）中，艾伯納西一家（該家族的財富來自雞眼藥膏的生意）所住的恩德比莊園就重現了其富麗堂皇的外觀；在《殺手魔術》（*They Do It with Mirrors*）中，阿布尼公館又變成了石門莊園，那是一間收留問題兒童的機構；在《殺人一瞬間》（*4.50 from Paddington*）中，有條鐵道與鹿瑟福莊園的庭院相鄰，就像阿布尼公館的庭院周邊圍繞著通往曼徹斯特和史托港（Stockport）的鐵路。

影響阿嘉莎深遠的還有她那不受控的新親家，詹姆斯有五個弟妹，其中最小的妹妹南（Nan）特別魯莽且蠻不講理；她「胡亂發火耍脾氣」，還曾把家裡養的小豬塗成綠色。[6]南後來成為阿嘉莎一生的摯友。

瓦茨一家熱愛欣賞戲劇和演出，這點讓阿嘉莎特別喜歡；事實上，瑪琪的一位妹夫還認真經營過一間戲院。瓦茨一家反倒覺得沉默寡言的阿嘉莎有點古怪：他們叫她「愛作夢的孩子」或「幻想家」。但就和許多害羞內向的人一樣，阿嘉莎在舞台上就會像是變了一個人，她用即興演出的啞劇來娛樂親戚。「我最喜歡扮演男主角」，阿嘉莎告訴我們，為此她還向姐姐借了長筒襪。

在這段早期的生活中，阿布尼公館在阿嘉莎眼中是個討喜且有趣的地方。唯有觀察力格外敏銳的人才會質疑，如此優秀的瑪琪．瓦茨來當這大莊園的女主人，是否佔去了她的時間，也浪費了她的才能。

而阿嘉莎身邊的人都理所當然地認為，她應該要追隨她姐姐的腳步結婚成家。

第七章 傑奇瑞宮飯店

許多人印象中的阿嘉莎．克莉絲蒂是個年邁的「死亡公爵夫人」（Duchess of Death），她戴著貓眼鏡框眼鏡的樣子令人畏懼，但她年輕時是個不折不扣的萬人迷。

「我長得很好看，」她直白地對我們這麼表示，「當然，每當我說自己是個漂亮女孩時，我的家人都笑得人仰馬翻。」不過她說的確是事實。阿嘉莎在男人面前也總是相當自在。雖然她並不贊同「新女性」的價值觀，但有些觀念還是潛移默化地影響了她：她對性關係總是採取坦率且大方的態度。

隨著阿嘉莎成年，家裡的經濟狀況讓她沒辦法像瑪琪那樣有個精采的上流社交圈初亮相。克拉拉想到了一個能顧全面子的替代方案。她假裝因為自己的健康狀況，所以要去氣候溫暖的埃及旅行，但真正的原因是開羅有自己的僑民社交季節，不用花太多錢就能讓阿嘉莎打進上流社會圈。

但即便如此，這趟開羅行仍是一筆相當大的投資，因為在埃及待三個月的開銷不會低於五百英鎊，而阿嘉莎和克拉拉的年收入加起來也不過四百英鎊。克拉拉為了這趟旅行肯定是挖出老本了，由此也可見讓阿嘉莎遇到合適的好男人有多麼重要。

她們在一九〇八年的頭三個月啟程。[1]十七歲的阿嘉莎對這趟旅程感到興奮不已。她們在倫敦乘上ＳＳ赫里奧波里斯號（SS Heliopolis）*，歷時四天途經馬賽和那不勒斯，然後再乘坐內陸火車前往開羅。

對來自歐洲的移民而言，這裡的稅率低且勞動力便宜。法國於一八〇一年退出了埃及，而這個時局不穩定的國家現在正處於英國的統治之下。除了開羅的國際商業區外，開羅本身其實是個阿嘉莎一行人並未涉足的穆斯林城市。[2]

克拉拉和阿嘉莎下榻在尼羅河中一個小島上的傑奇瑞宮飯店（Gezireh Palace Hotel），它建造於一八六〇年代，建築採法式城堡風格，設有電報室、直達金字塔的電車服務，每天都有音樂表演。[3]

但阿嘉莎並不是來觀光的。在Ｅ．Ｍ．佛斯特（E. M. Forster）於同年出版的《窗外有藍天》（*A Room with a View*）中，女主角在遊歷佛羅倫斯時，並沒有見到任何她在薩里郡（Surrey）所見不到的人，而阿嘉莎在開羅也是如此。阿嘉莎和克拉拉拍的照片中出現一大堆英國的上尉和少校、一位將軍、一位準男爵，甚至還有一位孤獨的公爵。相簿中的埃及人

＊譯註：過去英國民用船隻的名稱前綴通常是以船的推進方式來決定，ＳＳ代表的就是螺旋蒸汽船，通常被簡稱作蒸汽船；其他也有如ＭＶ代表的機動船和ＰＳ代表的槳式蒸汽船。

只有一個魔術師和一個無名的導遊，人面獅身像成了唯一值得拍下的古蹟。阿嘉莎的鏡頭下更常出現野餐、馬球比賽和露臺上的下午茶。[4]

在那三個月裡，她每週有五天會去開羅各大飯店參加舞會，和駐紮在此的英軍年輕男子社交。她覺得自己「被一位過於嚴肅的年輕奧地利伯爵纏上了。」她比較喜歡上尉軍銜以下的英國軍官。

每晚進入舞廳，身材苗條高挑（五呎七吋高）[5]且有著一頭金髮的阿嘉莎總是十分吸睛。然而，她對自己的外表卻有青少年的焦慮。「豐滿的胸部正流行，」她寫道，「我還要等多久才能發育得那麼好呢？」

阿嘉莎在日後仍沉浸於她初亮相禮服的回憶中。她一直記得那件「最美麗的黃色絲緞禮服」，「它並未達到『獨樹一格』的最高境界，但也非常接近了。一碼碼的緞子配上長長的裙裾……這件洋裝陪伴了我五年，總是給予我自信（因為我是個內向害羞的女孩，非常欠缺自信）。」[6]在一九五六年出版的《弄假成真》中，她向一個曾擔任女傭的女子講述了相同的回憶。「女士們穿的都是合乎體統的衣服，」塔克太太感嘆道，「沒有花花俏俏的東西，也沒有尼龍或人造絲，都是真正上等的絲綢，像那種塔夫綢禮服，不用燙就很挺了。」[7]

阿嘉莎認真參加了五、六十場舞會。這些舞會都有嚴格的規定。「你不能和年輕男性一起去參加舞會，」阿嘉莎解釋說，「要麼你的母親得坐在那裡，要麼是其他百無聊賴的貴婦。」不過在得體地跳過舞之後，「你們就能在月光下漫步，或是到玻璃溫室裡晃晃，進展到浪漫迷人的促膝談心（têtes à têtes）*。」

經過這些夜晚舞會的訓練，阿嘉莎慢慢學會了如何與人搭話應酬。她回憶道，「我一直很不擅長這種事。」[8] 曾有位舞伴將她送回母親身邊，說道：「這是你的女兒。她會跳舞，說實話她跳得很好，但你最好試著教教她怎麼說話。」

三個月後，阿嘉莎離開了埃及，並收到了她人生第一次的求婚，不過她本人並不知道這件事。收到求婚的克拉拉完全沒有和女兒商量，就斷然拒絕了對方。阿嘉莎知道此事後非常生氣。但她在埃及留下了更有價值的東西，也就是她的第一本長篇小說《沙漠上的雪》（*Snow upon The Desert*）。

阿嘉莎之前寫的都是短篇小說，這次她想挑戰寫更長的作品。這本小說諷刺海外的英國人，對他們而言，開羅就像是切爾滕納姆（Cheltenham）。寫作讓阿嘉莎在社交活動外有個

十七歲害羞的阿嘉莎在埃及初入社交圈。
圖片來源：Christie Archive Trust

* 譯註：正確寫法應為 tête-à-tête，該詞源自法語，tête 的意思是頭，tête-à-tête 則是頭對頭的意思，指的是兩人（尤指朋友）之間非正式的私人談話。

愉快的喘息空間。「我養成了寫故事的習慣。」她解釋道，「應該說，」寫作「取代了刺繡椅墊或是在德勒斯登（Dresden）拍下的中國花鳥瓷器的照片。如果有人認為這樣的說法是在貶低寫作的地位，我絕對無法認同。」

這種只將寫作視作一種嗜好或技能的想法遠比你所想還的普遍許多。瑪琪將她寫的故事寄給《浮華世界》以換取零用錢。阿嘉莎擅長刺繡的奶奶波莉則靠著針線活來養家餬口。在這兩種情況中，被視作無害的消遣都能換得金錢。再也沒有比這更符合對於藝術家的浪漫想像了：一個待在閣樓裡挨餓、苦苦掙扎的人物，將自身天賦全部投入於孤獨的工作中。但另一方面，女性作家總是將自己的工作放在日常生活的邊緣位置。「如果我能說自己一直渴望成為作家，那該多麼有趣啊，」阿嘉莎日後坦白道，但是「我卻從來沒有這麼想過。」

阿嘉莎大方地承認她很幸運，在還不到二十歲的年紀，就有餘裕寫出一部完整的小說。與她幾乎同時代的詩人艾塞爾・卡尼（Ethel Carnie）的境遇可就大不相同。被稱作「磨坊少女詩人」的卡尼生於一個紡織工家庭，十三歲時就在磨坊裡全職工作；十八歲時，她在《布萊克本時報》（*Blackburn Times*）上發表了第一首詩作。「我認為我們發現了一位新詩人，」一名評論家寫道，「如果她有更多閒暇時間，而不是在工廠裡辛苦工作，那她會得到多大的成就呢？」[9] 一九一三年，艾塞爾又寫了一本小說《無名小姐》（*Miss Nobody*，暫譯），這本小說被視為英國第一部由勞工階級女性所寫的出版品。如果阿嘉莎同樣需要自食其力，她或許也會一直是個無名小姐。

在阿嘉莎的《沙漠上的雪》一書中，出現了稍微經過偽裝的傑奇瑞宮飯店，歐洲客人在此處所受到的待遇與《窗外有藍天》中焦慮不安的英國女性如出一轍。書中兩位角色在搭乘開羅的公車時碰到了困難：

「我希望他們說的不是髒話，」金恩小姐在安全坐上車後說道。

「我想那只是阿拉伯語，」梅蘭妮嚴肅地回應。

《沙漠上的雪》埋下了許多在阿嘉莎日後創作中可見到的種子：富有的角色聚集在歐洲人眼中具有「異國情調」的地方、輕描淡寫的描述與對白，以及「面容醜陋、眼睛不好看，但強大又極具性吸引力的」男性角色。這本書也預示了阿嘉莎挑選適當引句來當作書名的能力：這本書的引語出自維多利亞時期的奧瑪．開儼（Omar Khayyám）作品譯本*。

但現在，讀這本小說真正的樂趣在於想像年輕的阿嘉莎，將自身投射於作品中的女主角身上，她慵懶地躺在床上，期待著與今天陪伴她的男人共度一天。

---

* 譯註：出自奧瑪．開儼《魯拜集》（*Rubaiyat*）中的第十六首詩，該詩的英文版譯文如下：

“The Worldly Hope men set their Hearts upon
Turns Ashes –or it prospers; and anon,
Like Snow upon the Desert’s dusty Face,
Lighting a little hour or two–is gone.”

她似乎未曾感到如此快樂。她在期待的高潮中漂向大海，漂向萬里無雲的天空下那片風平浪靜的湛藍海面。她享受著上天賜予人們最棒的禮物，也就是滿懷期望的至高時刻。

> 梅蘭妮快樂地躺在蚊帳裡，凝視牆面上舞動的小影子。幾分鐘後，她會去拉起百葉窗，眺望尼羅河的對岸。[10]

這段文字是由我們還會再提及的一位作家所寫，她叫作瑪莉・魏斯麥坷特（Mary Westmacott），這是阿嘉莎不寫犯罪小說時所使用的筆名。當阿嘉莎透過這個筆名說話時，我們才得以深入了解這位小說家，她的作品遠比多數讀者所想的更加具有自傳色彩。

回到托基後，阿嘉莎完成了她的小說，朝作家之路踏出了下一步。她還尋求了專業人士的幫助。

克拉拉建議阿嘉莎去請教她們的鄰居——作家伊登・菲爾波茨（Eden Phillpotts）。菲爾波茨聽起來是個樂觀快樂的男人，他是阿諾德・貝內特（Arnold Bennett）*的友人。雖然世人現在幾乎已經遺忘了他，但他在那個年代是個頗受歡迎的暢銷作家。他特別因為對年輕學子所展現的慷慨大方，而被歷史銘記。

---

* 譯註：英國作家，其代表作為《老婦譚》（*The Old Wives' Tale*，暫譯），該作曾入選二十世紀百大英文小說。

菲爾波茨從眼前的作品中看出了阿嘉莎的潛力。「你寫的一些東西很好，」他告訴她。「你很懂得如何寫對白。」

受到鼓勵的阿嘉莎將《沙漠上的雪》寄給幾間出版社，但最終都被退回了。她小說的問題並不在於人物塑造或是對白，而是女主角失去聽力這段荒唐可笑的情節。

伊登．菲爾波茨竭盡全力，將阿嘉莎引介給自己的文學經紀人：「讓我們來看看能否出版你的小說，我明白只要印小小的一批書，就是莫大的鼓舞了。」然而，她再次被拒絕了，但她絲毫沒有氣餒，又寄了另一部小說給菲爾波茨。雖然他很喜歡這篇小說，但他敏銳地察覺到阿嘉莎缺乏認真看待寫作一事的動力。

「你工作上的一切都一帆風順，」他寫道，「如果你的生活脫軌了，那就有了藝術存在的空間；你可以迎難而上並替自己掙得一席之地；就去拚一把吧，你具有足夠的天賦……但很多人為了生活而失去了藝術。」[11]

他似乎是對的。因為阿嘉莎從埃及回來後，開始出現了向她求婚的眾多追求者。

第八章 遇見亞契博德

當婦女參政運動人士在埋設炸彈，巴爾幹半島陷入一片火海的時候，克拉拉還在忙著送阿嘉莎去參加英國各地的派對舞會，希望她能遇見真命天子。隨著阿嘉莎越來越有自信，她也越發擅長讓自己看起來比實際上更有錢。她曾戴著一頂時髦的天鵝絨無邊帽下火車，讓站長以為她肯定帶著隨行的貼身女僕。不過，她當然沒那麼富有。

當時認識阿嘉莎的人如此描述她那略顯含蓄矜持的魅力：「亭亭玉立且冰肌玉骨的她，總給人安靜靦腆的感覺。」[1]但她有著驚人的吸引力。她的自傳提及或暗示曾有不下九個男人向她求婚，而其中兩人其實已有婚約。在談論她的追求者時，阿嘉莎相當開心，她毫不加油添醋地描述一次拒絕追求者的經驗。「我們彼此才認識十天，」她對那位男士說道，「像這樣向女孩求婚實在很傻。」

克拉拉緊盯著事態的一切變化。她仍深信自己那套婚姻模式，也就是男性和女性本來就有不同的行為模式。她認為某位阿嘉莎的追求者相當適合她，儘管那人比阿嘉莎大十五歲且處處留情。「我母親對此並不介意，」阿嘉莎解釋道，因為「男人在婚前拈花惹草是被世人所許可的。」甚至在婚後這麼做也可以。阿嘉莎將她母親那代人的觀念放在《本末倒置》（*Towards Zero*，一九四四年）中令人敬畏的崔瑟連夫人身上：「男人理所當然會有他們的風流韻事，但割斷婚姻關係是絕對不被允許的。」然而，阿嘉莎與當時的年輕女子期待的是不同的婚姻，她們希望雙方更像是合作夥伴，重要的不是上下階級，而是**開心快樂**。

二十二歲時，阿嘉莎收到了九次求婚。圖片來源：Christie Archive Trust

阿嘉莎未出版的一些早期作品展現了她對婚姻更深一層的省思。除了小說之外，她還寫了一些探討婚姻的劇本。舉例來說，她在《優金妮雅與優生學》（*Eugenia and Eugenics*，暫譯）一書中積極地打破婚姻的舊有規範：女主角認為男性和女性應該要有平等的離婚權利。而女主角的女傭則抱持傳統務實的看法：「夫人，在我看來，真正的紳士既稀少又難尋，還對他們要求那麼多就太可惜了。」[2]

阿嘉莎的未來丈夫人選來自中上層階級，但她反而看不起貴族。她認為擁有爵位的人不切實際且不聰明：她曾讓筆下的角色描述一位個性無畏且誠實的貴族，說他「非常愚蠢」。[3]同是女性推理小說家的桃樂西・榭爾絲（Dorothy L. Sayers）和瑪格莉・艾林翰（Margery Allingham）挺喜歡上層階級的有錢人。但阿嘉莎和她們不同，她小說中的貴族常常扮演反派角色。舉例來說，她筆下陰險的埃奇瓦男爵有著古怪而神祕的長相，還有一個「軟弱但頑固的」公爵長得像「年輕瘦弱的男裝店店員」。[4]

對阿嘉莎而言，中上層階級完全沒有任何問題。在《東方快車謀殺案》（*Murder on the Orient Express*）中，阿布思諾上校說明了阿嘉莎的社交圈：

「關於德本漢小姐，」他相當尷尬地說，「你可以相信我，她沒問題，她是個真正的好人（pukka sahib）*。」

他稍微臉紅便沉默了。

「什麼？」康士坦丁醫生饒有興味地問道，「真正的好人是什麼意思？」

「意思是，」白羅說道，「德本漢小姐的父親和兄弟們都和阿布思諾上校讀同一所學校。」[5]

* 譯註：為印地語（Hindi）的俚語，意思是好人、正人君子。

一九一二年，阿嘉莎不怎麼認真的第九位追求者出現了，她和這位名叫雷吉・露西（Reggie Lucy）的軍官訂下了婚約。但最終，阿嘉莎卻再度走回了舞廳，並在那裡遇到了第十個男人，他似乎更能許諾一段平等的婚姻、共同的價值觀和刺激的冒險。

亞契博德・克莉絲蒂（Archibald Christie）當時二十三歲，兩人相遇的舞會於一九一二年十月十二日在德文郡的烏格布魯克豪宅（Ugbrooke House）舉辦。阿嘉莎那時正值迷人的二十二歲芳齡。有個朋友告訴她，這位克莉絲蒂很會跳舞，於是兩人就這麼認識了。

從外表上看，他就是她的翻版：「一個身材高大、皮膚白皙的年輕男子」。我在克莉絲蒂的檔案中看到他的照片時，才赫然發現我在其他文獻資料中未曾發現的一個重要事實：亞契博德・克莉絲蒂性感得令人難以置信。

更刺激的是，他還是一名飛行員。四個月前他才獲得駕駛資格，能駕駛由布里斯托公司出產的一款看似易損的雙翼飛機。一年前阿嘉莎曾親自駕駛過一台飛機，她愛極了。經過她母親大膽的許可，她花了五英鎊去參加了一次飛行秀，換來了五分鐘的狂喜快感。

亞契也懂那種感覺。阿嘉莎立刻被

這張照片在在說明了阿嘉莎為何會愛上這位迷人的亞契博德・克莉絲蒂，他在一九一二年獲得飛行員的資格。圖片來源：Christie Archive Trust

他那「俐落的捲髮、相當有意思的上翹鼻子，以及放鬆且自信的樣子」給吸引了。他還騎摩托車。

害羞且理智的阿嘉莎完全被迷得神魂顛倒。而亞契的魅力還不僅在他帥氣的外貌和幹練的能力。他還證明了自己是個難以捉摸且極具吸引力的謎樣男子。

亞契的長官形容他是「受歡迎的穩重類型，在小規模的精銳部隊中會是個佼佼者」。[6] 他於一八八九年九月三十日在白沙瓦（Peshawar）出生，這座城市當時屬於印度的孟加拉邦，現在則是歸巴基斯坦所管。亞契的父親老亞契博德・克莉絲蒂曾是印度的公務員，但也有些資料指出他是個訴訟律師或法官。亞契的母親艾倫・露絲・科茨（Ellen Ruth Coates）又被稱作「姵格」（Peg），出生於愛爾蘭的高威（Galway），有十一個手足。姵格去印度可能是為了提升自己的社會地位，希望找到一個好男人結婚。

然而亞契七歲時，悲劇發生了。他們一家返回英國，而老亞契博德・克莉絲蒂被送進了精神病院。布魯克伍德精神病院記載的資料顯示，他「發瘋」的原因是「酒精」。四年後，亞契的父親在另一間機構霍洛威療養院（Holloway Sanitorium）中，因「麻痺性痴呆」（General Paralysis of the Insane）過世。[7]

在家族的記述中，這段病史被改寫成他從馬背上摔落而「影響到他的大腦」。當時他們還不知道，造成老克莉絲蒂精神失常的原因並不是酒精，而是未經治療的梅毒。而因為梅毒對男性的影響往往比女性更大，且女性病患通常都是性工作者。於是「麻痺性痴呆」開始被視為墮落和酗酒所引發的疾病。這肯定讓姵格備感羞恥。除此之外，亞契的弟弟後來也飽受精神疾病折磨。

家族裡深藏著這樣的祕密，也難怪亞契會給人沉默寡言的印象。然而，在來自托基的上流社會年輕女子眼中，寡言的特質非常有吸引力。他和阿嘉莎遇到的那些舞廳常客不同，他更加堅強且務實。他來自較低的社會階層：他的家人在工作，而她家沒有。他們是「截然不同的兩人……這正是『不同世界的人』所帶來的刺激。

亞契的父親去世後，姵格便成了帶著兩個孩子的寡婦，生活在這個只待了四年的國家。毫不令人意外地，她很快就再婚了。她的第二任丈夫名為威廉・赫爾姆斯利（William Helmsley），在布里斯托的克里夫頓公學（Clifton College）任教。阿嘉莎初次見到亞契的母親時，就對她起了疑心，並形容她「具有愛爾蘭風格的極致魅力」。知悉了姵格人生的一波三折，就能理解她對於自身魅力的依賴。亞契在他繼父工作的地方接受教育，雖然同是公立學校，但克里夫頓公學不是伊頓公學那樣的貴族學校，學校把目標放在將中產階級男孩培養成為科學家或是能協助大英帝國擴張的人才。亞契後來進入位於伍利奇（Woolwich）的皇家軍事學院（Royal Military Academy），隨後在皇家野戰砲兵團服役三年。一九一二年七月，他花了七十五英鎊學習開飛機，並在一個月後成為合格的飛機駕駛員。[8]亞契期盼能加入剛成立的皇家飛行隊。

於是，駐紮在艾希特（Exeter）附近的亞契參加了那場舞會，並遇見了阿嘉莎。在他親手寫的人生紀要中，這是他的第一次社交活動，其他都與軍隊或是訓練有關。

雖然我們知道阿嘉莎對亞契的第一印象，但他簡短的人生回憶錄卻對她隻字未提。也沒有提到他騎著摩托車去梣田找阿嘉莎的事。這讓克拉拉覺得很樂。事態的發展相當明顯：這位新來的年輕男子深深墜入了愛河，他看起來就像「一隻生病的綿羊」。一九一二年十二月三十一日，阿嘉莎再次邀請他參加南德文郡狩獵隊的舞會，[9]而他也完全沒有提及此事。但亞契的日記在一九一三年一月四日開始熱鬧起來，他只寫重大的事。上面寫著他「去了位於托基的梣田，並在亭閣裡聽了一場音樂會」。[10]

那正是在托基亭劇院（Torquay Pavilion Theatre）舉辦的「華格納大型音樂會」，這間海濱劇院是一棟奇特的多圓頂建築。主角則是來自柯芬園（Covent Garden）的「著名首席女高音」布蘭奇．瑪凱希女士（Madame Blanche Marchesi）以及市立交響樂團。[11]在黑暗中坐在亞契身旁，阿嘉莎將深沉的情感寄託於華格納的樂曲中，這將成為終身的聯繫，在她的內心深處，她「已然知曉」接下來會發生的事。

在音樂會結束後，回到梣田的亞契再也無法克制自己的情感了。他

不顧一切地對我傾訴。他說他兩天後就要離開了，他要去索爾茲伯里平原（Salisbury Plain），進行皇家飛行隊訓練。然後他激動地說：「你一定要嫁給我，你一定要嫁給我！」

但有個嚴重的問題是，阿嘉莎已經和別人訂婚了。

她立刻寫信給雷吉，為人善良且品行端正的雷吉是個各方面都很理想的對象，他的姐妹還是阿嘉莎的好友，和他結婚會是明智的選擇。他還是個知名人士，阿嘉莎甚至可以勝過瑪琪，成為他家族宅邸的女主人，管理位於華威郡（Warwickshire）那極其宏偉的查萊克特莊園（Charlecote House）。

不過阿嘉莎卻不假思索地放棄了。

米勒家和克莉絲蒂家都不看好阿嘉莎的新婚事。亞契的母親姵格認為他太年輕了，克拉拉也相當不安。「當然，」她說，「我不認為有哪個男人配得上阿嘉莎。」但亞契不在乎這些反對，他想得到阿嘉莎的心意堅決如鐵且動人心魄。她解釋說，他的心思「總是全然集中在自己想要的事物」。令阿嘉莎興奮得無法自已的是，亞契現在想要的就是她。在一九一三年四月，他也如願成為一名英國皇家空軍中尉。[12]

然而，亞契和阿嘉莎是截然不同的兩人，對彼此也所知甚少。在正式結婚之前，他們會歷經許多波折，其中之一就是越來越嚴峻的財務危機。一九一四年六月，紐約的克萊佛林公司終究宣布破產了，這讓米勒一家的經濟狀況變得比以往都還要糟。亞契是有一點收入，阿嘉莎的收入又比他多一大截，但克拉拉現在的收入相當不穩定。他們該如何賺錢呢？

然後，在八月的時候，一件和家族企業破產一樣難以想像的事情發生了。沒錯，就是戰爭。

第三部

戰時護士——1914年到1918年

第九章　托基市政廳

在一九一四年夏天，阿嘉莎以為她知道自己的未來將是如何。她終究好好地談了一場戀愛。她將跟隨姐姐的腳步，踏入婚姻並成為人母。

她當時並不知道，即將到來的戰爭將會打破她的人生規劃，且讓她成為一名作家。

她在托基的朋友對於歐洲發生的事情一無所知。「到處都是傳聞，」她解釋說，「然後**戰爭**突然就在某天早晨**爆發了**。」

影響來得很快。亞契那個夏天都在威爾特郡（Wiltshire）內瑟拉文（Netheravon）的皇家飛行隊營地，那是位於索爾茲伯里平原靠近巨石陣的廣袤荒地中的「風蝕山丘上的破舊簷板小屋群」。[1]他在那裡寫了許多飽含愛意的信給阿嘉莎：「一切似乎都不對勁。我現在唯一的心願是能永遠和你在一起……其他什麼都不重要了。」[2]

或許他應該放更多心思在他的訓練上。戰爭的到來意味著皇家飛行隊不再只是男孩的遊戲。但至少從亞契的信看來，成為一名飛行員是件樂事。他安慰阿嘉莎說，他已經買了一把左輪手槍，「只為了讓你開心……如果我看到德國大個子，我會開槍打他（不過我不太可能碰見他們）。」[3]他在一千英尺的危險高度進行飛機空中雜技表演。有個軍中同胞遇難時，他挺過了難關：「柯迪雙翼飛機（Cody biplane）很不穩固」。「這些意外事件確實令人害怕，」他承認，「而親眼看見更是如此，但我很快就會重拾信心的。」[4]

亞契沒有告訴阿嘉莎他在飛行日誌記下的內容：「引擎無法正常發動」、「著陸不順」和「護目鏡卡住」等意外狀況頻頻發生。[5]然而，那一整代所謂的軍官階級都保守著這樣的祕密。基本上，亞契恪守著堅毅不拔的信念：「寶貝，你會很勇敢的，對吧？待在家裡什麼都不能做很辛苦吧，我也擔心你會有金錢上的困難。但只要我們咬緊牙關撐下去，一切一定會好起來的。」[6]

然而，他偶爾也會在深夜時考慮解除他們的婚約。「我上週情緒低迷，」他坦承說，「是因為我覺得如果分手，對你來說會是最好……我只是以笨拙的方式去做我認為對你最好的事，也一直想著我的未來會如何。」[7]

英俊瀟灑的飛行員，光聽起來就迷人極了，而亞契．克莉絲蒂通常就是被如此形容的。不過以前人們並不知道，他其實不是什麼王牌飛行員。亞契說他自己「始終熱愛駕駛飛機」，[8]但當德軍入侵波蘭時，他已經不再是飛行員了。他的鼻竇問題干擾了他的飛行，而當時飛機的數量也不夠，此外他的服役紀錄顯示，他並不是個很有天賦的飛行員：他可以「駕駛安全的飛機」，但沒辦法駕駛危險或是難度高的飛機。[9]

於是亞契被賦予了其他職責，先後擔任第三中隊的運輸官和器材官，負責訂購軍備品。[10]

這就是他即將在法國負責的職位。就算他感到失望沮喪，他也沒有說出口。

亞契短暫的飛行員生涯掩蓋了他戰時服役的真實情況，這其實並不足為奇。第一次世界大戰中的飛行員，那些「空中騎士」，吸引了大眾的注意，讓我們忽略了背後的犧牲。英勇的飛行員似乎代表了一場戰爭中的個體，而戰爭真正的特點其實是大規模的死亡。[11]

亞契在打字機和電話旁待命，等待著戰爭到來。「這樣的等待相當艱難，」他承認，「但一切都已準備就緒。」[12]他在八月二日時被動員，那正是英國正式向德國宣戰的前兩天。在那之前，他休了個短假到索爾茲伯里去。待在托基的阿嘉莎收到了一封令人擔憂的電報，告訴她必須立刻前去道別。

阿嘉莎和克拉拉一起趕去搭火車。她們身上只剩下一張五英鎊的紙幣，因為面額太大而無處找開。「在整個英國南部，」以又憂又喜的口吻重述這段故事的阿嘉莎回憶道，「無數檢票員記下了我們的名字和住址。火車班次還誤點了。」

她最終還是順利和亞契在索爾茲伯里的旅館見上一面，只有短短的半小時，當時的氣氛相當凝重：「他很確定，就像所有的皇家飛行隊成員所堅信的那樣，他會死在戰場上，再也見不到我了。」日後，她在一部自傳體小說中描述了他當時的態度：「極度躁動且輕率，眼神充滿焦慮不安。沒有人了解這種新型態的戰爭——這是那種**無人能生還**的戰爭……」[13]那天晚上阿嘉莎入睡時哭泣不止，彷彿永遠也停不下來。

一九一四年八月五日，亞契前往南安普頓（Southampton），準備從當地前往法國。他將自己的一張照片交給了阿嘉莎，照片上的他穿著軍服，舉目望向遙遠的地平線，看起來十分英俊瀟灑。

「你不會遭逢不幸的，」阿嘉莎在照片背後用鉛筆寫下，「因為他會派他的天使照顧你……患難中我與他同在，我將會拯救他並為他帶來榮耀。」[14]

回到托基後，擔憂害怕且無事可做的阿嘉莎急切地想做些什麼，於是她志願投入戰時服務。一張粉紅色的紀錄卡顯示，她在一九一四年十月到一九一六年十二月期間，在英國紅十字會設立的志願援助特遣隊中擔任志工，無償在醫院工作了三千四百個小時。

托基市政廳變成了有五十五張病床的輔助醫院，阿嘉莎在那兒展開了比以往認真許多的新生活。從梣田下山要經過一段陡峭的山路，夜班結束後要再上山回家可不是件輕鬆的事。但更嚴峻的挑戰是這份工作本身。阿嘉莎必須從最底層開始做起，也就是當個清潔工。

她曾數次寫下這些經歷，從最早在市政廳野外醫院，到後來的托貝醫院（Torbay Hospital）。在她的自傳中有相當幽默的記述，這些經歷也出現在她的自傳體小說《撒旦的情歌》（*Giant's Bread*）中，在她的「懸疑小說」《隱身魔鬼》（*The Secret Adversary*）中也有一段經過喜劇化處理的描述。在那部小說中，女主角也是從每天洗六百四十八個盤子開始她的醫院生活，後來晉升到侍候護理長用餐，最後才有資格打掃真正的病房。

阿嘉莎以一種清醒冷靜的筆調，將她在醫院目睹的那些令人震驚的事情呈現得輕鬆愉快，然而這終究是製造出來的假象。

阿嘉莎的第一項任務是擔任病房的女雜務工，清洗病房的地板，之後才會獲得許可，將在紅十字會中接受的訓練真正應用病患身上。這令她很驚訝。就像全英國的女性志工一樣，她終於真正明白了工作究竟是怎麼一回事，而這點也在《撒旦的情歌》被提及：

> 我現在開始同情傭人了。大家總覺得他們只在意食物，但我們在這裡也變得和他們一樣。因為生活中沒有其他好期待的東西了。[15]

而在晉升到負責病患的工作後，阿嘉莎又遇到一些令人苦惱的困難。和其他志願援助特遣隊的夥伴們一樣，她發現那為期不長的志工培訓根本不足以讓她們做好準備。

第一次參與手術時，她幾乎要暈倒。看到病患的肚子被剖開，「我開始全身發抖」。她曾經還得把一條切下來的腿送到醫院的焚化爐燒掉。她被分配的病患在她照顧了三天後就死於破傷風。[16] 雖然這裡的狀況不像法蘭德斯（Flanders）的野外醫院那樣嚴峻，但南岸的所有醫院在戰後都面臨病患人數遽增的情況，受傷的人數遠超出醫療資源所能負荷。

但阿嘉莎仍喜歡一部份的護理工作，這份工作讓她感受到同袍的情誼和自己的能力。她認為，如果自己能夠接受正規的培訓，她一定會「表現得很出色」。[17]

阿嘉莎的經歷是當時的普遍情況嗎？她對護理工作的看法與許多志願援助特遣隊的志工

在托基市政廳的輔助醫院裡，阿嘉莎從最基層做起，從負責清洗病房地板的病房女雜務工當起。第一次親眼目睹手術過程時，她「全身發抖」。圖片來源：Christie Archive Trust

相同。首先，她們都有強烈的熱忱：「我感到，」她解釋道，「自己完全被捲進去了，我深切地想要成為其中的一份子。」[18]與此同時，在另一間醫院服務的護士薇拉．布里頓（Vera Brittain）也發覺，「從處理危險的傷口到擦洗病床床單，每一項工作對我們而言都有種神聖的魅力。」[19]和阿嘉莎一樣，薇拉必須習慣處理肢體上的撕裂傷，「腐壞的腿部傷口黏糊糊的，顏色又綠又紅，還有骨頭裸露在外。」[20]

然而，阿嘉莎的回憶主要是關於醫院裡的人們，特別是那些負責指導志願援助特遣隊的專業護士。正如歷史學家克莉絲汀．哈雷特（Christine Hallett）所言，「訓練有素的專業護士和志願援助特遣隊人員之間的緊張關係，是女性戰時書寫中最強烈的主題之一。」志願援助特遣隊員遵循上級的指導，「又經常因為過於注重醫院的規則而受到鄙視。」[21] 舉例來說，醫院堅持規定阿嘉莎不能直接將器械直接交給醫生。她曾記下自己因這麼做而遭到責備的經歷：

「真是的，護士，你就這樣子出風頭。竟然擅自把鑷子拿給醫生！」

她照說要將器械交給更資深高階的護士，再由她交給醫生，這挺像是古代宮廷的儀式。而這其實是經過一番努力才得到認可的專業護士，擔心如果志工也受到同等對待，她們就會失去自己爭得的成果。畢竟，包括阿嘉莎在內的許多志願援助特遣隊員甚至連學校都沒有上過。[22]

但像阿嘉莎這樣的女人根本不習慣照著別人的要求做。她們不僅被護士們指使，醫生也會指使她們，但在醫院外，醫生和她們的社會地位是一樣的。阿嘉莎表示她學會了「站著當一個人體毛巾架，乖乖等醫生洗完手並擦乾，而他們甚至懶得把毛巾交還給我，只是不屑地把毛巾扔到地上。」

這是相當無禮且不尊重的對待。阿嘉莎身為一名進入職場的富有女性，她的經歷充分解釋了為何第一次世界大戰標誌了一個恭順社會破滅的開端。她讓筆下一個虛構的護士角色表達出這一點。「我對醫生的看法再也不會和過去一樣了，」這個護士說道，「我們永遠無法擺脫這種感覺。」[23] 阿嘉莎本人也是如此：在她的作品中，醫生成為「統計數據上殺了最多人的職業」。[24]

然而在病患方面，阿嘉莎開始學會新本領來對付男人。他們既無助又飽受創傷，他們需要她。當他們試圖騙她，堅稱醫生囑咐他們要喝酒，或是他們得去一間緊鄰酒吧的店家買東西時，她早已經看穿這些花招。當不識字的人想要寫信給家人時，阿嘉莎就成為他們的抄寫員，她掌控著他們的一字一句。

要不是發生了戰爭，阿嘉莎肯定會在二十四歲到二十八歲這段時間結婚、持家並生子。但她反而在意想不到的狀況下短暫體驗了職場生活，也體會到了成就與成功。

從一九一七年開始，她甚至開始賺錢：每年十六英鎊。[25] 正是因為戰爭，也唯有戰爭，才讓人們開始接受女性去工作賺錢。「人們普遍認為，或許尤其是那些中產階級人士，」一本一九一五年出版的書中寫道，「讓已婚婦女去工作賺錢是可悲的事。」[26] 阿嘉莎從小接受的教育也讓她相信這點。但她在醫院服務的經歷，帶她從後門進入了勞動市場。

阿嘉莎的家人無法理解為何她週日也要上班：「應該要有其他的安排。」但她和她的護士同僚有更重要的任務要執行。她們要親眼見證存在於病房內的創傷，處理那些傷口，並不對外張揚。

我們較常聽到軍中男性描述這些經歷，他們自然更容易碰上那些恐怖。一位名叫湯瑪士・貝克（Thomas Baker）的士兵試圖向平民解釋何謂戰爭。「不可能，」他說，

> 告訴他們戰爭真正的樣貌……人們似乎根本不瞭解戰爭是多麼可怕，他們不懂。你無法讓他們明白活在像動物一樣的惡劣處境是什麼樣子。[27]

女性護士也面臨同樣的挑戰，她們難以解釋那些無法理解的事物，但她們的情況又不一樣。士兵受到的創傷至少還有個名稱：彈震症（shell shock）。但護士們的不安卻沒有名字。這也在她們未來的心理健康中埋下了隱患。

此外，我認為護理工作對阿嘉莎的小說家生涯至關重要，讓她有了戴上虛假面具的慾望，所以她回到梣田的家中時，並沒有告訴母親她曾燒過殘肢、擦過血、看過男人裸露且髒污的身體，這對一個年輕女子而言無疑相當震撼。阿嘉莎筆下的人物也都深深地感受到這種維持假象的渴求。

阿嘉莎最終做了一個對她未來影響深遠的決定——離開病房，到醫院的藥房接受培訓。那裡的工作既有趣又有挑戰性，且工時條件也更好。

「我學會了一些簡單的事，」關於她的新工作，她寫道，「在柯納（Cona）咖啡機在我

們做馬許試砷法（Marsh's test）*時被炸掉後，後續的實驗就相當順利了。」她還得應付古怪的同事。有個托基的商業藥劑師曾給予她額外的指導。但這位被阿嘉莎稱作「P先生」的人卻曾誤將栓劑和一種非常危險的藥物混合在一起。她不可能點出他的錯誤，但她也不能讓那些栓劑被拿去使用。於是她就將那些栓劑打翻，再一腳踩上去。

「沒事的，小姑娘，」他說。「別擔心，」他溫柔地拍著我的肩膀說。他實在是太喜歡做這種事了。

嗯。

與阿嘉莎站在同一陣線的是她的志工夥伴們，她們共同對抗嚴厲的護士長和目中無人的醫生，她們不但成為朋友，還為自己的團體取了名字，這意味著她們明白自己的行為和她們所受的教育有多麼背道而馳，她們自稱為「奇女子」（Queer Women）。

醫院裡的所有人都渴望找些樂子，原因正如阿嘉莎所言，「他們不喜歡談論戰爭。」[28]因此，她和其他的「奇女子」製作了一本有趣的醫院惡搞雜誌。雜誌裡有她們所有人的水彩

* 譯註：用來檢測砷的方法，在檢驗砷中毒現象時常用的方法。用砷（通常就是砒霜）下毒殺人的手法經常出現在阿嘉莎的小說中。

在第一次世界大戰期間，阿嘉莎和友人在托基擔任護士，還創辦了一本「醫院雜誌」來提振她們的士氣。她們自稱是「奇女子」。圖片來源：Christie Archive Trust

肖像畫，包含阿嘉莎本人（她盤起頭髮、身著白色夾克），還有關於醫院時尚的廣告：例如一件有著「未來派風格」的工作服。在雜誌提供的保護下，阿嘉莎呼籲護士們一同抵制男性上司的無禮行徑：「我們建議你堅持自己的立場，不論那是多麼違背常理。」[29]

值得注意的是，阿嘉莎在將近三十年的歲月中，主要都和女性生活在一起。在梣田，她和克拉拉與兩名女傭一同生活，姨母奶奶後來也搬過去同住，而現在她在醫院也有了情感深厚的女性友人。

「了不起的女性！」雜誌上一首名為「奇女子之夢」的詩作開頭如此寫道，「她們一一起身，在我驚訝的眼神前緩緩經過。」[30]她們之中最重要的人物是藥劑師艾琳・莫里斯（Eileen Morris），她「相貌平平」卻「心智超群」。阿嘉莎稱她是「我遇到第一個能討論**各種想法**的人。」艾琳跟她在學校教書的哥哥和五個未婚的姨媽一樣過著顯然沒有性行為的生活。在戰爭期間，她作為藥劑師和實驗室助理，工作了將近九千個小時。[31]

聰明的女性同伴並不是阿嘉莎在醫院藥房裡的唯一收穫，這份工作還激發了她對於各種毒物可能用途的想像。她的雜誌刊載了一則「治安法院新聞」（Police Court News），內容是關於一名死亡病患的調查案件，目擊者包含護士和女藥劑師，而這起充滿謎團的死亡是在「吞下一劑藥後立即且突然」就發生了。[32]

疑似毒殺。

也正是在醫院藥房工作的這段期間，阿嘉莎初次萌生了寫偵探小說的念頭。

第十章 愛與死

阿嘉莎是個與眾不同的女性。但在與亞契分離的那四年間，她也成為了人們熟悉的故事中的一部分：因為戰亂而分隔兩地的年輕情侶。

亞契是個難以表達內心強烈情感的人，他在書信中也鮮少透露自己在法國的經歷。阿嘉莎保存並珍藏著他寄回家的信，那些信簡潔而決絕地記錄了在那被死亡圍繞的年代中動人的愛情。一九一四年八月十三日，亞契和他的同袍們被運輸艦丟在布洛涅（Boulogne），並在「碼頭上」過了一夜。[1]與此同時，中隊裡兩名飛行員在著陸前，就因飛機失事而喪命。

八月和九月期間，亞契一直在法國東北部各地奔波。英軍在勒卡托（Le Cateau）戰敗後，他也隨軍撤退，那裡的傷亡率將近百分之二十。英國軍隊最終還是停下撤退的腳步，開始挖戰壕，壕溝戰就此展開。

英國皇家飛行隊將總部設在加萊（Calais）內陸的聖奧梅爾（Saint-Omer）機場。亞契於十月十二日抵達，十九日時他就因「幾乎時時刻刻都」勇敢地承受著「極度高壓」，[2]而在戰報中獲得高度讚揚。後來他的中隊轉移到辛吉斯（Hinges）去，那是個戰後因嚴重破壞而不得不完全重建的村莊。

亞契的指揮官是性格強勢且脾氣暴躁的休・特倫查德（Hugh Trenchard），他常被尊為英國皇家空軍之父。那是個非常時期。英國皇家飛行隊擁有六十五架飛機，主要用於偵查敵軍地面部隊的位置。依照航空歷史學家派翠克・畢曉普（Patrick Bishop）所言，這些飛機的作用是「掀開戰場的屋頂，讓指揮官能看穿敵軍的意圖」。[3] 然而隨著戰爭如火如荼地展開，雙方都越來越擅長使用空中火力，也有敵軍的飛機得要對付。英國的軍械和訓練都不如人，戰鬥中損失的飛機數量更是德軍的四倍之多。抵達法國戰場的飛行員經驗越來越不足。有個剛到亞契所在基地的新人被問到飛行時數有多少。

「十四個小時。」

「十四！把飛行經驗那麼少的飛行員派到海外真是可恥。你根本沒有機會活命……再飛個五十五小時，你可能還會像樣點。但才十四個小時！我的天啊，這根本就是派人送死！」[4]

亞契的工作內容包含安排信號燈的測試，確認它們是否適合用來指揮飛行員。[5] 為了讓飛行員能順利開著不可靠的飛機飛上天空，他所付出的努力得到了同僚們的讚賞。十一月時，他晉升為臨時上尉。

一九一四年十二月，請假去倫敦見未婚妻的是一個已經迥然不同的年輕男子。在克莉絲蒂一九二〇年代所寫的一部推理小說中，犯案的兇器是用機翼金屬絲做成的拆信刀，那是一個飛行員帶回家的紀念品。這聽起來像是取自真實生活中的片段，亞契可能就會送這樣的東西給阿嘉莎。[6] 然而，阿嘉莎發現他更加沉默寡言了，並因他那「像是強顏歡笑的輕率」而感到受傷。他只送給她一個沒花什麼心思準備的聖誕禮物——一個梳妝盒，她討厭那個禮物。它既不適合她，沒有意義又昂貴。他們的婚約似乎要取消了。皇家飛行隊所秉持的價值觀是，軍官不應該有家室。「你阻止了一場婚事，你受夠了，」亞契這麼說，「你會留下一個年輕的寡婦，說不定還有即將出生的孩子，這麼做是自私且錯誤的。」

關於亞契的第一次休假，他在日記中輕描淡寫地告訴我們，是從十二月二十一日開始，然後他在「二十四日先後抵達布里斯托和托基，二十六日回到倫敦，三十日回到第一飛行大隊的總部。」[7]

這份枯燥的紀錄其實藏著一個震撼彈。在十二月二十三日晚間，亞契帶著阿嘉莎到他母親在布里斯托的住處，他改變主意了，他堅持他們兩人一定要結婚，而且是立刻。

疲憊且困惑的阿嘉莎順從了他的要求。正如她在一篇自傳體小說中所言：「許許多多女孩都是如此——拋棄一切，嫁給自己心愛的男人……那背後卻藏著不為人知的深切擔憂，那種你從未好好正視的擔憂。這就是當你違心說出『不論發生**什麼事**，我們都會有所**收穫**』。」[8]

對亞契這樣能幹的行政人員而言，沒有什麼官僚主義的障礙是難以克服的。他必須在平安夜結婚，於是他們匆匆去申請結婚許可。地方的戶籍登記處告知他們，他們要麼需要昂貴的特別許可，要麼就得婚禮前十四天知會該機關。但亞契可沒有十四天可以等，時間正在一點一滴地流逝。

等到另一位願意幫忙的戶籍登記員在十一點左右回來時，他們才找到了解決方法。亞契可以聲稱自己住在他繼父布里斯托的住址，「你將自己的一些財物放在這裡，對吧？」——這意味著婚禮可以在當天下午舉行。一九一五年，官方正式明訂士兵可以在父母其中一方的住址結婚，而且即便未婚夫在海外，女方也可以自行登記。這讓許多希望在休假期間迅速辦完婚禮的士兵，有了更便利且金錢負擔較低的成婚選擇。[9]

位於布里斯托的以馬內利教堂（Emmanuel Church）的牧師當天正好有空，於是二十四歲的阿嘉莎．瑪麗．克拉麗莎．米勒（Agatha Mary Clarissa Miller）就和二十五歲的亞契博德．克莉絲蒂在戰時閃婚了。「沒有新娘會嫌打理外表麻煩，」她寫道，「我當時只穿了一件普通的外套和裙子。」她甚至沒有時間洗手。

亞契的母親得知消息後，激動地躲進了黑暗的房中。這對新婚夫婦感到兩人在布里斯托不受歡迎，於是當晚就前往托基，在午夜抵達大酒店，並和克拉拉一起過聖誕節。但阿嘉莎的家人也對他們祕密且迅速的成婚感到不滿。

「我們所愛的每一個人都很氣我們，」阿嘉莎寫道，「我察覺到了這點，但我想亞契並沒有感覺到。」亞契一心只想著一件事：他下了車並再次送出那個梳妝盒，而這一次他收到得體的道謝。這個沒人想要的梳妝盒顯示了他們婚姻關係中的權力平衡，他是負責主導一切的人，而她是接受那些決定的人。

不過這並非全部。隨著阿嘉莎逐漸習慣這套相處模式，她的新婚生活過得相當愉快、幸福且和諧，是現代的婚姻風格。只是她的丈夫馬上就要重回戰場，這破壞了她的婚姻生活。在新年期間，她寫了一首題名為〈一九一五年的A. A.字母表〉（The A.A. Alphabet for 1915）的詩作，兩個英文字母A代表著他們兩人名字的首字母：

> A代表天使，天生如此（？）且命名為此
> 同樣也代表她的配偶亞契博德。[10]

她將亞契和「奇女子」這個充滿趣味和想像力的世界編織在一起。這首詩講述了一個愉快的鄉間散步故事，但穿插於詩作中的還有戰壕靴、「匈人」、亞契存留在法國的備用機翼，以及他們走過的一段看似無人區的路。這是她慣用的手法，讓費解的事物變得妙趣橫生。

亞契對這種俏皮活潑的示愛方式有所回應嗎？有的。一張一九一六年七月仍保存至今的紙條從他在法國的倉庫寄出，上面寫滿了潦草的鉛筆筆跡，還蓋了個紅色的神祕章印。我們可以想像他從軍隊的命令簿中抽離，轉而思念這名非比尋常且情感強烈的年輕女子，她在遙

遠的異地如此深愛著他，並試著把對方視為和自己同等重要的存在，這多麼令人為之動容。「個性和藹可親又有愛心，」他在開頭以逗趣的口吻概述了她的性格，

喜歡動物，但小蟲子和金龜子除外；喜歡人類，但（原則上）人夫除外。通常很懶散，但也能擠出充沛的精力。四肢靈活視力好，但氣不足以爬山。充滿智慧和藝術品味。不因循守舊且總是充滿好奇心。面容姣好，有一頭秀髮；儀態端正，皮膚吹彈可破。能言善道。生性狂野，但一旦芳心被擄獲，就會變成情深意切的妻子。[11]

亞契看見了阿嘉莎真實自我的諸多面向。但值得注意的是，他的「角色」仍稱呼她為「阿嘉莎．瑪麗．克拉麗莎．米勒小姐」，彷彿她尚未結婚，還是那個「狂野」但尚未「被擄獲芳心的」阿嘉莎。他們都知道兩人的婚姻並不真實，怎麼可能呢？一連串激情的邂逅令他們處於懸浮不定的狀態中，使他們的情感無法臻至完熟。

然而不可否認的是，他們在性方面相當契合。像阿嘉莎這樣的女孩不會被教導性相關的知識。[12] 阿嘉莎是知道有個女孩被另一個女孩的父親搞大肚子。但一般而言，她這樣的女孩都是被保護起來，避免接觸與性相關的一切事物。

因此，這就更顯得阿嘉莎終生都對性愉悅的概念感到相當自然舒坦一事非比尋常了。性從未令她感到羞恥或愧疚。「激情可以是理所當然的，」她在討論美好的婚姻時說道，然而

溫柔和尊重則是寥寥無幾的花朵，更需要精心培養。後來被賦予在珍・瑪波身上的想法或許也能說明阿嘉莎的觀點。「在瑪波小姐年輕時，『性』這個詞並不常被人提起，」她告訴我們，「但性卻無所不在，儘管鮮少被談論，但人們從中得到許多享受。」[13]

隨著瑪麗・斯托普斯（Marie Stopes）的著作《婚後的愛》（*Married Love*）出版，從一九一八年開始，阿嘉莎那一世代較傳統的人對性的羞恥感也開始減弱。斯托普斯認為性（在婚姻中的性）是自然、甚至令人愉快的。她自己的婚姻因與丈夫性事不合而破裂，這開啟了她畢生教導人們性議題的旅程。她發現自己很難找到出版商。「女孩能嫁的男人已經很少了，」一位拒絕她的出版者解釋道，「而我認為這本書又會嚇跑已經為數不多的男人。」[14]

斯托普斯希望女人去享受性，但她最重要的教導是男人應當溫柔。如果男人「扮演好溫柔的追求者，」斯托普斯解釋道，「女人一般都會被徹底打動，進而給予熱情的回應。」[15]而看起來亞契確實是主導的一方，阿嘉莎則心甘情願地跟隨。「去年的你真的是太好太好了，」他在結婚一週年的信中寫道，「你勇敢無畏地將自己託付給我。」[16]

但斯托普斯也給後世留下了晦暗的餘毒。她首推的避孕方式是使用浸泡過橄欖油的海綿，而且她認為節育對於提升種族的「純淨」至關重要。那些染上梅毒或是精神失常的家庭最好就不要再繁衍後代。因此，避孕也有了令人不寒而慄的弦外之意，英國社會也開始對優生學產生痴迷。對於遺傳疾病的擔憂成為亞契和阿嘉莎心頭上的重擔，他們雙方的家族中都有著所謂的瘋狂因子。

在之後的三年半間，克莉絲蒂夫婦倆只有在亞契休假的短暫時間才能相聚。直到一九一八年末，他們終於同居，而阿嘉莎在同居後不到兩個月就懷孕了。從個這時間點看來，雖然戰爭將他們分離兩地，但他們可能是透過橄欖油或禁慾的方式來避免懷孕。「該死的戰爭把我困在這裡，」亞契在法國抱怨道。[17]

在一次休假後，亞契疲憊且孤單地返回工作崗位。「親愛的寶貝，」他又開始了另一篇隨意潦草的亂寫，「火車旅途還不錯，我昏昏沉沉地躺在角落。」他搭著由兩艘驅逐艦護送的船橫渡英吉利海峽，然後在布洛涅被一輛汽車接回基地，他感覺自己「像隻小貓般虛弱〔……〕我真希望今晚能收到你的來信。」[18]

一九一六年，他成為臨時少校，每年的薪水增加到七百英鎊。隔年，他又晉升為臨時中校，指揮整個補給站。[19] 他也負責懲處違反軍規的人：「我曾判處一個人被綁在樹上……整整二十八天，他還得接受其他懲罰和負責軍中雜役，因為他拒絕工作。」儘管並非身處前線，但他的軍旅生涯仍充滿挑戰：「我昨天守在電話旁直到晚上十一點……我愛你的人，也愛你的性格。在我心中無人可以取代你。」[20]

這類言語交流讓我們看見了和阿嘉莎父母截然不同的婚姻關係。這不是男人對一個理想化女人的愛戀。並非如此。他愛**她**，**是因為她是她**，**也因為她的性格**。就如亞契所言，**在他眼中沒有人可以取代阿嘉莎**。這正是幸福。「當人們深愛著彼此，」阿嘉莎筆下最具自傳性質的女主角相信，「他們是幸福快樂的。當然她也知道，世上有許多不幸福的婚姻，那是因為人們並不相愛。」[21]

然而，對於愛情與生活的高標準，也令阿嘉莎在愛情變調時，無法像維多利亞時代的女人一樣，對這種狀況視而不見。

不過那種情況絕對不會發生。當然不會。

第十一章　進入白羅時期

亞契在法國這段期間，除了以電話聯繫之外，他還會匆匆寫些信給阿嘉莎。而阿嘉莎在醫院工作的生活也給了她一些零星的寫作時間。

雖然醫院藥房的工作相當繁忙，但藥單塞車時，阿嘉莎就也只能坐等下一批藥單開下來。有天她就利用這段時間寫了一首詩。

〈藥房中〉（In a Dispensary）一詩展現了她是如何從生活周遭尋得靈感，不論那些事物多麼平凡無奇。這是她和那些二十世紀的知名作家都擁有的天賦。「我並不想超越平凡，」菲利普．拉金（Philip Larkin）寫道，「我熱愛平凡，在我眼中日常的平凡事物多麼美好。」[1]對阿嘉莎而言，就連藥瓶也能帶有浪漫的愛意。

高掛在牆上，關在鎖鑰下
短暫與死亡的力量！
藍色和綠色的小小矮瓶

個個帶有傳奇的烈紅色
在它們細長瓶口下的深處，
有著剩餘的浪漫！
噢！誰能說出浪漫所在之處？
如果浪漫根本就不在這？[2]

阿嘉莎準備藥劑師助理考試時所用的筆記本至今仍由她的家人保管，從這些筆記本可以看出，她在休息時很喜歡玩各種文字遊戲。她用鉛筆在其中一本的背面寫下「亞契博德・克莉絲蒂」，然後再劃掉與她自己名字相同的字母，看他們有多相配。但若翻開筆記本的前面幾頁，你會找到一份毒物清單：「從顛茄中提煉出的生物鹼……氫溴酸東莨菪鹼……從（天仙子）中提煉出的生物鹼。」[3]

當阿嘉莎開始考慮認真創作第二部小說時，她要寫的主題已顯而易見：一起下毒事件。這正是她毒物生涯的起點，在她所創作的六十六部偵探小說中，有四十一部是以使用毒藥的謀殺（不論成功還是未遂）或自殺為主題。[4]如果你曾讀過歷史學家凱瑟琳・哈卡普（Kathryn Harkup）製作的長達十七頁且製作精良的「克莉絲蒂死法表」，其中「墜崖」、「觸電」和「割喉」是毒殺以外特別顯眼的條目，而下毒用的物質包含番木鱉鹼、砷、嗎啡和阿托品。氰化物是阿嘉莎的最愛：在她的十部長篇小說和四部短篇小說中，氰化物被用來殺掉了至少十八個角色。[5]

阿嘉莎當時又著手創造了一名和她一樣是藥劑師的女性角色：年輕貌美的辛西亞，她將出現在一九二一年的小說《史岱爾莊謀殺案》（*The Mysterious Affair at Styles*）中。

阿嘉莎決定寫犯罪推理小說，這唯一令人意外的或許是她竟然這麼晚才開始寫。她早就讀過夏洛克．福爾摩斯全集、安娜．卡瑟琳．格林（Anna Katharine Green）的經典偵探小說《利文沃思案》（*The Leavenworth Case*，暫譯）和卡斯頓．勒胡（Gaston Leroux）的《黃色房間之謎》（*The Mystery of the Yellow Room*）。這些都是她曾和姐姐討論過的故事，她們還爭論過阿嘉莎是否也能寫出類似的作品。

「我覺得你做不到，」瑪琪說。「這可不簡單，我已經認真想過了。」

「我想試試看。」

「好吧，我敢肯定你做不到。」瑪琪說。

這件事就到此為止……但曾說過的一字一句……那想法已深植於腦中：**總有一天我會寫出一部偵探小說**。[6]

到了一九一六年，一切都準備就緒，阿嘉莎寫出了令人驚奇的作品：一部極為出色的偵探小說處女作，篇幅短小但結構完整，一百年後讀來仍令人上癮。

為何《史岱爾莊謀殺案》如此傑出呢？[7] 首先，阿嘉莎寫的是她所熟知的世界。她筆下角色的關係是同住在一棟鄉村宅邸的家人、朋友和主僕，他們會在草坪上喝茶。這些人都是她所了解的人。書中有許多戀愛感情線，而身處「上層」的角色並不靠勞動收入過活。

然而，住在史岱爾莊的這些人卻被迫得要適應戰時生活，親自在花園裡工作，還要（這將是條重要的線索）回收紙張。本書的敘事者海斯汀上尉（Captain Hastings）已經從前線退役返家。有一名角色在醫院裡工作，而這起案件將由一個比利時的難民破案。

除了書中這棟豪宅的舒適度已不如以往。更糟糕的是，這是個道德淪喪的地方，在這裡的每一個人都表裡不一。掌管家計的老婦人是個惡霸，年輕的夫婦似乎意圖通姦，就連故事的敘事者海斯汀也在他本該挺身戰鬥的時候，忙著和別人調情。

雖然阿嘉莎以灰暗色調描繪她筆下的世界，但這個虛構世界和她所處的現實世界也有許多共同點。就連小說中的謀殺案也直接呼應了她自己的家庭狀況。受害者英格沙普夫人是一家之長，她是個有權勢的老婦人，就和姨母奶奶甚至克拉拉（本書就是獻給她的）一樣。這正是阿嘉莎和顯然是她寫作楷模的亞瑟·柯南·道爾爵士之間最大的差別。阿嘉莎從一開始就將女性的生活放在她故事舞台的中心。

《史岱爾莊謀殺案》講述了英格沙普夫人與其伴護伊娃之間的死鬥過程。史岱爾莊的男人都相當無可救藥，或許可以說阿嘉莎自己的家庭也是如此。她眼睜睜看著她懶散的父親和沒用的哥哥散盡家財，而她的母親和姐姐則給予她安定與力量。阿嘉莎的作品在市場上吸引了兩次世界大戰之間的重要讀者群。女性能在她的作品中看見自己。

然而，《史岱爾莊謀殺案》也揭示了米勒家族在梣田令人擔憂的殘存勢力。大多數人，或許尤其是女性，終其一生都在偽裝自己：她們表現得和藹可親、唯命是從且認真盡責。但在梣田，女性的陰暗面（借榮格的說法）相當明顯。阿嘉莎的小說顯示了她是如何審視她那女性主導的家庭，並看見了其中的黑暗。我們可以感覺到，雖然她深愛母親，但她同時也畏懼著克拉拉的力量和執著。

在某種程度上，克拉拉阻礙了阿嘉莎的成長。阿嘉莎已經成年且結了婚，她還有豐富的護理經驗，那都是克拉拉無法想像的。然而，她卻還是過著和過去二十五年幾乎一樣的生活。

就像史岱爾莊一樣，梣田成了一個停滯不前的地方。在書中描繪自己的生活時，阿嘉莎套上了更黑暗卻適切的濾鏡來形容母親對她的愛：她說那是「危險的強烈情感」。[8]

此外，英國近代的歷史中的一些原因，也讓下毒成為阿嘉莎推理小說生涯開端的重要元素。

在姨母奶奶那一代，人們認為維多利亞時代社會的毒殺事件頻傳。十九世紀是個比過往都更重視家庭生活的年代。相應地，毒藥是只能使用在家庭裡的武器，必須由醫師、女僕或是家庭成員給藥，而這些人都是你所信任的對象。

工業革命改變了英國從鄉村到都市眾多民眾的生活，同時偵探小說這個文類開始流行起來。一般而言，生活水準提升當然是件「好事」，但從與自然的鬥爭中解脫後，維多利亞時期的人有了更充裕的思考空間，能容下新的、尤其是現代的各種恐懼和精神官能症。與喬治王朝時期的先人相比，十九世紀的人們較不擔憂因飢荒或疾病而導致的死亡，但這也為其他更無形的恐懼留下空隙。

在過去，你會認識住在同村莊的每一個人，但在維多利亞時代，你很可能住在某個城鎮，隔壁住著一個陌生人。在過去，你會與父母介紹的對象結婚，但你真的認識你的丈夫嗎？或者你的女僕？還是醫生？新式的犯罪小說將這些恐懼從人們內心深處的櫃子裡取出，將它們擦亮，最終展現這些恐懼被十九世紀的新發明所克服的模樣：故事中的偵探。兇手落網，秩序恢復，焦慮的人們又能再次安然入睡。

阿嘉莎決定了，和柯南．道爾一樣，她也需要一個屬於自己的偵探角色。但她卻徹底翻轉了夏洛克．福爾摩斯那種人脈廣且英勇的形象。

在《史岱爾莊謀殺案》中初登場的赫丘勒．白羅是個截然不同的新偵探，頂著招牌的蛋頭和滑稽的八字鬍，你很容易就會低估他。阿嘉莎選擇將他的國籍設定成比利時，這個靈感是來自戰時湧進托基的大量比利時難民。

如魯伯特．布魯克（Rupert Brooke）所稱，當時有超過一百萬比利時人從他們飽受戰亂的國家逃離，「每死一名士兵就有三個平民被殺害」。他描述他所見到的那些逃離安特衛普

（Antwerp）的人們，他們將家當放在嬰兒車裡，「兩條沒有盡頭的排隊人龍，老人家大多在哭泣，婦女的臉色蒼白憔悴。」[9] 他們之中有大約二十五萬人來到英國。選擇讓赫丘勒・白羅做為一個外國人，同時是個難民，阿嘉莎為這個開始厭倦士兵和動作片英雄的時代創造出一個完美的偵探。他的外貌並不起眼，所以也沒有人預料到白羅會成為如此受歡迎的角色。

白羅很像刻板印象中的女人，他無法仰賴蠻力來解決問題，因為他根本沒什麼力氣。他反倒得運用智慧。「不需要做什麼體力活，」他解釋道，「只需要思考就行了。」[10] 他的名字裡還藏著一個引人發噱的設計：沒錯，赫丘勒斯（Hercules，又譯海克力士）是個肌肉發達的經典英雄人物。但「赫丘勒」（Hercule）白羅卻有著與他本人相符的名字：身材矮小、難以取悅且花裡胡哨。

阿嘉莎讓白羅以不同於福爾摩斯的方式辦事。在夏洛克初次亮相的小說《血字的研究》（*A Study in Scarlet*）中，這位大偵探俯臥在地板上收集「一小堆灰」。[11] 那是雪茄的菸灰。根據他廣博的雪茄知識，他可以用菸灰來推斷兇手抽的是哪個牌子的雪茄。

然而，阿嘉莎故意在白羅早期出場時戲仿此段場景。和福爾摩斯不同，他很抗拒趴在地上檢查犯罪現場——那草地可是濕的啊！——「在根本分不清楚菸灰不同之處的情況下」，他也絕對不會去「拾起菸灰」。[12] 白羅不會彎腰屈身去「收集線索」。他只需要用上他的腦袋。

白羅頭腦聰明、肢體不靈活且出人意料地華麗講究，很多人都喜歡他。至於那些有點古怪但又聰明的讀者，對他更是滿腔熱愛。他和福爾摩斯一樣是個怪咖和獨行俠。但不同的是他對自己相當滿意，沒有福爾摩斯的那種倦怠感和毒癮。他懂得生活的樂趣。你可以把他想成「奇女子」中的名譽會員。

然而，阿嘉莎讓白羅在史岱爾莊首案中大顯神通時，她可能還不知道自己會和白羅一同度過接下來的六十年時光。

第十二章　莫爾蘭德飯店

在醫院工作之餘的日子裡，阿嘉莎持續創作小說。她會先用手寫出每一個章節，再生疏地將內容打成定稿。她打字時雙手分別各使用三隻手指，還自豪地開玩笑說「大部分業餘的打字者還只會使用兩根手指呢」。[1]

即便如此，她還是在寫作到一半時感到精疲力竭。「我好疲憊，」阿嘉莎回憶道，「而且覺得很煩。」

克拉拉建議她到達特穆爾（Dartmoor）去度個假，並在那專心完成小說。於是阿嘉莎便搭乘火車和長途巴士出發了。她在僻靜的莫爾蘭德飯店（Moorland Hotel）住了兩週，雖然獨自一人，但並不寂寞，她忙於寫作。這間飯店打著「完美健康度假村」的宣傳名號。[2]對一個二十五歲的年輕人而言，這當然不是常見的休假選擇，但阿嘉莎卻感到舒適自在：「我開始寫作的原因……就是為了避免與人交談。」[3]

那座灰色岩石砌成的旅館至今仍矗立在荒野邊緣：從那裡步行途經綠銅色的荒原，大約半小時就能登上海托岩（Haytor Rocks）。在同一年，即一九一六年，阿嘉莎的良師伊登・菲爾波茨用華麗的詞藻描繪此地的景致：「荒原在花崗岩山峰間抬起了頭，或是在延伸至天際線的巨大拱形山丘間滾動。」[4]但阿嘉莎對這一切視若無睹，她每日清晨都奮力寫作，並在下午散步休息時，構思著小說的下一段場景。

於是故事就這樣逐漸展開。

阿嘉莎日後表示，她的成功大概只是偶然。「我個人並沒有什麼抱負，」她寫道。但在這說法背後，其實是愛德華時代對於女性的強力規範在作祟。她真正的作為和她所言並不相符，而在莫爾蘭德飯店，我們看見了她嚴以律己的一面。她終其一生都持續著這種偶發的密集寫作模式。對她而言，那些時光令人難忘且感觸良多，也讓她感覺很接近上帝。

阿嘉莎最終摸索出自己最偏好的中短篇小說篇幅，字數大約落在六萬字。而《史岱爾莊謀殺案》的篇幅還不算恰到好處，這本小說比她的其他經典作品還要長，多達七萬四千字，而且線索的安排過於密集。即便在這段閉關假期之後，這部作品還是沒有完成。

這部小說最初的結局場景是在法庭上，身處證人席的白羅解釋了整起事件的來龍去脈。但問題是證人根本不被允許做這種事。阿嘉莎後來終於學會了請教專業人士：「你隨便問一個律師，他都能眼眶噙著淚水地告訴你，什麼事能做，什麼事不能做。」[5]在出版社的建議下，阿嘉莎改寫了結局，也創造出第一個她著名的「客廳場景」（drawing room scene），在此一切都將真相大白。

還有哪些故事轉折是阿嘉莎在這次荒野之旅中修改出來的呢？本書將不時帶您一窺故事

背後招牌的「克莉絲蒂手法」（Christie tricks）。

一個經典的「克莉絲蒂手法」是將某個物品藏於顯而易見之處，《史岱爾莊謀殺案》中就有個精采的例子。有潔癖的白羅注意到某個壁爐架上的東西放得很雜亂，那是因為兇手將一份關鍵的文件捲成用來生火助燃的紙捻，並稍嫌笨拙地將它放進壁爐上方的罐子裡。埋下這條線索令人倍感愉快，因為這也是阿嘉莎對偵探小說這個文類的致敬。這橋段其實是她從自己最喜歡的偵探小說《利文沃思案》（一八七八年）裡借用的，安娜·卡瑟琳·格林筆下的偵探發現了一張「被縱向撕成條狀並捲成火種的」重要信件。格林的致敬對象則是愛倫·坡（Edgar Allan Poe）的主張——「隱藏文件最好的方法就是改變它的外觀，然後將它放在所有人都看得到的地方」[6]，這些歷代作家以某種形式彼此傳遞著火炬。

《史岱爾莊謀殺案》還有另一個絕妙的「克莉絲蒂手法」：「隱藏的情侶」。他們看似互相討厭的兩個人。誰也不知道，有錢的英格沙普夫人的丈夫和英格沙普夫人的女伴護伊娃，其實暗地裡是一對殺人不眨眼的姦夫淫婦。

我們之所以未能發現他們的關係，是因為我們透過敘事者海斯汀的雙眼來看他們，而他認為他們並沒有任何性吸引力，他完全無法想像他們是有性慾的人。看著身穿花呢衣物、身材健壯的伊娃，還有她寬大的身材以及雙腳，這是個毫無女人味的女子。而說到伊娃的同夥阿福烈德·英格沙普，阿嘉莎用虛實交錯的手法騙了我們，她將他的外貌描寫得毫無魅力且行跡可疑，她甚至賦予他在一九一〇年代狡猾的標誌特徵：鬍子。因此我們會想，不可能吧，這樣就太好猜了，兇手不可能是他。

不只有《史岱爾莊謀殺案》中的阿福烈德和伊娃在隱藏自己的真面目，幾乎所有的角色在某種程度上都戴著偽裝的面具。阿嘉莎對此很熟悉，畢竟她曾**假裝**已婚，也**假裝**醫院的工作並不糟糕。所以許多她筆下的殺人兇手同樣也試圖在書中的世界裡假裝成一般人。

《史岱爾莊謀殺案》最終就這樣完成了，至少阿嘉莎已經盡了全力。「我知道這部小說可以寫得更好，」她寫道，「但我不知道要怎麼做，所以我只能讓它保持現在這個樣子了。」

她將打字稿寄給霍德與斯托頓出版社（Hodder & Stoughton），但卻遭到退稿，「一封直截了當的拒絕信，毫無任何修飾」。

似乎就這樣了。阿嘉莎確實嘗試過找其他出版社，但同樣也都失敗了。然而，後來意料之外的事發生在她身上，那是遠比純粹為了消遣的投機計畫更為重大的事情。

亞契從戰爭中歸來了，阿嘉莎的現實生活又再次開始轉動。

第四部

前途似錦的年輕作家—— 1920年代

第十三章　來到倫敦

隨著戰爭接近尾聲，亞契於一九一八年被派回倫敦，在柯芬園的新設空軍部為英國皇家空軍提供技術諮詢。他的名字五度在戰報中受到高度讚揚，而《倫敦公報》（*London Gazette*）不久後宣布克莉絲蒂中校獲頒傑出服務勳章。他即將以英雄的身份返家。

一九一八年九月，阿嘉莎來到倫敦與他會合。雖然他們已經結婚將近四年，但卻從未同居。這是阿嘉莎婚姻生活實際意義上的開始。

他們的第一個家是一間便宜的公寓，位於聖約翰伍德（St John's Wood）的兩房住宅。諾斯威克五號排屋（Five Northwick Terrace）當時已然殘破頹敗。這裡原本住著十三戶人家，後來這片土地於一九一八年被分成幾塊出售。阿嘉莎和亞契住的小套房裝潢相當簡陋，地下室還住著一位伍茲太太（Mrs Woods），她替這對年輕夫婦「做事」。

阿嘉莎開始學習打字和記帳。克莉絲蒂一家的經濟狀況不太穩定，如果可以，她最好也賺點錢。但她對於家庭主婦的身份更有熱忱。

隨著第一次世界大戰結束，大多數英國人都希望回復舊日時光，讓女性從職場回歸到家庭。但人們也必須重新思考夢想中的家庭應該是什麼樣子。[1] 在《泰晤士報》（*The Times*）上甚至還刊登了廣告，招攬像阿嘉莎這樣尚未與丈夫同住的已婚婦女參加「家務技能」訓練課程。[2] 為亞契營造一個勞合．喬治（Lloyd George）向退伍士兵承諾的「適合返鄉英雄」的家，成為了阿嘉莎眼下的首要之務。畢竟她和亞契都屬幸運，與亞契同代的男性有三成在戰場上失去了性命。

意外地，阿嘉莎很享受當家庭主婦的生活。她在倫敦的朋友很少，做家務有效填補了無事可做的時光。而因為住宅匱乏，他們也花費大量精力找房子、裝潢諾斯威克排屋以及他們後來在倫敦的兩間公寓。阿嘉莎在自傳中有不少篇幅寫及這段經歷。讀到她管理那兩房公寓時遇上的問題，如不平整的床和被魚販欺騙，那聽起來就和管理梣田一樣勞心費神。儘管伍茲太太和亞契先前手下的勤務兵巴特利特（Bartlett）會幫忙她。

在努力重建愛德華時代安穩舒適生活的人之中，阿嘉莎並不是唯一的中產階級女性。然而，阿嘉莎最吸引人的一點是她對實踐的重視。她會全心投注於工作，直到徹底掌握要領為止。她甚至想像過自己成為一名客廳女僕：「我確信自己夠格。」她或許會發現那其實比想像中困難，因為中產階級人士大多看不見操持一個家庭所需要的勞動。然而，和其他同屬中產階級的人相比，阿嘉莎至少能想像那種可能性。她成為傭人的幻想體現在令人欽佩的露西．艾拉貝羅身上，她在《殺人一瞬間》中兼具管理家務和偵破案件的長才。

值得注意的是，阿嘉莎的新生活缺少了梣田的關鍵人物：廚師。在戰爭期間，即便是有錢人家也得習慣將就，因此烹飪工作的地位也開始改變。

阿嘉莎在她的小廚房裡開始嘗試做菜，從清淡且豪華的菜色開始，例如起司舒芙蕾，其餘菜餚則還是由伍茲太太負責。歷史學家妮可拉．杭博（Nicola Humble）解釋說，「烹飪現在成為一種高級休閒，」它「太有趣了，不能視為傭人的工作，就算有傭人能做也不行。」[3] 就連以手藝不靈巧出名的維吉尼亞．吳爾芙（Virginia Woolf）也曾上過烹飪課，還在課程中將自己的婚戒烤進了一個板油布丁裡。[4]

克莉絲蒂夫婦的下一個劇變發生在十一月的停戰期間。阿嘉莎認為倫敦人沉溺於「一種歡愉的狂熱、野獸般的享樂」之中。飲酒和跳舞令人們迷失了方向。一位名叫伊莉莎白．普倫基特（Elizabeth Plunkett）的女人也感受到這種奇異氛圍。「我們似乎失去了一切感受，什麼也感覺不到。我們重新開始生活，或是試圖重新開始生活……我們坐在一起用餐，但每一張面孔都是心不在焉。」[5]

此時，亞契突然表示他打算辭掉穩定的皇家空軍工作，這令阿嘉莎頓失方向且不知所措。他想在倫敦金融城（the City）找份薪資優渥的工作，但他在徹底下定決心之前對此隻字不提，這突如其來的消息令阿嘉莎感到錯愕。就如同亞契在兩人首度共舞之後突然展開的殷勤追求，現在他又再次展現了他果決且近乎無情的生活方式。

許多倫敦金融城的企業都樂於幫助退伍的年輕軍官，亞契很快就在一間名為帝國與外國投資公司（Imperial and Foreign Investment Corporation）的金融服務公司找到了新工作。他的老闆是個猶太人，阿嘉莎和亞契都按一九二〇年代英國那種不友善的習慣，說他「胖」和臉色「黃」。阿嘉莎稱他為「金石」先生（Mr 'Goldstein）*，根本懶得弄清楚他真正的名字是什麼，但他給薪相當大方。

克莉絲蒂夫婦的年收入包含亞契的軍人退撫金五十英鎊、他個人的投資所得五十英鎊、阿嘉莎繼承的遺產一百英鎊，以及亞契工作的薪資五百英鎊。每年七百英鎊的收入是資深鐵路售票員或中年公務員的兩倍多。但即便如此，這對年輕夫婦仍感到錢不夠用。當時大家都有這種感覺，因為就拿買衣服來說，一九二〇年的衣服已經比一九一四年時貴了足足三倍。[6]

在描寫一九二〇年代的英國時，喬治・歐威爾（George Orwell）認為，一年需要有一千英鎊的收入，才能過上「紳士般」的生活。反過來說，一年只有四百英鎊的收入卻想過上流社會的生活：

> 是件怪事，因為那意味著你的上流幾乎只存在空談之中。也可以說你同時過著兩種社會階層的生活。理論上，你對傭人瞭若指掌，也知道如何給他們小費，但實際上你只有一個或頂多兩個家傭。理論上你知道如何著裝打扮，也知道如何點餐，但實際上你根本負擔不起像

* 譯註：Goldstein為猶太人常見的姓氏，語源為阿什肯納茲猶太人（Ashkenazi Jews）使用的意第緒語（Yiddish），譯為英文即為「gold stone」的意思。

樣的裁縫店或是餐館的花費。[7]

阿嘉莎和亞契在社會上的階層地位也不過略高於這個「奇特」的層級，這迫使他們得保持體面。因此當阿嘉莎筆下的角色要這麼做時，她就可以利用自身的經驗來描寫。

一九一八年十二月舉辦的選舉首次開放一些經過挑選的女性參加投票。一般認為這是為了感謝女性在戰爭期間的工作付出，但即便像是阿嘉莎這樣的戰時工作者仍然沒有選舉權。她不符合選舉權的資格條件：她不足三十歲，既不是戶長，也不是大學畢業生。此外，擴大選舉權其實與感謝毫無關係。而是如歷史學家珍妮特．霍沃斯（Janet Howarth）所解釋的，它回應的是公民權定義的擴大。如果女性在戰爭中有所貢獻，那麼她們就必須是公民。是公民身份，而非男性身份，開始被視為選舉權的基礎。[8]但也不能一下子讓太多女性獲得公民身份，不然就太可怕了！她們在全體選民中所占的人數將會超過男性。

因此結果就是，阿嘉莎並非一個完整的公民，在正式政策或政治人物方面，她得不到什麼關注。工黨不關心她這樣的女性，他們只關注有工作的男性。就連保守黨的女性國會議員都更多一些。[9]這能解釋為何阿嘉莎終生都對政治不感興趣，即便她骨子裡支持保守黨的理念。

然而，倫敦的生活肯定相當令人興奮。亞契和阿嘉莎既是夥伴又是配偶，他們想要一起旅行和休閒，他們想要孩子，但也不是非要不可。「他們把婚姻生活視為一場遊戲，」如同阿嘉莎在一部自傳體小說中對一對年輕夫婦的描述，「他們在其中投入許多熱情。」[10]一九二〇年代即將到來，然而，在我們對這十年歡樂時光的普遍印象中，往往缺少了那些戰爭留下的陰影，例如在二〇年代大量攀升的自殺人數。與此同時——阿嘉莎也經常寫到這一點——許多人放棄了教會，轉而投向唯靈論，以與那些在一九一四年至一九一八年間逝去的摯愛親人取得聯繫。[11]

在戰爭結束後，克莉絲蒂一家肯定會比以前更幸福快樂吧？但現實往往意外的複雜。即便阿嘉莎傾盡全力磨練廚藝，亞契仍不滿意她，覺得她煮的肉「索然無味」，又覺得舒芙蕾不好消化。壓力影響到他的胃，他患上了「緊張性消化不良」，那是一種沒有顯著原因的消化不良症。阿嘉莎說，許多夜晚他「根本吃不下任何食物」。「我覺得有點孤單，」她如此描述這段新生活。

然而，阿嘉莎在其自傳中那勇敢果斷的筆調展現了她努力追求幸福的決心。很快地，象徵著他們婚姻生活圓滿成功的大事就出現了。

第十四章　蘿莎琳的到來

克莉絲蒂夫婦到托基拜訪克拉拉時，阿嘉莎因「腹部不適」而臥床不起。她花了一段時間才明白這意味著什麼，但懷孕的消息令她相當欣喜。

阿嘉莎一直都想要孩子，她最大的心願就是「被孩子們圍繞」。[1]這是她的宿命，她的想法和白羅一樣：「結婚生子是女性共同的命運。一百個、更甚是一千個女人中，只有一人能博得名聲與地位。」[2]

但阿嘉莎並沒有準備好面對孕期間持續不斷的孕吐。她被即將到來的苦難給嚇壞了，還得知自己有可能會喪命。在那個年代，孕婦難產而死的狀況仍時有所聞。

亞契的反應也相當矛盾。阿嘉莎形容他「意外地善良體貼」，因為她知道他討厭面對疾病。到了要生產的時候，阿嘉莎回到梣田，在專業護士的幫助下順利生下了孩子，克拉拉當然也在一旁協助。在阿嘉莎自傳性質最濃厚的小說中，女主角即便在婚後，對母親的情感仍然最為深厚。回到兒時的家是她最快樂的時光。

她深愛那種重回過往生活的感覺。幸福的暖流掠過她身上，她覺得自己是被愛著的、也是被需要的。[3]

亞契也來到梣田，但生產的大小事都是由克拉拉和專業護士負責安排。一九一九年八月五日，阿嘉莎的女兒蘿莎琳（Rosalind）出生時，她的第一反應與其說是常見的喜悅，不如說是如釋重負：「我不會不舒服了，謝天謝地！」

打從一開始，阿嘉莎就不認為蘿莎琳是她延伸出去的一部份，她將她視作獨立的人。對她而言，這個新生嬰兒已經是一個獨立的個體了：「她既快樂又堅定」。不像克拉拉，阿嘉莎並不將孩子視為全世界最重要的東西。她保持著一定的距離，尊重地看著自己的女兒。她永遠不會用傳統的觀點來看待自己母親的身份。

姨母奶奶沒有親眼見證孩子的出生，她在三個月前去世

阿嘉莎與女兒蘿莎琳。圖片來源：Christie Archive Trust

了。而在這充滿變動的一年中，阿嘉莎的外婆波莉也於十二月與世長辭。隨著新生代到來，老一輩人也逐漸逝去，只剩下克拉拉維繫著家庭的支柱，她也是阿嘉莎能夠依靠的人。孩子出生沒多久，阿嘉莎就離開了梣田，把孩子留給母親照顧。為了讓阿嘉莎去倫敦，護士又額外多待了兩個星期。

從現代親密式育兒理念（attachment parenting）的觀點來看，離開才剛出生幾天的嬰兒這個決定看起來有點奇怪。但從那個時代的觀點來看則相當稀鬆平常。阿嘉莎和亞契兩人都對為人父母的新角色感到畏懼，「我們膽怯又緊張，就像兩個不知道自己是否被需要的孩子。」

阿嘉莎在自傳裡對蘿莎琳的出生著墨不多，更多篇幅是在描寫僱用護士的過程。但在她的自傳體小說中，她描寫了女主角在學習自己扮演的新角色時遭遇到的困難與挫折。她「無疑正在扮演年輕媽媽的角色，但她絲毫不覺得自己是人妻或人母，更像是一個參加完令人興奮但累人的派對後，回到家裡的小女孩。」[4]

在小說中，阿嘉莎甚至會深入探討母親怨恨、厭惡或是傷害自己子女的可能性。「許多母親並不喜歡她們的孩子，」她在《幕後黑手》（*The Moving Finger*）一書中寫道。[5]

阿嘉莎並非不喜歡孩子，她只是覺得自己沒有義務用當時社會所偏好的那套寵溺的方式來對待孩子。阿嘉莎認識的一位音樂家放棄音樂，轉而將母親的身份放到第一順位，她說「我並不介意，我覺得小孩子更有趣」，而阿嘉莎認為這樣的想法「很特別」。[6]

她之所以這麼快就回去倫敦，是為了要找一間更大的公寓、一個居家保姆和一名女傭。亞契的薪水連定期添購新衣服的錢都湊不到，但即便如此，他們還是認為需要這兩個「生活不可或缺的」人力。

他們倆與蘿莎琳最終定居的新公寓在艾迪生大樓（Addison Mansions）裡，一棟建於一八八〇年代的六層紅磚高樓，蓋在奧林匹亞展覽中心（Olympia exhibition halls）附近。阿嘉莎去席爾斯（Heal's）挑選家具。出外工作的亞契，加上女傭露西和保姆潔西，這個家就完整了。「我們從未有過如此快樂的時光，」阿嘉莎寫道。

然而，當時也是權力關係產生變化的時代。阿嘉莎相當享受亞契給予她的家庭自主權，但她現在得要學習如何管理手下的僱員。作為僱主，她被許多保姆拒絕，因為她們習慣更加富有且慷慨的家庭。就連瑪波小姐的說話方式也讓自由派人士感到不舒服：「就像是慣於發號施令的那種人」。[7] 阿嘉莎那一代的人已經越來越無法那樣強硬地指使他人了。

於是我們開始思考一個傷腦筋的問題：在阿嘉莎的生活和她的小說中，家事服務有何意義？在一九二〇年代時，她和同代人都還在努力尋求答案。所有人都不知道何謂傭人了：他們在社會上的地位變得模糊不清。「天哪，老荳克絲！」《史岱爾莊謀殺案》中不善於觀察的海斯汀心想。「她是多麼完美的老式傭人範本，這種人正在快速凋零。」這段話經常被引用作為缺乏階級意識的例證。然而，阿嘉莎筆下的人物並不總是她個人觀點的傳聲筒。海斯汀並沒有真的「看見」荳克絲的本質，而阿嘉莎只是透過海斯汀狹隘的觀點來展現她自己，藉此刻意掩蓋她的真實樣貌。

然而，在阿嘉莎的自傳中，這套說詞站不住腳，她的僱傭工被當作歌舞雜耍人般對待，他們惱人的各種怪癖被攤出來供讀者娛樂。而雇主動不動就覺得自己在受折磨。一九二〇年的一篇文章列舉出他們的抱怨：「不情願的服務、糟糕的表現、高得誇張的薪資要求、違反整潔和秩序的原則要求、必須保持體面，以及怕『女傭會說她不幹了』而必須制定嚴格的規範。這些是近乎暴政的要求。」[8] 阿嘉莎對於家務傭人的擔憂正是中產階級人士的典型表現。這在現今會令人感到不愉快，但對於她這樣的女性而言，這些都是令人擔憂的要事。

一開始，亞契下班回家時，他很開心能與女兒和妻子共度夜晚，但他已然習慣了軍隊生活中的樂子和同袍情誼。他漸漸開始渴望家庭外的生活，並開始在週末去打高爾夫球。用齊格菲．薩松（Siegfried Sassoon）的話來說，像亞契這樣的男人，「永遠都與他人格格不入，除了他的軍隊戰友之外」。[9] 一九二〇年，一位記者嘗試總結亞契這個世代的人，他描述何以「出了差錯……他們身上產生了變化。他們陷入陰晴不定的情緒、古怪的脾氣、交替出現的重度憂鬱與渴求愉悅的無窮慾望之中。」[10]

亞契「從來不談戰爭的事」，阿嘉莎告訴我們，「在那些日子裡，他唯一的念頭就是要忘記這些事情。」她形容他「波瀾不驚」，總是「毫不意外地」接受一切。在阿嘉莎最具自傳性質的小說中，以亞契為原型的虛構角色德莫特（Dermot）也是這樣子：「當他打破矜持說了些什麼時，」他的妻子「覺得這是值得留念的重要事件。這對他來說簡直是難如登天。[11]

「我們沒理由不能永遠幸福快樂地住在愛迪生大樓，」阿嘉莎寫道。但其實有個理由，一個天大的理由，就坐在她的客廳裡。

「我寧願，」亞契說道，「我能夠改變什麼。」

看起來相當幸福快樂的克莉絲蒂一家：亞契、蘿莎琳和阿嘉莎。然而，對於英國許多家庭而言，所謂的「咆哮的二〇年代」（Roaring Twenties）最終卻令他們深感痛苦。圖片來源：Christie Archive Trust

第十五章 英國的任務

改變的確即將到來，而且來得令人意想不到。

一九一九年，蘿莎琳出生不久後，阿嘉莎大約在她二十九歲生日前後收到了一封信。令她驚訝的是，那封信來自知名的出版商約翰·蘭恩（John Lane），他邀請她一訪他的辦公室。

阿嘉莎那時已經放棄了成為小說家的願景。在《史岱爾莊謀殺案》被超過六間出版社拒絕之後，她幾乎忘了這本小說的存在。她的生活也有了變化，人生的道路愈發狹窄，只剩下妻子和母親的身份。她接受了這一切，她永遠當不成一個女主角，永遠無法成為自己幼時幻想中的那個阿嘉莎女士。一方面來說，她正逐漸老去。「讓故事的女主角更年輕一點，」伊登·菲爾波茨曾建議她。「三十一歲就太老了，你不覺得嗎？」[1]

但現在她的信箱來了這封意料之外的冒險邀請函。蘭恩先生肯定不會特地邀請她到他的辦公室去，再拒絕她吧？阿嘉莎滿懷興奮之情地出發去一探究竟。

蘭恩和阿嘉莎一樣出生於德文郡，今年六十五歲。他坐在他那凌亂的辦公室裡等待她時，他看起來「就像是個老派的船長，留著灰色的小鬍子，有一雙閃亮的藍眼睛」。[2] 蘭恩擅長挖掘那些資歷淺、稿費低且引人注目的作家。他們也幫助他建立了他的出版事業——鮑利海出版公司（The Bodley Head）。[3]

「阿嘉莎，」蘭恩若有所思地談及這名有潛力的新銳作家，「是個不常見的名字，會被人們記住。」而且他知道在克莉絲蒂夫人的作品上，他佔據著有利的位置，他已委託了一些專業讀者審閱其手稿。《史岱爾莊謀殺案》「很有可能會大賣，」其中一名讀者寫道，「這故事抓得住讀者。」另一名讀者認為，雖然並沒有透露作者的性別，但寫作上的一些跡象「讓我猜想這是出於女性作家之手」。[4] 然而，這兩名讀者都一致認為故事結尾的審判場景不合情理，還需要再做修改。

約翰・蘭恩精明地注意到了這一點以及阿嘉莎不諳世故，於是決定順勢利用這個情況。他請阿嘉莎坐下，教訓了她一頓，並告訴她修改是必要的，並且還說一個新人作家沒辦法讓他賺到多少錢。

但他的策略其實完全沒必要。阿嘉莎開心得激動萬分。當他從辦公桌裡抽出一張合約時，她甚至根本沒有認真閱讀：「他會出版我的書……什麼合約內容我都願意簽。」

她以外行笨拙的方式開啟了日後的職業作家生涯。作為維吉尼亞・吳爾芙所描述的那種「知識分子的女兒」，阿嘉莎屬於這社會中最不需要去考慮金錢問題的那一群。簽下這張合約將帶領她進入一個更加五光十色的世界。舉例來說，在偵探小說黃金時期（the Golden Age of Detective Fiction）的四大天后中，她是唯一一位在婚內生下孩子的作家，其餘三人為桃樂西．榭爾絲、瑪格莉．艾林翰和奈歐．馬許（Ngaio Marsh）。阿嘉莎滿懷熱情地踏出了她的第一步，但這一步卻也踏得盲目，她並沒有意識到這將會導致什麼樣的後果。

如果她有經紀人的話，他一定會建議阿嘉莎不要簽這份合約。蘭恩的合約讓這位缺乏經驗的作家只能拿到微薄的版稅。他眉飛色舞地談論著她下一本書的出版。但他也悄悄地將她綁在一份具有約束性的五本書出版協議中。

即便如此，亞契還是帶著阿嘉莎去漢默史密斯宮（Hammersmith Palais）慶祝了一番，那裡可以容納六千名舞者，場地不賣酒，但他們陶醉在好運之中。阿嘉莎的作品將要出版了，而《史岱爾莊謀殺案》一問世，馬上大獲成功。

與此同時，阿嘉莎也著手開始創作下一部作品。[5] 很顯然，初嘗成功的滋味，住在愛迪生大樓裡的兩人已不再像以往那樣只滿足於生活的現狀了。在一九二〇年代的另一本作品中，阿嘉莎描述了生活枯燥乏味的女人們，她們言之無物的閒話家常一聊就是好幾個小時，內容多半關於「她們自己、她們的孩子，還有買到好牛奶有多難……她們很愚蠢。」[6] 她享受著創作工作。在一次報社採訪中，她清楚地表明了自己生活的優先順序。她表示，「即便是我兩歲的小女兒也無法阻撓我」對於犯罪小說的嗜好。「一旦你養成了寫犯罪小說的習慣，就很難割捨了，我知道自己永遠不可能停筆。」[7]

那次意義重大的採訪淡化了她母親的身份，並突顯了她作家的身份。此外，她**接受**採訪一事也意味著她正在成為一名公眾人物。一九二〇年代開始出現了類似現代名人文化的東西，人們從商業小說和新聞報導中的名人消息獲得娛樂。[8]阿嘉莎與新聞界搭上了線，這將帶來美好但也可怕的後果。

亞契為聰穎的妻子感到驕傲，也很高興她開始靠寫作賺錢。但極有可能的是，阿嘉莎意外的成功讓他變得更加浮躁。而此時，他得到了一個擺脫困境的大好機會。

為了促進貿易和展示大英帝國的產品，英國正計畫於一九二四年在溫布利（Wembley）舉辦一場大型展覽會。由於英國開始考慮放棄在印度等地的行政統治，他們需要新的方式（如前述的舉辦展覽會）來保持大英帝國的活絡。而這項計畫的負責人正是亞契軍校時期的老師——厄尼斯特．貝爾徹少校（Major Ernest Belcher）。他將帶領一個外交使團環遊世界，為展覽會爭取支持，而他邀請亞契擔任他的財務長與他同行。

未婚且自我中心的貝爾徹少校比亞契和阿嘉莎大了約莫二十歲，是個有點滑稽的人。在戰爭時期，他的職責是掌管全國馬鈴薯的供給。阿嘉莎曾嘲諷他的功績。「我們根本就沒吃到馬鈴薯，」她在談到馬鈴薯時表示，「我不清楚馬鈴薯短缺是否都是貝爾徹造成的結果，但如果是，我一點都不意外。」

然而，貝爾徹起初似乎並沒帶來什麼困擾。討論後，他們決定讓亞契接下這份工作，而且阿嘉莎也會同行，蘿莎琳則留給瑪琪照顧。因為亞契必須辭掉原本的工作，所以這有一定的風險，但這樣的機會實在令人無法抗拒。環遊世界的旅行挺像是古代貴族的壯遊，且花費的開銷較低。這次冒險旅程是戰後旅遊熱潮的一部份，那時許多軍艦都被當作遠洋郵輪來使用。阿嘉莎將要前往的英國領地當時逐漸被英國中產階級視為度假勝地，而不是出差地。[9]阿嘉莎一直都很喜歡移動：「旅行生活，」她寫道，「具有夢想的本質……你就是你自己，但又是不一樣的另一個自己。」亞契並不喜歡在愛迪生大樓生活的那個自己，或許他會在海上找到另一個更令人滿意的自我。

使團從倫敦出發的那一天，也正是阿嘉莎第二本書《隱身魔鬼》出版的日子。這次啟航顯然頗具重要性，因為《泰晤士報》上登載了一張照片，照片中的阿嘉莎像個明星般掛著花圈。然而在此時期，阿嘉莎還只是個新人小說家，在照片的說明文字中，她被誤植為使團農業顧問的女兒，那名顧問是被稱作F．希亞姆先生（Mr F. Hiam）的馬鈴薯大亨。[10]

根據旅途路線，他們經過馬德拉群島（Madeira）前往南非，然後去往澳洲和紐西蘭。阿嘉莎和亞契計畫接下來去夏威夷度假，然後再與使節團會合，前往加拿大。威爾斯親王幾年前也進行過類似的環球之旅，試圖讓英國的各殖民地凝聚在一起，他們也沿循著威爾斯親王的腳步。然而，即便是使團的核心人物，都認為這項任務似乎有點不切實際。在旅行中，阿嘉莎在家信中寫道，「我們每一晚都在桌子旁訓練輪機長（Chief Engineer）喝下『成功達成使命』的心靈雞湯，他也都喝了，卻嘀咕說，『但我還是不清楚這是什麼樣的任務。他們說這和宗教無關。』」[11]

他們前往南非搭的船是基爾多南堡號（Kildonan Castle），後來在阿嘉莎的小說《褐衣男子》（*The Man in the Brown Suit*）中，[12]女主角同樣前往南非旅行，搭乘的船則名叫奇夢登堡號。這件事在阿嘉莎的一生反覆上演，她所經歷的一切都成為創作的參考原型。她花費許多時間觀察英國的僑民，悄悄地從旁窺視他們的生活。她在任何地方都能發現諷刺之處，某些好笑或揭穿底細的事。就連鳳梨的栽種方式也是如此：她本來想像鳳梨是優雅地從樹上長出來的，但卻大失所望地發現鳳梨原來是像高麗菜一樣種在田裡。

阿嘉莎幾乎終其一生都用這種嘲弄的筆調談論大英帝國。她這趟旅程並非是替大英帝國擂鼓助威，而是為了享受親眼見證並且嘲笑它的樂趣。

航程中的照片展示了這段美好時光：阿嘉莎慵懶地倚著郵輪的欄杆；她在泳池裡游泳、在南非的海灘上拿著衝浪板——對於這熱愛游泳的女孩而言，衝浪是一項新的運動。她戴著珍珠項鍊和以花瓣裝飾的泳帽衝浪。她在夏威夷頭戴花環，從隱藏在香蕉林中的平房走出。

但隨著時間過去，這項任務也越來越累人。貝爾徹與他的部屬不斷與人會面、欣賞一個又一個果園，彷彿是皇室出巡的縮影：「漫長且疲憊的一天……市民的歡迎會、工廠視察、午餐和帶有演講的晚餐等等。」幾個月過去，貝爾徹開始暴露出專橫的真面目，變得越來越難相處。「野蠻人今天早上變得比以往都還要糟糕，」阿嘉莎報告，「他在那個像原始人洞窟一樣黑的房間裡，邊享用麵包和牛奶，邊對每個人大吼大叫。」[13]

這趟旅行還有另一個值得注意的不利因素：蘿莎琳被留給她的阿姨照顧了。克拉拉完全支持阿嘉莎陪伴丈夫的決定，她擔心孤單的男人會走上偏路：「如果你不陪在丈夫身邊，或是離他太遠，**你就會失去他**。」瑪琪把蘿莎琳和保姆接到自己家裡，但後來她就沒那麼支持阿嘉莎去旅行了。她指出哥哥從非洲返家後身體不適，正需要妹妹們的支持與幫助，但阿嘉莎當時卻選擇離開。

現今的心理學家可能會告訴你，離開一個兩歲大的孩子九個月，一定會讓他產生被遺棄的深刻恐懼。然而，阿嘉莎想要成為和克拉拉不一樣的人，她想給蘿莎琳成長的空間。「每一個孩子，」阿嘉莎以最接近其育兒哲學的說法表示，「都是難以理解的陌生人……你可以在一段時間內照顧他，但之後他會離開你，並綻放出屬於自己的自由新生。」蘿莎琳對她而言還是有點神祕未知，而亞契愛女兒的方式更加簡單直接，也更適合他們兩人：「他們了解彼此，」阿嘉莎心想，「比我和蘿莎琳之間的了解還要深。」

一九二二年，在夏威夷衝浪的阿嘉莎。圖片來源：Christie Archive Trust

即便如此，阿嘉莎內心仍存在衝突。「我常常想到你，我的寶貝，」她在一封打算要朗讀給蘿莎琳的信中寫道。就如她向克拉拉所承認的那樣，她感到愧疚：「我覺得在遠方享樂的自己很糟糕。」[14]

這就像是每當蘿莎琳打斷她寫作，而保姆大聲說「我們不能打擾媽咪，對吧，小寶貝？」同樣的愧疚感總是油然而生。阿嘉莎和一般人不同，她坦然表達了對於需要照顧孩子的不滿：「你要麼得和蘿莎琳說話、陪她玩，要麼得在一旁看她忙著和其他人玩。」

當旅行中的度假行程開始時，阿嘉莎努力將她的愧疚感拋在一旁：在檀香山度過了沒有貝爾徹的一個月快樂時光。衝浪非常盡興，「是我所知最棒的運動樂趣之一。」但是強浪很危險，而且亞契和阿嘉莎都嚴重曬傷了。

從右到左依次為阿嘉莎、亞契，和貝爾徹少校，他們在加拿大宣傳大英帝國博覽會。圖片來源：Christie Archive Trust

到了旅行最後一站的加拿大時，他們的興致已明顯消磨殆盡。他們的錢也都花光了，阿嘉莎只能吃熱水燙過的肉來權充晚餐。亞契的鼻竇發炎了；阿嘉莎的肩膀也出了毛病——神經發炎，或許是衝浪所造成的。她「很想回家」。[15]終於，在離家九個月後，他們搭上了返家的船隻。兩年後，那場展覽會吸引了兩千七百萬名遊客，也留下了溫布利球場（Wembley Stadium）這個永久的歷史遺產。

阿嘉莎離家的時候，那些寄給她的剪報讓她相信，她的第二本書《隱身魔鬼》也會大獲成功。各項收入源源不絕，如售出瑞典語翻譯版權的收入。在一九二二年秋天，阿嘉莎還沒回到家，她的第三部作品《高爾夫球場命案》（*The Murder on the Links*）的連載計畫就已經拍板定案了。

如今阿嘉莎已經出了三本書，她想起與約翰・蘭恩的初次見面，當時的她是如此興奮，現在回頭看來卻是五味雜陳。

一九二二年，在檀香山享用早餐的阿嘉莎。她喜愛不斷移動的人生。「旅行生活，」她寫道，「具有夢想的本質……你就是你自己，但又是不一樣的另一個自己。」圖片來源：Christie Archive Trust

他用「銳利的湛藍雙眼」直盯著她，她應該要對此有所警覺，「他是那種會想方設法占盡便宜的男人」。但蘭恩不知道的是，這位鮑利海出版公司中最炙手可熱的新銳作家回到倫敦時，她正計畫著逃離他的掌控。

第十六章　犯罪驚悚小說

雖然阿嘉莎看似是最英式的作家，但她一出道就在全球各地大獲成功。舉例來說，《史岱爾莊謀殺案》於一九二〇年十月先在美國上市出版，甚至早於英國的出版時間。

背後的原因是，這篇小說當初是在《泰晤士報》上連載的，儘管是刊登在主要供僑民閱讀的週刊專欄上，仍花了五個月才連載完整篇小說，這也意味著直到一九二一年一月二十一日，這本小說才單獨成冊出版。阿嘉莎在成為小說家之前是個雜誌連載作家。

她的寫作路線比大眾認知的更廣，除了犯罪推理小說，她還會寫其他類型的作品。但她的推理小說寫作之路從起步就相當順利。儘管《史岱爾莊謀殺案》出版前曾一度令她灰心沮喪，但這本小說最終還是在各大書評上大獲好評。《星期日泰晤士報》（*The Sunday Times*）認為此書「構思精巧」，《泰晤士報》則稱它「卓越出色」。[1]《泰晤士報文學增刊》（*The Times Literary Supplement*）則只有一句評論：「極為別出心裁」。阿嘉莎自豪地將那則評論從報紙上剪下來並保存著。[2]

《藥學期刊》（*Pharmaceutical Journal*）上一篇有趣的評論稱讚阿嘉莎在書中處理毒物的

手法「有深刻的見地」。[3] 當時一套偵探小說的公認「規則」正在成形，包含作家必須與讀者「公平競爭」，至少要讓讀者有猜出罪犯真實身份的機會。「科學範疇內未知的神祕毒藥」就被認為是不公平的技倆，而阿嘉莎終其寫作生涯都不需要使用這些招數。唯有在她晚期的一部小說——《破鏡謀殺案》（*The Mirror Crack'd from Side to Side*）——中，她借助了一種她稱作卡默（Calmo）的虛構巴比妥類藥物。[4]

然而，雖然《史岱爾莊謀殺案》廣受讀者喜愛，但出版社獲得的利益卻遠超過作者本人。隨著時間過去，阿嘉莎逐漸開始懷疑約翰．蘭恩耍了些小手段。她和蘭恩的姪子艾倫（Allen）成為好朋友。「我常常突然問：『艾倫，我是不是快**一年**沒從你那拿到版稅了？』」她回憶道。而他的回答是：「我還想你是不是該注意到了。」[5]

阿嘉莎在自傳中告訴我們《史岱爾莊謀殺案》沒讓她賺到多少錢，她決定不再寫作了。是什麼改變了她的想法？又是什麼激起她寫第二本書的決心，讓她寫下將奠定其作家生涯的作品，而不是淪落為一個幸運的半吊子作家呢？

她在自傳中給出的官方解釋是，梣田的狀況越來越嚴峻。「一九一九年，姨母奶奶去世後，她本就不多的收入也徹底斷了。那座老房屋的維護費用變得越來越高，它眼看就要面臨被賣掉的命運。」

但阿嘉莎已在梣田和其花園傾注了大量心血，她對這黯淡的前景感到傷心欲絕：「這……這裡……這裡是我的一切。」於是她告訴我們，務實的亞契想到了一個可行的方法。她何不再寫一本書，說不定能賺點錢來拯救她母親的房子？

然而，這只是個童話般的故事，符合舊時代的觀念，也就是女性只應該在萬般無奈或是為了幫助家庭的情況下，才能靠寫作賺錢。一九二〇年的證據證明了這是錯誤的。在《史岱爾莊謀殺案》尚未問世時，阿嘉莎就寫過信給鮑利海出版公司，告訴他們她已經「差不多完成第二部作品了」。[6] 她急切地想要繼續她的作家生涯。

而阿嘉莎也在一九二二年的一次訪談中證實，她已經是一名職業作家了。「寫犯罪故事就像是吸毒，」她告訴一名記者。「一旦你成為了偵探小說家……你的回歸就成了必然，大眾對你有所期待！」她有了「一群讀者」，有了產品，也就有了生出新作品的壓力。[7]

如果你仔細看阿嘉莎二〇年代的出版紀錄，就會發現她成功發展的背後顯然是有策略的。一九二一年至一九三一年間，她寫了十一本書*，但其中只有五本是典型的偵探小說，有一本詩集、一本純文學小說，而有五本屬於阿嘉莎所稱的「犯罪驚悚小說」。她在嘗試各種不同的文類，試圖找出最暢銷的類型。「我是個商人，」她解釋道，「身在一個公平不欺的行業中……你必須要順從類型的規範。」

阿嘉莎將自己視為市場而寫作的工匠，而這樣的想法令她被排除在戰時的「偉大作家」

* 譯註：此處原文說她寫了十一部作品應有誤，按後面的敘述，各文類作品加起來為十二部。

名單外：布倫斯博理文團（Bloomsbury group）*、艾略特、佛斯特、喬伊斯（James Joyce）、奧登（Auden）、勞倫斯、歐威爾和伊夫林・沃（Evelyn Waugh）。在一九二〇年代，新聞寫作等大眾市場文類開始廣為流行，現代主義運動（Modern Movement）的前衛作家紛紛感到擔憂。[8]挺身為「高雅文化」（high culture）辯護的他們，開啟了日後被稱作「雅俗之爭」（The Battle of the Brows）的論戰。

一九二二年，T・S・艾略特出版了《荒原》（*The Waste Land*），同年還有喬伊斯的《尤里西斯》（*Ulysses*）和阿嘉莎・克莉絲蒂的「犯罪驚悚小說」《隱身魔鬼》，這一年也是現代主義運動開始的年份，這個詞彙最早出現在一九二七年的一本書中，[9]但現代主義究竟是什麼？在《牧師公館謀殺案》（*The Murder at the Vicarage*）一書中，阿嘉莎筆下的角色連恩認為現代主義就是「沒有大寫字母在其中」的詩作，他用不無惡意的暗示口吻說道，這正是「現代性的精髓所在」。[10]

從本質上來講，現代主義是一種實驗性的、不同於以往任何概念的東西，而且它並沒有受到大眾普遍的歡迎。像阿嘉莎這類使用傳統敘事方式的作家，則開始將自己定位為幾乎是知識分子的對立面，並以反抗態度自稱是中庸甚至「低俗」的。對於自己在寫作上的成功，

* 譯註：是個由文人、藝術家和學者等知識分子組成的團體，核心成員包含小說家維吉尼亞・吳爾芙、作家E・M・佛斯特、畫家凡妮莎・貝爾（Vanessa Bell），和經濟學家凱因斯（John Maynard Keynes）等人，他們以倫敦的布倫斯博理為活動中心，因而得名。

阿嘉莎的反應是覺得「**低俗者**占了上風」！[11] 雅俗之爭激起了強烈的情緒。如果你想知道那些高雅的知識分子是多麼深切認為中庸的文化是二流且令人憂心的商業文化，那就看看吳爾芙吧。「如果有任何男人、女人、狗、貓或是半死不活的蟲子膽敢說我是『中庸的』」，她寫道，「我會拿起我的筆捅死他。」[12] 這爆炸性的言論出現在吳爾芙寫給《新政治家》（*New Statesman*）雜誌編輯的信中。

但事情永遠不像表面上那麼簡單。這封知名的信件其實一直都沒有被寄出，或許因為吳爾芙偶爾會為《*Vogue*》和《好管家》（*Good Housekeeping*）撰稿而有所顧慮，又或許因為她由衷支持其他職業女性作家，而她們大多和阿嘉莎一樣中庸。正如文學史學家馬魯拉．喬諾（Maroula Joannou）所言，這封信從未寄出，或許是因為吳爾芙太清楚「自己立場的矛盾」了。[13]

但再換個角度來看。如果說那些中庸人士和現代主義者其實是一樣的呢？依照現代主義更廣泛的定義，在某些不像《尤里西斯》那樣逼著你去面對新類型衝擊的作品中，你也能找到現代性。因此文學批評家艾莉森．萊特（Alison Light）駁斥「現代主義」就代表「高雅」的觀點。萊特以阿嘉莎為例，認為她本身其實就是一個被忽略的現代主義者。

或許在克莉絲蒂於一九二〇年代所寫的那些被稱作「犯罪驚悚小說」的作品中，這一點表現的尤為明顯。與她的偵探小說相比，這些作品的知名度明顯較低，但它們狡黠、迷人、異想天開且節奏明快。這些作品具有現代主義者關注的象徵手法，並以最輕盈的筆觸勾勒出書中的人物與地點。

這些故事標誌著湯米和陶品絲這對夫妻檔偵探開始出現在阿嘉莎的筆下，他們分別是退伍軍人和醫院護士，並在《隱身魔鬼》中初次登場。阿嘉莎形容他們「是看起來很現代的一對伴侶」。這對勇敢的夫婦最近剛從戰時服務中退出，雖然不太走運，但卻對未來滿懷期待。因為非常缺錢，於是他們決定成立一間調查企業。湯米是窮人版的夏洛克．福爾摩斯，連喝點茶或吃個麵包的錢都不太夠。他和陶品絲在一間連鎖下午茶店各付各的帳，這表現出他們樂於無視男人應該負責買單的規範。[14]這對經濟拮据的錦繡青年（Bright Young Things）仍嚮往著一九二〇年代版本的享樂主義生活：享用美國龍蝦（Lobster à l'américane）、紐伯格雞（Chicken Newberg）和蜜桃梅爾芭（Pêche Melba'）；熟識麗緻飯店的領班；乘著新款的勞斯萊斯去兜風。說到一個退伍士兵和一個前護士結婚，除了亞契和阿嘉莎，你還能想到誰呢？

然而，在跨足她的第一部犯罪驚悚小說後，阿嘉莎又再次回到偵探小說。以《史岱爾莊謀殺案》和之後幾則短篇小說為基礎，她在《高爾夫球場命案》中重新採用白羅這個角色。不過阿嘉莎已經看得出來海斯汀上尉變得有些無趣了，於是她決定擺脫這個角色：「我或許擺脫不了白羅，但我沒必要也被海斯汀困住。」

海斯汀上尉之所以現今在人們心目中如此重要，是因為他在一九八〇年代和一九九〇年代播放的偵探白羅電視劇中大放異彩。阿嘉莎發現自己很難想出相應的故事情節，能讓海斯汀親身在場目睹並講述整個故事的來龍去脈，[15]所以從各方面來說，這個角色就顯得有點無趣了。因此，阿嘉莎在《高爾夫球場命案》的結尾讓海斯汀結婚，並送他到阿根廷度過餘生。

鮑利海出版公司對阿嘉莎很滿意，但她卻對他們不太滿意。從一九二〇年代開始，她逐漸對自己作品的價值有了合理的瞭解。畢竟她現在可是個明星作家了。一九二三年，一張柔焦照片被登在《每日郵報》（*Daily Mail*）圖片版面的正中間，照片中的她和蘿莎琳美麗動人，兩人周圍還有一些較不重要的人：一名女演員、伯立克（Berwick）的一名保守黨女性候選人，以及威爾斯親王。[16]

在阿嘉莎寫給出版社的信中，（有時亞契會充當她的祕書）開始出現一些抱怨：抱怨排印錯誤、抱怨已承諾但尚未寄出的作品銷售帳目、抱怨「粗糙且外行」的書籍封面設計。[17]

儘管阿嘉莎的專業水準越來越高，她還是一直告訴自己，寫作並不是真正的工作。有個稅務局的稽查員詢問她賺了多少錢時，她才「大吃一驚。我從未將我靠寫作賺來的錢視作收入。」但英國稅務局可不這麼認為。而這也是阿嘉莎和稅務人員關係變糟的開始。意識到自己沒有妥善保存帳目紀錄的阿嘉莎感到心慌，於是再次找上伊登．菲爾波茨多年前介紹給她的文學經紀公司，也就是休斯．馬西（Hughes Massie）的公司。這一次，一位名叫艾德蒙．科克（Edmund Cork）的經紀人同意代理她的作品。

阿嘉莎的新經紀人個性極為謹慎，操著一口優雅的英國腔，有輕微口吃，他接下這個難如登天的任務，也就是幫助阿嘉莎成為一名不專業的專業人士。他立刻決定替她簽訂一份新合約，比她與鮑利海出版公司簽訂的那份剝削合約條件更好。科克很喜歡講述這個故事：他帶著提案去找蘭恩，裡面載明阿嘉莎的每一部作品都應該能預先拿到兩百五十英鎊的款項。但蘭恩表示他不習慣「與經紀人用這樣的方式談話，就把他打發走了。」[18] 因此，阿嘉莎便在一九二四年一月二十七日，與另一間由戈佛雷・柯林斯（Godfrey Collins）領導的威廉柯林斯出版社（William Collins, Sons）簽訂了一份新合約，這是科克替阿嘉莎談妥的第一份合約，日後他還會替她談成無數份合約。

然而，離開鮑利海出版公司遠比想像中更困難，尤其是現在還傷了感情。阿嘉莎的原東家開始針對合約條款爭論，合約上寫明她的前六本作品應由他們出版。他們質疑《白羅出擊》（*Poirot Investigates*）這本短篇小說集是否能算是六本書的其中之一。但阿嘉莎指出，她曾提供出版社她的第三本小說作品《幻象》（*Vision*），那本書的主題與犯罪無關，而他們拒絕了這部作品。這是他們的損失，但仍應該算數。[19]

針對短篇小說的這番爭論證明了，長篇小說並不是阿嘉莎寫作生涯的唯一一條路。一九二〇年代的阿嘉莎就像個記者，寫的是能快速產出的短篇故事。[20] 一九二二年，《隨筆》（*The Sketch*）雜誌請她撰寫一系列的白羅故事，那些故事不一定會集結成冊。如《宏大雜誌》（*Grand Magazine*）、《費林週刊》（*Flynn's Weekly*）、《皇家雜誌》（*Royal Magazine*）、《新奇雜誌》（*Novel Magazine*）和《故事家》（*Story-Teller*）等各家雜誌社都紛紛開始上門邀稿。

《晚報》（*Evening News*）還為阿嘉莎下一部犯罪驚悚小說《褐衣男子》的連載版權開出五百英鎊的天價。她簡直不敢相信。雜誌（尤其是美國的雜誌）總能為那些不太願意以小說家自居的人提供驚人的大筆收入。而這又反過來讓她更加不會被認真視為一名小說家。

阿嘉莎用這筆五百英鎊買了一輛一九二〇年代莫里斯考利（Morris Cowley）牌的奢華小轎車。對於一個活動範圍都在穿著高跟鞋就能走到的女孩而言，這輛車十分現代。她也有能力為梣田的經營管理出一份力了，並且還自費出版了一本詩集。她開始展現出她在金錢上的餘裕。有些歷史學家猜測，亞契並不喜歡她這個樣子。[21]但並沒有證據能支持這個觀點；事實上，阿嘉莎還特地點出亞契非常支持自己的寫作事業。

但就算沒說出口，內心稍有不滿也不足為奇。另一位小說家達夫妮・杜莫里哀（Daphne du Maurier）認為，「像我這樣有一番事業的人，才真的破壞了過去那種男女之間的關係。女人應該既溫柔文靜又需要被照顧。」[22]阿嘉莎認為她和亞契就像陶品絲和湯米一樣是個團隊。然而自從亞契從環遊世界之旅回來，努力找工作的他變得鬱鬱寡歡。夫妻間的相處變得很糟，他們甚至討論過分居。但阿嘉莎拒絕去梣田或是阿布尼公館，她堅持要留在倫敦繼續工作。

一九二四年一月，阿嘉莎和柯林斯簽下一份新合約時，她還欠鮑利海最後一本書。《煙囪的祕密》（*The Secret of Chimneys*）是繼P・G・伍德豪斯（P. G. Wodehouse）的《無與倫比的吉福斯》（*The Inimitable Jeeves*）之後出版的另一部犯罪驚悚小說，而故事發生在相似的鄉間別墅區。

這本書不僅包含一些精采的「克莉絲蒂手法」，還引介了阿嘉莎筆下最討人喜愛的女主角之一，她是個精力充沛且有進取心的年輕女性。阿嘉莎年輕時期的那些「新女性」已經被一九二〇年代的「錦繡青年」取代了。不管他人怎麼說，阿嘉莎寫這個角色寫得很開心。在《煙囪的祕密》中，迷人的芃吉妮・雷維爾有個貴族父親，還有一衣櫥極為樸素的一九二〇年代男性風運動服飾。《煙囪的祕密》也值得一讀，來看阿嘉莎是如何處理鄉間別墅這個主題。與同期的作家桃樂西・榭爾絲和瑪格莉・艾林翰以及她們筆下的貴族偵探不同，阿嘉莎從不重視上層階級。就拿描述那被稱作煙囪的房屋的段落本身來說，你或許預期會看到貴族式的描述，寫那些古老的砌磚、角樓，或許還有彩色玻璃。但她並沒有這麼做，她只列舉了現實存在的東西，像是這棟宅邸有幅霍爾拜因（Holbein）的畫作、一個牧師洞*和一條祕密通道。這些都存在但並不重要：「我想我看過那些東西，」芃吉妮說，「但我已經不大記得了。」[23]這是個解決克莉絲蒂問題的巧妙解決方式：「我不喜歡描述人物或地點，」她承認，「我只想繼續寫角色們的對白。」[24]

《煙囪的祕密》中的另一個「克莉絲蒂手法」是迫使我們以穿著打扮去揣測他人。當芃

* 譯註：又稱神父洞，為十六世紀英格蘭許多大型天主教堂中的設施，主要用途是在英格蘭天主教徒受迫害時，作為牧師的藏身之處，以免他們被當權者抓到並處刑。

吉妮第一次見到男主角時，她帶著隨意的勢利態度看不起他，而這似乎令她招致非議。安東尼看起來是個窮困的退伍軍人，維吉尼亞起初對他的評價是「比倫敦一般的失業人士還討人喜歡的人」。[25]但隨著芃吉妮逐漸了解他的真實樣貌，她將會所有成長。

不幸的事實是，以外表斷定他人是人類的天性。阿嘉莎筆下另一位樂觀開朗的女主角法蘭琪．德溫特說「沒有人會用看一個**人**的方式去看一個司機」，這句話仍是事實：我們看到的是制服，而不是個人。[26]透過衣著更容易看出他人所處的階級，這一點在一九二〇年代更加明顯。克莉絲蒂的讀者習慣被服侍，也習慣將那些服務他們的人視作理所當然。

《煙囪的祕密》中還有一點令現代讀者不大舒服。人們認為阿嘉莎是位經得起時間考驗的作家，但他們有時會意外地發現，她小說中的政治觀點並不總是與時俱進。一九二〇年代犯罪驚悚小說中的反派角色具備那個年代的典型形象：模糊不清的全球性陰謀，有時是共產主義者，有時是犯罪份子。而這個世界觀的另一個特點是，作者和書中角色的立場都是令人反感的反猶太主義。舉例來說，《煙囪的祕密》中的赫曼．艾薩斯坦，有一張「面黃的胖臉和一雙黑溜溜的眼珠，眼神就像眼鏡蛇一般難以捉摸。大大的鼻子有著很大的弧度，寬大的下巴有著充滿力量的方正線條。」這是一段了無新意的老套描述，幾乎就和桃樂西．榭爾絲一九二三年筆下的猶太角色如出一轍。在榭爾絲的版本中，他「五官深邃多肉且輪廓鮮明，有著一對突出的烏黑雙眼、長長的鼻子往下勾延伸到厚實的下顎線條。」[27]

反猶主義是阿嘉莎永遠無法擺脫的標籤，但在她於一九三〇年代初次遇見一名納粹黨員後，她的立場或許產生了微妙的轉變。有人提到「猶太人」這個詞，他的臉色「為之大變……他說：『你們並不明白……他們是危險分子，他們應該要被消滅。』……生命中有些事會令人真心感到悲傷。」即便如此，如評論家羅伯特・巴納德（Robert Barnard）所言，阿嘉莎並沒有因此就「不再以冒犯的方式提及猶太人」。她對猶太人角色的偏見仍然存在。然而，在一九二〇年代後期，阿嘉莎創作的犯罪驚悚小說減少了，她逐漸成為最著名的偵探小說家。這尤其是因為緊接著《煙囪的祕密》後，她出版了一部公認的傑作——白羅系列作品中的《羅傑・艾克洛命案》（*The Murder of Roger Ackroyd*）。

不過，這本書的出版時間正好是她一生中最艱難的一年：一九二六年。

第五部

1926年

£100 FREE CROSS-WORD COMPETITION: SEE PAGE 4

Daily Mirror

THE DAILY PICTURE NEWSPAPER WITH THE LARGEST NET SALE

CAMPAIGN TO MAKE LONDON STREETS SAFER

No. 7,199 TUESDAY, DECEMBER 7, 1926 [24 PAGES] One Penny

MYSTERY OF WOMAN NOVELIST'S DISAPPEARANCE

Mrs. Agatha Christie, the missing woman novelist, with her daughter.

A thorough search in the woods near the spot where Mrs. Christie's car was found.

Jack Best at the place where he found the car abandoned.

Following an important clue received yesterday a special search will be made to-day for Mrs. Agatha Christie, the novelist wife of Colonel Archibald Christie, D.S.O., who disappeared after leaving her home at Sunningdale, Berks, in her motor-car. The car was found abandoned near Newlands Corner, Surrey.—(Daily Mirror photographs.)

EARL'S DAUGHTER TAKES THE AIR IN A CAGE

The infant daughter of Earl and Countess De la Warr asleep in her perambulator inside a galvanised iron cage which her parents (inset) have had fixed outside the front of their house near Victoria. This enables her to take the air in safety.—(Daily Mirror.)

第十七章 桑尼戴爾

最新一期的《隨筆》向讀者展示了知名作家阿嘉莎·克莉絲蒂在家中拍下的照片。在她擁擠且色彩斑斕的客廳裡，中式瓷皿掛滿了牆面，[1]在非洲購入的一座長頸鹿木雕和其他裝飾品擠在一張邊桌上。

一九二六年初，克莉絲蒂夫婦又搬進了另一個新住處，這次是位於伯克郡（Berkshire）的桑尼戴爾（Sunningdale）。與愛迪生大樓相比，這是一棟更加宏偉的公寓，他們住在一九八〇年代大樓的高樓層，大樓門前還有一條寬闊的碎石大道。這個地方為這位中產階級女小說家提供了完美的環境，這也是《隨筆》雜誌訂戶所期待看到的：她那中產階級住宅散發出的輝煌。

這位成功的女作家如今已經三十幾歲了，外表上看來也是如此。阿嘉莎在年少時期渴望擁有豐滿的胸部，但她沒想到自己會「在三十五歲時擁有發育良好的圓潤胸部」。唉，流行的時尚已經改變了，現在大家都「追求和木板一樣平坦的胸部」。照片中的阿嘉莎有著中年婦女的莊重與威嚴，也仍帶有幾分愛德華時代的風範。

但凡有在看《隨筆》雜誌的人一定會認為克莉絲蒂夫人的生活過得非常好。那一年她又出版了一本新的長篇小說和兩本短篇小說集；蘿莎琳也逐漸長大了。亞契最終在倫敦商業區找到了工作，他在南方信託有限公司（Austral Trust Ltd）任職，並開始承擔一些額外的職責，如擔任一間橡膠公司的董事。

這越來越成功的光景解釋了為何克莉絲蒂一家搬離了倫敦，桑尼戴爾要通勤到倫敦市中心很方便，當時的那裡就和現在一樣，是個低調但奢華的居住地。如今從火車站一出來，你就會看到一家維特羅斯超市（Waitrose）、「阿斯科特財富管理」（Ascot Wealth Management）的廣告和勞斯萊斯的展銷廳。亞契也想住在桑尼戴爾高爾夫球場附近，藉此滿足他對高爾夫運動新燃的熱情。根據一九二四年的一本高爾夫球場指南的記載，「隨著球在空中翱翔和俯衝」，桑尼戴爾球場的五號洞給人一種「豐富而滿足的感官體驗」。[2] 桑尼戴爾位於伯克郡，但也僅僅是處於伯克郡內：與薩里郡的邊界就在附近不遠處。那條郡界的位置最終會造成意想不到的重大影響。

然而，比起阿嘉莎，桑尼戴爾更適合亞契居住。雖然她喜歡高爾夫球，但並沒有到熱愛的地步，而且她發現在這裡很難交到當地的朋友。另一位高爾夫球寡婦* 對於高爾夫球俱樂

* 譯註：出自安德魯．萊賽特（Andrew Lycett）所撰寫的伊恩．佛萊明（Ian Fleming）傳記，後續引言也是引述自本書。

部或是桑尼戴爾本身都沒什麼好話：「非常有錢的人……糟糕的家具和畫作，醜陋的面孔和遲鈍的腦袋。」[3] 在阿嘉莎的短篇小說〈桑尼戴爾之謎〉（The Sunningdale Mystery）中，受害者就是在桑尼戴爾高爾夫球場的七號發球檯上被發現遭刺殺身亡。

阿嘉莎不能接受晚餐邀約，因為亞契累到沒辦法在晚上出門。阿嘉莎筆下的一名角色認為，在倫敦商業區工作的人就像是踏著滾輪的老鼠一樣：「無論你再有錢，你還是得趕著搭上九點十七分的火車。」[4] 克莉絲蒂夫婦也不夠有錢到能打進當地「時髦的上層圈子」，不過阿嘉莎現在能從近距離觀察那些人。而這一點很重要，因為桑尼戴爾那些悠閒的貴婦其實就是她的讀者。根據一九二八年一本書的記載，「時髦的上層圈子」

> 偶爾打打網球、經常跳舞、養最時髦的品種狗當寵物……這圈子的人讀很多小說。他們只稍微看看報紙；他們對國內政治的興趣僅限於想著那些工人是多麼邪惡，竟然奢望金錢和物質上的享受，而這些顯然就是他們眼中最重要的事物。[5]

一九二六年五月，亞契親自駕駛一輛貨車，希望能協助打破英國大罷工（the General Strike）* 的僵局。那時的英國社會十分保守，每個人都只在乎一己之利。

---

* 譯註：由英國工會聯盟號召，全國約有一百七十萬工人參與罷工。其訴求為要求政府停止為一百二十萬停工的煤礦工人降薪並遏阻惡化的工作條件，但最終訴求並未實現。

但亞契似乎並沒有注意到妻子的生活變得黯淡無光。慢慢地，湯米和陶品絲這對伴侶在不知不覺中疏遠了。亞契週間時間都不在，而一到了假日的空閒時間他又累了，而阿嘉莎想要的只是他們早期婚姻生活的那種親密無間：

D。他們對一同散步的渴望
無論情況是好是壞，也無論天氣如何。[6]

但亞契在週末不想走路也不想說話，他只想去打高爾夫球。當然，蘿莎琳還在，但蘿莎琳是個深受喜愛的謎樣人物。就像她父親一樣，長大的她變得務實、冷靜且從容。

讓我們暫時先把注意力從桑尼戴爾的亞契和阿嘉莎身上轉開，許多英國的夫婦也感受到一種意外的不滿情緒。第一次世界大戰已過了十年，其陰影卻仍籠罩著人們。人們開始以一種前人未曾想過的方式來談論戰爭，戰爭回憶錄開始出版。支付給阿嘉莎的護士同僚的津貼紀錄顯示，這一整個世代，人們向政府要錢求助，以治療各種精神疾患，如在一九二〇年代被發現的神經衰弱。這是個更專業的詞彙，醫護人員更偏好使用這個詞而不是「彈震症」。[7]人們對第一次世界大戰噤若寒蟬，又對戰後的新生活充滿嚮往。但戰爭是不可能永遠被人們完全拋諸腦後的。

至少阿嘉莎和亞契的母親相處得挺融洽，她現在住在距離一小時車程的多爾金（Dorking）。瑪琪也會前來拜訪，蘿莎琳能感覺得出她的龐琪阿姨「很特別」：「比我母親還要有趣，她非常有趣。她有點被埋沒在曼徹斯特。」[8] 阿嘉莎也猜想瑪琪會覺得日復一日的生活毫無成就感：「姐妹之間很奇妙，她們似乎心有靈犀，知道對方在想什麼！！！但我認為她們在阿布尼公館過得很不開心。」[9]

不過才華洋溢的瑪琪現在終於取得了自己的成功。她不費吹灰之力就寫出一部劇作，並且將在倫敦西區的劇院上演。

當然，瑪琪一直都是個作家，她十幾歲時就曾在雜誌上發表作品。阿嘉莎曾想過，要是瑪琪沒有結婚，她是否會繼續寫作。而答案就在這裡：在四十五歲時，瑪琪的《索賠人》（*The Claimant*）引起了一位製作人的注意。一個新作家竟然能夠打

克拉拉與阿嘉莎的姐姐瑪琪在梣田的溫室裡。這兩位富有創造力且意志堅定的女人都是作家，也都是影響阿嘉莎一生的重要力量。圖片來源：Christie Archive Trust

入倫敦西區的劇作圈，這似乎挺出人意料。但瑪琪的製作人曾與女劇作家克萊門斯·戴恩（Clemence Dane）合作爆紅，或許也因此會特別留意類似的作家。然而，瑪琪卻選了一個聽起來像是男性的名字「M·F·瓦茨」（M. F. Watts）來稱呼自己。她覺得那位製作人「心裡存疑，懷疑我（或是某個不知名的男子）是否真的親手寫下這個劇本。」但她很喜歡在排練時發表自己的看法：「給人一種純粹的力量感……說來奇怪，但他們都覺得我很重要。」觀察到這一切的阿嘉莎或許會帶有一絲嫉妒。忙起來的時候，舉足輕重的瑪琪會來桑尼戴爾度過星期日。她實在是太累了，所以會「一直睡著」。[10]

但瑪琪的劇作只得到了一般般的成功。阿嘉莎或許會覺得自己可以做得更好，而她當然也嘗試過。近來人們重新評價阿嘉莎的成就，而其中一大肯定就是承認她不僅只是一位出色的小說家，還是一位優秀的劇作家。雖然她在一九二〇年代創作的劇本很少被搬上舞台，但戲劇史學家朱利斯·格林（Julius Green）指出，她被忽視的這個創作領域可供人們深入了解她的情感，特別是她對於婚姻的感受。

我們已經知道阿嘉莎相當羨慕她父母親沒有的那種夥伴式婚姻關係。「婚姻，我所指的那種婚姻，將會是最大的挑戰，」《煙囪的祕密》中優秀的男主角說道。他所談論的婚姻是一種團隊合作並不斷成長的過程，就像他所形容的「超棒的運動」。[11]

然而，阿嘉莎在這時期創作的兩部劇本《十年》（*Ten Years*）和《謊言》（*The Lie*），卻表現出女性對於婚姻的不滿，不滿婚姻從剛開始相互扶持的夥伴關係到失去平衡。《十年》

講述的是一對已婚夫婦在共同生活了十年後，同意重新思考他們之間的關係，而阿嘉莎和亞契也於一九二四年抵達了結婚十年這個里程碑。在舞台上，劇中的妻子渴望更多。「我們女人曾經是奴隸，自我犧牲被視作理所當然的事，」她說道，「但現在我們能夠自由地過自己的人生……我還年輕……我想要浪漫的愛情和激情的烈火、那些我們曾經擁有的東西……我想要好好生活，過我自己的人生，而不是你的。」[12]她聽起來像是那種丈夫似乎再也不會與她說話的女人，就像是阿嘉莎開始變成的那種女人。

《謊言》處理的也是同樣的議題：一段婚姻中的火花已然熄滅。阿嘉莎在她的小說和自傳中寫了許多自己的婚姻及其中的煩惱，但這些都是她多年後所寫的作品。這很容易令人聯想到，她在一九二〇年代創作但未發表的這些劇本，正是其婚姻危機前線所捎來的消息。[13]

與此同時，阿嘉莎的另一位親戚又讓生活變得更加複雜。對亞契而言，米勒一家似乎是場永無止境的鬧劇。就在第一次世界大戰之前，蒙提浪費了一大筆錢，試圖建造一艘船，以在維多利亞湖（Lake Victoria）上進行運輸業務，但以失敗告終。之後他在東非運輸部隊中服役，但受傷讓他不得不依賴嗎啡來止痛。於一九二二年回到英國時，他的身體狀況非常糟糕。蒙提與克拉拉一起住在梣田，還有他的黑人僕從謝巴尼（Shebani），他在托基肯定過得很不好。「我想知道，他對清潔工作有多少了解？」《西塔佛祕案》（*The Sittaford Mystery*）中的一個清潔女工問這名貼身男僕，「討厭的黑人。」[14]愚蠢又無聊的蒙提會拿著他的左輪手槍，從自己的臥室窗戶向外開槍，以此自娛：「一些愚蠢的老女人搖搖晃晃地走在車道上，我忍不住朝她身旁開了一兩槍。哎呀，她跑得還真快！」警察當然被叫來了；而迷人的蒙提必然會要他們不用擔心，他是非洲來的老手，透過射兔子來維持他的狩獵技巧。

在阿嘉莎自傳中的描述，蒙提與他的毒品和槍枝聽起來很有趣，但現實中的他肯定是個令人頭疼的負擔。阿嘉莎和瑪琪一起湊了八百英鎊，把她們這個不知會幹出什麼事的哥哥從媽媽那裡接過來。蒙提一部份的問題肯定出自於人們把他和聰明能幹的兩個姐姐拿來比較：「為什麼會這樣，」他問道，「女性擁有更敏銳的洞察力……給我一點信心吧。」[15]

他的兩個姐姐替他安排了住處，是位於達特穆爾一間「花崗岩建成的小平房」，[16] 那是個靜僻的地方。蒙提買了一輛摩托車代步，但他後來要麼覺得不喜歡，要麼就是被禁止騎車，於是他很快就把摩托車賣掉了。[17]

或許蒙提放棄摩托車也和他的核心問

阿嘉莎的哥哥蒙提討厭任何形式的工作。在晚年生活中，他使用槍枝的習慣很差，而且對嗎啡成癮。圖片來源：Christie Archive Trust

題有關：他在非洲用了鴉片劑，現在已經成癮了。如阿嘉莎所說，「他很難戒掉這個習慣了。」就像他的兩個姐姐一樣，蒙提覺得自己也能夠寫作。在他未完成的一篇小說中，甚至還有個自傳性質濃厚的轉折，有個非洲僕從給了一個生病的歐洲人「一杯熱咖啡和兩片棕色的小藥片。我問說這是什麼？他的回答是『鴉片』，『對你的身體有好處。』」[18]

阿嘉莎在談到她哥哥的毒癮時，出乎意料地直截了當且毫不感到丟臉。但毒品在一九二〇年代是隨處可得的，而且也不若今日一樣背負著惡名。舉例來說，在第一次世界大戰期間，有個藥劑師就在《泰晤士報》上刊載了一則完全合法的廣告，暗示含有嗎啡和古柯鹼成分的明膠片是送給「前線好友」的絕佳禮物。[19]嗎啡、古柯鹼和海洛因供應的相關法律在一九二〇年變得更加嚴格，但在那之前，你甚至可以在哈洛德百貨（Harrods）買到那些毒品與注射器。

毒蟲頻繁地出現在阿嘉莎的小說中：一九三五年的《謀殺在雲端》（*Death in the Clouds*）中的霍伯里太太用她的梳妝盒夾帶海洛因；一九三六年的《美索不達米亞驚魂》（*Murder in Mesopotamia*）揭露了毒品的使用；白羅在一九四七年的《赫丘勒的十二道任務》（*The Labours of Hercules*）中與毒販對峙。在阿嘉莎的自傳體小說《撒旦的情歌》中，有個嗎啡成癮的士兵也扮演了跑龍套的小角色：「嗎啡已經控制了他，」他的妻子說道，「我們要一起對抗它。」[20]阿嘉莎和瑪琪開始尋找適任的管家來幫助她們的哥哥「對抗」嗎啡。她們找到了一位醫生的遺孀，她曾經也是個癮君子，懂得如何處理像蒙提這樣的人。

在蒙提居住的孤單小平房裡，他寫了一些悲傷的片段、糟糕的詩作和未完成的小說。他經常彷彿是在喝醉的狀態下寫作：「意外的溫柔的騷動揮之不去的痛苦再次我的心再次哦又再一次無情的乏味的渴望。」但聽起來又像是他想要戒除毒癮：「這裡相當不對勁，不對勁到必須改變，就從明天開始。」

然而，讓蒙提安全待在達特穆爾的計畫最終還是失敗了。他夢想著建造一艘華麗的新船，但他暗地裡知道自己永遠都不可能做到。「徹底的憂鬱和徹底的絕望，」他寫道，「我說嘿，然後最後說再見。」[21]一九二九年，他搬到法國南部居住，並於九月二十日在那裡去世。

在他的葬禮之後，阿嘉莎的任務是處理他的平房和私人物品。她刊登廣告出售蒙提的遺物，最後的廣告是以一個「皮製的板球袋」做了令人感慨的結尾，這是鑒於他們父親對於這項運動的熱愛。[22]

時間拉回一八九七年五月的某個星期六，當時的蒙提才十六歲，《托基時報》（*Torquay Times*）報導了一場板球比賽，比賽地點就在鎮上能看見海的球場。他六歲大的妹妹阿嘉莎當時很可能也在場，因為她經常待在橡樹下幫父親計分。在那場球賽中，蒙提充滿活力與希望，「為了拯救他們那方的頹勢而做了許多努力。」[23]

然而，蒙提最終還是被嗎啡打敗了。而從結果看來，人生也差點在桑尼戴爾擊潰了他的妹妹。

第十八章　史岱爾莊之謎

當蒙提受苦時，阿嘉莎則是埋頭工作。一九二六年的夏天，她獲得了自己迄今最大的成就。她出版的第六本小說《羅傑·艾克洛命案》不僅是她最好的作品之一，也名列有史以來最偉大的偵探小說之列。

她在這本書上投入了大量心血。小說描述白羅搬到英國的一個村莊居住，想在那裡種南瓜，度過寧靜的退休生活。然而他卻接下一起極為複雜的案件委託。一個值得注意的角色是當地醫生的姐姐卡羅琳·夏波，她是個敏銳的老女人，對村裡的生活瞭若指掌，這某種程度上也預告了瑪波小姐未來的登場。

眾所周知，《羅傑·艾克洛命案》用最高明的手法戲弄了讀者。故事的敘事者非常不可靠，最終在一個絕妙的轉折處，他被揭露為兇手本人。而這就引出了一個問題：這樣公平嗎？

唯有當你相信那些偵探小說的「規則」時（這些規則是在一九二九年才被整理出來），

這個疑問才有意義。作家暨天主教蒙席的羅納德·諾克斯（Ronald Knox）定下規則*，「偵探身邊的愚蠢夥伴（像是華生），不得隱瞞心中的任何想法。」在《羅傑·艾克洛命案》中，「華生」就是夏波醫生，而他並沒有將他所知的一切都告訴讀者，他巧妙的沉默造成了一種假象。這種「克莉絲蒂手法」——遺漏我們所信任的人身上那些微小但關鍵的事實——將是她一再玩弄的伎倆。如果說這還不算打破了「規則」，那至少也是扭曲了規則。

《羅傑·艾克洛命案》引發了沸沸揚揚的「醜聞」。一則評論說它是「一位開始受人敬佩的作家帶給我們無味且不幸的失望」。[1]但阿嘉莎認為她很公平：「雖然缺乏解釋，但沒有任何陳述是虛假的。」[2]桃樂西·榭爾絲也同意這點，她主張「懷疑**每一個人**是讀者的任務。」[3]大多數讀者也同意這點。《每日郵報》則認為，這本書是「我們讀過最驚心動魄且最精采的偵探小說之一」。[4]事實上，設計出一個如此完美的騙局，唯一的缺點就是讓阿嘉莎狡詐的名聲不脛而走。隨著一九二六年各個事件的發展，這將對她造成不利的影響。

阿嘉莎很可能已為這本書竭盡全力，因為這是她與威廉柯林斯出版社的初次合作。柯林

---

* 譯註：即著名的「推理小說十誡」（The Commandments of Detection），又稱推理十誡，由諾克斯於一九二八年定下的推理小說規則。這套規則曾在古典推理的黃金時期被奉為圭臬，不過隨著推理小說類型文學的發展，其寫作方式和風格也不斷產生變化，現代的推理小說不見得都會刻意遵守十誡的內容，有些作品甚至會刻意打破這些規則。後文提到的規則為十誡中的第九條規則，其英文原文為 "The stupid friend of the detective, the Watson, must not conceal any thoughts which pass through his mind; his intelligence must be slightly, but very slightly, below that of the average reader."

斯出版社讓《羅傑．艾克洛命案》一書大獲成功，阿嘉莎也用永久的忠誠回報他們。在這令人興奮不已的時刻，克莉絲蒂夫婦決定搬到桑尼戴爾的新家，這次他們要住的不是公寓了，而是整棟房子。一間有著露明木架、高聳煙囪，且相當幽暗的房子。亞契和阿嘉莎於一九二六年六月買下此處，給它取了一個新名字，他們稱此屋為史岱爾莊。

用一個犯罪現場的名字，哪怕只是小說中的犯罪現場，來命名自己的住處，這需要相當大的勇氣，而這名字又增加了圍繞這棟房屋的不祥氛圍。史岱爾莊在房市上乏人問津已經很長一段時間了，儘管廣告說它附有十二間臥房、三間浴廁，以及「附有司機室的頂級車庫」，「是個極吸引人的物件」，屋主最終還是只能求賤賣脫手。[5]

在阿嘉莎的自傳中，她總是用不祥的筆觸來描寫史岱爾莊，讓我們準備好面對即將發生的壞事。這棟房屋如今隱蔽地藏於高聳的冬青樹籬後面，阿嘉莎稱之為不幸的房子，住在這裡的人總是「下場悲慘，第一個男人失去了財富；第二個男人失去了妻子」。還有傳言說有個女人在花園的盡頭被殺害。阿嘉莎認為房子的內部裝潢過於奢華：「像是把百萬富豪住的薩伏飯店套房的風格搬到鄉下來。」她在桑尼戴爾附近的熟人注意到，她一直沒有安頓下來。她表示，「我受不了這間房子。它讓我心煩意亂。這條鄉間小路實在是太荒涼了。」[6]

不過，當克莉絲蒂夫婦搬進史岱爾莊時，他們一定覺得這是個勇敢的新開始，或許也是他們婚姻的重新開始。他們將家裡的傭人增加到四個，另外還有一個重要的新雇員。阿嘉莎有時會使用打字社提供的服務，為她寫的作品做個乾淨的副本。但她現在決定要雇用一個在家員工，既能替她做祕書工作，又能幫忙她照顧女兒。

夏洛特・費雪（Charlotte Fisher）身形高挑瘦削，面相威嚴但有著「漂亮的雙眼」。她成為了阿嘉莎的好友。阿嘉莎稱費雪小姐為「卡洛塔」（Carlotta），後來都叫她「卡蘿」（Carlo）。而阿嘉莎被她稱作「夫人」（Missus）。阿嘉莎送給卡蘿的每一本書都會簽上「Missus」的字樣，而卡蘿也終生保存著這些書。重要的是，卡蘿幾乎算是蘿莎琳的第二個母親，蘿莎琳說她「不僅是祕書，如果沒有她，我懷疑母親是否能順利完成工作。」[7] 當亞契晚上累得不想出門時，卡蘿和阿嘉莎就會一起出門，到阿斯科特（Ascot）的一個舞蹈班學跳查爾斯頓舞（the Charleston）。[8]

能幹又討人喜歡的夏洛特・費雪是所謂的「剩女」（surplus women）。出生於一八九五年的她和姐姐瑪莉是愛丁堡一名牧師的女兒。要不是戰爭殺死了許多可能成為她丈夫的男人，她或許已經

阿嘉莎於一九二六年搬到史岱爾莊。她稱之為不祥的房子。她也正是在十二月三日那天在這裡「失蹤」。圖片來源：Lucy Worsley

結婚。她曾經做過保姆工作，阿嘉莎毫無疑問是她最喜歡的雇主。然而，隨著她和克莉絲蒂一家的關係越來越親密，卡蘿的身份也變得矛盾不清。她是否對於自己只是「在」這個家庭但又不完全「屬於」這個家庭而感到不滿呢？她的本名變成了暱稱，但她卻是用「女主人」（Mistress）一詞的變體來稱呼她的老闆。這是個玩笑，但我們不知道卡蘿是否覺得這好笑。她的個性十分謹慎。然而卡蘿肯定知道，要是沒有她記錄下阿嘉莎的口述內容再打成定稿，《羅傑·艾克洛命案》絕對無法取得如此耀眼的成績。「紀念逗號、冒號還有句號！」阿嘉莎在給卡蘿的副本封面上寫道。文法和標點符號向來不是阿嘉莎的強項，但有了卡蘿的幫忙，這些事情就簡單多了。[9]

左起為夏洛特·費雪、蘿莎琳，和夏洛特的姐姐瑪莉。圖片來源：Christie Archive Trust

但卡蘿的工作遠比她預期的更需要勇氣。因為在一九二六年夏天，剛搬進史岱爾莊不久後，阿嘉莎的健康狀況就開始急轉直下。

困境始於一九二六年四月五日，當時與瑪琪住在一起的克拉拉因支氣管炎而去世，享壽七十二歲。阿嘉莎接到消息，但抵達時已晚了一步。她與母親的情感羈絆是如此深厚，她覺得自己感覺到了克拉拉離世的那一刻：「我感到一陣**冰冷**……我想到『**母親過世了**』。」

對於與父母親關係極為緊密的阿嘉莎而言，這是個天大的打擊。然而，如今她婚姻中暴露出的不足之處更加劇了她的悲痛。事實證明，亞契根本無法提供她任何支持。

岳母過世的時候，亞契正在國外工作，他甚至沒有回來參加葬禮。他傾向逃避面對困難。阿嘉莎一直都知道他「痛恨疾病、死亡和負擔」。等亞契終於回到家時，他感到很尷尬，因而「裝出一副開心的樣子」。對於在十一歲喪父後，面臨人生第一次真正情感打擊的女人而言，這實在是最沒有同理心的做法。

卡蘿現在已經差不多是家庭中的一員了，阿嘉莎養的小狗彼得都睡在卡蘿床上。在她看來很明顯的是，亞契讓阿嘉莎失望了。這一部份是亞契的個性問題使然。然而和許多戰爭倖存者跟見證者一樣，他「無法忍受眼淚和憂鬱」。

多虧了卡蘿，史岱爾莊勉強維持著正常運作。日後談到這段艱難時期時，她告訴蘿莎琳，「為了你，我努力使家中一切如常。」[10] 但後來就連卡蘿這個穩定人心的存在也離開了：她的父親病倒了，她得去照顧他。

阿嘉莎下定決心要從丈夫和孤獨的房子中解脫。她打算帶著蘿莎琳去梣田，完成清理房子這項重要任務。這既是身體上的勞動，也是精神上的勞動。梣田堆滿了需要處理掉的垃圾。而阿嘉莎若是不待在她母親的房子裡，就無法悼念她的母親。

在她的自傳體小說中，阿嘉莎將告知亞契她的計畫這件事寫了進去，而實際上的對話也和小說裡的很相似。她化身為「西莉亞」，而亞契則化身為「德莫特」——一個麻木漠然的男人，遲鈍到竟然認為妻子會很高興地去清理她已故母親的家。

德莫特實在是太糟糕了！他一直拒絕正視情緒壓力的重要性。就像匹受驚的馬一樣轉頭躲開。

西莉亞哭了出來，這次她破天荒地生氣了：

「你說得好像是在過節一樣！」

他將目光從她身上移開。

「好吧，」他說，「那麼，從某種程度上來說，這……」

這個世界是如此的冰冷——沒有了她的母親……

以亞契為原型的德莫特變成了一個陌生人。

阿嘉莎在梣田度過了六個星期的夏天，只有蘿莎琳陪著她。她剛開始很難受：「這是有生以來第一次，我真的生病了」。她對於「玩房子」的熱愛變成強迫性且非理性的，因為她每天要花上十個小時在屋頂破洞且漏水的房間裡，整理著一箱箱被遺忘的個人物品。她將自己容易流淚和健忘的狀況描述為「精神崩潰的開端」，而在糟糕的一九二六年，這種狀況將如悲劇般不斷上演。

向來身輕體健的阿嘉莎開始失眠。她向一名藥劑師索取安眠藥，而他後來回憶起當時的對話是如何轉到自殺的話題上。「我不會用激烈的手段來自殺，」她這樣告訴他，而毒藥是能弄到手的。[11] 後來發生的事件顯示，這些偶然的話語、對話的片段和阿嘉莎的心理狀態，都是至關重要的線索。

歷史學家仔細爬梳阿嘉莎自傳中關於一九二六年的那個章節，試圖了解那個夏天究竟發生了什麼事。

在此，要嘗試理解阿嘉莎，我們得要面臨一個核心問題：我們能夠相信她嗎？她說的話究竟有什麼意義？那些話是否應該照字面上的意思來解讀？阿嘉莎第一本官方傳記的作者珍妮特・摩根（Janet Morgan）獲許得到了一些卡蘿寄來的信件，而這些信件很可能在摩根閱讀後就被銷毀了。

因此，摩根對於這些信件的記述（她並沒有逐字逐句地引用）讓我們得以一瞥這個已佚失的重要資料來源。她指出，在這一整年事件發生的先後順序上，阿嘉莎和卡蘿的說法存在不一致之處。[12] 這件事之所以受到密切關注，是因為人們一直認為阿嘉莎可能只是在裝病。

但其自傳中許多部份的時間軸顯然是錯誤的，這些細節對阿嘉莎而言並不重要，真正重要的是她情感上的真實感受。而她無論如何都不想回憶起這段時光，她已竭盡全力去忘記那些了。

阿嘉莎現在太有名了，她生病的消息也登上了報紙版面。一個八卦專欄作家於八月時寫道，小說家的身體不適，他認為寫作「肯定帶來很大的精神壓力」，對一個女人來說更是如此：「這一點也不意外……比大多數男人更擅長寫偵探小說的阿嘉莎．克莉絲蒂精神失常了。」[13]

他還（錯誤地）認為她到庇里牛斯山去休養了。亞契和阿嘉莎的確有計畫要出國，但當他前往樗田時，他根本就還沒有訂機票。為什麼呢？這很難說。亞契似乎改變了。對阿嘉莎而言，他就像她童年夢魘中的槍人一樣可怕。她描述自己過去最接近這種感覺的時候，是在「舊時的噩夢裡——當你是坐在茶桌旁，看著坐在對面的摯友，卻突然發覺那**是一個陌生人**。」

她質問亞契是哪裡出了問題。最終，他才不情願地坦承一切。

亞契冷不防地告訴妻子自己愛上了別人，一個叫做南西．尼爾（Nancy Neele）的女人，以及他想要與阿嘉莎離婚。

更令人痛苦的是，這個女人是阿嘉莎的熟人。南西是貝爾徹少校的朋友。在一九二五年大英帝國博覽會*舉辦期間，她們參加了同一個委員會，負責設立一個兒童區。[14] 南西曾在大英帝國大陸天然氣協會擔任打字員。她高爾夫球也打得很好，在桑尼戴爾高爾夫球場打球時，她甚至還會到史岱爾莊來借宿。

南西活潑、健談，而且（或許對一個中年男子而言最重要的）年輕。她出生於一八九九年，比阿嘉莎小了將近十歲。她住在里克曼斯沃斯（Rickmansworth）附近，父親曾是中央鐵路的首席電力工程師。南西身材修長，有著濃眉和烏黑的捲髮，最要命的是，她長得比阿嘉莎更符合傳統的審美觀。當各報社後來開始關注南西時，他們形容她「聰穎」、「美麗」和「受歡迎」，是個「真誠坦率且體態健美的女孩」。[15]

南西的吸引力，再加上阿嘉莎的憂傷陰鬱，兩者加成之下令亞契忍不住出軌了。事後阿嘉莎終於明白了那些蛛絲馬跡。亞契常常警告她說，「我不是個共患難的好選擇，記住……我受不了難過沮喪的人。」一封留存下來的信件證實了這點：「想到你生病或是不開心，就教我無法忍受」他寫道。他或許是帶著善意寫下這些文字，但回頭看來，這讀起來卻另有一番意味。[16]

聰明的朋友會告誡阿嘉莎，當一個男人告訴你他靠不住時，應該二話不說地相信他並且

* 譯註：時稱英京賽會，於一九二四年四月二十三日至十一月一日和一九二五年五月九日至十月三十一日在倫敦的溫布利舉辦。

離開他。「壞人都是不願意長大或無法長大的人，」阿嘉莎寫道。[17]「一個還是個孩子的男人，」她筆下的一個角色說道，「是世界上最可怕的。」[18]而亞契正是這樣的男人，雖然阿嘉莎似乎認為他的致命缺陷是缺乏同情心。

但阿嘉莎曾經相信他是更好的人。她心中的理想丈夫背叛了她，這令她成為一個真正的哥德派作家。這並不是指通靈儀式或超自然現象那種哥德風格，而是指邪惡可能進入且將會進入人們最舒服自在的家中的那種恐怖；是危險的無處不在。[19]從這時開始，克莉絲蒂的小說鮮明地描寫那些黑暗且令人不適的情感，開始關注那些正常、受人尊敬的人內心深處的黑暗。

比如你的枕邊人。

阿嘉莎在自傳中寫到這段時期時，她花了點心思描寫亞契的優點。然而，她僅僅引用了一兩段亞契或許說過的話，就給人留下了他是個討厭傢伙的整體印象。這並不奇怪，阿嘉

南西・尼爾，她是個高爾夫球愛好者，被形容為「真誠坦率且體態健美的女孩」。這張照片攝於赫特莫爾小屋，他和亞契兩人在阿嘉莎失蹤的那晚都在此處。圖片來源：Courtesy of Caroline Christie

莎是個作家，她有辦法只靠隻字片語，就巧妙描繪出一個人物全然相反的兩面，她就經常如此描寫她作品中的兇手。在她的自傳中，她將亞契描繪成謀殺了她的幸福快樂的兇手。

這也意味著在歷史上，亞契一般是被當作壞人看待。如果能聽聽他對這個無法駕馭的非凡妻子的說法，一定會很有趣。可惜我們永遠聽不到了。

亞契告白後，阿嘉莎拒絕接受她的婚姻已然告終。她不願這麼想。她相信亞契最終還是會回到她身邊，因為她還手握一張王牌——蘿莎琳。她知道亞契愛蘿莎琳，而且南西當然也不會希望他離開自己的女兒身邊。

於是，隨著秋天到來，阿嘉莎和蘿莎琳回到了史岱爾莊，卡蘿也從父親的病榻回來了。家裡形成了僵持的局面。亞契每週都會在城裡的俱樂部會所住上幾晚。卡蘿相信，雖然他經常待在史岱爾莊，但他是人在心不在。阿嘉莎告訴朋友，她越來越無法忍受這樣的生活。「如果我不離開桑尼戴爾，」她曾表示，「桑尼戴爾將會成為我的葬身之地。」[20]

一九二六年十二月三日星期五，太陽於早上七點四十七分升起。鋒面正從冰島移來，地面預計將會結霜，天氣可能會「相當不穩定」。亞契趕上火車去上班，並計畫在外度週末。而阿嘉莎帶著蘿莎琳出門喝茶，然後再回家吃晚餐。

卡蘿今晚休息，她去倫敦跳舞跳了一整晚，這對她而言肯定是個適時的紓壓。

但當卡蘿在那個冬天的深夜回家時，她卻發現阿嘉莎消失了。

第十九章　失蹤

阿嘉莎在十二月三日星期五神祕失蹤前的那個星期相當忙碌。星期一，她和她的小姑南一起去倫敦購物，她還買了一件「精緻的白色緞面」睡袍，據說是她週末想要用上的。[1]她打算在約克郡（Yorkshire）住幾天。這次旅行在阿嘉莎心中占有一席之地，在某種程度上是她人生的轉捩點。或許她還希望亞契會跟她一起去。

除非她是把自己當成一個要準備開始新生活的新娘，不然她還做了其他一些看似不太合理的舉動。星期三，阿嘉莎還和她桑尼戴爾的友人喬伊斯・達席爾瓦太太（Mrs Joyce da Silva）一同去了倫敦。阿嘉莎跟喬伊斯說她想要把史岱爾莊租出去，然後在倫敦買間房子，以便有更多時間和丈夫待在一起。[2]在阿嘉莎的心中，這還是一段有望延續的婚姻。

那個星期三，阿嘉莎在倫敦的俱樂部會所過夜。然而，喬伊斯回到桑尼戴爾時，她很擔心她的朋友。阿嘉莎這幾個月身體狀況都不太好，喬伊斯看到她病懨懨的樣子，就直接送她上床休息了。喬伊斯認為，阿嘉莎「聰明的腦袋」「為了滿足大眾要她編織故事的無止境需求，已經到了極限。」[3]並不是只有喬伊斯認為聰明有才的女人會讓身體負擔過重。舉例來說，有位醫師就認為，「與靠體力勞動謀生且較不聰明的人相比，從事繁重腦力勞動工作的」女人會感受到更深層的疼痛。[4]

星期四，阿嘉莎去見了她的經紀人。艾德蒙．科克覺得「她的舉止並沒有什麼不對勁的地方」。但他急切地想拿到她尚未完成的《羅傑．艾克洛命案》續作。[5]「他們催稿催得很緊，」阿嘉莎的熟人表示，「還想要知道另外兩篇她打算撰寫的小說狀況如何。」[6]

這對健康狀況良好的人而言也是沉重的負擔，更何況阿嘉莎並不健康。她的成功正在失去控制。在她本該為逝去的母親和婚姻難過時，她卻被施加越來越多的要求。

阿嘉莎的新小說《藍色列車之謎》（*The Mystery of the Blue Train*）已經完成了一半，但她接著又陷入了困境。「她一個字都沒有寫，」阿嘉莎的婆婆姵格說道。阿嘉莎向她傾訴了「她對於無法完成委託的擔憂」。[7]但阿嘉莎仍然認為自己必須信守承諾，完成她的作品。正如喬伊斯所見，「她很明顯在壓抑著自己的情緒，而不願造成其他人的困擾。」[8]

星期四下午，阿嘉莎回到了桑尼戴爾。當天晚上，她和卡蘿如往常一樣去上舞蹈課。然後就到了一九二六年十二月三日星期五，也就是事情發生的那一天。

那天早上，史岱爾莊似乎沒有什麼異常之處，不過廚師和女僕後來覺得阿嘉莎當天一直處於「興奮的狀態」。[9]亞契如往常般在上午九點十五分搭火車離開。下午阿嘉莎帶著蘿莎琳去拜訪住在多爾金附近的姵格，她駕駛心愛的小莫里斯轎車到那的車程大約一個小時。

然而喝茶的時候，姵格就發覺有些不對勁了。阿嘉莎一開始心情很好，還提到要去約克郡。然後姵格發現阿嘉莎沒有戴結婚戒指，於是問她戒指在哪裡。她兒媳的反應是「凝視著遠方，一動也不動地坐了一會兒，然後發出歇斯底里的笑聲，便轉過臉去。」阿嘉莎和蘿莎琳離開時，姵格目送她們消失在車道上，一邊「揮手道別」。[10] 姵格並不知道這隨意的揮手有何意義。

現在該是時候來聽聽阿嘉莎自己的說法了。那天下午，她在前往姵格家的路上翻越了薩里山（Surrey Hills），經過紐蘭斯角（Newlands Corner）的高地美景。「當時我很鬱悶，」她說道。她的情緒低落，幾乎想要自殺：「我只想結束自己的生命。」經過紐蘭斯角時，她看見了一座採石場。當下「開車撞上去的想法浮上我的心頭。然而，因為女兒還在我的車上，所以我旋即打消了念頭。」[11]

阿嘉莎大約六點鐘將蘿莎琳送回家。當時還在外面跳舞的卡蘿相當擔心阿嘉莎的精神狀態，便打了電話回家，確認夫人是否一切安好。阿嘉莎沒辦法向卡蘿說自己的狀況很糟，但她還是寫了一封信給卡蘿，這很像她的作風。因為亞契沒有回家，阿嘉莎一個人吃晚餐。根據史岱爾莊傭人的說法，正是在這個黑暗且孤獨的夜晚，阿嘉莎「發現了」（可能是透過電話或紙條）亞契人在哪裡，以及他在做什麼：「她的丈夫正在與朋友們共度週末時光」。[12] 阿嘉莎被告知、或是自己想到了，這些「朋友們」是誰。

於是她做出了某種決斷，或許她猜想這次他真的再也不會回來了，而她無法忍受在這屋裡再多待上一分鐘。史岱爾莊裡當時有三個人：廚師、客廳女僕莉莉（Lilly）和廚師的丈夫。卡蘿晚一點才會回來，所以會有人——比阿嘉莎更勝任且更可靠的人——來照顧蘿莎琳。阿嘉莎覺得自己必須離開。

她該去哪裡呢？她可以邊開車邊想，或許她最終會去約克郡，又或許就如她先前所想的那樣，她會結束這一切。她很清楚，無論如何她都「不能再這樣下去了」。[13]

阿嘉莎穿著一件灰色針織裙、一件綠色針織衫、一件開襟毛衣，和一頂「天鵝絨小帽」。她打包進行李箱裡的東西相當不合理：一件連衣裙、一件羊毛套頭衫和兩雙黑色鞋子。她帶上了一件皮毛大衣和裝有駕照等證件的小箱子。[14] 還有一大筆現金，大約六十英鎊，這是她先前想過逃離時去銀行領出來的錢。她曾想過帶著蘿莎琳一起逃到南非去，那是她喜歡的地方，也是待著會快樂的地方。而最後，她替蘿莎琳拍了一張照片，上面寫著她的暱稱：泰迪（Teddy）。

當天深夜，阿嘉莎的傭人看見她「走進女兒的房間，親吻了孩子，然後走下樓梯到大廳。」她也在那親了她的狗彼得，便出門上了車。[15]

與蘿莎琳告別的這種方式讀來令人心痛，但阿嘉莎這麼做肯定是為了蘿莎琳的安全著想。她曾有與蘿莎琳一同在車上自殺的念頭。阿嘉莎一定想過，她是不是真的有能力照顧好自己的女兒。

九點四十五分，阿嘉莎開車駛入黑暗之中。

當時沒有人知道——現在也沒有人知道——她到底去了哪裡。

那天深夜卡蘿回來時，她發現阿嘉莎和她的車不見了，她還發現廚師和女僕都很擔心且困惑。

然後她發現阿嘉莎留下一封令人擔憂的信，信中的內容至今已無人知曉，但關於這份重要文件的內容有許多傳聞。其中一個傳言表示信中寫道「我今晚不會回家了。我到了要去的地方後會直接打電話給你。」[16]實際上，那封信要卡蘿取消先前為阿嘉莎安排的計畫，也就是在約克郡貝佛利（Beverly）的一間旅館過週末的計畫。然而，更令人擔憂的措辭是阿嘉莎說她需要「離開這裡」，她覺得她「必須離開這個家」，而這「一點也不公平」。[17]另一個版本的說法還包含了一句令人不寒而慄的話：「我的腦袋要爆炸了。」[18]

這封信將成為這起小說家失蹤案件的關鍵。現在人們對這封信有了不同的解讀：卡蘿認為這封信表示阿嘉莎很痛苦，但等她情況好轉就會回家了。而亞契主要在意的點是，這封信完全沒有控訴他這個不忠的丈夫。而前來處理這起案件的肯沃德警官（Superintendent Kenward）則認為從這封信的語調看來，阿嘉莎已經死了：要麼是自殺，要麼可能是被她的丈夫謀殺。接下來會發生什麼事就端看對於她文字的各種解讀方式了。

卡蘿那天晚上並沒有採取任何行動。隔天早上，阿嘉莎還是沒有回來。於是卡蘿便按要求，發送了一封電報給貝佛利的旅館，取消她為阿嘉莎訂的房間。[19]而蘿莎琳則被告知她的母親到外地去寫書了。

但後來事態的發展就不在卡蘿的掌控之內了。史岱爾莊的電話響了，是警方打來的。阿嘉莎的車子在一個叫作奧爾伯里唐（Albury Down）的地方被發現，那就在通往薩里山的路上，位於紐蘭斯角下的一個陡峭山陵間，車裡沒有人且車身損壞，顯然是車禍造成的。

那輛被遺棄的車子裡有各種線索：阿嘉莎的駕照（警方透過駕照得知了她的住址）、她的毛皮大衣、手提箱和公事包。

顯然，這聽起來像是一部偵探小說的設定。警察和記者都會做出一些臆測——肯定發生了謀殺事件——這也無可厚非，畢竟阿嘉莎就是一名偵探小說家。生活與創作的邊界正在逐漸變得模糊。

卡蘿告訴警方，她認為阿嘉莎可能去了梣田，那個供她逃離各種麻煩的避風港。但托基的警察被派去檢查，卻沒有發現任何線索：「門口堆著落葉，所有的窗戶都緊閉著，車道或花園的小徑上也沒有留下任何足跡。」[20]

那裡是阿嘉莎唯一可能去的地方了。如果不在梣田，那麼她到底在哪裡？

阿嘉莎開著她心愛的莫里斯汽車載運她的衝浪板。一九二六年，人們發現這輛車損壞並被遺棄在路邊，車主也失蹤了，就像是偵探小說的情節。圖片來源：Christie Archive Trust

現在是時候揭露那天晚上在紐蘭斯角長滿青草的山坡上，究竟發生了什麼事。阿嘉莎後來覺得自己不得不給出一個說法。

很遺憾的是，她的說法聽起來就像她所寫的小說情節，其中「失憶」不斷地在故事中起到重要的作用。但我們知道，阿嘉莎關於其自身生活的寫作向來就有這種小說化的傾向，而這並不表示她在說謊。

「整個晚上我漫無目的地開著車，」她解釋道。

我腦中有個想要結束一切的模糊念頭。我機械式地沿著熟悉的道路行駛……我想後來我開到了美登赫（Maidenhead），我在那裡看著河流，想過直接跳下去，但又想到我太會游泳了，所以不會淹死。於是我就開車回倫敦，然後去了桑尼戴爾，再從那裡前往紐蘭斯角。[21]

在一九二六年這痛苦憂心的一整年裡，阿嘉莎養成一個習慣：開著車漫無目的地四處晃晃，藉此平靜下來。例如，在克拉拉剛過世沒幾天時，她的愛犬彼得在一次車禍中受了傷。阿嘉莎感到「悲傷的情緒接近失控」，且「一直不知道她最後是怎麼回到家的……她發了瘋似地開了數英里的車，也不知道走的是什麼路。」[22]

那個星期五晚上，阿嘉莎無論走到哪，最終都還是會走上她之前去探望婆婆時所走的那條通往多爾金的路。

她開著她的小莫里斯，那是一款常見的車型，路上大概有一半的車都是這款。但這些一九二〇年代的車並不完全可靠。現在開這種車會感到太吵和太晃，還得耗費大量體力去操控各種旋鈕和手柄。在黎明前的黑夜中，阿嘉莎的汽車在紐蘭斯角附近的某個地方熄火了，她沒辦法再次發動汽車。事實上，她「永遠無法在汽車停止運轉後再發動」。[23]

有件事似乎是可以確定的：她整晚都待在車子裡。有目擊者後來說，星期六早上六點二十分時，他在紐蘭斯角附近幫助一個女人發動了她熄火的車子。一個名叫恩內斯特·克羅斯（Ernest Cross）的農場工人告訴《每日郵報》，他遇見這個女人時，「她正處於瘋狂狀態……她雙手抱住頭不斷呻吟，冷得牙齒格格作響。」他詢問自己是否能幫上什麼忙，而她說「噢！幫我發動車吧。」他覺得很奇怪，她這麼早就出門了，而且還穿得很少。克羅斯幫忙發動了汽車，並目送這個女人將車開走。

但不同的報紙卻有不同版本的報導。當地報紙《薩里廣告人報》（*Surrey Advertiser*）暗指：「克羅斯」是全國性報紙偷懶未求證而捏造出的人物，因為他們家的記者沒能找到這個人。當地人則認為，在鄉間小路上發現阿嘉莎和她的車的人其實是愛德華·麥卡利斯特（Edward McAllister），他是附近採石場的工人。據麥卡利斯特所說，她當時問「能請你幫忙發動我的車嗎？」而他成功幫她發動了車。他還說她的行為舉止「有點奇怪，但他以為這是因為她在擔心車子。」根據《薩里廣告人報》的報導，「警方接受了他的說法，即他幫助的人就是克莉絲蒂夫人。」[24]

或許車子又熄火了第二次。但不管是誰發動了汽車，阿嘉莎都沒有開多遠。一九二六年十二月四日星期六早上六點多，她試著自殺，但她並不是真心想要求死。

當時天還未亮。一張一九二〇年代的地圖顯示，從紐蘭斯角下來的路（即今日的A25快速道路；swift A25）當時是條更加狹窄且危險的道路，坡度也很陡。道路的右側有一條叫做水道（Water Lane）的小路，路面濕滑且滿布石子，這條路一路向下通到奧爾伯里村。在山腳下不遠處某條小路的拐彎處，有個古老的白堊礦場，也就是阿嘉莎先前看到的那個「採石場」。

她疲憊且備感不安，還因為沒想到要穿上毛皮大衣而覺得很冷。現在，她終於要將心中的模糊計畫付諸行動了，這個念頭過去二十四個小時都縈繞在她心頭。

我開到自己覺得是下午看見的採石場附近的路邊時，就將車駛離這條路並向採石場開去。我雙手放開方向盤，讓車子向前衝。車子猛然撞上某個東西，停了下來。我被甩向方向盤，頭還撞到了什麼東西。[25]

阿嘉莎將車開向採石場陡峭的白色邊緣後，車子越過草地並衝下斜坡，後來被發現卡在一道圍籬上，前輪「超出了白堊礦場的邊界」，要不是有這道圍籬，「車子早就衝飛出去並摔成碎片了。」[26]

當姍格聽到這消息後，她認為她的兒媳已經「計畫好了她生命的終點」。[27]但這次的嘗試並不是非常果斷或經過精心策劃。阿嘉莎一本自傳體小說中的女主角也是如此，她在深夜的雨中漫步閒晃：

她必須記住自己的名字……
她被一條溝絆倒了……
溝裡積滿了水……
你可能會在水中被淹死……
被淹死總比上吊還要好。如果你躺在水中……
噢，好冷啊！——她做不到——不，她做不到……[28]

看來，小說中的西莉亞和現實中的阿嘉莎都在驚嚇中意識到，無論發生了什麼事，生命都值得繼續活下去。

但還有另一個問題。阿嘉莎曾試圖——無論是在多麼短暫的片刻之中——放棄自己的生命，她又怎麼能帶著這種恥辱活下去呢？沒錯，自殺是一種罪過，正如阿嘉莎在《池邊的幻影》（*The Hollow*）一書中的角色米琪所強烈表達的那樣：「牧師們所說的絕望之罪是一種冷酷的罪行，這種罪切斷了自己與溫暖且活生生的人之間的一切聯繫。」[29]

據阿嘉莎的親近友人描述，那天晚上她陷入「空洞的絕望」之中，而這令她產生了強烈的內疚感。[30]從法律的角度來看，這是錯誤的事——在一九二六年，自殺還是一種犯罪——而且在心靈層面上，犯下絕望之罪同樣是不對的。但阿嘉莎也沒有辦法再繼續這樣子生活下去，是時候成為一個新的人了。

阿嘉莎的自傳暗示，將她從邊緣拉回來的是記憶中一個女人的聲音。一位老師曾告訴她，基督教的本質是戰勝絕望。

「這短短幾句話，」阿嘉莎寫道，「一直伴隨著我〔……〕在我被籠罩於絕望之中時，這些話語又回到了我身邊，並給予我希望。」

就這樣，阿嘉莎儘管茫然且憂傷，但仍然活著，她看見了前方的某種救贖。她下了車，帶著頭和胸部受的傷，猶如做夢似地走在冬天的鄉間小路上。她重生了。「在這之前我一直是克莉絲蒂夫人，」她解釋道。[31]現在，她不再是克莉絲蒂夫人了。她已經擺脫了過去，就像剝去了一層死皮。只有這樣，她才能活下去。

她棄車離去。車燈仍然亮著，排檔桿停在空檔，她的駕照、大衣和個人物品都丟在車上。她就這麼一走了之，離開了她原本的舊生活。

此舉讓她的家人、朋友和警方陷入了五里霧中。

十二月四日星期六早上七點鐘，薩里山上仍是一片漆黑。一個牧場主人出門工作時看見了奇怪的東西：「有輛車子刺眼的車頭燈照著一片灌木叢。」他沒有進一步察看就匆匆離開了。早上八點鐘，有個戴著帽子和護腿、名叫傑克・貝斯特（Jack Best）的十五歲小男孩也看見了那輛被遺棄的汽車，並前去告知吉爾福德鎮（Guildford）的警方。[32]

當警方到場時，他們發現車子所處的位置顯示「這裡發生過某些不尋常的事」。[33]在紐蘭斯角擺茶攤賣觀光客的男子幫忙將車子拉回了車道上。[34]

隸屬薩里郡警察機構（Surrey Constabulary）的威廉・肯沃德警官（Superintendent William Kenward）迅速地在吉爾福德鎮警察局採取行動。「我立刻展開調查，」他在一份官方報告中告訴我們，「並且發現這位女士是在前一天的深夜裡，在相當不尋常的情況下，開車離開她在桑尼戴爾的家。」[35]

留著小鬍子的肯沃德身材肥胖，有張圓滾滾的臉，是一位和藹可親且認真盡責的警官。他心地善良且富有同理心，曾為吉爾福德警察局的鴿子買玉米，還替寡婦和孩童招募基金。[36]然而，他對戲劇性事件毫無招架能力，且有著大男人的性格。舉例來說，他曾偽裝成醫師來對付「一個持有武器的瘋子」，並沒收了他的左輪手槍，在同僚間傳為佳話。[37]而他現在看起來幾乎下定了決心，要找到謀殺的證據。他認為「慘劇」肯定已經發生了，且認為自己有責任，「基於人性的關懷，如果克莉絲蒂夫人因精神崩潰而四處遊蕩，我一定會努力尋找她的下落。」[38]一方面，我們為肯沃德歡呼三聲。然而，從另一方面來看，這種一心追求戲劇化的可能結果會使他忽略了重要的證據。

肯沃德很快就發現，阿嘉莎的友人對他的推論表示了一定的支持，認為發生了糟糕的事情。「在我看來，」姵格說道，阿嘉莎「是在抑鬱的情緒中……走偏了。」[39]

令人驚訝的是，最關心阿嘉莎消失的人似乎不是她的血親。姵格、阿嘉莎的好友喬伊斯，以及她的幫手卡蘿，才是真的擔心她的人。阿嘉莎以某種形式為自己組建了第二個家庭，一個由友誼而非血緣組成的家庭。這是她在托基醫院的「奇女子」時期就擁有的重要天賦。

警方一定以為阿嘉莎的丈夫能提供最重要的關鍵證據，但他根本就不在自己家裡。他去哪裡了？

那個星期六清晨，亞契被迫從他計畫度過週末的神祕地點回來，也就是位於戈達爾明（Godalming）的赫特莫爾小屋（Hurtmore Cottage）。那裡離紐蘭斯角並不遠，這會令人猜想阿嘉莎午夜駕車前往的目的地或許就是此處。

亞契去了赫特莫爾小屋，與友人詹姆斯夫婦（Sam and Madge James）待在一起，他們可不只是普通的老朋友。瑪琪．詹姆斯是南西．尼爾的好姐妹，她們曾一同接受打字員的培訓，而這四人組的第四名成員就是南西。這是個勁爆的消息，要是洩露出去，阿嘉莎失蹤案可能就會有了全新的線索。亞契不想讓警方知道他外遇的事。

然而，桑尼戴爾的地理位置現在發揮了作用。史岱爾莊位於伯克郡，這表示詢問當地居民的工作會落在伯克郡警方頭上，並由查爾斯．哥達德警官（Superintendent Charles Goddard）負責。肯沃德則負責可能的犯罪現場（紐蘭斯角）的工作，他隸屬於薩里郡警察部隊。這兩個單位之間的溝通做得很糟。且所有相關人士顯然都對亞契畢恭畢敬。如果這是一起謀殺案，那麼他顯然有嫌疑。但他不僅是個有身份的人，還是個戰爭英雄。警方認為他們必須小心行事。

按當時的社會禮儀，亞契和南西之間的關係在一定時間內不會被揭露。但後來，犯罪記者里奇．考爾德（Ritchie Calder）指稱，詹姆斯夫婦的傭人將那個週五晚上在赫特莫爾小屋舉行的派對說成一場慶祝會：「一場克莉絲蒂上校與尼爾小姐的『訂婚』派對」。[40]

有些報導指出，卡蘿在週五晚上打電話到赫特莫爾小屋告訴亞契他妻子失蹤的消息，也有報導稱她是在週六清晨打的電話。無論如何，這情況都需要他回家一趟。在史岱爾莊的大廳桌上，他發現了一個密封的信封，裡面有一封阿嘉莎寫給他的信。[41]他讀了信，然後把信銷毀了，此舉後來引起了許多猜測。

如果知道這將成為他妻子精神狀態的重要證據，他或許就不會這麼做了。而他也沒有意識到，他的通姦行徑很快就會被公諸於世了。

第二十章　哈洛蓋特水療飯店

二〇〇八年的紐約，一個叫做漢娜．厄普（Hannah Upp）的年輕教師，某天突然從她家人和朋友的生活中徹底消失了。

他們知道她還活著，因為有天她被目擊在逛蘋果直營店（Apple Store），她在有人上前查問之前就離開了。漢娜最後是在離自由女神像不遠的海裡被發現的。她還活著，身體大致上也還算健康，但她完全失去了過去三個星期的記憶。

她的第一句話是：「我身體為何濕了？」

但很多人根本不相信漢娜沒有裝病。隨著她的記憶逐漸恢復，她開始對媒體上關於她遭遇的報導感到丟臉。記者指出她或許只是假裝失憶，認為她浪費了警方的資源和大眾的善意，且背棄了家人對她的愛。

然而，精神科醫生認為，漢娜所經歷的是一種全然真實的醫學症狀，叫做解離性漫遊症（dissociative fugue），這名稱是源自拉丁語中的「飛行」一詞。一位精神科醫生告訴《紐約客》（*the New Yorker*），解離性漫遊症之所以沒有受到研究重視，部份原因是「這種現象太可怕了，人們對於自己會如此輕易失去自我感到恐懼。」[1] 在由壓力和創傷造成的漫遊狀態中，你會忘記自己是誰。有時記憶會在事後恢復，有時不會。

長久以來，調查阿嘉莎「失蹤事件」的人們持有兩種不同的觀點。一種觀點認為，在車禍發生後的那幾天，她正在經歷解離性漫遊症的症狀，就和漢娜·厄普一樣；另一種觀點則認為她是裝出來的。

儘管現今的精神科醫師對何謂「解離性漫遊症」有了廣泛的共識，但在一九二〇年代，人們討論心理健康時使用的措辭是很不精確的。「精神失常」和「失憶」（或許最接近現代的術語「解離性漫遊症」）是為了幫助第一次世界大戰後受到創傷的士兵而出現的詞彙。

不過這些是直白淺顯的用詞，而事實上，無論是「失憶」還是「解離性漫遊症」都無法概括阿嘉莎描述的一系列症狀：疲憊、肌肉疼痛、失眠、無助感、社會退縮、無法專注、食慾不振和企圖自殺。若考慮到漫遊的症狀，它也有可能是憂鬱症。

然而在阿嘉莎的案例中，一旦這起事件被貼上「失憶」的標籤，她的行為就不完全符合特定標準。只有一件事是能夠確定的：在一九二六年十二月四日星期六及其後幾天，阿嘉莎經歷了痛苦的精神疾病發作，這是因母親去世和婚姻破裂的創傷所引發的。阿嘉莎的狀況**不僅**包含「失去記憶」，她所經歷的遠比那更加可怕且令人不知所措。她失去了她的生活方式和自我意識。

醫師們對失憶症的研究並不多，因為這是種既罕見又難以治療的疾病。然而在一九七〇年代，當人們開始站出來聲稱自己壓抑了童年被虐待的記憶，這種病症開始受到關注。其中一些案例經過研究並證明屬實後，失憶開始受到更多的重視。[2]

那也是人們開始相信受害者的時候。原本這種病症總是伴隨著懷疑：患者懷疑究竟發生了什麼事；旁觀者則懷疑患者所言可能並非事實。

就像漢娜．厄普一樣，阿嘉莎對於她著名失蹤事件的陳述從一開始就遭受質疑，人們並不相信她的說法。這背後一部份的原因毫無疑問與性別有關。如果說今天的人們依然會懷疑女性所言是否屬實，在一九二〇年代的狀況只會更加嚴重。阿嘉莎確實擁有社會階層的巨大優勢：單單因為這一點，就有些人會相信她的說法。但她也有個雙重劣勢：一是她職業女性的身份，二是她從事職業的本質，這兩點都大大削弱了她的可信度。

此外，正如我們將看到的，她的知名度讓事情變得更加不可收拾。媒體殘忍無情地審判她，針對她離家的原因，媒體得出了與我的看法截然不同的結論：阿嘉莎善妒、控制慾強且喜歡引人注意，她想要報復性地陷害丈夫成為謀殺她的兇手。

阿嘉莎一生中遭遇到最大的不公，並不是丈夫在她傷痛母親之死時背叛了她，甚至也不是精神上的煩惱與痛苦。而是全國各報以這種公開處刑的方式揭露她的病情，讓她倍感羞恥，人們從那時就開始懷疑她有所隱瞞、滿口謊話。

對阿嘉莎的長遠名聲而言相當不幸的是，許多她的傳記作者（尤其是男性的傳記作者）都像當時那些張揚、渲染此事的男性警官和記者一樣，筆下經常出現這類陳述。「她經過刻意安排——事實正是如此——將謀殺的嫌疑推到」她的丈夫身上，其中一位她的傳記作家如此說道。[3]

於是這種不公的對待始終未曾停止。

現在是時候徹底改變這一情況了：讓我們聽聽阿嘉莎怎麼說，去重新理解她的經歷，單單把它們貼上「失憶」的標籤並沒有任何幫助；而或許最重要的是，當她說自己很痛苦時，我們要相信她。

那我們該相信些什麼呢？阿嘉莎告訴我們，在十二月四日星期六的早晨，當警方在調查她遺棄的車輛時，她——用當時有點沒能替她辯護的話來說——「失去了記憶」。

在心理治療師的幫助下，她後來重新梳理自己被抹去的那些記憶片段。「我記得我到了一個很大的火車站，」她回憶道，最後「我驚訝地得知那是滑鐵盧（Waterloo）車站」。[4]許多人也熱衷於調查她可能的行蹤。《每日郵報》調查人員認為，她很有可能漫步走向距離紐蘭斯角大約三英里的克蘭登（Clandon）車站。她只帶了手提包、六十英鎊現金和蘿莎琳的照片。從克蘭登出發前往滑鐵盧的火車班次為六點四十二分、七點二十二分、七點五十二分、八點二十二分和八點五十六分，阿嘉莎很可能就是這樣抵達倫敦的。[5]

當阿嘉莎終於講出自己的經歷時，她使用了她最熟悉的語言，也就是她小說的語言，而在其中「失憶」一再成為情節關鍵。這意味著她聽起來就像出外執行任務的陶品絲．貝雷斯福德（Tuppence Beresford）在說話，這讓她在描述自己抵達滑鐵盧這段經歷時給人一種不真實感。「奇怪的是，」她說道，「鐵路公司的人並沒有認出我是誰，因為我渾身是泥土，手劃傷的血跡還沾到了臉上。」[6]

儘管幾個小時前她還想著自殺，但此時她已經完全「擺脫」了那想法，那些想法屬於其他人。阿嘉莎轉而思考如何將自己清理乾淨。她很可能搭計程車去了一間百貨公司；有些報導指出是哈洛德百貨，有些則說是懷特利百貨（Whiteleys）。對於手提包裡裝有六十英鎊（現值超過兩千英鎊）的女人來說，琳瑯滿目的商店是個溫暖的好去處。有跡象顯示她買了一個熱水瓶，還有說法指出她弄丟了一枚戒指，也有人說她留下了一枚戒指給人修理。[7]阿嘉莎會想要再拿回那枚戒指，那是她新娘美夢的一部份。

阿嘉莎還在倫敦做了一件重要的事：她寄了一封信，收件者是亞契的弟弟坎貝爾．克莉絲蒂（Campbell Christie）。阿嘉莎和坎貝爾的關係向來親密，他經常協助她順利完成作品。那封信是從倫敦的ＳＷ１區寄出的，哈洛德百貨正位於此區，這封信於早上九點四十五分被送到郵件分類處蓋章。[8]

一個「失去記憶」的女人怎麼可能會寄信呢？這個詞彙的侷限性於此浮現出來。但在漫遊狀態下的阿嘉莎並不會理性行事。在前一天晚上，她寫信給卡蘿和亞契時，可能也先寫好了這封要寄給坎貝爾的信，她寫好地址且貼好郵票，放在包包裡準備寄出。信中提到她要離家一段時間，住進約克郡的水療飯店。這是個備用計畫。如果阿嘉莎**沒有**結束自己的生命，那她當然會希望家人知道自己去了哪裡。所以如果她在包包裡發現了這封信，也準備要離開，那她自然會將這封信寄出。

阿嘉莎在百貨公司的洗手間洗衣服時，她的大腦開始啟動自我保護機制，她為自己創造出了一個截然不同的新身份，藉此逃離更深沉的痛苦。「我在自己的腦中變成了南非的特蕾莎・尼爾夫人（Mrs Teresa Neele of South Africa）。」[9] 這個人格又是從何而來的呢？答案是與亞契的愛人同姓之人，來自她與亞契曾共度幸福時光之地的人。這些細節匯集在一起，創造出了讓她感覺足夠堅強的角色。「你無法掌控自己的命運，」阿嘉莎多年後如此說道，「但你可以對自己創造的角色隨心所欲地做任何事。」[10] 於是她為自己創造了一個新的角色，一個能夠隨心所動的角色。而她最大的願望就是逃離身為克莉絲蒂夫人那令人難以忍受的生活。

在百貨公司裡休息過後，特蕾莎・尼爾去了國王十字（King's Cross）車站，並買了一張前往哈洛蓋特水療渡假飯店的車票。這裡著名的皇家浴場（Royal Baths）是療養身心健康的最佳標竿。阿嘉莎後來認為這個目的地的選擇並不奇怪：「車禍的意外造成了神經炎，以前我就曾想過去哈洛蓋特治療這個毛病。」[11] 在環球旅遊期間去衝浪時，她就因患有神經炎而肩膀疼痛，當時也是靠著熱水得到緩解。

這個「神經炎」的自我診斷相當關鍵。在一九二〇年代，人們將神經炎理解成一種由物理或生理因素引起的神經發炎疼痛。然而，還有一種類似的病症是「神經衰弱」，在此疼痛是身體對情緒壓力的反應。神經炎和神經衰弱很難區分，而兩種病症的治療方式都是水療休養。[12] 然而，這兩個詞彙之間也存在著重要的階級區別。中產階級的人會更傾向自稱罹患神經炎（生理上的），而不是神經衰弱（心理上的）。阿嘉莎的用詞選擇顯示了問題的嚴重性，但她又用了一種社會規範來將自己與「瘋子」區分開來。[13]

無論如何，去做水療都是個明智之舉，但阿嘉莎的行徑給人一種錯亂感。她覺得自己對蘿莎琳來說是個危險，休養是必要的。喬伊斯是怎麼說的呢？「她的醫生告訴她，她必須休養，一切都會好起來的。」[14]

當她乘坐的火車抵達哈洛蓋特時，冬日的陽光想必已然褪去。她搭上計程車前往一間顯然是隨便挑的飯店，那飯店就叫做水療院（the Hydropathic）。[15]

水療院，或是當地人簡稱的「水院」（the Hydro），共有三層樓，其門廊以煤黑色的石頭建成。這棟頗為宏偉的建築於一八七八年由哈洛蓋特水療公司（Harrogate Hydropathic Company）進駐接管。那棟建築現今被稱作天鵝飯店（the Swan）。而當時，那裡有可停放二十六輛車的停車場、五英畝的花園和一間舞廳。皇家浴場就在咫尺之遙，離大華飯店（the Majestic）等其他高級飯店也很近。[16]

電燈的亮光從水療院的窗戶透出，溫暖著十二月的夜晚；熙熙攘攘的賓客和百貨公司一樣，這裡讓阿嘉莎感到安全。她向來很喜歡飯店的隱密性，她經常一個人待在飯店裡寫作。

阿嘉莎入住時並沒有帶行李箱，但她解釋自己最近剛從南非回來，行李還寄放在朋友那裡。她自稱是來自南非開普敦的特蕾莎·尼爾夫人，並用平常的筆跡在飯店的登記簿上簽名。[17]

這個姓氏顯然暗示了阿嘉莎和南西・尼爾之間的某種關聯。但這個名字是否可能取自阿嘉莎敬仰的文學聖徒亞維拉的德蘭（St Teresa of Avila）*呢？或者——唯有最刨根問底的偵探才能查明——是「難題」（teaser）的異序詞**嗎？[18]這一切我們都不得而知了。不過熱衷於填字遊戲的阿嘉莎的確擁有善於構思這種奇思妙想的腦袋。

飯店經理W・泰勒先生（Mr W. Taylor）後來指出，這位新賓客住的是一間「一樓的好客房，房內附有冷熱水」。每週七幾尼***的住宿價位沒有讓她產生絲毫猶豫：「她似乎要多少錢就有多少錢。」[19]她身上帶著的那六十英鎊派上用場了。

阿嘉莎所住的客房由一個名叫蘿西・艾許（Rosie Asher）的女服務生負責打理，她是個捲髮的漂亮女孩，她似乎格外關注阿嘉莎。艾許注意到「尼爾夫人」幾乎什麼也沒帶：只有「一把梳子、一個新的熱水瓶和一張小男孩的照片，照片上寫著『泰迪』。」[20]

阿嘉莎後來也回想起來，她當時挺納悶自己身上為何會有瘀青。但「尼爾夫人」急切地渴望展開有條不紊的新生活。於是她便下樓去享用晚餐，甚至還參加了晚上的舞會。在與飯

---

* 譯註：又被稱作聖女大德蘭或耶穌的德蘭。是十六世紀的天主教聖徒。

** 譯註：異序詞指的是將單字中的字母重新排列組合後構組成的單字。組成 Teresa 與 teaser 兩單字的字母完全相同，唯有順序不同。因此這兩個單字即互為彼此的異序詞。

*** 譯註：guinea。英國於一六六三至一八一四年間所使用的金幣，當時約與一英鎊等值。

店裡其他客人的對話中，她透露出一些悲劇的蛛絲馬跡。她告訴某位客人，她的「小女兒過世了，於是她來哈洛蓋特療養身心」。那些又被稱作「病患」的賓客們接受了這位單身女子。「我在克莉絲蒂夫人抵達的那個晚上與她共舞，」其中一位賓客後來說道，「她會跳查爾頓舞，但跳得不算太好。」[21]阿嘉莎這一晚只穿了普通裙子，讓她跳舞跳得很糟。很顯然，她必須為她的新角色準備一套合適的服裝。等到休息過後，店家開門，她就需要去買衣服。[22]這一點從來沒變過，和佛雷德里克・米勒的女兒阿嘉莎・克莉絲蒂一樣，特蕾莎・尼爾夫人——其生活就是從百貨公司開始的——熱愛逛街購物。

與此同時，在薩里郡，肯沃德與七、八名警察和一些民間志工利用週末的時間，在阿嘉莎棄車附近的郊外搜索。[23]但這次嘗試徒勞無功，他覺得應該擴大搜查的範圍。

警方也發布了一份失蹤人口名單，且媒體很快就報導了這個消息。週一早上的報紙刊登了細節資訊。在桑尼戴爾自家中失蹤的是「克莉絲蒂上校的妻子阿嘉莎・瑪麗・克拉麗莎・克莉絲蒂夫人，現年三十五歲（其實她當時是三十六歲），身高五呎七吋，有一頭淡紅色的捲髮、灰色眼珠、膚色白皙，體格良好。」[24]

描述中還指出她並沒有戴結婚戒指，她將婚戒留在史岱爾莊了。那些知悉克莉絲蒂婚姻破滅的人認為，這表示她的精神狀態令人擔憂。有些人把這視為阿嘉莎的新式作風，這也同樣是個令人不安的象徵。[25]

新聞報導現在將阿嘉莎描繪成一個悲劇英雄。「在桑尼戴爾這裡，」《每日郵報》報導道，「克莉絲蒂夫人失蹤案的謎團是人們最關注的話題……對於一位傑出女性命運的擔憂，只有可憐的克莉絲蒂上校喚起的同情心才能與之相提並論。」[26]

然而，肯沃德越來越懷疑克莉絲蒂上校。讀過阿嘉莎寫給卡蘿的信後，他認為阿嘉莎有可能自殺，或者——雖然肯沃德從未明說——被謀殺。他不認為自己的工作只是找到阿嘉莎這麼簡單，他大談自己有必要確認這「並不是一起謀殺案」。在接受《薩里廣告人報》的獨家專訪時，肯沃德拐彎抹角地指出，「認識阿嘉莎的人，包含她的一些親戚，隨口暗示」確實發生了謀殺事件。[27]然而值得一提的是，卡蘿在看到同一封信後，卻「無法相信」阿嘉莎已經死了。[28]

與此同時，伯克郡警方訊問克莉絲蒂的傭人，隸屬此單位的哥達德警官也認為阿嘉莎還活著。伯克郡的哥達德不像薩里郡的肯沃德一樣喜歡和記者交流。犯罪記者里奇・考爾德正在報導此案的搜索行動。他是個社會主義者，對身處上流階層的克莉絲蒂家族毫無好感，所以他並不是全然客觀無私的旁觀者。但在他的印象中，他的確強烈感覺到這兩支隸屬不同單位的警隊無法協同合作。「伯克郡和薩里郡的警方幾乎沒什麼交流。」他表示。[29]

更讓情況雪上加霜的是，亞契銷毀了阿嘉莎寄給他的信，且不尋常地閉口不談信中內容。他含糊其辭地說，信中「僅提到了一件私事……我不能說那是什麼事。」[30]亞契既要保護自己，更要試著保全南西。要是她被捲進這起騷動中，她的名聲便會遭到玷汙。

薩里郡的肯沃德持續進行他的尋屍任務。他計畫在紐蘭斯角附近的一個池塘用拖網打撈屍體，這個池塘不幸地有個誇張的名字——「寂靜之湖」（the Silent Pool）。可望破案的前景令記者引頸期盼。《每日隨筆》（*Daily Sketch*）近乎無法自制：「根據當地傳說，那座湖對那些與之親近的人有著無法抗拒的吸引力，而克莉絲蒂夫人正是那樣的人。」[31]

媒體對於這種事樂此不疲。《每日郵報》邀請到一位退休警察提供專家的看法。雖然他把警務講得相當無聊，但他以另一種方式一針見血地點明了。「克莉絲蒂夫人，」他寫道，「在現實生活中，有意無意地成為了一個謎團的中心人物，而這個謎團遠超越了她精巧小說中的一切事物。」[32]

與此同時，在哈洛蓋特的阿嘉莎正在享受她處於未定狀態的生活。負責打掃客房的女服務生表示，星期日當天，肯沃德正在搜索丘陵地帶時，阿嘉莎「睡到十點鐘，在床上吃完早餐後就出門去了。」[33]

星期一早上，艾許注意到阿嘉莎要服務生「送早餐到窗邊時，還要一份倫敦的報紙」。克莉絲蒂夫人失蹤的消息如今已成了國際新聞，要不注意到相關的報導也很困難。[34] 但阿嘉莎還是設法將此事先擱在一旁。她開始為自己添購新衣服。在當天稍晚她逛完街後，好幾個包裹就陸續被送到她的房間：「新的帽子、大衣、晚禮服鞋、書籍和雜誌、鉛筆和水果，還有各種盥洗用品。」

飯店裡的人注意到阿嘉莎通常手上都會拿著一本書。她曾去過國會大街（Parliament Street）上的WH史密斯圖書館（WH Smith Library），那裡的館員考伊小姐（Miss Cowie）

「從她借書的選擇看出，她喜歡奇情小說和懸疑小說」。[35]

當天晚上，阿嘉莎穿著得體的晚禮服，披著一條新的「花俏披巾」出席晚宴。飯店的員工表示，在大廳和舞池裡，「她認識了許多朋友」。她打撞球，大聲唱歌逗其他賓客開心。[36] 飯店的娛樂節目主持人科貝特小姐（Miss Corbett）發現，「尼爾夫人」的新披巾上還別著標價牌——七十五先令。一位賓客問道：「那就是你的身價嗎？」阿嘉莎的回應是：「我想我不只值這個價格。」[37]

阿嘉莎隔天又收到了另一個包裹。她曾寫信詢問倫敦那間百貨公司是否能將她忘記的戒指寄回。根據一些報導指出，那是一枚特別的鑽戒。十二月七日星期二，那枚戒指就寄達水療院了。[38] 將戒指戴在手上，或許就像是填補了這個身份最終的空缺——她現在已是一個不一樣的、比以前更好的妻子了。

十二月七日星期二那天，尋獲克莉絲蒂夫人的懸賞獎金提高了。《每日新聞》（*Daily News*）開出一百英鎊的報酬給能夠提供任何阿嘉莎下落資訊的人。[39]

但因為一直沒有找到屍體，一種新的說法開始出現在媒體報導中：阿嘉莎或許失去了記憶。「我能提供的唯一解釋，」亞契向一名記者表示，就是他的妻子「患有失憶症」。[40] 阿嘉莎的好友喬伊斯也確信，這是「極度疲憊所造成的失憶或類似狀況」。[41]

隔天，也就是十二月八日星期三，《每日郵報》採信了失憶的說法並刊登到報紙上。「潛意識佔據了主導地位，」這份報導的作者解釋道，「潛意識經過藝術家的創造力訓練，能為虛構作品設計出神祕難解的失蹤事件，那麼潛意識也很可能會極巧妙地策劃出現實世界中真實的失蹤事件。」[42]

亞契那一世代有許多人都經歷過第一次世界大戰，他們認為失憶很可能是是面對創傷的一種合理反應。威爾佛雷德・哈里斯（Wilfred Harris）在其軍事醫學著作中關於「精神打擊」的章節裡對失憶的描述，完全吻合阿嘉莎對自己精神狀態的描述。哈里斯指出，患者「可能會完全喪失記憶，可能會對意外發生前生活中的一切感到陌生。他可能會不知道自己的名字、職業或是住所。」[43]當關於阿嘉莎車禍的細節最終浮現出來時，她頭部受到撞擊的狀況被格外強調。那是因為在一九二〇年代，人們普遍認為令人「失去記憶」最常見的原因是腦震盪，或是在砲擊時頭部受到重擊。[44]

此時在水療院中，人們開始懷疑「尼爾夫人」的身份。畢竟阿嘉莎的照片於十二月七日星期二就出現在《每日快報》的頭版上，而兩者的相似程度沒有人會看走眼。

「她在這裡待到第四天左右時，」飯店經理回憶道，「我的妻子就跟我說：『我覺得那位女士就是克莉絲蒂夫人！』」[45]泰勒先生認為他的妻子太「荒唐」了，但並不是只有她這麼覺得。「有些飯店的服務生說，那位女士和照片上的人十分相像，」泰勒夫人說道，「我叫他們什麼也別說。」[46]哈洛蓋特的水療飯店經常有病患、感到無聊厭煩的人和富人前來光顧，這些人有時想要得到大眾的關注，有時又希望能夠保持低調。

但這個祕密終究註定會曝光。娛樂節目主持人科貝特小姐明白說道：「我們都知道那就是克莉絲蒂夫人。」[47]

十二月八日星期三，肯沃德在薩里郡組織了一次規模更大的搜查行動，於報紙上讀到這條資訊的飯店員工肯定更難按指示保持沉默了。

根據《威斯敏斯特公報》（*Westminster Gazette*）的報導，超過三百名警員和臨時警員參與了這次搜索行動，「手持長棍且間隔十碼的人們將繞成一團團的灌木叢撥倒……在籠罩山頂的濕冷薄霧中，他們呼喊的聲音此起彼落，頭頂上則響著飛機來回飛行的嗡嗡聲。」[48]

肯沃德已經確信他正在尋找一具屍體。「警方明白表示，」《電訊報》的報導指出，「克莉絲蒂夫人會在離她棄車地點不遠處被找到。」[49] 畢竟，肯沃德很可能讀過阿嘉莎的短篇小說〈富商失蹤記〉（The Disappearance of Mr Davenheim）。在這篇小說中，白羅不斷談論到失蹤背後的可能意涵。「你或許失去了記憶，」這位大偵探說道，「但肯定會有人認出你。」另一方面，他繼續說道，屍體不可能會「憑空消失，它們遲早會出現，可能藏在偏僻荒涼的地方或是後車廂裡。惡事終將東窗事發。」[50]

肯沃德的照片開始出現在新聞報導上，他以發號施令的姿態指揮著他的搜索軍團。[51] 他在薩里郡內偏僻荒涼且霧氣朦朧的地方，堅持不懈地持續進行極為費力的搜索行動，他似乎確信「惡事終將東窗事發」。

不過肯沃德最好還是將時間花在調查一條新的線索上，這條線索是他正忙著搜索紐蘭斯角的那個星期二時出現的。

有件事終於浮上檯面：亞契的弟弟坎貝爾收到了阿嘉莎寄去的第三封信，那封信是上星期六從倫敦市中心寄出的。他讀了信，但並沒有多想，直到後來聽說她「失蹤」的消息。

坎貝爾意識到這封信可能是重要的證據時，雖然信封還在他手上，但他已經找不到信了。他只得靠自己的記憶來回想信件內容。《每日郵報》報導了他的陳述，也就是阿嘉莎說「她要和朋友一起去住約克郡的水療飯店，調養身體」。[52]

有鑑於此，警方的搜索行動似乎應該要轉向約克郡。但肯沃德的反應就跟許多調查人員遇到一片放不進自己腦中拼圖的碎片時一樣。他竭盡全力解釋這封信件。畢竟，這不一定能證明阿嘉莎在星期六還活著。她不一定是自己去寄信，有可能是「安排了」其他人替她寄信。[53]

警方敷衍地將約克郡納入他們的搜索範圍中。但《泰晤士報》報導指稱，肯沃德率領的吉爾福德鎮警隊深信「克莉絲蒂夫人並不在約克郡」。[54]於是搜索工作便繼續於吉爾福德鎮進行，肯沃德深信坎貝爾．克莉絲蒂收到的那封信是出自某個女騙子的偽造。

總的說來，這趟搜索過程相當有趣。兩名飛行員前來提供協助，開著飛機盤旋繞了「阿嘉莎車子的發現地點好幾圈」。[55]警方出動手邊能夠使用的各種技術與工具：「廣大的電話網路和數百輛汽車（……）還準備使用潛水工具。」[56]

《每日紀事報》旗下的一名記者渴望披露這起將成為本週（甚至是今年）大新聞的事件，他在哈洛蓋特的各大飯店進行了鋪天蓋地的搜索。這花了他一整天的時間，但最後很不幸地一無所獲。

在這段期間，伯克郡警方的哥達德警官則在進行另一項調查工作。他手下的警員詢問了阿嘉莎的客廳女僕莉莉，她轉述阿嘉莎說過的話：「我週末要出門去，可能會先去倫敦。」[57]加上寫給坎貝爾·克莉絲蒂的信又提到了約克郡，這令哥達德更加確信阿嘉莎還活著。哥達德認為，廣發「失蹤人口」的海報，將目標放在找到一個活著的人，這麼做比在薩里山進行狹隘的搜屍工作好多了。

這兩個截然不同的辦案方式似乎造成了無益的競爭。「如果這兩個郡中有一個郡從蘇格蘭警場（Scotland-yard）*請來一名資深的偵緝警司，」《快報》（*the Express*）抱怨道，「工作就能在訓練有素、有辦法處理複雜局面的人指揮下統一進行。」[58]亞契也確實要求過諮詢蘇格蘭警場的意見。但地方警方都渴望建功爭光，認為沒有這個必要。

哥達德的「失蹤人口」搜尋工作包含與媒體合作。《每日郵報》在週四刊登了一張阿嘉莎的「合成照片」，它由一名藝術家依照薩里郡警方的建議和卡蘿的意見製作而成，照片中的阿嘉莎穿著失蹤時所穿的開襟羊毛衫。這只是一個開始，那張照片接著也被印製成海報。[59]

哈洛蓋特警方也在約克郡搜查各大飯店，但並沒有找到人。不過他們發現了一個與阿嘉莎年齡相仿且舉止「相當古怪」的不明女子曾去過皇家浴場。[60]

* 譯註：蘇格蘭警場為倫敦警務處總部所在地，該詞後來便成為了倫敦警方的代名詞。

正是建於一八九七年的皇家浴場讓哈洛蓋特成為「歐洲最重要的水療勝地」。除了土耳其浴和俄羅斯浴，這裡還提供按摩服務，並且有「訓練有素的按摩師」。[61] 阿嘉莎告訴我們，她在哈洛蓋特時「經常」會去這些浴場，以舒緩被她稱為神經炎的不適症狀。[62] 警方可能沒有發現她，但搜索網變得更加嚴密。警員指示「在各大浴場的售票處要嚴加注意，那位女士可能再次出現。」[63]

然而，阿嘉莎對於緊隨其後的警方毫不在意。她現在的生活過得好多了。「作為尼爾夫人，」她日後說道，「我感到十分幸福且快樂。」[64] 她開始注意自己的健康狀況；她將自己打造成一個全新的人。緩慢且確實地，她轉變成一位衣著得體、心智健全、時尚優雅的年輕女性，一個更像南西．尼爾而不是克莉絲蒂夫人的人。

總有一天——會嗎？——亞契將會清醒並回到她身邊。

然而，現實生活卻試著重新奪回阿嘉莎的關注。根據蘿西．艾許的說法，星期四的她「非常快樂開朗」。[65] 但對阿嘉莎和亞契來說，那是很糟的一天，或許是最糟糕的一天。

阿嘉莎肯定在報紙上讀到了尋找克莉絲蒂夫人的消息。她潛意識中的某個部分必然已經意識到事情的嚴重性，並開始預想如果她重回自己的真實身份，將會是多麼丟臉的一件事。

她似乎鐵了心要進一步扮演好尼爾夫人的角色。當天稍晚的時候，她在《泰晤士報》上刊登了一則廣告，上面寫道：「剛從南非返回的**特蕾莎．尼爾的親朋好友們**，煩請**聯繫**。聯絡信箱：R.702。」[66]

這讀起來像是在隱晦地向她的丈夫懇求幫助。亞契十分了解阿嘉莎，他知道媒體的關注會使她恐慌。「在風頭過去之前，我很確定她不會回來的，」他說道，「那些知道她生性內向孤僻的人都明白，等到一切風平浪靜，她就會回來了。」[67]

然而更糟的是，這一天也是真正的南西・尼爾首次登上報紙的日子。

南西低調地躲了起來，焦慮不安地待在她住在里克曼斯沃斯的父母身邊。但現在《威敏斯特公報》卻報導說，在克莉絲蒂上校待在詹姆斯夫婦家的期間，還有這麼一位「尼爾德小姐」（Miss Nield）〔原文如此〕，她是這家人的年輕女性友人。報導中出現了一位「年輕女性」令人見獵心喜。該報的特約記者還指出，警方已經訊問了史岱爾莊的僱員關於克莉絲蒂夫婦的婚姻狀況：「我知道『謠言並不屬實』，」他在文章中寫道，在阿嘉莎失蹤的那天，「他們在餐桌上對彼此說了些『氣話』。」[68]但這卻給人留下了全然相反的印象。

這對阿嘉莎來說是個糟透了的變故。如果南西的事情曝光，人們就會發現她是個被拋棄的妻子，那種因為丈夫的一個「年輕女性友人」就被拋棄的女人。

於是她越陷越深。「在哈洛蓋特，」她日後回憶道，「我每天都在讀關於克莉絲蒂夫人失蹤的消息……我覺得她的行為很愚蠢。」[69]水療院飯店的一位客人記得她曾說過，「克莉絲蒂夫人是個非常難以捉摸的人。我對她沒有興趣。」[70]此外，根據這名目擊者的說法，阿嘉莎開始表現出無從解釋的精神痛苦跡象。她「會用手壓著自己的額頭並說道，『這是我的腦袋。我記不起來了。』」[71]

南西的名字見報一事也令亞契心煩意亂，這正是他一直擔心的狀況，因為這不僅只是社會性的羞恥，還給了他一個絕佳的謀殺動機。要是在寂靜之湖發現了一具屍體，里奇・考爾德聲稱，「根據我對警方行事態度的了解，我很確定克莉絲蒂上校會遭到拘留。」[72]

亞契當然也相信這一點，他還對倫敦商業區辦公室的一名同事說過類似的話。他們兩人在電梯裡遇到。「他當時非常緊張，」這名同事作證說，「還告訴我警方已經跟蹤他到了寬街（Broad street）……『他們認為我殺害了我的妻子，』他這麼說。」[73]

那個週四晚上，亞契被叫到警局接受訊問，且從那時開始，就有一名警察被派駐在史岱爾莊外頭。亞契聲稱那警察是「按他的要求」而駐守在那裡，「因為他不想要被記者騷擾」。[74]

但事實上，那名警察被派去，是為了防止亞契這個主要嫌疑人失蹤。

十二月九日星期五，天剛破曉，一年也即將結束。「聖誕精神」（Spirit of Christmas）登上了《每日郵報》的頭版。阿嘉莎離開史岱爾莊已經整整一週了。那個星期五早晨在飯店的她「似乎有一瞬間顯得非常怪異……很早就下樓，然後去里茲（Leeds）逛街購物。」[75]

與此同時，緊張焦慮且擔心害怕的亞契——「不確定的懸念太可怕了」——犯了一個糟糕的錯誤。前一天晚上他接受了《每日郵報》的訪談，此舉欠缺考慮。或許是希望能轉移人們對「尼爾德小姐」的注意力，他提出了這樣一個觀點：也許他的妻子是**故意**搞失蹤。

「我的妻子，」他向一名記者說道，「曾談論過故意失蹤的可能……她腦中一直思考著精心安排一次失蹤的想法，這或許是為了她的工作。在我個人看來，我認為事實就是如此。」

亞契已經從「失憶」的說法走出來了。跟卡蘿一樣，他從未接受過自殺的說法。而現在他為自己辯護，駁斥那些說自己是個爛丈夫的指控。

有人說我和妻子在星期五早上發生了爭吵之類的狀況，這說法絕非事實……我強烈鄙視在這件事上加油添醋的做法……我的妻子從未對我任何一個朋友表示絲毫排斥或不滿。

讀者肯定會覺得他為自己辯護過頭了，過頭了且太多了。之後亞契又進一步說明自己的妻子可能是如何要花招的。「她可能偷偷存了一筆可觀的錢，」他把阿嘉莎形容得既貪婪又狡詐。「她非常聰明……她知道怎麼得到想要的任何東西。」[76]

《每日郵報》的大西洋特刊（special Atlantic edition）以毫不留情的方式為這次的長篇訪談做了總結。「克莉絲蒂上校今天告訴我，」總結內容寫道，「他那寫懸疑小說的妻子曾談論過故意失蹤的可能性。」[77]而國外的報紙又更進一步濃縮了此報導。十二月十二日，《巴爾的摩太陽報》（*The Baltimore Sun*）一則短篇報導的標題就直截了當地寫著：「警方相信失蹤的女小說家正在躲藏，朝向故意失蹤的方向調查。」[78]

就這樣，亞契愚蠢地給了讀者想聽聞的一切資訊，讓他們認為阿嘉莎故意搞失蹤。然而，如果這套說法屬實，那麼背後的動機肯定是妻子被背叛後的報復，而亞契不能承認這一點。「我星期五離開家裡，去和朋友過週末，」他告訴《晚報》，那位記者自然迫切想知道亞契的朋友是何人。但亞契拒絕透露：「我不希望我的友人被牽扯進來。」[79] 警方常因沒能更早找到阿嘉莎而受到指責，不過亞契的口供反覆不定，他那極具說服力的命令口吻是警方調查之路上的一大阻礙。

然而，他並沒有聰明到堅持護全自己到最後。「你肯定記得，」他在另一篇於十二月十一日星期六刊載的訪談中說道，「我們已經結婚多年，就像其他已婚夫婦一樣，在某種程度上過著各自的生活。」他有自己的事業要忙，他解釋道，而且「妻子也有她的寫作事業」。[80] 他對他們兩人的婚姻開了最後一槍。留給讀者對阿嘉莎全然負面的印象：一個不稱職的妻子，過度投入自己的工作，態度輕忽且冷漠。

在星期六早上，也就是亞契堪憂的言論登報那天，阿嘉莎所住飯店的女服務生認為「尼爾夫人」看了報後「似乎變得很激動」。[81]

在同一天，《電訊報》刊登了《高爾夫球場命案》即將開始連載的大幅廣告，將該書宣傳為「失蹤小說家阿嘉莎．克莉絲蒂」的作品。[82] 這些文宣顯然是阿嘉莎的出版社想的，而非出自阿嘉莎本人之意。但讀者卻可能認為作者是利用她新得的惡名來賺錢，而他們會這麼想也是無可厚非。

而阿嘉莎也已經受夠了新聞上的報導內容。星期日時，水療院沒有一份報紙被送到她房裡。在十二月十二日星期日這天，薩里郡警方在美麗的薩里山郊區組織了一場被稱作「阿嘉莎屍體大搜索」的行動，這是「警方有史以來規模最大且最有組織的搜索行動之一」。[83]《泰晤士報》稱有兩千人前來幫忙尋人，「道路被壅塞的車流堵住了……停放的汽車覆蓋了發現阿嘉莎棄車的那一整片高地。」[84]

肯沃德看起來雀躍過了頭。「我處理過很多重要案件，」他告訴《每日郵報》，「但這才是我要解決的史上最難解的案件。」[85]

那一天的薩里郡濕漉漉的。「上千人或徒步或騎著馬，在霧氣瀰漫的鄉間搜索著，」《每日郵報》一名興奮的記者寫道。「派出了六隻尋血獵犬（……）男男女女都仔細且徹底地搜索著。就算突然被暗溝絆倒或是被刺穿手套和襪子的荊棘弄傷，他們也毫不在意，只是毅然決然地持續前進。」[86]

阿嘉莎的犯罪小說家同行也無法抗拒地被捲入了這個謎團之中。那個星期天的搜索行動，桃樂西．榭爾絲也參與其中。向來對招魂術很感興趣的亞瑟．柯南．道爾爵士則將阿嘉莎的一隻手套交給了一位靈媒。那位靈媒雖然不知道那手套是誰的，但卻馬上說手套的主人「並不像大多數人認為的那樣死去了，她還活著。我想你下週三就會聽到她的消息了。」柯南．道爾將這個好消息傳達給了亞契。[87]

但那一整天都沒有發現任何值得注意的東西。肯沃德認為是自己找得不夠仔細，並考慮再展開一次搜索行動。

與此同時，頭腦比較冷靜的人開始懷疑在薩里山的搜索行動是否真的有望成功。肯沃德逐漸失去了記者們的信任，他們報導的態度和立場也變了。他們現在對「故意失蹤的說法」更感興趣。那三封信（尤其是寫給坎貝爾．克莉絲蒂的那封）、收拾好的行李箱，以及對女傭說的話，很可能都指向這樣的計畫。

但即便如此，人們還是找錯了地方：「現在官方強烈認為，她可能會在倫敦被找到，且是偽裝成男性。」88

上百名、或許上千名的警力與志願者參與了這次的大搜索。在那個星期日的薩里山上，人們共同建立了一段回憶，那是由好奇心和善意所驅動的努力嘗試。但由於一無所獲，這眾多希望都破滅了。

現在那些努力與失望成為了英國民間的共同記憶。而失望的情緒可能很快就會變成憤怒。

另一位犯罪小說家艾德嘉．華勒斯（Edgar Wallace）受《每日郵報》之邀，發表了自己的觀點。十二月十一日，他文章的筆調就帶有新的敵意。阿嘉莎的失蹤或許是她自願的，他說道，而且是對曾傷害過她的人進行「精神報復」的典型案例。說得難聽一點，她的初衷似乎是為了要「為難」某個未知的人，讓那個人因她的失蹤而感到困擾……如果失去了記憶，那你就不可能還找得到前往特定目的地的路。[89]

威爾佛雷德・哈里斯是研究戰時創傷的專家，人們對於「失憶」的這種反應他再熟悉不過了。「失憶症，」他寫道，「很容易被誤以為是在裝病。」[90]

然而，肯沃德仍然不贊同故意失蹤的解釋，他認為這種說法太「刻薄」了。[91] 他絕非冷酷無情之人，而且阿嘉莎的親友也讓他相信，害羞內向的阿嘉莎絕對不會搞這種「引人注目的噱頭」。[92] 但由於沒有其他更有說服力的解釋，所以這個說法便廣獲人們的支持。

十二月十四日星期二，《每日郵報》登載了一篇社論，作者主張如果阿嘉莎還活著，「她肯定樂於看到這個無情的惡作劇讓她的親人們承受極大的焦慮，也讓大眾付出龐大的時間與精力。」[93]

這類臆測一直持續到如今。許多作家傾向認為阿嘉莎確實是故意失蹤的，其中包含關・羅賓斯（Gwen Robyns），克莉絲蒂家族拒絕授權她於一九七八年出版的克莉絲蒂傳記*。傳記作家傑瑞德・凱德（Jared Cade）在其一九九八年出版的克莉絲蒂傳記**中，也認為阿嘉

---

* 譯註：由企鵝出版集團（Penguin Books）出版，原文書名為 *The Mystery of Agatha Christie*。

** 譯註：由彼得・歐文出版商（Peter Owen）出版，原文書名為 *Agatha Christie and the Eleven Missing Days*。

莎「故意演了一齣失蹤記」。[94] 理查・哈克（Richard Hack）在他二〇〇九年出版的未經授權的克莉絲蒂傳記中，主張「報復的渴望」就是她的動機。還提到阿嘉莎想讓亞契受苦，「她的計畫進展得很順利」。[95]

於是這種觀點就從傳記作家所寫的那些看似值得尊敬且附有註腳的作品傳播進大眾文化中，進入了電影和小說之中。較溫和的作品將她描繪成一個受委屈的女人，帶有可以理解的報復慾望。更極端的作品——特別是一九七九年的劇情長片《難補情天恨》（*Agatha*）＊——則將她呈現為可能殺害南西・尼爾的兇手。

當然，虛構的創作與事實是不同的。但正如我們多次看到的狀況，很多人根本不了解這兩者之間的差別。

薩里郡的肯沃德不知道，在約克郡發生的事情正在迅速逼近結局。那個星期日晚上，有兩個人到哈洛蓋特警察局報案，說他們懷疑克莉絲蒂夫人就待在他們工作的飯店裡。

鮑伯・塔平（Bob Tappin）和鮑伯・萊明（Bob Lemming）是「快樂水療院男孩」（Happy Hydro Boys）樂團的樂手，阿嘉莎曾隨著他們的演奏跳舞。樂團的另一名成員阿爾伯

＊ 譯註：由麥可・艾普特（Michael Apted）執導，華納公司出品的懸疑驚悚片。電影描述阿嘉莎於一九二六年失蹤了十一天的事。

特・懷特利（Albert Whiteley）解釋了他們為何這麼久才站出來提供資訊。「樂團的團長不想聽他們說，」他解釋道，「如果最後發現我們搞錯了，他會丟了工作。」[96]聽說警方已經得知消息時，蘿西・艾許並不感到意外。他早就認出了「尼爾夫人」的真實身份，但「如果給任何人造成麻煩，尤其是客人，那我會丟了工作的。」[97]十二月十三日星期一，當地警方來到了這間飯店。

飯店員工擔心自己的飯碗不保，以及對於付費客人隱私的尊重，解釋了這謎團何以拖了這麼久還沒解開。直到十二月十四日星期二，卡蘿和亞契才終於得知阿嘉莎極有可能已經被找到了。

肯沃德沒空理會他的約克郡同僚會說的話，因為他太忙了。星期一，艾迪索特摩托車俱樂部（Aldershot Motor Cycling Club）裡的八十名成員替他出力，他「繪製了那整個地區的剖面圖，記錄下所有的水潭和峽谷」。[98]還有人提供他潛水員和用來載運警員的「兩千輛大客車」。[99]

但就在這一切發生的當下，《倫敦旗幟晚報》（*Evening Standard*）的午版於十二月十四日星期二下午兩點三十分出刊了，其中刊登了另一個重大進展的消息。

正如許多證據所指向的那樣，阿嘉莎在哈洛蓋特被找到了。

第二十一章　再次現身

十二月十四日星期二，薩里郡警方根據哈洛蓋特警方提供的資訊，終於致電聯繫了史岱爾莊。他們告訴卡蘿，很多人都強烈懷疑阿嘉莎還活著且過得很好，正待在水療院飯店。

自從她離開家，已經過了十一個多事的日子。

卡蘿打電話到亞契的辦公室。他聽了警方提供的細節後，覺得對方描述的那個人聽起來確實就像他的妻子。他要去約克郡看看，而卡蘿不能去，因為她得要留下來照顧蘿莎琳。

謎底最終會被揭曉嗎？

亞契從國王十字站搭上一點四十分的火車前往哈洛蓋特站，他抵達時已經是晚上了。據記者的報導，他走下月台時，神情「極度焦慮不安」。[1] 他沿著阿嘉莎走過的路來到水療院飯店，那裡的經理給他看了訪客登記簿。現在亞契肯定感到放心多了。雖然阿嘉莎並沒有用自己的本名登記，但他認出了她的筆跡。[2]

有二十五名左右的記者在飯店大廳和臺階來回穿梭，這對飯店的管理層而言肯定是個嚴峻的挑戰。但警方為亞契制定了一個計畫，讓他在不驚動他們要找的這位女士的情況下見到她。他們希望能避免「嚇到」一個精神狀況或許不太好的女人。而且她還不是普通女人，她是一位名人和藝術家。警方躡手躡腳地繞著克莉絲蒂一家打轉，生怕做錯了什麼事的樣子，看來還真是相當有趣。

雖然亞契的精神肯定已緊繃到了最高點，但《泰晤士報》還是報導了他們這次見面是如何以不引人注意的方式進行的。「在麥克杜威督察（Inspector MacDowell）的陪同下，」我們聽說，亞契「在飯店的大廳找了個位置。」人們來來去去，新奇的電梯上上下下，吐出要去享用晚餐的賓客。他們等了半個小時，然後「那位疑似失蹤的女士終於下樓了」。[3]

她身上穿著一件「淡紫色的美麗禮服，還戴著一條在哈洛蓋特買的珍珠項鍊」，在場的記者們都被她「一頭美麗的金髮」所吸引。[4]

但亞契會說眼前這個美麗的女子是他的妻子嗎？她現在的樣子比過去幾年他眼中的她還要好看得多。他會說些什麼，而她又會怎麼做呢？

飯店的經理接著講下去。亞契看了一眼與他一同等候的警官，並做了一個約定好的信號：「當她走出電梯時，他點了點頭。」[5]

就憑那點頭，亞契就不再是殺人嫌疑犯了。受害者還活著。

警官攔下阿嘉莎，並指出了她的丈夫。從記者的角度來看，那是令人失望的一次平淡無奇的重逢。有個資料來源記錄了他們之間「深情的問候」，另一個資料來源則指出，「克莉絲蒂夫人看到她的丈夫後顯得相當鎮定，並安靜地走進大廳。」有篇報導甚至指稱，「克莉絲蒂夫人說她的丈夫看起來很緊張。」[6]

克莉絲蒂夫婦就這樣帶著令人難以置信的冷靜態度，進入餐廳用餐，好像沒發生過任何不尋常的事。飯店的社交禮儀讓每個人都按部就班地做著自己的例行公事。

然而，阿嘉莎顯然還是過著某種形式上的想像生活：她向飯店賓客中她的熟人介紹亞契時，並未說他是她的丈夫，而是稱他是她的弟弟。[7]「她走向我，」其中一人回憶道，「說『這是我的弟弟，我也沒想到他會來這裡。』而他遠比她還要尷尬。」[8]對阿嘉莎而言，她的因應機制仍在起作用。如果她表現得正常，那也許現實生活就會開始與她腦中發生的事情趨近一致。

這一招奏效了。雖然亞契感到很尷尬，但他還是乖乖配合了。

雖然飯店的客人都不太清楚發生了什麼事，但員工們顯然鬆了一大口氣。飯店經理的妻子泰勒太太「很高興一切順利解決，因為我沒有通知警方，所以也得承擔一定的責任。」[9]水療院燈火通明的餐廳裡安全且不會被打擾，但外頭的世界正屏息等著阿嘉莎的消息，亞契沒辦法長久擋住外界的關切。又該怎麼應付那些記者呢？

在警方的建議下，亞契與其中一名記者交談，再由他將訊息傳達給其他記者。亞契說沒錯，

她是我的妻子。她完全喪失了記憶，我想她並不知道自己是誰……我希望明天帶她去倫

敦看醫生。[10]

即便亞契對阿嘉莎的病況有所懷疑，但他對外發出的這聲明是無法更改的。無論阿嘉莎是否真的「失憶」，這都是現在阿嘉莎一家對外的官方說法，他們得統一口徑。

於是，隔天每個人都能在各報上看到謎團已經被揭曉的消息。

據傳，「感謝老天！」是卡蘿得知阿嘉莎平安無事後的反應。「真是太好了。我就覺得一定是這樣，因為我根本無法相信其他的說法。」

哥達德警官現在有充分的理由能嘲笑肯沃德了。正是那些尋人啟事的海報，他說，「我想我能說那些海報是克莉絲蒂夫人能被找到的原因。」就和卡蘿一樣，他總是「相信阿嘉莎還活著，只要我們搜索工作覆蓋的範圍夠大，就一定能找到她」。

肯沃德被留下自舐傷口。他斥責《每日郵報》的犯罪記者，並堅持他只是秉持「常理的觀點」。[11] 但柯南．道爾很開心，因為這證實了他請的靈媒說得沒錯，他總結說克莉絲蒂的案件是「使用接觸感應（psychometry）輔助偵探工作的絕佳例子」。[12]

亞契說他要帶阿嘉莎去倫敦，但有這麼多記者跟著他們，這麼做顯然不太實際。他們需要就近找個安全的地方。

阿嘉莎的姐姐此時伸出了援手。瑪琪和他的丈夫詹姆斯來到哈洛蓋特接克莉絲蒂夫婦，阿布尼公館將成為他們的庇護所。

十二月十五日星期三早上九點鐘不到，水療院的大巴士就停在了飯店正門口，顯然是要送賓客前往車站，兩個人走出飯店上了車。在一大群飢渴地等著拍照的攝影師中，「一台台相機被滿懷希望地高舉著」。[13]

但亞契很聰明，他沒有從正門出來。在那一刻，他和阿嘉莎正試圖「從飯店大樓側邊的一扇落地窗」小心地離開，「那裡有另一台車在等著他們。」不幸的是，有個《每日郵報》的攝影師已經猜到可能會發生這種事，於是他埋伏在那裡，準備拍下眾人夢寐以求的第一張照片。由於阿嘉莎最近瘋狂購物，這張照片中的她打扮得非常時髦，她穿著「米色的套裝，戴了一頂相配的帽子」。事實證明那一身裝扮不太適合這場合。人們覺得如果阿嘉莎最終沒有被謀殺，那麼她至少應該為此事帶來的失望而懺悔。當然，她也不應該打扮得如此時髦。

等待的那台車將阿嘉莎、瑪琪和她們的丈夫送到了車站。在預訂好的火車頭等包廂中，他們拉下了百葉窗。但在他們這麼做之前，記者還發現了其他不得體的舉動：阿嘉莎一直「咧嘴微笑」。[14] 看起來很快樂且過得很好：這兩者同樣都應受到指責。阿嘉莎引起了大眾的焦慮與擔憂，必須得讓她付出代價。

在前往倫敦（亞契聲稱的目的地）的火車沿線上，人群聚集著，他們希望能看到那個難以捉摸的女人，有五百人擠在國王十字站的月台上。但當從里茲開來的火車終於進站時，火車司機卻大聲宣布了令人失望的消息：「我們沒有載到她！」[15]

事實上，他們一行人在里茲換了一班火車，藉此騙過了許多追著他們來的人。他們搭乘開往曼徹斯特的一班火車，前往阿布尼公館。在火車抵達之前，這消息就先傳回了曼徹斯特，於是記者便聚集在月台上，想要一睹阿嘉莎「剪裁優秀的長大衣」。[16] 但就在他們緊緊逼近時，爆發了一場小衝突。亞契抓住了一名記者的「肩膀，並將他甩出半個月台的距離，」他怒吼道：「別對那位女士說話！她生病了。」[17]

阿嘉莎和瑪琪則奔向等著送她們去阿布尼公館的汽車。車子終於開進莊園的大門時，詹姆斯．瓦茨跳下車，並將車門鎖上。現在整個阿布尼公館都被包圍了。

隔天下午，阿布尼公館的大門打開讓兩名醫生進去。他們向媒體發表了一份聲明：對克莉絲蒂夫人「做了仔細的檢查後」，他們「認為她毋庸置疑是真的失憶了。」[18]

但如果阿嘉莎沒有失憶，而且是出於自身意願刻意失蹤，顯然更令人興奮。各報社現在開始徵求其他專家的意見，他們的觀點與大眾所持的懷疑態度更一致。《紐約時報》找到一名專家表達他的觀點說，一個失憶的人「不可能以正常的方式行事，也不可能在不讓人懷疑自己精神失常的情況下與人們交流往來。」[19]

輿論現在真的要變得對阿嘉莎不利了。《每日郵報》刊載了一封「普通女人」的來信，信中問道如果失蹤的是其他任何一個人，是否還會展開這樣周密的搜索工作。舉例來說，「如果我失蹤了，」她問道，會有人這麼努力地去找嗎，「如果不會，那又是為何呢？」[20] 她說得很有道理。他們不會的。

隔天，《每日郵報》的另一名記者繼續追著這個議題，抱怨「兩個郡的警方都不合理地集中資源追查克莉絲蒂夫人的失蹤案。」[21]很快就有第三名記者揭開爭論的序幕，關於這起搜索行動令人非議的支出。克莉絲蒂夫人是否「願意支付所產生的相關費用？」這個記者寫道。「許多人都想知道，且她一直住在飯店裡，付帳單、唱歌跳舞、打撞球的事實，又該如何與她失憶的說法對得上呢？」[22]

大西洋兩岸都出現了這種觀點。《華盛頓郵報》（*The Washington Post*）認為阿嘉莎的公關代表應該支付這筆費用。[23]一直有傳言說，薩里郡的納稅人會被收取額外的錢來支付警方的開支，這令肯沃德得出面向記者再三保證，這是「純粹的無稽之談」。[24]一名不太成功的作家庫爾森．克納漢先生（Mr Coulson Kernahan）對此發表了極為惡毒的評論。「這個女小說家，」他寫道，「最好是公開聲明自己未來的所有小說都不會再以自己的名字出版，這樣或許可以避免其他人也為了打廣告而『失蹤』。」[25]

這種負面觀點一部份是基於當時的背景。戰後的經濟榮景已經結束，而大罷工也才剛過幾個月。人們對於這位享有特權的女性以及她得到的待遇有所不滿也是可以理解的。

甚至在下議院中也開始有了質疑的聲浪。有位工黨的下議院議員質詢政府為此搜索行動花了多少錢，並要求人們得知道「誰要來賠償被這個無情的惡作劇所蓄意誤導的上千個人？」[26]窘迫的內政部給出的官方答覆是低得令人難以相信的十二英鎊。[27]但這筆支出還包含替阿嘉莎做了大量的負面宣傳。

其實所有被牽扯其中的人都付出了代價。南西的母親對於南西的名聲「敗壞」而感到不滿，尼爾一家堅持（錯誤的）立場，也就是認為他們的女兒與亞契不過就是朋友而已。[28]南西的父親憤憤不平：「我怎麼也想不出為何克莉絲蒂夫人會用我們家的姓氏，」他氣急敗壞地說道。「沒有任何理由把南西和克莉絲蒂夫人的失蹤連在一起。」[29]

尼爾夫婦認為南西最好也失蹤一下，以避避風頭。她被送去參加環遊世界的航遊之旅，等風頭過去了，再回到她新的愛人身邊。

回到阿布尼公館，記者還留在大門外，要求祭出該有的懲罰。亞契得做些什麼滿足他們。十六日那天，他出面發表聲明。記者們注意到他神情「緊張」，還穿著拖鞋。[30]他懇求他們離開，且「放下此事」。醫生的報告，他說道，「顯示了這並不是賣書的噱頭。」[31]

在阿布尼公館內，阿嘉莎正在經歷痛苦折磨。她被迫要面對她一直亟力逃避的現實。「她現在知道我是誰了，」亞契透露，「也意識到瓦茨太太是她的姐姐……她不知道自己還有一個女兒。」

阿嘉莎遲遲沒有回歸她作為母親的身份。別人給她看蘿莎琳的照片時，「她還問這孩子是誰，『這孩子喜歡什麼呢？』、『她多大了？』」[32]

卡蘿很快就把蘿莎琳本人帶到了阿布尼公館。雖然蘿莎琳當時才七歲，但她永遠記得與母親重逢的那段記憶。令人擔憂的是，阿嘉莎「不記得我們一起做過的所有事情，甚至忘了她經常講給我聽的故事。」[33]這對一個孩子來說是多麼不堪的一段經歷啊。蘿莎琳終其一生都會被問到一九二六年發生的那些事，她也因而變得很擅長轉移焦點。

但人們普遍沒有意識到的是，「失憶」固然很糟糕，但還不是這個謎團最糟糕的可能醫學解釋。在一九二〇年代，比失憶更糟的狀況是「精神失常」。在那個遺傳學與優生學被認真看重的年代，精神失常對蘿莎琳有著嚴重的影響。「我是我父親的兒子。知道了這一點，還有誰會嫁給我嗎？」在一九二三年的《高爾夫球場命案》中的殺人犯之子如此問道。「你是你父親的兒子，」白羅贊同道，「我相信遺傳。」有一個精神失常的母親將會毀掉蘿莎琳的人生與結婚的可能，尤其是她的爺爺還死於「麻痺性痴呆」。

替阿嘉莎做檢查的其中一名醫生是來自曼徹斯特大學的唐納德・艾爾姆斯・寇爾醫師（Dr Donald Elms Core）。寇爾寫了一本關於神經紊亂症的書，也在國際權威醫學期刊《刺胳針》（*the Lancet*）上，促成了戰時對於彈震症本質的重要討論。寇爾在書中承認，許多病人會在似乎找不到造成疼痛的生理因素時感到恐懼：這份「恐懼會在他們身上成長，進而讓他們變得精神失常」。[34]

對於具有阿嘉莎這類症狀的病患，寇爾建議的治療方法包含在短期內先開立藥物來幫助睡眠。還有讓病患離開自家環境的療法。（這正是阿嘉莎對自己使用的方式，還持續了至少十一天。）之後就是艱苦的心理治療和催眠，藉此探索這種對個人造成如此巨大傷害的「恐懼」背後成因為何。

但首先，阿嘉莎得願意接受治療。她現在的精神狀態比以往任何時候都還要低落。當她失去了對「尼爾夫人」夢想生活的控制時，抑鬱的情緒又湧上心頭。「我的煩惱與焦慮又回來了，」她解釋道，還有「我以前那種病態的傾向」。[35] 她所經歷的公開恥辱使她的狀況變得更糟。「我一直厭惡任何形式的惡名，」她說道，而現在她卻承擔了如此沉重的恥辱，這令她再次產生了自殺的念頭：「我幾乎無法忍受繼續這樣活下去了。」

醫生建議阿嘉莎接受精神病的治療，她拒絕了。但瑪琪堅持要她這麼做。

傳記作家珍妮特・摩根不僅有幸讀到卡蘿和蘿莎琳之間的通信（現在據信已被銷毀），還與親眼目睹這些事件的蘿莎琳本人取得了聯繫。蘿莎琳表示，在瑪琪的壓力之下，她的母親最終同意接受治療，以「恢復她失去的記憶」，換句話說就是尋求醫學手段來治療她精神上的痛苦。阿嘉莎離開阿布尼公館，與卡蘿和蘿莎琳一同去了倫敦，她在「肯辛頓大街（Kensington High Street）上租了一間公寓，從那裡去哈利大街（Harley Street）*接受治療。」[36] 她去的很可能是威廉・布朗（William Brown）開業的診所。布朗是當時哈雷街僅有的七名精神科醫師之一。他在軍事醫學和彈震症上的治療經驗豐富，又尤其以治療失憶症的諸多案例而聞名。他還治療過許多曾經歷漫遊狀態的病患。

和以往一樣，我們必須從阿嘉莎的作品中來了解她可能經歷過的那些事情。阿嘉莎的非偵探小說《撒旦的情歌》於一九三〇年問世，因為她不希望自己出版了一本關於失憶的小說

* 譯註：英國著名的百年醫療街，許多名醫都聚集於此開立診所。

後，無可避免地引起大眾的臆測，所以她當時使用的是筆名。

在那篇小說中，一個名叫弗儂（Vernon）的角色遭遇一場車禍，失去了他的記憶，最終經過一個醫生使用催眠術治療後，恢復了記憶，那個醫生「有一雙彷彿能看進你內心深處的雙眼，還能讀出你自己都不知道的一些事。」弗儂痛苦地探索著自己的過往，當時的阿嘉莎肯定也是如此。

> 弗儂喊道：「我們一定要一遍又一遍地重複嗎？這一切都太可怕了，我再也不想想起那些事了。」

然後那個醫生以嚴肅且和藹、但又令人印象深刻的方式解釋道，正是因為不想「再次想起」，才會導致這一切的發生。那些過去是必須要面對的。[37]

這一切都與威廉·布朗在自己書中解釋他治療失憶症的方法一致。他會對病患進行催眠，然後問他們發生了什麼事。布朗認為一個「失去」記憶的人會因為要努力遏制失憶而疲憊不適。他堅持要病患「正當且坦率地面對不愉快的記憶，這樣那些記憶就會再次變得無害。」布朗也相信談話療法：透過對話，病患可以得到「對自己過往精神生活的客觀見解，學會更了解自己……這些了解會讓一個人獲得自由。」阿嘉莎尋求這類療法的幫助，此舉略顯激進，畢竟這不是主流的醫學。佛洛伊德的著作確實在英國醫學界廣為人知，甚至在戰爭創傷使其備受注目之前就已經有一定的知名度了。而關於這個主題的書籍也確實越來越受觀迎。舉例來說，具有影響力的《戰勝我們的神經》（*Outwitting Our Nerves*，一九二二年，暫譯）一書在第二次世界大戰之前就已經出了七版。[38]

但佛洛伊德的著作在英國仍備受爭議。例如，醫生們對於潛意識和無意識的定義並不一致。而且接受治療仍被視作一種恥辱。舉例來說，許多患有彈震症的人被責怪軟弱無能並蒙上裝病的污名，要在一切方法都試過無效之後，他們才得以接受治療。這個社會仍會給精神疾病抹上糟糕的惡名。

然而，阿嘉莎去哈利大街求醫的選擇正是階級的傳統標誌。你得有錢，通常還需要點人脈，才能進入那裡醫生的候診名單中。[39]她的治療遵循著治療彈震症的標準流程，那是過去為戰爭的軍官階層人士而發展出來的療法。前面引述過的戰地醫生威爾佛雷德．哈里斯聲稱，接受催眠的病患「在被催眠狀態下，能完全想起他在清醒時所遺忘的一切生命記憶。」[40]這與阿嘉莎的說法不謀而合：

> 記憶慢慢地從我的潛意識中被抽出來。首先，我回想起自己的童年時光，並想起親朋好友小時候的樣子。然後我又逐漸想起之後的生活記憶片段。[41]

不過這個治療過程仍被認為存在一定的風險。正如哈里斯醫師告訴我們的，催眠可能會造成與預期相反的效果，可能真的會解放「瘋狂」：「最糟糕的情況是出現在那些遺傳基因不好的人身上，他們的近親可能有神經衰弱、癲癇和精神失常的狀況。」[42]從阿嘉莎和蘿莎琳的家族病史看來，這做法的前景並不樂觀。且阿嘉莎很可能會再次遭受折磨，她的醫生警告：內向的病患「那些原有的問題往往容易再度爆發」。[43]

不過阿嘉莎的治療並沒有持續多久。她按寇爾醫師的建議，於一九二七年一月二十二日，前往加那利群島（Canary Islands）進行療養之旅。然而，在那段旅行期間，她卻違背了醫生的遵囑，重新開始寫作，這是因為對阿嘉莎而言，工作既是一種詛咒，也是一種解脫。她將自己需要寫作的原因歸結於對金錢的擔憂，因為她可能得獨自撫養蘿莎琳。但也有可能是因為她在虛構的世界中找到了慰藉。

從旅途歸來後，阿嘉莎與蘿莎琳和卡蘿一起搬到切爾西（Chelsea），亞契則留在史岱爾莊並將之掛售。令人驚訝的是，阿嘉莎還沒完全對他死心。一九二七年末，她再次見到亞契時，她問他是否願意為了蘿莎琳留下來，並說「她是多麼喜歡他，他不在令她有多麼困擾」。她還說對於父母之間發生的事，蘿莎琳擁有尖刻而透徹的看法：「我**知道**爹地喜歡我，且願意和我待在一起。他不喜歡的似乎是**你**。」

但亞契心意已決。儘管當時被迫與南西分離，他還是打算與她結婚。最後，在一九二八年，阿嘉莎終於覺悟自己必須接受離婚。

而現在，「失蹤記」的後果或許帶來了最殘酷的轉折。辦離婚時，阿嘉莎必須確保自己得到蘿莎琳的監護權，但她的聲譽已經嚴重受損。在媒體的一切指責中，最惡劣的或許就是說她是個不稱職的母親。阿嘉莎必須得說點什麼來為自己辯護，為離婚時能取得女兒的監護權來奠定基礎。「我因為蘿西（Rosy，指蘿莎琳）而感到恐慌，」她曾說道，「這令我生氣，因為我其實並不是那種容易驚慌失措的母親，但我就是忍不住。」[44]

隨著聽證會逐漸接近，阿嘉莎在二月時覺得不得不公開露面。她對《倫敦快報》（*London Express*）提出訴訟，該報描述她是個「對警方搞了一齣愚蠢惡作劇」的女人。[45]她還在二月十六日接受了《每日郵報》的採訪，就自己的失蹤案發表了她一生中最長的公開聲明，其中的一字一句讀來都令人心痛。「很多人依舊認為我是故意失蹤的，」她說道，

> 實際的情況是這樣的。那天晚上，我在極度緊張不安的狀態下離開了家，打算做出無可挽回的事……[46]

阿嘉莎被迫透露那些極為私密的事、她的病況，以及自殺的念頭，她現在需要協調離婚的相關事宜。亞契希望由她來提出離婚，而這是在最近的一次司法變革後才有可能實現的做法。

一九二〇年代，隨著戰時匆促而成的婚姻破裂，出現了許多感到不滿的妻子。由於離婚

率比一九一三年時高了四倍之多，離婚的程序也變得更加簡單。一九二三年通過的《婚姻訴訟法》讓婦女能以丈夫通姦為由提出離婚。在此法案通過之前，女性只能忍氣吞聲。在一九二三年，有百分之三十九的離婚程序是由女方所提出。到了一九二五年，這個比例則躍升至百分之六十三。[47]

亞契希望阿嘉莎行使她這新得的權利來與她離婚，但他又不想要讓南西被捲起來。於是阿嘉莎勉強同意採取一九二〇年代的一種新做法，這種做法有時被稱作串通離婚，或是「布萊頓閃電離婚」（Brighton Quickie）*。亞契計畫拿出由同謀提供的偽造證據，證明他與「一個不知底細的女人」通姦。布萊頓這個破敗的渡假勝地則因為專門提供串通離婚所需的證據，因而有了布萊頓閃電離婚的說法，不過亞契去的是維多利亞的格羅夫納飯店。在那裡，他付錢給一名律師的職員和一名飯店服務生，讓他們聲稱看見他和一個女人待在床上。[48]

這宗離婚案於一九二八年四月二十日開庭，阿嘉莎也不得不下定決心出庭。法官看穿了這詭計，認為「實在難以相信像克莉絲蒂上校這樣對女性殷勤有禮的紳士」竟然會做出如此齷齪的行為。[49]不過此計還是奏效了，阿嘉莎得到了退還的訴訟費和蘿莎琳的監護權。現在她只需要等六個月，就能正式離婚了。在那段時間裡，一九二八年七月，《人民代表法》賦

* 譯註：這種離婚方式通常是由要離婚的丈夫訂好一間飯店，再找一個自願的女性在那一起過夜。然後會提供一些安排好的人證或物證，藉此作為因「通姦」而離婚的理由，以完成離婚手續。

予所有女性（不僅是擁有財富且年過三十的女性）投票權。不只是阿嘉莎，所有女性都在慢慢獲得政治上的權利。

如果西莉亞（阿嘉莎在她小說《未完成的肖像》中的化身）是可信的，那麼阿嘉莎應該對串通離婚的把戲感到厭惡。西莉亞或許搶走了另一個女人的丈夫，她承認這點，但她又說道，「我會**坦蕩且直接地**做這件事，不會躲在暗處讓其他人來幹髒活。」[50]而阿嘉莎除了被拖下水參與為錢而幹的「髒活」外，她還做了偽證。離婚程序要她違心地發誓「我和我丈夫之間沒有任何串通或縱容之情事」。[51]

一九二〇年代已然凝結，讓這位前程似錦的年輕作家變得蒼老且悲傷。在她存藏亞契所寫的情書的那個小盒子裡，她還存放著一些從《詩篇》第五十五章（Psalm 55）抄錄下來的詩句：

使我蒙羞的不是公開的敵人……結果竟然是你，我的同伴：我的嚮導，我親近的知己好友。[52]

阿嘉莎離婚時，她眼前所見肯定是一片黑暗，大量文件證明這整件事令她十分恐懼，她害怕敞開心扉，無論是在親近的人面前，還是在媒體面前都一樣。在此之後，一名熟識阿嘉莎的人寫道，「她就有了一種難以捉摸的特質，」一種「對好奇試探的抗拒、一種內在的盔甲」。[53]但阿嘉莎的出版社看見的是——即便她本人並不樂見——她的公開蒙羞確實帶來了經濟上的利益。

阿嘉莎的「失蹤」之所以產生如此大的影響，是因為一九二〇年代的時空背景造就了一種新式的媒體明星。成為「明星作家」的並不只有她一個人，J．B．普里斯特利（J.B. Priestley）和阿諾德．貝內特也是如此。[54]那次失蹤事件是場令人深感不快的意外，卻也成為令她大獲成功的重要因素。

阿嘉莎的支持者有時會爭論說，她的失蹤不可能是刻意製造的噱頭，因為她的作品賣得很好，根本「不需要宣傳」。[55]這是事實沒錯，但即便如此，這起意外事件後續的影響還是令人震驚。

一九二六年出版的《羅傑．艾克洛命案》一書首刷五千五百冊，在一年內就賣了四千冊；算不錯了，但還不到造成轟動。但在她於一九二七年失蹤後，寫得不怎麼樣的《四大天王》（*The Big Four*）馬上就賣出了八千五百冊。一九二八年，阿嘉莎稱「無疑是我寫過最糟糕的作品」的《藍色列車之謎》賣了七千冊。一九二九年，相當冗長且無聊的驚悚小說《七鐘面》（*The Seven Dials Mystery*）也賣了八千冊。一九三〇年，她與柯林斯出版社簽了一份六本書的新合約，這背後的意義也很明確：賣書賣的不只是作品的品質，還有作家的名氣。[56]

這在阿嘉莎的生活與工作之間產生了極大的壓力。她不能談到這兩者之間的關聯；那會令她感到丟臉。她無從解釋自己成功的原因，除了勤奮工作外，只能自貶地說是靠運氣。否則，她又該如何解開這張極度私人且集野心、成就、惡行和痛苦於其中的網呢？

然而，痛苦會隨著時間流逝而逐漸淡去。一九二六年患上的精神疾病當時幾乎擊垮了阿嘉莎．克莉絲蒂，但最終卻也成就了她這個人。

根據她一名友人的說法，一九二六年對她的影響之深，「在她的作品中處處留下了痕跡，也令她成為了偉大的女性。」[57]

第六部

富豪時期—— 1930年代

第二十二章 美索不達米亞

兩人在一九二八年十月二十九日辦妥離婚手續。才過了一個星期，亞契就在倫敦戶籍登記處與南西．尼爾登記結婚。

這對阿嘉莎而言又是一次公開的打擊。《每日快報》頭版刊登了一張南西的照片，一副愁思的模樣，但惱人地相當美麗。亞契和南西的兒子波（Beau）後來在一九三〇年誕生。阿嘉莎迴避在報上看到前夫結婚的新聞，選擇出國。她的婚姻觸礁，人生第一幕結束了。就連她自己也看得出來，結束可能帶來新的開始。「我厭倦了過去，」她寫道，

纏在腳邊不放手，
我厭倦了過去，不許我生活的甜蜜。我要與它一刀兩斷，並說，
我要做自己，從今天起，重生。[1]

到了一九二八年的秋天，阿嘉莎把蘿莎琳送去貝克斯希爾（Bexhill）*讀寄宿學校。忠實的卡蘿則待在切爾西幫忙照管阿嘉莎新買的房子，一棟馬廄式洋房。到聖誕節假期之前，阿嘉莎有大把時間來從事她最愛的旅行。出國有幾個好處：隱私、療癒、靈感。

她想過去西印度群島。但是阿嘉莎喜歡提她為何改變主意的故事，她在一個聚會偶遇一位海軍軍官和他的夫人，兩人剛從巴格達回來，他們徹底迷上了那個城市。

他們說起在歐洲的火車之旅，描述了巴格達，以及烏爾古城考古隊出土的迷人文物。隔天早上，阿嘉莎就改了車票。五天後，她出發前往東方。她要親眼看看烏爾，還要搭那傳奇的東方快車。

這趟旅程在阿嘉莎自傳裡是最精采華麗的一個篇章。她提及這是一次即興的自我重塑：「我自己去旅行。我要看看我是什麼樣的人。」自由帶來一種深刻的自立自強的感覺：「我下定決心，未來再也不要看**任何人**的臉色。」

一九二六年到一九二八年間，阿嘉莎也擺脫了另一種束縛，她不再擔心自己的身材：「我的體重不輕，超過十一英石**。」在一九二〇年代的照片裡，她試著讓自己符合報紙社交版的美人標準：面帶微笑，與狗或兒童一起擺姿勢，柔光，穿著晚禮服，看起來像初入社

* 譯註：位於英格蘭東南部的海濱城市

** 譯註：大約七十多公斤。

交界的上流社會年輕女子。但到了四十多歲，她必須打造出新的公眾形象。

一九三〇年之後，她的肖像照大多構圖簡單，光影對比強烈。例如攝影師勒奈爾（Lenare）就讓她擺出專業權威的姿勢。阿嘉莎不再是天真無邪的少女，她的體態漸漸有了威嚴。她在視覺上把自己再造為「死亡公爵夫人」（記者都喜歡描述她「透過謀殺賺的錢比盧克雷齊亞．波吉亞〔Lucrezia Borgia〕*還多。」）

私底下的阿嘉莎也越來越自在。「生理年齡，」她寫道，「跟心理年齡幾乎無關。」[2] 她和年輕時一樣喜愛游泳、熱愛美食。她也很清楚自己離婚了之後，男人會用新的眼光來看她。她很意外向她示好的人數有這麼多，總體而言她覺得很開心。

於是在一九二八年秋天，忙碌準備了一陣之後，她的新生活在維多利亞車站展開：

親愛的維多利亞，英格蘭通往世界的對外門戶，我多麼愛你的歐陸月台。我多麼愛火車【……】噴著氣、迅速前進、和善的列車，冒著蒸氣的大型火車頭排出陣陣黑煙，彷彿迫不及待地說著：「我得出發了！」[3]

伊拉克聽起來是個遙遠的度假地，但在當時漸漸成為熱門的旅遊景點。英國旅客越過英

---

* 譯註：羅馬教宗亞歷山大六世的私生女，傳說她謀殺丈夫和情人而取得許多財富。

倫海峽之後在巴黎搭火車，首先到伊斯坦堡，接著去大馬士革。兩次大戰之間的幾十年間，是國際臥鋪車公司營運的全盛時期，每週有四班車。

阿嘉莎在二等車廂安頓下來，她發現身為一名單身女乘客並不缺同伴。一位女傳教士給她胃腸藥。在伊斯坦堡，一名迷人的荷蘭工程師試著探詢她是否願意共度良宵。阿嘉莎拒絕了他。

旅途進行到亞洲，阿嘉莎為眼前的風景而驚奇。經過托羅斯山脈，美麗的日落令她興奮不已，她感謝上帝自己做了來這裡的決定。舟車勞頓之後抵達了大馬士革，她在當地買了一個內鑲珍珠貝的五斗櫃，後來放在臥房裡用了一輩子。這趟重生之旅進行得很順利。

往烏爾的下一段旅程，是從大馬士革搭乘顛簸的六輪小巴橫越沙漠到巴格達。這條巴士通路是由前英軍運輸隊成員所經營，走的是一九一七年英軍把土耳其趕出伊拉克的時候刻畫在沙漠上引導飛機的路線。[4] 一九二〇年代時，英國想要控制這個地區，因為邱吉爾決定將英國皇家海軍戰艦的燃料從煤改為石油。然而英軍資源不足，無法派傳統軍隊進入，只得改採空襲的方式。伊拉克或許已成為旅遊勝地，但仍然是帝國展現勢力的地方。

橫跨沙漠的旅程花了一天一夜，他們在深夜裡經過一個武裝戒備的沙漠要塞，隔天早上六點鐘，迎接眾人的是一道美好的早餐：在清冽空氣下享用濃茶與香腸。「人生夫復何求？」阿嘉莎說。

但被阿嘉莎浪漫化了的首次「中東之旅」值得我們細細檢視。在她人生中的這個階段，考古學與她無關，她後來也沒有真的成為考古學家，意思是她並沒有因為做考古工作得到薪酬。但她老年之後寫了描述橫越沙漠之旅的精采篇章，這時的阿嘉莎儼然成為最有影響力的考古之旅募款家。當她憶起自己搭乘東方快車，反映的不是她在一九二八年的真實體驗，而是比較接近考古學文類的寫作方式：「一趟偉大的旅程」就此展開。考古學家描述的故事，是主角的冒險旅程。誠然，對於大眾考古學而言，田野工作本身不是重點。一位總是在旅行，但從未真正抵達目的地的著名考古學家，就是印第安納瓊斯。[5]

雖然阿嘉莎描述自己挑了這個目的地純屬偶然，其實並沒有表面上那麼隨機。也有其他英國婦女拋下在英國的困境，在古亞洲找到自己：其中包括名人和非名人，例如戈楚・貝爾（Gertrude Bell）、芙瑞雅・史塔克（Freya Stark）、凱瑟琳・伍利（Katharine Woolley）。貝爾是因為她的愛人死於加里波利之戰（Gallipoli），史塔克為了逃避一段婚姻，伍利的丈夫自殺。阿嘉莎的決定也符合這個模式。

阿嘉莎並沒打算在巴格達久待，尤其不想和愛講閒話的殖民階級來往。她把那裏貶為「夫人老爺之地」，很快便動身前往烏爾*。烏爾靠近當今的納希里耶（Nasiriyah），在當時被稱為「迦勒底的烏爾」，是一座位在幼發拉底河畔的古城。在當地進行的考古調查後來變得非常出名，幾乎與六年前的圖坦卡門一樣出名。一九二〇年代的英國人對烏爾非常熱衷，

* 譯註：中譯本《聖經》譯為「吾珥」。

不只是因為在《聖經》裡聽過這個地名，而且這裡據說還是亞伯拉罕的出生地。阿嘉莎作品《東方快車謀殺案》裡的阿布思諾上校認為他選擇陸路從印度回英國，根本不需解釋：他就是想看看烏爾。[6]

在許多英國人的想像中，住在西亞的同胞過的生活還是跟《聖經》裡頭描述的一樣。[7]這種對伊拉克過度浪漫的看法，說明了為何英國政府在當地的統治一團糟。英國官員在一九二〇年從戰敗的鄂圖曼帝國接管伊拉克，很多官員震驚發現當地人也不歡迎他們。叛亂幾乎隨之而來，直到英國助費薩爾（Faisal）成為伊拉克國王之後才止息。

漫長的火車和汽車之旅結束，阿嘉莎終於抵達烏爾。她受到了熱烈歡迎，因為探險隊長的妻子凱瑟琳・伍利才剛著迷地讀完《羅傑・艾克洛命案》。阿嘉莎不只獲得參觀考古場址的標準款待，還獲允許留下來住宿。

這就意味著住在探險隊的房舍。這種在伊拉克和敘利亞的考古隊設施，通常蓋得快速，花費也不多。裡頭有處理出土文物的房間，有用餐和研究的空間，還有簡單的臥室。考古學家勤奮度日，盡可能在經費用完或變天之前多做一點，這吸引著阿嘉莎，她也享受晚餐的友好氣氛。

考古學家在烏爾進行調查的巨大土墩稱為臺形遺址（tell），由古老聚落一個個堆疊而成，在這片平原上拔地而起，高度六十呎。一位考古學家形容土墩像個「大怪物」，「到處有古物和地下建築」。[8]古老的世界在這裡感覺近在咫尺。「我愛上了烏爾，」阿嘉莎寫道，那絢麗的傍晚，金字形神塔朦朦朧朧矗立著，那一片廣闊的沙海，色彩淡淡的，可愛的杏桃色、玫瑰色、藍色和紫色，瞬息萬變……歷史的魅力緊緊抓住我的心。

但阿嘉莎最喜愛考古的一點，是它讓人一窺不一樣的日常生活：

我在這裡撿起一塊手工製作的陶器碎片，上面有圓點和交叉排線的黑色圖案，它就是我今天早上喝茶用的馬克杯的前身。[9]

這兩段引言表現的是阿嘉莎對伊拉克的兩種獨特的感覺。一方面，這種浪漫情懷使得伊拉克成為一個解放的地方，同時也可以是個熱情的地方。對於西亞的類似觀點，以E・M・哈爾（E. M. Hull）驚世駭俗的暢銷書《酋長》（*The Sheik*）為典範，本書的創新之處在於它描述了女性情慾，但也老套地把阿拉伯人呈現為骯髒落後的民族。本書也因創造了溫順女性的幻想而變得惡名昭彰。阿嘉莎作品《煙囪的祕密》裡的角色疾如風，把本書的情節做了個趣味的濃縮版：「沙漠戀情。女主角被丟過來丟過去之類的。」當疾如風的父親透露他不知道這本書在說什麼，疾如風「憐憫地」看了他一眼。[10]

但另一方面，阿嘉莎在自己的馬克杯看出對等性的同時，也是在想像古時候的人和她並沒有兩樣。[11]這個態度在她有關伊拉克的寫作會越來越明顯，她試著縮小東方與西方的差距。她常常以文字批評大英帝國對於東方的整套說法，可以說，她是在書面上翻白眼。不過她在伊拉克人和歐洲人之間找出共同點和相似性，是因為她對差異這麼大的文化的某些面向視而不見。

阿嘉莎在烏爾的東道主後來與她變成好朋友。凱瑟琳·伍利比阿嘉莎大兩歲，結婚一年半，這是一段非傳統的婚姻。她的先生查爾斯·雷納德·伍利（Charles Leonard Woolley）是探險隊隊長，但負責招聘的是凱瑟琳，她指揮某些勞工，也有領薪水。二十世紀湧入亞洲的西方考古學家看似都是男性，不過歷史學家開始指出，其實背後還有不為人知的女性成就。這些女性考古學家有些相當出名，例如桃樂絲·加洛德（Dorothy Garrod），她是牛津大學與劍橋大學第一位女教授，曾在巴勒斯坦迦密山（Mount Carmel）帶領一支全女性的考古挖掘團隊。不過一般而言，考古學家的妻子或女助理做的工作是田野考古、編目、攝影、素描、護士和祕書，在「出土報告裡不具名」。[12] 凱瑟琳的先生雷納德先前在牛津的阿什莫林博物館（Ashmolean Museum）工作，「跟其他成功的探險隊長一樣是個暴君。」[13] 他發表他的考古發現時很有表演者的天份，這對募款來說很重要。他有一位重要的團隊成員負責管理當地工人，名叫霍加·哈穆迪（Hoja Hamoudi）。大批雇用的勞工負責壓碎泥土，用今天的標準來看可能手法粗糙，但他們找到了很多美妙的寶藏，可以秀給贊助人看，並刊登在《倫敦新聞畫報》（*The Illustrated London News*）。

雷納德·伍利從一九二二年開始在烏爾挖掘，然而是在第二個挖掘季節，一位很有吸引力的年輕寡婦才來到這裡，她叫凱瑟琳·基林（Katherine Keeling）。凱瑟琳的娘家姓是孟克（Menke），父母是德國人，她在紅十字會擔任護士的時候認識了第一任丈夫貝特朗·基林（Bertram Keeling），兩人在一九一九年結婚。不到半年，基林在埃及服下氫氰酸自殺。[14] 基林的兄弟是一位業餘考古學家，在巴格達的土耳其石油公司* 任職，凱瑟琳可能是因為這層關係才會加入伍利的挖掘團隊。石油和考古學在整個二十世紀都緊密相連。在一九二〇年代，英、美、德認為在不穩定的地區，考古學是治國之道，而不只是阿嘉莎描寫的一種異乎尋常且大多無害的活動。

然而，凱瑟琳為人所知的原因不是她的考古學工作，而是因為阿嘉莎以她為原型，在《美索不達米亞驚魂》裡塑造了一個迷人且令人不安的角色。戈楚·貝爾用「危險」來形容凱瑟琳；芙瑞雅·史塔克的描述則是「她待人的方式毫無道理，近乎殘酷……但令人無法抗拒」。人們開始覺得凱瑟琳與伍利的男性團隊在沙漠裡共事，是一件不尋常的事，協助挖掘隊募款的美國博物館館長建議明年挖掘季節不要再邀請凱瑟琳歸隊。

但伍利不接受。「基林夫人得知旁人如此談論她的時候，一開始非常傷心，」他回答道。「或許這依然是女性參與科學工作的代價。當然，這是錯誤的。」[15] 他也描述凱瑟琳「將近四十歲」，完全沒有「再婚的念頭！」[16]

* 譯註：一九二九年改名伊拉克石油公司。

然而資金岌岌可危，伍利決定解決問題。如果他娶了她，她就可以回去。於是他就這麼做了。

從此之後，凱瑟琳本人以及據稱的霸道作風就成了考古圈茶餘飯後的消遣話題。「工於心計，不懷好意，自私自利」，這是雷納德．伍利傳記作家對她的看法，而且「她的性特質讓人誤會」。[17]＊阿嘉莎對於凱瑟琳給人女王般的考古學家的印象也有所貢獻，她說這位友人「喜怒無常」，描述她有能力讓身邊的人緊張。她也用過另一個字眼「風騷女子」（allumeuse，挑逗男人的女子）。這些論述很多是誇大的厭女心態，凱瑟琳作為挖掘隊主管的成就，卻也因此被貶低。

不過對於阿嘉莎而言，考古學家本身就跟他們的挖掘工作一樣有趣。凱瑟琳和雷納德讓她看到一段成功的婚姻，就桑尼戴爾的標準來看非常不傳統。一位考古學家形容凱瑟琳這位女性「不適合婚姻中的肉體關係」。一九二八年，雷納德還找了律師諮詢，他宣稱妻子拒絕與他圓房，他想知道如果以離婚作為威脅有沒有用。近年來有些說法是凱瑟琳可能是雙性人，但除了說她的個性強勢而不夠有女人味之外，並沒有什麼證據。凱瑟琳不久便為多發性硬化症所苦，知道自己得病之後，她給人的感覺不再是危險而是脆弱。阿嘉莎後來在書裡描

＊　譯註：有說法指凱瑟琳．伍利患有完全性雄性素阻抗症（complete androgen insensitivity syndrome），外觀上雖為女性但可能無子宮也沒有月經，據說她的第一任丈夫因此自殺，而她答應與第二任丈夫結婚的前提是兩人不得圓房。

繪的凱瑟琳並不討喜，寫她「一反常態地很擔心對方的反應」。[18]

凱瑟琳對此沒有任何意見。當然了，她並沒有認出自己。

從正面來看，伍利夫婦為阿嘉莎立下一個新形態婚姻的模範：像夥伴一樣共事，類似「合資企業」，就像她筆下的湯米與陶品絲小說系列。伍利夫婦也需要阿嘉莎，她是支援挖掘計畫的名人贊助者。除此之外，凱瑟琳本身也想當小說家，她後來在一九二九年出版了《冒險的召喚》（*Adventure Calls*，暫譯），描述一名女間諜以男人身份潛伏在伊拉克。

阿嘉莎回英國跟蘿莎琳和卡蘿過聖誕節，但三人都期待再相見。日後，他們還有好多次的西亞之旅。

第二十三章　麥克斯上場

一九三〇年春，阿嘉莎加入伍利夫婦的行列，第二次前往烏爾。這一趟到伊拉克，她遇見了一位去年因病無法成行的成員，叫做麥克斯．馬洛溫（Max Mallowan）。這位年輕的牛津畢業生是「一般田野助手」，年薪兩百英鎊，負責文書記錄、發工資和導覽。[1]他熱愛他的工作。他曾經上電台，用他沉穩、溫和、清晰的聲音，說到在烏爾發現的皇陵以及黃金珍寶：

我們走進這些亡者的豎穴墓時，真是不可思議的一刻，土地覆蓋了一層黃金山毛櫸葉，都是國王過世時陪葬婦女的飾品，非常美妙的發現。[2]

從照片上看起來，麥克斯．艾德加．路西安．馬洛溫（Max Edgar Lucien Mallowan）個子不高，外表乾淨俐落，有著滑順的黑髮，留鬍鬚，[3]身上的寬褲（Oxford bags）讓他看起來重心比較低。「一個瘦瘦的、皮膚黝黑的年輕人，」這是阿嘉莎對他的印象。一開始，她覺得他「非常文靜——他很少說話，可是需要他的時候，他總是很機敏。」阿嘉莎身高比他高，而且比他年長一輪有餘，兩人差異之處很多。

阿嘉莎在烏爾待了幾天之後，麥克斯奉老闆伍利夫婦的命令，陪這位挖掘隊的貴賓去參觀伊拉克的其他考古地址。

麥克斯・馬洛溫比阿嘉莎小十四歲。一開始她完全沒把他當作可能的對象，所以在他身邊能夠放鬆下來。圖片來源：Christie Archive Trust

這趟觀光旅程包含了漫長、艱辛、有時危險的車程。一位是著名小說家，一位是初出茅廬的考古學家，湊不太起來的兩個人一路上必須將就著過夜：借住熟人家或是陌生人家，還有一次在警察分駐所，當晚兩人還跟主人討論了雪萊（Shelley）*。阿嘉莎對這趟旅途的記述著重在古伊拉克，而非當時的伊拉克，不過她確實有提到他們在警方的保護下參觀了什葉派聖城納傑夫（Najaf），因為當地不歡迎歐洲人之故。

她和她的導遊都覺得這一趟很開心。某天，他們在沙漠中的小湖一起游泳，湖水晶瑩碧藍，阿嘉莎穿一件淺紅色的網背心和兩層短褲權充泳衣。然而游完泳之後，他們的車子陷入

* 譯註：根據克里斯蒂自傳所述，分駐所的警察背誦了雪萊的〈雲雀之歌〉（Ode to a Skylark）。

沙中，一動也不能動，找不到人幫忙，補給的飲水也不足。雖然如此，阿嘉莎依舊鎮定，甚至還小睡了一會。麥克斯就是在那一刻斷定，「她一定是個了不起的女人。」[4]

阿嘉莎擔心她的監護人是不得已才接下如此不討喜的任務。就在麥克斯發現阿嘉莎好相處又毫不做作的同時，阿嘉莎也進一步觀察他。麥克斯不像亞契一樣高大挺拔，但他確實英俊。他長得比較好看，還有一點，他比阿嘉莎年輕十四歲。然而他似乎比實際年齡還年長：這趟旅程是他作主，他照顧著她，「帶著學者的縱容和體貼，和藹地望著一個傻氣但並不討人厭的孩子。」在一九三〇年代的照片裡，阿嘉莎並不常露出笑容。但在兩人的合照裡，阿嘉莎經常是笑開懷的模樣。

麥克斯於一九〇四年五月六日生於巴特西（Battersea）*，有著豐富的國際家庭背景。他的祖

麥克斯每年都會帶阿嘉莎前往亞洲進行考古考察。在一九三〇年代的旅行照片中，麥克斯通常看起來很嚴肅，但阿嘉莎卻經常在笑。圖片來源：Christie Archive Trust

* 譯註：倫敦西南方郊區。

父母是斯拉夫人，祖父住過敘利亞，他的父親佛瑞德列克（Frederick）出生在維也納市郊，是個無神論者，從事農產品經紀，他的法籍母親瑪格麗特（Marguerite）的媽媽是次女中音。

瑪格麗特「終生保持著巴黎人的樣子」，她可不是那種冷酷的上層階級英國母親。[5] 熱情洋溢又富有藝術氣息的她和兒子很親，「再見了，最親愛的，」她給兒子寫的信總是如此作結，「寄上我最真心和親密的愛。」[6] 麥克斯有了強烈母愛的呵護，習慣了被寵溺和討好。他的父母吵架吵得很兇：「衝突場面，激烈爭執。」[7] 吵架的原因多半是佛瑞德列克出軌，瑪格麗特寫道丈夫「不忠」造成她吃醋，先生的行為「讓我極為憂鬱」，她寫道，「我只能盡可能正常面對孩子們。」[8] 父母不合使得麥克斯終生懼怕吼叫和衝突場面。

麥克斯的弟弟出生後，全家人搬到肯辛頓。麥克斯在新家後院進行了此生第一次挖掘，並小心翼翼地把他找到的維多利亞時代花盆碎片拍照記錄。一九一八年，十四歲的麥克斯被送到索塞克斯的蘭西中學（Lancing College）就讀，學校嚴格規定早上六點半要到公共澡堂洗冷水浴。校區離南海岸不遠，戰爭期間，學童聽得到從法國傳來的槍砲聲，星期天時，禮拜結束後會唸出當週戰死的士兵名字。長大之後的麥克斯寫到他的學校生活「過得孤單，很難融入。」[9] 他覺得只有他的母親接受他。「我最親愛的媽媽，」他從學校寄出一封八頁的信，「我一直在想，假如我在家的話會做什麼……我也好奇你會做什麼，我的寶貝！」[10] 被派去照顧阿嘉莎的這位年輕人有一點媽寶的成分，也像個局外人。

麥克斯覺得牛津新學院（New College）比中學有趣多了，不過他忙於交友、賭博和享用美食，所以只拿到令人失望的三流學位。讓他分心的是他最要好的朋友艾斯梅・霍華德（Esmé Howard），一個像塞巴斯蒂安・佛萊特（Sebastian Flyte）* 那樣的人物，家裡有貴族血統，跟著義大利籍母親信羅馬天主教，二十五歲的時候死於何杰金氏症（Hodgkin's disease）**。艾斯梅的死對麥克斯是一個重大打擊，他深受創痛，他甚至為了給好友打氣而改信天主教。「他很愛你！」麥克斯的母親如此安慰他，她說麥克斯領受聖餐，是艾斯梅在人世間最後一個禮拜的最大喜悅。[11]

不過，有關這兩個年輕人之間存在同性情愫的傳言，僅僅是因為現實生活的他們跟《慾望莊園》的故事情節相像，如此而已。

麥克斯的考古事業不費多少力氣就展開了。他跟一位講師說他「想去東方，去那邊找東西。」[12] 有人介紹他認識阿什莫林博物館（Ashmolean）的策展人，麥克斯因此而得知雷納德・伍利正在找助理，他曾經在《倫敦新聞畫報》讀過雷納德的挖掘工作。很快地，麥克斯就去了大英博物館（British Museum）參加面試，給雷納德和凱瑟琳留下非常好的印象。麥克斯相信擁有決定性一票的是凱瑟琳，她對他很滿意。那年秋天考完期末考之後，他就出發前往東方。「一是要有幸運之神眷顧，」他下了結論，「同時機會也是給準備好的人。」

---

* 譯註：英國作家伊夫林・沃於一九四五年發表的小說《慾望莊園》的主角。

** 譯註：即淋巴癌。

即使是麥克斯這麼機敏的人，也覺得凱瑟琳不好相處。他負責替她按摩，在她頭痛的時候幫她施行水蛭療法。麥克斯覺得她「固執己見……極為敏感……令人著迷，」「跟她一起生活像走在鋼索上。」[13]但他表現得還算令人滿意，因此受邀回去工作。前往第二次挖掘季節的路上，他去了威尼斯觀光，決定以後要在這裡度蜜月。看著父母感情破裂，他決定等輪到他結婚的時候，他一定要好好經營婚姻。

麥克斯向同行的一個乘客坦誠自己還沒「跟女人交往過」，但準備好要認識異性。[14]他喜歡不會小題大做、反應浮誇的人，像阿嘉莎那樣。「多好的一個人，」她心想，「如此文靜不多話……做事妥貼，讓人放心。」

這聽起來彷彿是一段感情關係的開始，但阿嘉莎從來沒有這種想法，兩人有年齡差距。不過她是跟麥克斯說過她喜歡年輕男人：「他們眼光比較好，對人生懷抱更遠大的理想。」[15]同時她才認識他不久。而且麥克斯是凱瑟琳的人，例如，假設只有一缸洗澡水，凱瑟琳當然是第一個入浴的。

「你也知道，順從女王心意才是明智的策略！」他解釋給阿嘉莎聽。[16]

而且阿嘉莎好不容易才學會獨立。她已經拒絕了好些人求愛：有一位比她年長的愛慕者向她求婚；一個義大利人邀她共度良宵（她擺脫他的方式，是說身為英國女人她天生性冷感）；她也跟一位空軍軍官朋友討論到，她是該接納一個情人就好，還是好幾個情人。這個世界好像就是不允許阿嘉莎「拒絕所有男人」。

但麥克斯不是「所有男人」。當阿嘉莎、麥克斯和伍利夫婦離開伊拉克準備啟程回家，她在雅典收到了壞消息。多封電報通知說蘿莎琳得了肺炎，病得很重，瑪琪已經把她從學校接回家照顧。麥克斯不像亞契受不了別人生病或處於困境，他發揮了自己的作用，挺身而出，安排阿嘉莎盡快趕回家，花大錢租車趕路，在她扭傷腳踝的時候為她包紮，途徑巴黎的時候還讓媽媽借了點現金給阿嘉莎急用。

內疚的母親回到英國，看見蘿莎琳已經康復了，但是「看到她瘦得皮包骨又如此虛弱，我好心疼。」[17]阿嘉莎帶蘿莎琳去梣田，也重回寫作。但是她和麥克斯之間的聯繫沒有斷。他從倫敦寫信給她，提議共赴大英博物館一遊，他正在博物館處理烏爾出土的文物。「你能來這裡過週末嗎，麥克斯？」她回信。「見到你我會很開心。」[18]

然而，他們的感情是在異國的伊拉克開始發展的，在英國的清冷背景下再見又會是什麼情況呢？

最後，阿嘉莎去了倫敦，麥克斯到她在切爾西的馬廄式洋房公寓用早餐。「我害羞得不知怎麼辦，」阿嘉莎承認，「我想他也很難為情。雖然如此，我做了早餐，等到吃完之後，我們就恢復了老樣子。」

一九三〇年四月，麥克斯來到梣田小住。在這棟阿嘉莎出生、愛上亞契、生下女兒又哀悼過世母親的房子裡，發生了她生命中的又一次重大事件。

麥克斯來訪的最後一晚，他敲了敲阿嘉莎的臥房門，走進去向她求婚。

第二十四章　我想我會嫁給你

「整件事是不知不覺發生的，」阿嘉莎解釋道。如果她當初有考慮麥克斯為丈夫人選，「也許我就會戒備些。我不該輕易陷入如此輕鬆自在的愉快關係裡頭。」

那天晚上，以及接下來幾個星期，她發現自己內心又亂了。「我本來是看台上的觀眾，平靜自在地觀察人生，」她寫信給麥克斯，但他卻拉著她「重新活著和感受人生」。[1] 她完全不確定這是不是她想要的。

另一方面，麥克斯則是從敲門的那一刻起，心中就篤定他們會有幸福的婚姻。「我很清楚，」他回信，「你還有太多活力，不該留在看台上。」[2]「你是史上最會讓人卸下心防的惡魔！」阿嘉莎承認，「我想我終究會嫁給你，因為我可以想見，你永遠都知道如何對待我！」[3]

如果兩人確定結婚（阿嘉莎心裡還不是百分之百篤定），這段婚姻很有機會跟亞契要的那種以他為基礎的婚姻不同。這次或許會是一段更像夥伴、互相關懷的關係：阿嘉莎一直以來夢想的「合夥事業」。「和你在一起，」她寫信給麥克斯，「是一種自由的感覺……我不覺得受到限制或束縛，或是被『綁住』，我不敢相信會有這樣的關係。」[4]她在另一封信裡指出亞契和麥克斯不一樣的地方：「你似乎真的欣賞我的全部，讓我充滿信心，我不覺得自己需要符合某種理想。」[5]

到了一九三〇年代，夥伴般的婚姻開始普及，不再是一九一〇年代阿嘉莎和朋友談到的那種稀奇古怪的想望。彷彿世人也開始跟上那種理想的感情關係。

亞契希望把太太丟在家，自己去打高爾夫球，麥克斯則希望阿嘉莎和他一起讀古希臘文，一起去探險。她身為專業獨立的女性當然有利無害，兩人尊重彼此的成就。阿嘉莎覺得麥克斯的職業比亞契在倫敦的工作有趣得多。她和麥克斯各處於雅俗之爭的兩端，但也能找到共同基礎：「我是庸俗文化，他是高雅文化，但我們又彼此互補。」

雖然有這麼多有利條件，但阿嘉莎和麥克斯要走到祭壇前，似乎還有好幾個難以跨越的障礙。

首先是阿嘉莎害怕婚姻會再次觸礁。她決定她還是不要嫁給麥克斯好了，理由很簡單：這件事有風險。「我是膽小鬼，非常害怕會受傷。」[6]她把自己的感覺寫入《美索不達米亞驚魂》其中一個角色：「很多人想娶我，但我總是拒絕。我上次受創太深。我不覺得我還能再信任任何人。」[7]

阿嘉莎一九三〇年的信件讀起來高潮迭起，因為她透過和麥克斯頻繁通信來理清自己的感覺，其中表達了愛意，也表達了懷疑。她從梣田去信，從阿布尼去信，從任何工作所需而至的地點去信。與此同時，麥克斯在倫敦的大英博物館任職，跟他同住在肯辛頓的父親完全不知道這段祕密的準訂婚。阿嘉莎的信一貫地字跡潦草到難以辨認，而且大多沒有日期。麥克斯的信則充分顯示了為什麼阿嘉莎被他吸引：整潔、工整，總是註明日期，總是安慰人心：「在我前來照顧你之前，你一定要好好照顧自己。」[8] 麥克斯雖然冷靜，他一定也曾深深懷疑這個婚是否結得成。「我擔心，」他寫到，「你會允許自己向恐懼和懷疑投降。」[9]

兩人的共同點之一是他們都相信來生。「你對靈性事物的實際知識比我多得多，」阿嘉莎告訴麥克斯。[10] 但這也是一個問題：他皈依了羅馬天主教。她想到一個解決方案。「我可以在臨終前皈依羅馬天主教，然後你就可以為我懺悔，」她如此提議，「還是我們一起以異教徒儀式葬在希臘山丘上？」[11] 不過，麥克斯後隨後就脫離了天主教會，因為他們不會認可他與離婚婦女的婚姻。「我對你的愛，」他告訴阿嘉莎，「完美地延續了我和艾斯梅的友誼，我本來以為我再也走不出來。」[12]

性愛原本可能是個問題，但顯然並沒發生。「阿嘉莎，」麥克斯寫道，「我並非盲目愛你，我看見你自然的模樣而更愛你。」[13] 她在性方面自信十足，即便兩人之間的年齡和運動能力都有差距，她覺得還是會有美滿的肉體關係。她有一點擔心自己的體重：「我可能是（小豬！）你最愛的體型！請回答『是』！」[14]「親愛的，」他回信，給了最完美的答案，「你不只現在是我最愛的體型，也永遠都是，無論你變胖或變瘦。」[15] 他有種了不起的天分，知道如何增加她的自信：「我知道你美極了。」[16]

雖然如此她還是猶豫。「你**千萬不可**再婚，」我告訴自己，「你**千萬不可**這麼愚蠢。」[17]當麥克斯連續三天沒寫信，「你是豬，」她寫道。「從你離開之後過了三天，一個字都沒有捎來……不，我不喜歡你，這種小事情總是讓人心煩意亂，讓人洩氣……你根本不在乎。」

這個婚看來結不成了。太多傳統觀念必須打破：他比較年輕，財力單薄，他的父母爭吵不休。麥克斯還跟阿嘉莎的外甥傑克（Jack）同輩。當麥克斯和阿嘉莎一同參加舞會，她驚慌地感到自己比麥克斯的朋友老得多。然而，兩人也都知道麥克斯是個老靈魂。「你說我面對事物的態度像個孩子，」她寫信給他，「我知道在某些方面的確如此。」「我像個孩子一樣，」她下結論，「覺得這個世界相當嚇人。」[18]

「那年夏天是我一生中最煎熬的一段時間，」阿嘉莎事後回憶，情況越來越明顯，反對婚事的人「一個接一個冒出來」。和麥克斯在一起的時候，阿嘉莎感到自在。但是他不在時，猶豫就揮之不去。

也許最令人煩心的是瑪琪寄來了一封「憂傷的信」，阿嘉莎「過了很久才回」。她姐姐顯然焦慮不安，阿嘉莎不免受到她的影響。「現實忽然襲來，」她說明，「我告訴自己『笨蛋，你還有沒有理智啊？如果是另一個人要這麼做，你會怎麼跟對方說？』」[19]瑪琪聽到妹妹計畫結婚一定擔心死了，她顯然只是因為失婚想療傷，對方那麼年輕，財力也大不如她。

許久以後，麥克斯取笑阿嘉莎信了姐姐的警告。「你記得A.P.（龐琪阿姨〔Auntie

Punke」，就是瑪琪）想勸退我們，她那麼做真是傻啊。」[20]很多年之後，阿嘉莎才比較願意承認實際上的情況：瑪琪「求我不要嫁給麥克斯」。[21]

然後婚事也得告訴蘿莎琳，阿嘉莎還拖延著沒講。「親愛的麥克斯，」她在七月底寫道，「蘿莎猜到了！！如果你回信時寄兩打塞爾弗里奇百貨公司賣的太妃糖棒棒糖給她，她就同意我們結婚。」[22]麥克斯唯命是從，寄了二十六支，超過要求的數量（店裡「就剩二十六支」），他尷尬地猜想這位未來的繼女「會漸漸習慣我們結婚的事」。[23]於是，蘿莎琳謹慎地同意了。不過，阿嘉莎在自傳裡被女兒的顧慮逗笑了：

「你知道吧，」她說，「等你跟麥克斯結婚之後，你就得跟他睡在同一張床？」

「我知道，」我說。

「嗯，對，我想你應該是知道，畢竟你和爹地結過婚，但我覺得你可能沒想到這一點。」

我們讀者讀到這一段覺得很滑稽，但蘿莎琳本人可能不這麼想。她也毫不含蓄地說過她覺得「有兩對父母也是好事，」而且「媽咪跟麥克斯在一起會好得多。」阿嘉莎還是覺得很趣味，但以上都是這可憐的孩子自己摸索出來的。蘿莎琳看似喜怒不形於色，但這是她很努力追求務實和像個大人的結果。[24]

即使阿嘉莎覺得自己下定決心要結婚了（麥克斯從未動搖），他們仍然要承受外界的評判。五月的時候，麥克斯堅持鼓起勇氣告訴凱瑟琳·伍利，但他們懷疑她不會接受。倫納德只表達了「些許驚訝」，凱瑟琳雖然說了些好話，但她的態度比較負面，她提出的理由出人意外，說結婚對麥克斯的性格會有不良影響。[25]她認為他還需要「一點磨難」。[26]

實際上，伍利夫婦也有能力阻撓婚事順利進行。倫納德身為麥克斯的老闆，讓麥克斯忙碌了整個夏天，使得他無法跟阿嘉莎在一起。「我希望痛苦能在週日之前結束，」麥克斯寫道，他正趕著完成烏爾出土物品紀錄，那有將近四百筆資料。[27]「魔鬼們會竭盡全力不讓我們順利結婚，」他告訴阿嘉莎。目前的計畫是九月份結婚，然後去度蜜月。但倫納德希望馬克斯在十月二十六日前回到伊拉克的崗位。

但毫無疑問，麥克斯的事業是唯一要事，事實上，他投注心力於考古學是阿嘉莎最欣賞他的一點。當他對她說起博物館的工作，他的熱情很有感染力。他正在清理一把屬於蘇美族（Sumerian）女子的銀梳子：「那是個美妙的感覺……我從事考古工作已有五年了，那種興

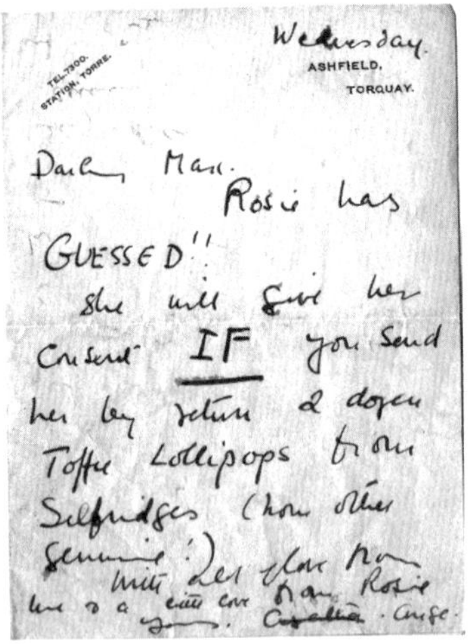

在這封信裡，阿嘉莎跟麥克斯說蘿莎琳會同意他們結婚，「只要你回信時寄兩打塞爾弗里奇百貨公司賣的太妃糖棒棒糖給她。」圖片來源：Christie Archive Trust

奮的感覺從來沒變過。」[28]

麥克斯向阿嘉莎開誠布公的唯一擔憂是錢：「我可能無法帶給你應有的物質享受。」[29]他的薪水肯定無法供給阿嘉莎的生活方式，他的父母也有經濟困難。瑪格麗特離開佛瑞德列克之後花錢無度，她跟兒子說她買了「兩頂帽子，還有她一直想要的一套羊毛服裝和洋裝」，之後她打算玩百家樂來恢復財務狀況。與此同時，她承認自己「沒錢付房租」。[30]

在那個多舛的夏天，阿嘉莎多次說服自己該結婚，又多次勸退自己。「我一下莫名慌張起來……我覺得『不行——不行——我不能嫁給任何人。我再也不結婚。』但接著又想，『可是他是麥克斯啊。』隨時隨地都有麥克斯在身邊，在我不快樂的時候依靠他。」[31]卡蘿的年度渡輪之旅結束回來之後，也在阿嘉莎身旁給予支持。

這時的麥克斯著手安排計畫，準備了很符合他個性的考古迷蜜月之旅，地點包括當時的南斯拉夫及希臘：「我剛買了伯羅奔尼撒半島的詳細地圖。」[32]他訂了到威尼斯的火車票，然後他們將搭船沿著達爾馬提亞海岸前進。他寫道，「我訂做了白色西裝外套，預估這一趟會很溫暖。」[33]兩人似乎有共識，全部旅費由阿嘉莎出，他則會負擔結婚登記費用：「這應該由我付才對。」[34]阿嘉莎覺得這種作法很性感：「是我娶她，我來付結婚執照費用。你懂嗎？」她筆下一個硬漢角色如是說。[35]

在卡蘿的幫忙之下，婚禮將在蘇格蘭舉行，以避開媒體。根據蘇格蘭法律，阿嘉莎必須事前在蘇格蘭邊界以北住上兩個星期。她在八月去了斯開島，天天「躺在石南花叢間看海」。[36]陪她一同前往的是她的親信，她稱之為「忠犬爵士團」，有蘿莎琳、卡蘿、卡蘿的姐姐瑪麗。麥克斯則去拜訪艾斯梅的父母。瑪琪沒有去，表示她對這樁婚事的不贊同。

兩人的信件往來從五月起就很頻繁，婚禮前最後幾個星期更增進到一天一封。「你一定要每天寫信給我，」阿嘉莎在偏遠的斯開島布羅福德飯店如此堅持。她依然擔心自己以內心平靜換來「無上的幸福，但也有可能是災難。」[37]「不要慌張，」麥克斯肯定地告訴她，「未來會有那麼一天，你會笑自己當初為何這樣。」[38]

阿嘉莎的確處於慌亂狀態，她的護照申請表格填錯了，還再三忘記告訴麥克斯她在愛丁堡是住哪一間飯店，即便兩人勤於通信。誰知道要是麥克斯沒有天天寫信給阿嘉莎，她會做出什麼？她前往愛丁堡前在斯開島收到最後一封麥克斯的信，信封是撕開的，彷彿她等不及要知道信裡寫了什麼。

聖卡斯伯特教堂離愛丁堡城堡不遠，選擇它是因為卡蘿的父親是這裡的副執事。就在這裡，在一九三〇年九月十一日，三十一歲的「麥克斯・艾德加・路西安・馬洛溫」和三十七歲的「阿嘉莎・瑪麗・克拉麗莎・米勒或克莉絲蒂」終於結婚了。見證人是夏洛特和瑪麗・費雪。新郎新娘都謊報年紀以減少年齡差距。麥克斯告訴阿嘉莎，他的「出生日期隨你決定，我想應該不太重要。」[39]她在護照裡把自己的出生年份往後延了一年，改成一八九一年。但他們祕婚和隱藏真實年紀的希望都落空了。下一週的《每日快報》就報導了這樁「浪漫」祕婚，「馬洛溫先生二十八歲，他的新婚妻子三十九歲。」[40]就連報紙也搞錯，把麥克斯多報了五歲，他實際上只有二十六歲。

鬆了一大口氣之後，兩人出發前往威尼斯，接下來是沿著達爾馬提亞海岸的五週航行之旅。一路上兩人輪流寫日記，麥克斯寫到一頓「豐盛的龍蝦大餐」以及「威尼斯夕陽西下的天空，風帆側影映照在潟湖上。」然後阿嘉莎補上：「可惜浪漫被破壞了，臭蟲咬人。」遊覽完威尼斯，他們搭船、休息、游泳，有一次還在夜裡裸泳。有人望見他們的時候，阿嘉莎心裡想，「火光有沒有洩露了我們罪惡的祕密？」他們過了一段美妙的時光，「在一間格外骯髒的小餐館享用了美味抓飯」，還有「在橄欖樹叢中寧靜漫步」。然而，隨後的旅程中還有更多惱人的臭蟲，結合了考古的旅遊也不是那麼輕鬆。「他對我來說太年輕了！」阿嘉莎在日記裡嘆道，白天的時候，麥克斯安排了一趟十四個小時的騎騾行程，去看另一個考古遺址，讓阿嘉莎「疲憊不堪」。

最後總算抵達雅典，住進一間時髦飯店。他們覺得城市生活「很稀奇——我們彷彿不是原來的自己。這間附設衛浴、含兩床的套房，讓我們又變回害羞的文明人。過去兩週開心的瘋子不見了。」雖然如此，他們依然出門享受「蝦類和海螯蝦大餐」。[41] 結果享用貝類是個嚴重錯誤，因為阿嘉莎食物中毒病倒了，嚴重到必須請醫生。

她過了好幾天才有辦法吃得下水煮通心粉，可是麥克斯剩下的時間不多，他必須去伊拉克報到。麥克斯陷入兩難，一邊是忠於工作，一邊是照顧妻子的責任，他不得不在指定的日期趕到巴格達。治療阿嘉莎的希臘醫生覺得此舉簡直駭人聽聞：「毫無疑問，從那位醫生冷冰冰的態度來看，他覺得你是個冷酷沒人性的男人。」[42]

伍利夫婦認為阿嘉莎不適合陪著丈夫到烏爾。但麥克斯不再像之前一樣依賴那兩位獨裁的老闆，他覺得自己已經累積足夠經歷，可以找下一個工作。「我對自己的能力比之前自信許多，」他寫道。「考古學是偉大的遊戲。我一年比一年更熱衷，我無法想像從事其他行業。」[43]阿嘉莎漸漸恢復體力，可以自己返家。她從英國寫信給麥克斯，「大家都說我看起來容光煥發，年輕了十歲。」她很高興病了一場，體重掉了一些。「我掉了一英石。真好，不是嗎？婚姻生活讓我變瘦。」搭火車到德文郡之前，她從倫敦寄給他最後一封信。「待在帕丁頓飯店感覺真怪，」她開頭這麼寫，「好幾年來第一次回英國不覺得悲慘。不覺得回來又要面對陰鬱的回憶，以及種種想遺忘的事。我只感到『喔！倫敦呀，一樣下著雨，這個有趣又奇怪的老地方！』親愛的，你卸下了我的重擔。」[44]

他們婚前的通信沒有任何性事，但結婚顯然相當「性福」。「閉眼想像你在我懷裡，用親吻回應你的吻，」麥克斯從伊拉克寫信。[45]「你知道我最想念的是什麼？」她回信。「在你懷裡入睡。」[46]阿嘉莎忙工作、忙家事，為聖誕節做準備，白天忙碌到「睏到沒力氣想性事！喔！麥克斯，如果能跟你一起，會是多麼開心！」[47]一九三〇年聖誕節前夕，她寫了信給麥克斯，這是這段黃金年代最後的幾封信。「今天是我以前的結婚紀念日，」她說：「一直以來，今天都是難過的，但今年不是。我很幸福，也被愛著。上帝保佑你，親愛的，謝謝你為我做的、讓我重新擁有的一切。」[48]

第二十五章 八棟房子

進入一九三〇年代，阿嘉莎的生活步調似乎慢下來，也拓展開來，填滿了好幾個互相連結的部分：梣田，倫敦的文學生活，和麥克斯去西亞旅行。她的工作順利，收入源源不絕，阿嘉莎很開心。

但是她住在哪裡呢？這就很難簡單回答了。人們經常以為阿嘉莎像瑪波小姐一樣，一定是長年住在在某個村子。事實上她經常移動，也許旅行的時候最令她感到自在。她的書也反映出這一點。她筆下的特色人物很可能是一名房客，一個途徑此地的人。這些代表變化的人物或許富裕，像是《西塔佛祕案》裡租下別墅的幾個女人。也可能沒什麼錢，白羅在〈租屋奇遇記〉（The Adventure of the Cheap flat）甚至親自租下一套便宜公寓。[1]

旅行之外，阿嘉莎最愛的就是搬新家。她稱一九三〇年代是她的「富豪時期」，她買了好多房子，投注心力把每一棟房子裝修到舒舒服服。持家對於她的生活和創作都很重要。「你**一定**要關注房子，關注人們**居住**的地方，」提起自己的小說，她曾經這麼說。[2]她把自己的這項樂趣寫到琳妮身上，琳妮是《尼羅河謀殺案》裡富有、獨立的女主角。琳妮的房子

「是她的！」她堅稱，「是她看中它，買了它，重建它，裝潢它，在上面花了大錢。這是她的財產，她的王國。」[3]

當然，擁有房子也有不利的一面。阿嘉莎小說裡的房子往往是安全的相反。房子是她惡夢中悄無聲息、邪惡的槍人會出現的地方。他偷偷潛入居家場景，「坐在茶几旁」，或是「加入紙牌遊戲」，帶來「可怕的恐懼感」。從阿嘉莎自己精神困擾的經驗就能看到，一個人會輕易從安全的狀態陷入危險。

一百五十年前，以鬧鬼的城堡或宅邸為背景的驚悚故事定義了偵探小說的前身，也就是哥德小說（Gothic novel）。阿嘉莎的天份在於她把哥德小說普及化以迎合大眾市場。[4] 例如在《隱身魔鬼》裡，她把一間尋常的倫敦公寓變成發生恐怖事件的地方。「漸漸地，」她告訴我們，「夜的魔力開始對他們起了作用。家具突然發出嘎吱聲，窗簾發出難以察覺的沙沙聲。」[5] 如同阿嘉莎描述的，中產階級的家裡可能包含了「深深壓抑的怨恨，不一定總是浮出水面，但會突然迸發成暴力。」[6]

購買阿嘉莎書籍的讀者也喜歡思考房屋及其意義。介於一九二〇年代和一九四五年間，六十多本針對中產女性讀者的新雜誌出現，包括《好管家》和《女性與家庭》（*Women and Home*）。[7] 對於像克拉拉．米勒這樣的女人，家就是她的全世界。但對於阿嘉莎的世代而言，戰爭以及家事服務的瓦解，意味著中產階級必須重新想像家的意義。對阿嘉莎的讀者來說，中產階級生活的基礎正在變動、消退、衰微。

這有助於解釋為什麼阿嘉莎擅於描寫發生在家中的死亡，「祕密的、動機源於家庭的謀殺」，她曾經如此形容。[8] 書評家艾莉森．萊特講到阿嘉莎小說裡「把武器居家化」。她選用的毒藥通常在家屋就找得到：砷用於幫寵物驅蟲，氰化物用於殺死黃蜂，帽漆*用來為帽子著色。她也用過廚房研磨杵、烤肉叉、高爾夫球桿、紙鎮、網球拍和床架上的鋼球作為兇器。[9]

阿嘉莎對家的興趣是從女性角度為出發點，這反過來使得她的工作在本質上顯得比較次要，她自己也同意。雖然她在一九三〇年代出版了許多著作，但她「在填寫表格職業欄的時候，除了傳統的『已婚婦女』之外，從沒想過別的選擇。」

她一直認為自己不是所謂「真正的作家」，其中一個緣故是她沒有固定的寫作空間。她寫作從不張揚，在她忙完了她心目中生活其他要事的空檔才寫，這些事包括購物、吃飯、放鬆。「我從來不知道你是在什麼時候寫書，」阿嘉莎的朋友跟她說，「因為我從來沒看過你寫作。」她在臥室工作，在屋子的角落工作，一點也不像傳統印象中的搜索枯腸作家。「大理石面的臥房盥洗台很適合寫作，」她告訴我們，「還有非用餐時間的餐桌。」

阿嘉莎對家居生活如此感興趣，說明了為何在一九三〇年代時她買房子買到著迷，最終

* 譯註：十九世紀初時人們會購買帽漆，在新的季節來臨將草帽漆成不同顏色，克莉絲蒂一九三九年的作品《殺人不難》（*Murder is Easy*）裡有個角色因為喝了帽漆身亡。

擁有八棟房屋。這些買在倫敦西區的房子都不算貴，去帕丁頓和托基都方便，阿嘉莎把大部分房子租出去。不過她通常會留一棟自己使用。

她再婚之時，手中已經有克雷斯維爾路二十二號的房子，就是她和麥克斯重逢時做早飯的地方。它位在一排大房子後面，是由雜七雜八的馬廄和僕人房組成的排屋的一部分。現在，這裡是避險基金人士居住的有錢社區，大家開保時捷、有私人的皮拉提斯教練。而在一九三〇年代，阿嘉莎的小公寓可以一瞥當時依然風雅的切爾西區。記者們認為這棟房子充滿浪漫色彩，完全是一位獨立、具有創意的女性會住的地方，漆成綠色的外觀，看起來像「一排灰色屋頂下春意盎然的綠樹」。[10]

新婚之後，阿嘉莎大手筆買下肯辛頓區卡姆登街四十七—八號的房子，靠近中央線，方便麥克斯通勤到大英博物館上班。這是一棟位於體面街道上的體面房子，不過路面狹窄，路的一頭是地鐵，另一頭有個蓄水槽。蜜月過後，阿嘉莎寄信給人在伊拉克的麥克斯，告知她興致勃勃地打造居家空間。例如她描述道「今天我做了一件最興奮又最不應該的事——我去了一場拍賣會！我買了一個胡桃木箱……啊，買不需要的東西……真是開心。」[11]

她的倫敦社交生活包括去皇家咖啡館參加偵探作家俱樂部（Detection Club）聚會。俱樂部成員僅限有出版作品的偵探小說作家，成立俱樂部的目的，根據桃樂西・榭爾絲的說法，是「一起吃晚飯，聊本行聊到盡興」。[12]但是阿嘉莎並非那麼愛好交際。俱樂部的某些合作計畫有她的貢獻，比如故事大綱，但她不久就決定不再把時間花在這裡。她現在養家餬口的對象不只蘿莎琳，還有麥克斯，她不願意做白工。此外，她曾經在一九三〇年與英國廣播公司合作廣播劇，和其他偵探小說作家合作編寫，那次經驗很不好。她覺得企劃既無聊又雜亂無章。同一年裡，更讓她開心的是她的一部劇本《黑咖啡》（*Black Coffee*）即將搬上舞台。「真希望你在這裡一起開心，」她告訴人在伊拉克的麥克斯，「我們正在彩排，我認識了廣播界的人，打了好多電話。」[13]

她勉強同意參與第二季廣播劇，但英國廣播公司已經把她標記為「難相處」。「請向馬洛溫夫人說明一下，」製作人艾克里（R. J. Ackerley）寫信給卡蘿，「她的時間這麼難配合，已經影響到我們。」[14] 艾克里再次聯絡阿嘉莎請她編劇時，她沒有再理他。「事實上，」阿嘉莎說明，「我討厭寫短篇故事，因為實在不賺錢……花費心力構思廣播劇，還不如去寫書。就這樣了！很抱歉。」

碰上這麼一位堅定自信的女性，這位製作人艾克里先生也沒轍了。為了請阿嘉莎上廣播節目，他滿口稱讚：「您讀得這麼好，我相信節目一定會大獲成功。」他在私底下卻擺出高傲的態度，說她「長得意外地好看，非常惹人厭」。作為播音員，艾克里說他覺得她「中氣不足」。

但他也承認，任何人「跟那位可怕的女人，那位活力旺盛、咄咄逼人的桃樂西・榭爾絲比起來，都會顯得中氣不足。」[15] 榭爾絲反而向阿嘉莎抱怨「英國廣播公司很煩，三天兩頭就打電話來」談廣播劇合作計畫。她已經叫他們「走開，別再煩我！」[16]（我承認，一想到桃樂西．榭爾絲給艾克里先生好看的畫面，就有種不該有的興奮。）

阿嘉莎努力發展事業的時候，在寄宿學校就讀的蘿莎琳發現自己不是母親清單裡的首要事項。「你有什麼打算？」她哀怨地寫，「你會從美國順道回家嗎……我想你知道我要參加音樂考試了。」[17]阿嘉莎原以為自己不必為冷靜沉著的蘿莎琳操心，她在貝克斯希爾就讀的喀里多尼亞中學和肯特的博奈頓中學都是好學校，但她的女兒卻表現不佳。蘿莎琳的英文成績「時好時壞」，歷史成績「不盡理想」，法文成績「不穩定」。「我認為她在這裡就學期間，只達到『中等』表現，」女舍監寫道，「很抱歉我們沒能在她畢業之前培養出她的責任感。」[18]

阿嘉莎現在建立了一個慣例，每年有部分時間和麥克斯待在西亞。一九三一年，麥克斯在新的老闆雷金納德．坎貝爾．湯姆森（Reginald Campbell Thompson）手下工作，他在摩蘇爾（Mosel）附近的尼尼微（Nineveh）挖掘，這是古亞述帝國的首都。坎貝爾．湯姆森跟伍利夫婦不一樣，他同意阿嘉莎自費同行。阿嘉莎也同意在跟團隊討論之前，不會發表任何與挖掘遺址相關的文字。文章對作家有價值，也是挖掘團隊的公關資料。麥克斯和阿嘉莎現在像買一送一，一九三〇年，她進修藝術課程，學習幫考古隊畫素描：「我非常難為情……我有自卑感。」[19]但是只要麥克斯高興，她幾乎什麼都願意做。「你的工作永遠不會讓我厭煩，」她向他保證，「我今天畫了一個陶壺。」[20]她優先考慮麥克斯的行程，先配合他再做自己的事，而不是由他來配合她。阿嘉莎買了一張堅固的桌子，放在尼尼微探險隊營舍裡使用，完成了《十三人的晚宴》（*Lord Edgware Dies*，一九三三年）。

她在一九三一年十月開始寫這本書，當時她準備前往尼尼微，途中在羅德島（Rhodes）住了幾個星期。她的信透露出她的身體想念麥克斯：「我想趴在陽光下，讓你從我的背往下親吻。」[21]性方面的滿足使得她開始出現佔有欲。「愛上一個人會讓人害怕，」她承認，「所以狗才會護著骨頭低吼，牠們覺得狗骨頭會被別的狗搶走。親愛的，摩蘇爾有別的狗嗎？如果有的話，也許你最好別告訴我！」[22]

她從羅德島寄出的信，也清楚看出兩人希望有孩子，從一些反面的證據看起來，阿嘉莎這年秋天懷孕了。她去參觀一座大教堂的時候，向施洗約翰禱告。「祂可能不是最適合求子的聖者，」她承認，但也許「在曠野中生活又吃了那麼多蝗蟲，祂可能比較會善待祈願家庭生活的人。」[23]麥克斯對於這樣的願景很期待，但也擔心：「親愛的，如果我們有兒子是無上的喜悅，如果沒有，也要欣然接受……我寧願不要兒子，也不願親愛的你出任何事……你是我的愛人，也是我第一個孩子。」[24]

令人失望的事發生在一九三一年，四十出頭的阿嘉莎流產了。之後，阿嘉莎和麥克斯似乎接受了兩人終將膝下無子。他曾經寫信給她，提到兩人一起種下的樹，「我們親手種下的那些年輕將成長的樹，就是我們的孩子，屬於你和我。」[25]

悲痛過後，阿嘉莎又回頭寫自傳式小說。《未完成的肖像》在一九三四年出版，是她第二次嘗試非偵探小說類型，這本書幫助她梳理了過去的時光：她的第一段婚姻，婚姻觸礁過程，還有她在一九二六年的失憶症。她已經到了一個新的制高點，可以回頭看了。

麥克斯的積累也開始看到成果。他的第一次獨立探險計畫獲得大英博物館贊助，他與阿嘉莎準備在一九三三年回到伊拉克，同年，她買下兩人的下一棟房子，這棟三層樓高的房屋正面有著宏偉的灰泥外牆，比之前的房子再次升級。阿嘉莎把肯辛頓雪菲爾廣場（Sheffield Terrace）五十八號的房子以自己最愛的綠色重新命名，取名為「綠色小屋」。路的盡頭就是荷蘭之家（Holland House）*[26]的林地。

阿嘉莎一看到這棟房子就想入手，部分原因是頂樓的大房間。一反之前的做法，她決定把這個房間當作她的工作室：「大家都很驚訝，因為我以前從來沒有工作室，但所有人都同意，可憐的女主人是該有自己的房間了。」她在裡頭放了一架鋼琴，一張大桌子，一把打字時候坐的直立椅子，還有一張休息用的扶手椅。她有好幾部偉大作品的篇章是在這裡寫成的，包括《東方快車謀殺案》、《ABC謀殺案》（*The A.B.C. Murders*）以及《尼羅河謀殺案》。

維吉尼亞·吳爾芙認為「自己的房間」是寫作生活的要件，但阿嘉莎竟然在寫作事業進入第十二年的時候才終於有自己的房間。歷史學家吉蓮·吉爾（Gillian Gill）的洞察深得我心，她認為到了這個階段，「阿嘉莎·克莉絲蒂不需要自己的房間，她習慣擁有整棟房子。她是少數能夠隨心所欲、用自己工作賺的錢買房產的女性。」[27]

---

* 譯註：十七世紀初建成，原本為貴族宅邸，現改為荷蘭公園。

麥克斯第一次帶領的挖掘隊將前往伊拉克阿爾帕契亞，所需費用兩千英鎊，追蹤經費來源是個有趣的過程。大英博物館貢獻了一些，伊拉克境內的英國考古學院（British School of Archaeology）資助六百英鎊，督導團隊以半志工的形式提供服務，[28]但費用還是短缺。「我希望馬洛溫在倫敦再待一陣子，」一位大英博物館策展人寫道，「再籌一千英鎊需要吸引很多關注。」[29]麥克斯設法請著名的考古贊助人查爾斯・馬斯頓爵士（Sir Charles Marston）捐了一百英鎊，還有一位阿嘉莎・克莉絲蒂贊助了一百英鎊。但根據大英博物館的紀錄，某個匿名贊助者大手筆捐了五百英鎊。這位贊助人表示，如果其他贊助到位（後來沒有），[30]希望能把錢拿回來。這個人若非麥克斯的妻子，還會有誰呢？阿嘉莎從這時開始長期贊助先生的考古工作。

麥克斯發現了太太的寶貴，有她就有媒體報導，有媒體報導就有贊助。「小說家的驚險之旅，」報紙頭條寫道。「阿嘉莎・克莉絲蒂與消失的民族，伊拉克探索。」[31]麥克斯享受「盛大規模、盛大方式」的挖掘工作，在一九三〇年代，他得到的資金足夠聘請兩百個工人在遺址工作。[32]他和同事進行的挖掘方式，在今日來看是不恰當的破壞作業。例如在阿爾帕契亞的頭幾天，麥克斯就讓工人隨便挖掘作為練習。一九七六年，一支考古挖掘隊透露說該土丘「結構密集」，麥克斯的作業方式會遺漏或破壞文物。[33]

在沙漠裡，阿嘉莎和麥克斯維持著歐洲的生活方式：用晚餐前更衣，請當地廚師仿照歐洲食物來烹調。一九三三年帶到阿爾帕契亞的餐具包括十九張餐巾、桌布、洗手盅和湯盤。

下一次挖掘團隊的購物清單包括三瓶琴酒、三瓶教皇新堡葡萄酒、兩罐丹麥奶油、六罐咖哩粉、兩罐「鵝肝醬」和二十四罐「醃牛肉」。[34] 以上都由麥克斯特別改裝的卡車運到現場，車身漆成淡紫色，稱為「瑪麗女王」。[35]

但麥克斯第一次獨立主持的伊拉克挖掘隊，也是他的最後一次。挖掘季結束時，事實證明將古物運出該國比預期要困難得多。阿嘉莎在自傳裡只寫到他們「凱旋而歸」，但其實這次遠征以後來被稱為「阿爾帕契亞醜聞」的事件告終。

當時伊拉克剛剛獨立，日益高漲的民族主義意味著政府決定改變考古文物的分配規則。之前挖掘的文物，是由外國團隊和伊拉克國家博物館拆半對分。這個過程由博物館館長德籍考古學家朱利斯．喬丹（Julius Jordan）負責管理，他曾經是伊拉克納粹黨的頭頭（故事的額外轉折）。現在，政府決定大部分文物必須留在國內，而麥克斯沒有獲得預期的文物出口許可證。

一場爭議爆發了，麥克斯和國際考古學團體抱怨伊拉克政府阻礙了重要的科學研究工作，而英國外交部則陷入了兩難。考古學家認為，新規定的出發點是「愚蠢的民族主義」精神，而英國外交官則認為，考古學家們的態度「令人惱火且居高臨下，他們認為自己的動機純粹是利他主義，目的是為該國帶來利益」。[36]

最終，這件事交由伊拉克內閣投票決定。內閣以投票多數決，最終允許麥克斯把出土文物運回英國，他想要趕快開始撰寫發現的文物。考古學家大都出了名地喜歡耽擱這件事，從大眾的角度來看，在分享發現這點，麥克斯的記錄一直堪稱楷模。一九三〇年代，他在《倫敦新聞畫報》撰寫了許多文章。他向編輯提文章想法的時候，會盡力指出「儘管聳人聽聞，但我提出的事實都有科學證據。」[37]然而從其他考古學家的角度而言，麥克斯聊天式的寫作風格（或許受妻子影響）並未忠實呈現素材。

「阿爾帕契亞醜聞」在麥克斯看來是惱人的官僚牛步做事，但是事實上從這個事件之後，西方考古學家在西亞再也無法想拿什麼就拿什麼，這件事也讓麥克斯決定暫時不再去伊拉克挖掘。補償不是沒有，因為阿嘉莎在一九三四年買了一棟房子給他。這是一棟位於泰晤士河畔的安妮女王時期的可愛房屋，距離倫敦不遠。位於牛津郡沃陵福的這棟房子被起名為冬溪屋（Winterbrook），對阿嘉莎而言，它就是麥克斯的房子。朋友形容房子「溫馨舒服，讓人賓至如歸，中上層階級的室內陳設，有各式各樣舒適的設施，以及阿嘉莎足以負擔的漂亮瓷器和高級傢俱。」[38]

一九三〇年代晚期，麥克斯轉移焦點到敘利亞。分析他的財務資料得知他付日薪給挖掘工人，挖到東西會加錢。發現珍貴文物的獎金不能低於古董黑市的價錢，以避免工人把物品偷渡出去賣掉。這是個道德上充滿爭議的行業。阿嘉莎靜靜在現場徘徊，協助監督運作，看起來不像在工作的這位女士，負責呈報任何在偷懶或睡覺的挖掘工人。[39]

德國考古學家湯姆．史登（Tom Stern）在一九九九前往敘利亞，試著了解當年住在當地的人是如何看待考古學家。他遇到兩個人曾經當過麥克斯的挖掘工人，他們記得一位「美麗、強壯的女性。她監督工人。我記得她拿的手杖，那東西可以打開來坐在上面。」他們描述的折疊式手杖聽起來正確無誤。不過，從其他當地人的說法聽起來，西方人並沒有待很久。有一位年紀更大的男人，不肯回答有關麥克斯一九三七年挖掘隊的事：「我對那事沒興趣，差一點就要了我的命。」[40]

阿嘉莎對中東人士的態度隨著時間而變，她的觀點從一九二〇年代之後日益開明，當時她小說裡的好人也會說出「外國佬隨便取什麼名字都好」這種話。[41]她不希望自己是個要求很多、不尊重人又不知世事的人。當她整裝待發去探險，找不到合身的衣服，她笑自己看起來像「帝國建造者的妻子」。[42]

然而就連在她自己和麥克斯出版的書裡，背後也總是有些不大光彩的事情，有些跡象顯示當地人的不滿。工人之間有衝突。「我們的挖掘工人是一群難以管束的粗野惡棍，你得花很多時間維持秩序，」麥克斯承認。[43]曾經在某一季，兩名工人被倒塌的隧道壓死，當時他們在未經許可之下尋找珍寶。阿嘉莎和麥克斯也不得不放棄在敘利亞布拉克丘的挖掘工作，因為他們認為當地人「威脅施壓」要提高工資。[44]

同時，阿嘉莎還是覺得當考古學家的妻子比當個傳統母親更重要。蘿莎琳中學畢業後被送去巴黎，「我不知道要做什麼，」她在信裡寫著，「我覺得來這裡實在很浪費錢。」[45]接著她被送去慕尼黑，她埋怨自己被冷落。「跟媽咪說她是豬！」蘿莎琳寫信給麥克斯，「我覺得很悲慘。」[46]阿嘉莎有時候根本不回信。「可不可以請你提醒我一下，你什麼時候要回家，」蘿莎琳在一封信裡抱怨，「你似乎告訴了卡蘿，但沒有告訴我……害我很沮喪。」[47]

慕尼黑之後就是一九三七年，輪到蘿莎琳初次踏足社交界，阿嘉莎至少還明白這個儀式的重要性：「無論你喜歡與否，這都會是個有趣的經驗。」[48]蘿莎琳享受了體面的倫敦社交季，而不是阿嘉莎自己的打過折扣的社交季。有個忙碌的職業婦女母親，好處是米勒家族失去的財富都賺了回來，壞處是阿嘉莎身為離婚婦女，沒有資格帶女兒去白金漢宮亮相。蘿莎琳必須由一位友人帶著去。

蘿莎琳和她的朋友蘇珊·諾斯（Susan North）開始思考職涯，她們只想到當模特兒，但阿嘉莎不同意。由於閒著也是閒著，蘿莎琳跟隨母親和麥克斯一起去敘利亞，擔負起畫畫的任務。緊張局勢隨之而來。蘿莎琳是完美主義者，不滿意自己的作品，想重新畫一次。

「你不能把畫作撕掉，」麥克斯說。

「我要撕掉，」蘿莎琳說。

然後兩人大吵一架，蘿莎琳氣得發抖，麥克斯也很憤怒。

蘿莎琳不再是年輕孩子，她開始抗拒被寫到書裡。阿嘉莎要寫關於考古挖掘的書《情牽敘利亞》（*Come, Tell Me How You Live*，暫譯）的時候，她的女兒痛恨「寫這本書的想法」，她還得向女兒保證「裡頭不會提到她！」[49]

阿嘉莎現在跟一九二六年那個崩潰的女人已經判若兩人。也許她真正斬斷過去的時間點，是在一九三〇年代末期，當時她決定賣掉老家，這個決定並不容易。

過去十五年來，梣田都是她的鄉村度假屋。克拉拉過世後，廚師佛羅倫斯（Florence）並沒有離職，她為派對準備的盛宴多達十七道菜，包括她的拿手菜「蘋果豪豬」（尖刺的部分是杏仁片）。[50]但客人覺得這屋子幽暗，屋裡的落地鐘、大理石雕像、動物標本越來越讓人覺得「陰森森的」。[51]

阿嘉莎是在一九三八年決定要賣掉老家。達特茅斯（Dartmouth）附近有一棟優雅的白色喬治式建築要出售，叫做綠徑屋，前屋主是托基的議員，屋子座落在達特河一個景觀壯麗的河灣高處，這棟「遊艇主的理想住宅」有十七個臥房，一個撞球間，一個圖書室，還有中央供暖。[52]

《鄉村生活》（*Country Life*）雜誌上的廣告描述是「適合作為第一流的飯店」。一九三八年時，大多數人已不再把鄉村別墅作為私人住宅，[53]但馬洛溫夫婦不這麼想。去看綠徑屋的決定，幾乎像是在克拉拉的祝福下一般，因為阿嘉莎曾經和母親一起去參觀過這棟房子。麥克斯建議阿嘉莎把它買下來。

「你何不把它買下來呢？」麥克斯問。

我好驚訝，麥克斯竟然會這麼說。

「你一直為了梣田在煩憂，你知道嗎，」

我曉得他的意思。我的老家梣田已經變了。

從梣田庭園看出去的海景，現在已經被一所中學和一間老人院遮住了。但更重要的是，麥克斯對這個地方沒有特別感情。因此阿嘉莎為了討他歡心，改變主意，決定賣房子。但即使加上賣掉梣田的所得，買下要價五千六百九十英鎊、佔地將近三十三英畝的綠徑屋還是很吃緊。[54] 於是，阿嘉莎把這棟一七九〇年代房屋後面維多利亞式的廂房拆除，認為只保留主體讓「房子更有價值，更明亮。」事後她覺得甚至該拆更多：「早知道就把另外一大部分也拆了：很大的食品儲藏室、處理豬肉的地方、引火柴儲藏間和洗滌室。」不過在一九三八年時，她沒想到有一天她得在沒有幫傭的情況下靠自己打理整個家。

一九三九年，儘管戰爭即將開打，阿嘉莎購買了更多倫敦房地產，包括在梅菲爾區（Mayfair）和聖詹姆斯區（St James），後者是她目前為止所擁有的最時髦的地段。但阿嘉莎與麥克斯美好的十年就要接近尾聲了。那年他們離開貝魯特，也是最後一次考古行。世界的巨變，意味著他們已經猜到自己短期之內無法再回到亞洲。

阿嘉莎站在離港船隻的船舷柵欄旁，看著黎巴嫩暗藍色的山脈逐漸遠去。麥克斯問她，近十年來一起合作、旅行和挖掘的生活接近尾聲了，她心裡有什麼想法。

「我覺得，」她說，「這是一種很幸福的生活方式。」[55]

第二十六章　黃金年代

幸福的阿嘉莎創作了生涯中最優秀的作品。一九三九年作結的這十年是她的黃金年代，無論是她的偵探小說或她個人皆然。與麥克斯的婚姻為她帶來了更多的專業自信，她逐漸蛻變為熟練、要求嚴格的成熟藝術家，而她的出版商、製作人和商務來往對象都感受得到這一點。「這個世界對女人很殘酷，」如同她筆下某個角色說的。「女人必須盡力為自己爭取權益。」[1]

一九二〇年代，在阿嘉莎失蹤又回歸之後，她第一次感覺到她必須繼續工作，雖然醫生建議她休息：「我現在沒有任何進帳了，只能靠自己賺錢。」她後來把這一刻視為自己轉為職業作家的時刻，意思是「不想寫的時候」也得筆耕不輟。阿嘉莎在病中「逼迫」自己寫完的書在一九二八年出版，也就是《藍色列車之謎》[2]。這段期間，蘿莎琳需要母親的關注，待在打字機旁不離開：「我可以站在這裡就好。我不會吵你。」結果《藍色列車之謎》成了痛苦的回憶：「明顯是我寫過最差的一本書。」[3]

因為一九二六年的新聞事件，《藍色列車之謎》還是熱賣了七千冊。一九三〇年代，她的書銷量稍減，在柯林斯出版社研究出最佳行銷方式之後，銷量再度攀升。一九三五年，阿嘉莎的《三幕悲劇》（*Three Act Traged*）在第一年賣出一萬本，到了一九四二年，《五隻小豬之歌》（*Five Little Pigs*）賣出兩萬本，從此之後銷量有增無減。[4]

阿嘉莎覺得現金好像很充足，特別是她的書在美國雜誌上連載。據她說明，這筆錢「不只比我在英國連載的任何稿酬還多，而且在當時不需付所得稅。這筆錢被視為資本金投入。」但美國賦稅問題之後會給她帶來麻煩。

她也開闢新的收入來源。一九二八年五月，《羅傑．艾克洛命案》改編成舞台劇上演，劇名改為《不在場證明》（*Alibi*），非阿嘉莎本人改編。《觀察家報》（*the Observer*）以迷人的口吻稱之為一齣新的「犯罪劇」。戲裡當然有白羅，不過小說裡主角的姐姐，中年未婚婦女卡洛琳，在舞台劇裡被改成年輕性感的卡瑞兒（Caryl）。[5]阿嘉莎認為自己來改編會更好，於是她以白羅為主角寫了《黑咖啡》，在一九三〇年搬上舞台。這兩齣舞台劇給阿嘉莎的感覺是白羅不適合作為舞台劇角色：他太浮誇了，以至於觀眾的注意力都被他吸引過去，忽視了其他角色。[6]

阿嘉莎對舞台劇越來越有興趣，但沒有專注在上面。她太忙了，一九三〇年代是她創作力最旺盛的十年，產出了二十本小說以及五本短篇小說集。光是在一九三四年就出版了兩本偵探小說，兩本短篇小說集，還有一本非偵探小說。她建立的不只是事業，而是一個品牌。她也發展了新的偵探角色：鬼魅先生（Mr Quin）和薩特斯威特先生（Mr Satterthwaite），這兩人根本不能算是角色，比較像是現代主義象徵，推動情節前進。然後還有帕克・潘（Parker Pyne），他不是幫客戶破解懸案，而是承諾帶來更捉摸不到的幸福。

阿嘉莎本人在一九二〇年代晚期求助過一些專家，去掉醫療的成分就是帕克・潘。她接受心理治療的經驗，豐富了她的寫作。她之後解釋說，她早期的偵探小說是「道德故事。事實上，它們就是一般寓言故事。」但在她離婚之後的作品裡，潛意識埋藏的慾望更常成為犯罪動機。

在一九三〇年代，白羅尋找的比較不是物理線索，更多時候依賴的是今日所謂的心理側寫：「真正的線索是性格衝突，人心的祕密。」[7]在《底牌》（*Cards on the Table*，一九三六年），阿嘉莎寫了罕見的作者陳述。她表示，案情推論「完全著重於**心理層面**，這很有趣，因為說到底，最最有意思的還是兇手的心態。」[8]

阿嘉莎的腦中彷彿有用不完的點子。偵探小說家阿蕊登・奧利薇夫人，就是阿嘉莎自嘲式的化身，奧利薇夫人或許是個頭腦糊塗、不拘小節的中年婦女，但她的想法出奇地多。以下是她思忖殺人犯的動機，正反映出阿嘉莎本人思考方式，受害者：

> 可能被某個專門謀殺女孩子的人殺了……或是她可能知道某人的祕密戀情，或是她可能在晚上看見某人在埋屍體，或是她認出某人隱藏的身份——或者她可能知道戰爭時期哪裡埋了寶藏。[9]

一九三〇年，珍・瑪波在長篇小說《牧師公館謀殺案》初登場，本書穩坐我心中最愛的克莉絲蒂小說前三名。這是阿嘉莎在嫁給麥克斯前那段壓力很大的時期寫成，在他們蜜月期間出版。書裡有個自己人才懂的笑話，是她送給他的結婚禮物：其中一個裝扮成知名考古學家的角色，後來被發現是個竊賊。

但瑪波小姐首次出現在小說裡的時候還沒有完全成型。文學評論家彼得・基廷（Peter Keating）的說法讓人信服，他說瑪波小姐是阿嘉莎最心愛的角色，她代表阿嘉莎本人，在阿嘉莎・克莉絲蒂成為成功、專業、獨立作家之時，她才能一同浮現。

瑪波小姐的原型是《羅傑・艾克洛命案》裡醫生多管閒事的妹妹，她甚至不必出門就能嗅出祕密。《羅傑・艾克洛命案》完成的時間是阿嘉莎和亞契婚姻的末期，當時她漸漸不再依賴他。完整版的瑪波小姐出現在一九二七年十二月後出版的兩篇小說，因此一定是她在消失的那段期間構想出來的。[10] 之後瑪波小姐正式在小說裡登場，阿嘉莎認識了麥克斯，她生命中的第二幕正要展開。

瑪波小姐的出現還有一個契機。在兩次大戰期間，社會各個層面未婚女子的數量顯著增多。根據一九二一年人口普查，年輕未婚女性有兩百萬人，超過未婚男性。雖然瑪波小姐年紀太大，不能被歸類在這些「剩女」裡頭。不過也因為「剩女」的緣故，未婚女性比過去的世代更加引人注意。

瑪波小姐也和兩次戰爭期間英國現實社會中的女偵探有些相似之處，至少就報章雜誌上訪問過的那幾位而言是如此。例如安涅特．科納（Annette Kerner），她從一九一五年開始從事偵探業，有「福爾摩斯太太」的稱號，因為她的偵探社地址在貝克街。一名記者訪問時，訝異地發現她「只是個微胖的小婦人……銀白髮固定成髮髻。」「不引人注目，」科納夫人說明，「就是偵探該有的樣子。」[11]就像瑪波小姐。《牧師公館謀殺案》大獲好評，但有些人沒能「搞懂」瑪波小姐的角色。《紐約時報》認為本書放太多篇幅在「地方上未婚婦女的情誼……一般讀者很容易看膩。」[12]阿嘉莎後來把瑪波小姐寫得更加溫和，把她變得較討人喜歡，不那麼嗆。不過在《牧師公館謀殺案》裡，她被形容為「兇狠的老貓」。她甚至不是真心喜愛園藝：園藝是在室外逗留的藉口，好讓她看到往來的人有誰。我喜歡的是早期講話辛辣的瑪波小姐，或許因為我自己也是兇狠的老貓。

一九三〇年代阿嘉莎最著名的小說之中，有好幾本是以英美讀者眼中具有異國風味的地區為背景。這是受到她和麥克斯旅遊的影響。這幾部小說，如《東方快車謀殺案》和《尼羅河謀殺案》，歷來都是阿嘉莎最受歡迎的作品，因為這些背景都很適合改編成視覺上非常吸引人的電影。

《東方快車謀殺案》的靈感來自一九三一年十二月從尼尼微的回程。因為洪水的緣故，火車停駛了兩天。她寫給麥克斯信裡記述了一整趟有趣的奇遇，看得出她的小說包含了許多從現實生活改寫的細節。同班列車的乘客包括一名希臘人，「他年約七十的太太非常有趣，有一張難看但又非常吸引人的面孔」（就像卓戈米羅芙公主），「兩位丹麥籍女傳教士」（有瑞典籍護士葛蕾塔・奧爾森的影子），一個「身材高大、愛開玩笑的義大利人」（就像安東尼奧・福卡雷利，還有一位抱怨不停的美國女士（赫伯德太太）。[13]

但情節的精髓來自另一個「克莉絲蒂手法」：阿嘉莎在報上讀到一樁真實刑案的細節。這個案子就是傳奇飛行員查爾斯・林白（Charles Lindbergh）（也是納粹同情者）和妻子安（Anne）還在襁褓中的兒子遭綁架撕票，如此駭人的案件深深引發大眾的同情。

阿嘉莎在書裡仔細描寫了火車，她提到的停駛時間和一九三二年公佈的時刻表也相符。[14] 她在一九三三年寫完書後二度啟程，以確認各項細節。「我得看看轉轍器都設在哪裡，」她說明。這麼做非常值得，因為有一位讀者親自前往查看。[15] 有證據顯示，阿嘉莎還努力做了其他田調工作，以確定故事中呈現的情況。但她也並非總是如此徹底。例如《謀殺在雲端》（一九三五年），眾所皆知她沒有意識到要射出毒箭的吹箭槍至少要四十五公分長，而且往往還更長。就像阿嘉莎說的，這個長度太長了，無法塞到飛機座位底下。

一九三三年十二月，麥克斯和阿嘉莎前往埃及，沿著尼羅河前往亞斯文（Aswan）的卡塔拉克（Cataract Hotel），《尼羅河謀殺案》於焉誕生。這是經典的中期白羅故事，他要到故事後半段才會扮演重要角色，其實，他也無需扮演故事的舞台監督，但阿嘉莎覺得她沒辦法徹底拿掉她最受歡迎的角色。

《尼羅河謀殺案》裡也有一名形跡可疑的考古學家，阿嘉莎在書裡縱情討論偵探工作與挖掘工作的相似性。[16] 白羅形容他的工作像是撥開「鬆動的土壤」（就像麥克斯），直到他看見赤裸閃亮的真相。[17] 開麥克斯的玩笑變成貫穿一九三〇年代作品的主題：在《謀殺在雲端》中，兩名幫派分子後來被發現是「學有所成且傑出的考古學家」。[18]

一九三六年的《美索不達米亞驚魂》裡，麥克斯的行業更佔據舞台中心。阿嘉莎的手寫字條顯示，故事是根據伍利夫婦和其他確有其人的考古學家而寫成。敘述者雷休蘭護士有著和阿嘉莎一樣的敏感天性和外來者的觀點，她被一名相當年輕的考古學家所吸引，指的就是麥克斯。「我相當喜歡他，」她說。[19]

故事裡包含了一個「克莉絲蒂手法」精采範例，就是如何埋線索。我們聽到「連納博士彎腰看著排成一列列的石頭和陶罐碎片。有一些大塊的他稱之為手石磨，還有許許多多陶罐碎片，上面有我從沒見過的奇怪圖案。」[20] 陌生而意外的字眼「手石磨」在一堆混亂的陶罐、斧子碎片裡特別突出，但敘述者雷休蘭護士接著忙別的事，轉頭就忘了。除非，警覺心夠強的讀者記住了那個奇怪的字眼，到後面發現手石磨就是兇器，那就不會太意外了。文學評論家伯恩塔（J.C. Bernthal）提出，克莉絲蒂的線索埋得非常精妙，「因為在每一個案子裡，她在埋線索時幾乎都有如獻寶一樣興奮。」「手石磨？」第一次讀到這個段落，你可能會問自己那是什麼。哦，跟考古有關的東西。之後，你就會記得這東西的存在。[21]

《美索不達米亞驚魂》雖然設定在異國，這部作品卻比一九三五年的前作《ＡＢＣ謀殺案》還傳統得多。本書的「克莉絲蒂手法」是暗示字母與犯罪相關。錯了！這裡的犯案模式又是來自失能家庭：「看似公眾的罪行，只不過是掩飾了一樁家庭內的謀殺。」[22] 她以本書再次首創一個新的領域，也就是全新的連續殺人犯小說類型。[23]

然後，一九三九年出版了精采之作，現在的書名叫《一個都不留》（*And Then There Were None*）。原本的書名惡名昭彰地包含了一個種族歧視字眼*，它不只是一首童謠：那個N開頭的字眼也是故事中小島的名字。艾莉森．萊特指出，阿嘉莎刻意援引非洲「黑暗大陸」的意象，如同蒙提從非洲回來之後，身體羸弱並染上藥癮，行為不受控。在書中，殺死一名白人的罪行等於殺死二十一個非洲人。「土著死不完的，你知道，」殺人犯菲利普．隆巴德說，算是為自己辯護。[24]

克莉絲蒂的某些宣言在今日會造成很大傷害，我想有部分是因為人們認為她的寫作在某方面不受時空的影響。她的作品在一九八〇和九〇年代被改編成電視劇時都清理過，才會有這樣的結果。但也是因為她的寫作清晰易讀，令人不會馬上察覺到作品究竟是在哪一年寫的。也是如此，她才能擁有不分年代、不分地理區域的廣大讀者群。然而，這也掩蓋了原本應該很明顯的一件事：每一本小說都是作家的階級和年代的產物。就算搶先讀的英國中產階級讀者之中很少人覺得書名有問題，但在種族問題敏感的美國就不是如此，本書一開始就以《一個都不留》的書名出版。

《紐約時報》熱愛這本書，稱其為「不可能的故事，徹底迷人」。[25] 這本書為阿嘉莎奠

---

* 譯註：舊名為《十個小黑鬼》（*Ten Little Niggers*），出自黑臉走唱秀（minstrel show）歌曲。

定更上一層樓的成就，她給筆下不該活的角色賜死的時候變得極為自信。從動蕩的一九二六年到一九三〇年，心理動機在那個階段是寫作重點。巔峰時期的阿嘉莎現在回到較為簡單明瞭的黑白善惡。

然而《一個都不留》出版時發生了一樁意外事件，對阿嘉莎的文學聲譽留下嚴重的負面影響。她的出版商在《犯罪俱樂部新聞報》（*Crime Club News*）刊出一篇報導，把情節謎底給洩漏出去，造成阿嘉莎極度不悅。文學評論家梅嘉．麥金寧（Merja Makine）提出，她的怒氣造成出版社變得極度小心不能再爆雷。這是可以理解的，但不利之處就是這個抑制效應使書評不能自在地討論、鑑賞她的作品。越是把阿嘉莎設計的情節（有時也稱阿嘉莎作品的「代數」特質）放在重點來強調，越無法自在地關注和欣賞她最佳作品裡的對話、角色和幽默感。

而這也是導致阿嘉莎．克莉絲蒂經常被低估的另一個原因。

第七部

戰時作家—— 1940年代

第二十七章 炸彈之下

一九四一年秋天，阿嘉莎又返回工作崗位，在戰時醫院藥房工作。高大、紅磚砌成的倫敦大學學院醫院位於高爾街。對面的圖書館遭到轟炸，十萬冊圖書被毀。「醫院仍矗立，」阿嘉莎提到，「不過周圍的大樓都被夷平了。」[1] 院裡有五百張病床，其中一百四十張保留給空襲傷患，例如四月某個晚上就有七十人入院。[2]

閃電戰最糟糕的幾個月已經過去，但倫敦人有時仍必須做好空襲警報的準備。美國還沒有對德宣戰，阿嘉莎的美國出版商想要一些照片來宣傳秋天將發行的小說。阿嘉莎心想，醫院的危險狀況很適合，可以作為宣傳，也能呼籲人們支持英國：「如果他們一定要照片，就給他們這個吧。」[3]

醫院值班結束，沿著上坡路走向漢普斯特德荒野（Hampstead Heat），阿嘉莎回家準備開始兼職作家的工作。她在書裡也為戰爭服務。她在新書《密碼》（*N or M?*）裡特別寫到間諜戰，梳理人們戰爭時期的恐慌，最有名的是還嘲諷了納粹。

阿嘉莎目前的家，看起來是個奇怪的選擇：位於貝爾塞斯公園（Belsize Park），一棟看起來非常現代化的白色建築群，叫做草坪路公寓（Lawn Road Flats）。它看起來「像一艘大遊輪，應該要有一兩根煙囪似的」。[4]其他房客看著這位雖然五十歲但不顯老、主婦一樣的鄰居，覺得有一點不協調。一位匈牙利建築師常在走廊上與她擦身而過，覺得這位和藹可親的女士比較像是會在後花園種玫瑰，而不是寫偵探小說。[5]阿嘉莎獨居在這裡，卡蘿、蘿莎琳、以及最重要的麥克斯都不在身邊。

對於這位在一九三〇年代備受青睞、收入豐厚、身邊有年輕丈夫、在西亞過著豪華第二人生的作家而言，戰時的世界對她而言非常不一樣。她比之前更勤奮工作，眼看就又要陷入憂鬱的危機。

在一九三八年，阿嘉莎的黃金年代開始褪去顏色。她的狗彼得在那一年過世，彼得在一九二六年是她的慰藉，也在《死無對證》（*Dumb Witness*）當上主角。同年，她收到經紀人科克的信，在當時似乎不是什麼麻煩事。他告訴她說，美國稅務機關正在查詢她在美國的收入，就是她從來不需要繳稅的那些錢。她的美國經紀人哈洛德．歐伯（Harold Ober）聘請了一名律師來協助釋疑。

阿嘉莎沒概念這事後來會變得多糟糕也是好的，至少就不會煩心。沒多久，美國聯邦高等法院裁定另一位英國作家確實必須繳納美國稅。阿嘉莎的團隊準備的論證是，她從未被要求繳稅。總而言之，這個規定要溯及多久之前？她在美國出書已經有二十年了。答案令人擔心。「這裡的稅務人員……現在要求從阿嘉莎・克莉絲蒂最早的帳戶開始看起，」歐伯解釋道，「我會盡可能拖延這件事。」[6]

廣闊世界傳來的消息也令人不安。一九三九年九月三日星期日，首相宣布英國進入戰爭狀態，英國各地的人們都在聽收音機。麥克斯和阿嘉莎在綠徑屋的廚房聽到廣播，當時阿嘉莎正在做沙拉。教區登記冊顯示，綠徑屋的家庭人口已變得相當龐大：阿嘉莎（作家），麥克斯（考古學家），蘿莎琳，三名幫傭：凱瑟琳・凱利（Katherleen Kelly）、伊迪絲・帕金斯（Edith Perkins）和桃樂絲・米契（Dorothy Mitchell），還有住在院落裡渡輪小屋（Ferry House）的伊麗莎白・巴斯汀（Elizabeth Bastin）。麥克斯覺得巴斯汀太太是個「傻」女人，他記得那個星期天用午餐的時候，她「眼淚滴到蔬菜裡」。[7] 但巴斯汀太太有先見之明。這不僅是十年和平的終結，也是阿嘉莎和麥克斯的生活方式的終結。即使把美國醞釀中的財務危機放一邊，他們也即將負擔不起綠徑屋龐大的生活開銷。

但他們依然待在這裡，因為「假戰」階段一開始似乎沒有帶來什麼改變。衝突爆發後，一百萬英國人立即自願為戰爭出力，其中三分之一是女性。再加上後來對政府呼籲的回應，英國成為平民人口為戰爭出力比例最高的參戰國家。阿嘉莎和麥克斯也想出一份力。但他們花了點時間才找出各自能貢獻的方法。

舉例來說，麥克斯就碰上外國人身份被質疑的問題，這是戰爭年代非常糟糕的一個特點。他的父母是他從軍的障礙。瑪格麗特和佛瑞德列克・馬洛溫因為在外國出生，都被歸類為「敵國人」，必須上仲裁庭才知道是否必須被拘留。[8]這類疑慮出現在阿嘉莎的《密碼》，主角湯米與陶品絲質疑英國急著把難民關起來的必要性，一視同仁地痛恨所有德國人，陶品絲說，「像是戴上戰爭面具。這是戰爭的一部分，或許是必要的一部分，但只是暫時的。」[9]麥克斯只能期望當局會把「戰爭面具」放一邊，知道他能有所貢獻。但三十五歲的他當現役軍人有點太老，不過他至少還是加入了布里克瑟姆英國國民軍，在裡頭和一名教古希臘的教授一起服役：「我們對古希臘戰事的知識無人能及。」[10]

格雷安．葛林（Graham Greene）當時在政府資訊部工作，問阿嘉莎是否願意一起寫政治宣傳。她拒絕了，說覺得自己無法勝任。然而，她確實以自己的方式產出了政治宣傳，就在《密碼》這本書。本書與她早期的作品相反，終於以受害者的脈絡提到猶太人。「就我看來，」阿嘉莎告訴艾德蒙．科克，「如果德國成功入侵我國，我會因為寫這本書直接被送進集中營！」[11]隨著戰事繼續發展，阿嘉莎有時候會幫資訊部寫東西。例如英國和俄羅斯成為盟國之後，她發表了一篇關於偵探小說的文章，在蘇聯出版。[12]

從一九三九年秋天到一九四〇年夏天的「假戰」期間，阿嘉莎的產量驚人。稅務問題和世界大事令她焦慮不安，她沒日沒夜地寫作。精采的《豔陽下的謀殺案》是以德文郡為背景的度假故事，讓人們稍微從法國淪陷的壞消息喘口氣。她也接連寫了兩本書，《死亡不長眠》（*Sleeping Murder*）和《謝幕》（*Curtain*）。前者主角是瑪波小姐，後者寫到白羅之死，兩本書都沒有要立刻出版，而是要留到之後。書稿存放在銀行保險箱以防被摧毀，並以贈與契據的形式送給羅莎琳和麥克斯。阿嘉莎要求科克，萬一她「突然死亡」[13]，要確保家人經濟無虞。像她這樣在年輕時曾經碰上「破產」的人，終生都怕再落入同樣的處境，因此她工作過度。「我要做的事真的太多了，」她抱怨道，「腦袋都糊塗了。」[14]

一九四〇年一月，麥克斯終於找到一個志工職位，並拿到一筆資金來幫助土耳其震災的災民。阿嘉莎通過考試，加入聖約翰救護機構的「空襲預防預備隊」，又回到托基醫院的藥房工作。她破舊不堪的戰時身份證上頭是她工作時的模樣：一臉嚴肅，雙下巴，身穿黑西裝，一頭漂亮的小捲髮，珍珠項鍊妥妥地掛在胸前。[15]

她也去食堂工作，用勞力工作來平衡寫作的創意勞動。「足夠的體力活動，」她解釋道，「可以釋放精神層面，讓它飛向太空而創造出想法和發明。」

阿嘉莎的經紀人向她提出抗議，建議她應該做點比在醫院或食堂工作更「重要」的事情。但阿嘉莎才不管科克這種認為醫療或事物不重要的男性層級思維。「說什麼我『應該做更重要的工作』……這種話說得容易，但你倒是告訴我，**你認為**對我來說，**有趣又重要的工作**是什麼。」[16] 我想到可憐的科克先生拆開最重要的客戶來信時腳趾在鞋子裡發抖，就覺得很有意思，這時候的阿嘉莎絕對可以被形容為令人敬畏了。

漸漸地，連德文郡也開始感受得到戰事。「炸彈在我們身邊呼嘯而落！」阿嘉莎寫到，「我覺得目標好像是停泊在附近達特河的醫療船。」[17] 麥克斯在國民軍那些受高等教育的同事也來攪局：「上個星期我們以為敵人入侵，著實虛驚了一場，士兵擠滿了屋裡，他們全身裝備齊全到動彈不得！」[18] 在倫敦，科克的工作也被迫中斷：「昨晚的空襲讓我們相當驚嚇，辦公室裡合約書散落一地，因為爆炸的關係。」[19]

敦克爾克大撤退之前那段時期，阿嘉莎持續勤奮工作，而且越來越煩躁。她照要求修改了《一，二，縫好鞋釦》（*One, Two, Buckle My Shoe*）結局，本書描寫白羅在牙科探案，然後寫信給科克，署名「因為無謂地處理這本書而匆忙且脾氣不太好的我」。[20] 一九四〇年那個春天，她太過專注在工作上，以至於過了很久才發現蘿莎琳經常在講電話。

謎底會在恰當的時候揭曉，不過一家人不久就得搬出綠徑屋。阿嘉莎把房子租給阿巴斯諾特夫婦、兩名護士和十個撤離出來的孩童。綠徑屋裡放這些孩子連身服的衣物櫃上，還殘留著部分孩童的姓名標籤：

> 莫琳（Maureen）、蒂娜（Tina）、潘蜜拉（Pamela）、貝瑞（Beryl）、湯米（Tommy）、雷蒙（Raymon）、比爾（Bill）。「星期天的時候，」撤離至此的朵琳．沃圖（Doreen Vautour）回憶，每個孤單孩子的相簿都從存放處拿出來放在一個高櫥櫃上，「我們就可以看自己的爸媽和其他親戚的照片。」[21]

與此同時，阿嘉莎住在租賃的農舍，擔心著自己的收入：「美國那邊近期會有錢進來嗎？……我的銀行帳戶有不少赤字了。」[22] 但答案是否定的。八月，美國當局不讓她把錢領出國。科克警告她，她甚至可能需要繳納一九三〇年以來積累的七萬八千五百美元的美國稅款，可能還得加上「未提交申報表的罰款」。[23]除此之外，英國也提高了稅收，以支付戰爭費用。與阿嘉莎同為暢銷書作家的達夫妮．杜莫里哀在一九四二年收入為兩萬五千英鎊，但其中九成作為稅款繳納，「足夠買一架蘭開斯特轟炸機！」[24]英國稅務機關想從阿嘉莎的收入徵收八成做為稅收，包括美國那邊還沒拿到的費用。她不得不貸款來支付稅單，但即便如此還是有問題。如同科克的解釋，「她是個富有的女人，借到這筆錢應該不難，但戰爭的狀況改變了一切。」「克莉絲蒂夫人是最不可能逃漏任何該繳的稅的人，」他總結道，但他開始四處尋找「讓這位可憐的作家活下去的權宜之計」。[25]

阿嘉莎對這種情況的反應沒什麼商業思考，她只是靜下心來越寫越多。「你能不能寄幾卷打字機色帶下來？」她問科克，「這一卷已經淡到我快看不見字了。」[26]

就在她如火如荼的寫作中，不列顛戰役（Battle of Britain）展開，閃電戰也開始了。但一直到一九四一年二月十一日，假戰對馬洛溫夫婦而言才算真正結束。就在那一天，麥克斯不斷的聯絡終於有了結果，他在英國皇家空軍獲得一個職位。這將是一份穩定支薪的工作，是他以前從未有過的。他意識到阿嘉莎無法繼續支持他的事業：「我們不能再花錢盡情從事挖掘工作，這是個不穩定的職業。」[27]

麥克斯的新工作在英國皇家空軍的行政部門，他是透過大英博物館時期的友人埃及學家史蒂芬．格蘭維爾（Stephen Glanville）找到這份工作。選擇英國皇家空軍而非其他軍種，不太符合麥克斯的社會階級，但空軍可能是最願意接納一個看起來很書呆子的考古學家的單位。阿嘉莎現在又有一個丈夫在最資淺（但也最活潑）的武裝部隊分支服役。

於是在一九四一年三月，閃電戰的第七個月，麥克斯和阿嘉莎搬到倫敦，住在草坪路公寓。史蒂芬・格蘭維爾有陣子也住在同一棟公寓。史蒂芬已經在皇家空軍盟軍及對外聯絡局的情報處工作，兩個朋友共用一間滿是菸斗菸霧的辦公室。

阿嘉莎為什麼陪著麥克斯去倫敦？也許她是想到上次她讓亞契一個人去倫敦，結果他愛上了高爾夫球，也愛上南西。但是做這個決定也不是沒有風險。閃電戰的第二天晚上，草坪路公寓的窗戶就被炸飛了，而一九四〇年十月到一九四一年六月期間，有三十八枚炸彈落在附近。[28]阿嘉莎和麥克斯搬進去的時候，閃電戰還有兩個月才會結束。但他們之所以會選擇草坪路公寓，至少部分是因為這是棟鋼筋混凝土建築物，一般認為在空襲時特別安全。[29]

這裡可不是一般認為的溫馨地方。一九四六年，草坪路公寓被《地平線》雜誌讀者評選為「英格蘭第二醜陋的建築」。[30]這棟大樓於一九三四年完工，租戶包括藝術家、社會主義者、至少四名不同時期的蘇聯間諜、許多移民和各類創意人士，今日又稱伊索肯大廈（Isokon Building），因為建商是伊索肯夾板家具公司業主茉莉與傑克・普理查德（Molly and Jack Pritchard），他們是一對維持開放婚姻關係的左派人士。*

* 譯註：草坪路公寓由現代主義建築師科茨（Wells Coates）設計，德國現代藝術先鋒包浩斯學校（Staatliches Bauhaus）有多位教師在逃離納粹之後曾經住在草坪路公寓，包括創校者格羅佩斯（Walter Gropius）。

公寓大樓原始的簡介上，說明這裡適合「沒有時間處理家庭務瑣事的商務男女」。[31]阿嘉莎的家是設計給新世代獨立、辛勤工作的專業人士。大部分的傢俱只有五點四乘四點六七公尺，一道滑門隔出一間迷你廚房，內有貝靈牌（Belling）烤箱和伊萊克斯（Electrolux）冰箱。[32]理想上，租客會在公寓大樓的餐廳用餐，餐廳經營人是菲利普．哈本（Philip Harben），因為他在電視上煮菜，常被形容為「第一位名廚」。阿嘉莎喜歡在這裡「晚上可以下樓去吃頓飯，跟別人聊聊。」[33]

一度擁有八棟房子的阿嘉莎竟然最後住在草坪路公寓，因為她手上的房子意外地不足。綠徑屋、冬溪屋和克雷斯維爾路的房子都租了出去。炸彈損壞的保險費用昂貴得令人卻步，阿嘉莎最後只好把卡姆登街的房子賣掉。她無法使用雪菲爾廣場的房子，因為房子在一九四〇年十一月十號因轟炸而損毀。「前門和台階被炸毀，」阿嘉莎註記道，屋頂和煙囪也是，而「隔壁和對面的房子差不多完全被夷平了。」[34]阿嘉莎和麥克斯覺得還好當時他們不在房子裡。阿嘉莎對空襲抱著宿命論的態度，她宣稱「從未去過任何防空洞」。她就待在床上。「我幾乎沒有醒來，」她解釋道，「我會昏昏欲睡地想，我聽到了警報聲，或者是不遠處的炸彈聲……『天哪，又來了！』我只嘟噥一句，然後翻過身去。」

轟炸之下的倫敦變了個樣子。格雷安．葛林形容倫敦在閃電戰期間有種縈繞不去、幾乎絕美的氣氛：「一座幽暗的空城，被大轟炸所毀，防空砲火不斷，橘黃色的火焰照亮著，刺鼻的濃煙，空氣中滿是倒塌樓房的粉塵。」一位美國記者形容是「殘酷美麗」的景觀，城市

「覆蓋了一層粉紅色天花板，有爆炸的砲彈、防空氣球、照明彈和不間斷的邪惡引擎聲，令人在精神上感到一股興奮和期待，在心裡想著這樣的事情怎麼可以發生。」*[35]

然而，拿筆的男人縱情奇想戰爭的奇異美感，勞動的女人可沒這餘裕。大眾觀察（Mass Observation）計畫**的一位報導者注意到「這場戰爭立即對女性造成嚴重而深遠的問題，而且比一九一四年到一九一八年戰事造成影響的時間點更早。」停電令女性更不安。「路上的女性，」根據報導，「在這場『大後方戰爭』中首當其衝。」[36]

除了在倫敦大學學院醫院藥房部的新工作之外，房子太多的阿嘉莎在一九四一年還有體力勞動，忙著清空、打掃和整理房子。到了一個時機，綠徑屋和冬溪屋都被接管做軍事用途，而必須收拾。年輕時有家僕已成為遙遠的記憶，就連卡蘿現在也在兵工廠工作。阿嘉莎和大多數英國人一樣，沒有興致勃勃地大談火焰的顏色，因為她累壞了。

由於草坪路公寓跟社會主義者和間諜有所關聯，阿嘉莎居住在那裡，令人猜想她是不是知道一些內幕。她的間諜小說《密碼》在一九四一年秋天出版，吸引了當局的懷疑，因為小說裡有個角色叫布萊切利少校（Major Bletchley）。從一九四〇年一月以來，破解德軍密碼的機密工作都在布萊切利園（Bletchley Park）進行，這是軍情六處（MI6）位於貝德福郡

---

* 譯註：全文及音檔參見 https://erniepyle.iu.edu/wartime-columns/dreadful-masterpiece.html。

** 譯註：從一九三七年到一九六〇年代中期的英國社會研究計畫，透過五百位志工書寫或填問卷來觀察英國日常生活，薩塞克斯大學在一九八一年重新啟動計畫。

（Bedfordshire）的分部辦事處，名字的巧合恐有洩密的危險。令軍情五處（MI5）更驚慌的是，布萊切利園的密碼學家兼古典主義研究員第利．諾克斯（"Dilly" Knox）*，也就是破解恩尼格瑪密碼的那位先生，跟阿嘉莎很熟。

諾克斯現在被質疑是安全漏洞，他奉命邀阿嘉莎喝茶，不動聲色地問她怎麼會選擇布萊切利當少校的名字。但阿嘉莎告訴他非常平淡的事實經過：有一次她搭的火車誤點停在布萊切利車站，她等得非常無聊，覺得「布萊切利」這名字適合一個無聊的角色。[37]所以布萊切利園的祕密安全無虞。

阿嘉莎在倫敦大學學院醫院又工作了三年，每週工作兩個全天和兩個半天。「很少人知道，」一位同事回憶道，「門診部藥房有這麼一位名人在配藥。」阿嘉莎喜歡透過小窗口和病人聊天，她不必擔心被別人看見。除了正常工作時間之外，她「每天早上打電話過去看是否有人缺班，有的話她就從漢普斯特德趕來幫忙。」[38]

不在醫院的時候，她都在寫作。另一份大眾觀察報導寫道，她的書在空襲期間一樣受歡迎：「在提到的偵探小說作家裡，目前阿嘉莎．克莉絲蒂無疑名列前茅。」一位喪偶的五十歲女士解釋她的小說吸引人之處：「我喜歡自己必須專心推敲嫌犯和犯案過程，你知道的，能舒緩神經緊張。」[39]美國也傳來令人振奮的銷售報告《羅傑．艾克洛命案》依然「以每個

* 譯註：原名第利溫．諾克斯（Dillwyn Knox）。

月大約五千本的數量」售出。[40]

這段期間，阿嘉莎寫了一系列精采書籍：《幕後黑手》、《藏書室的陌生人》、《本末倒置》和《五隻小豬之歌》。前兩本是典型偵探小說，後兩本則引入更印象派的基調，拋棄了「黃金時代」的「規則」。在《五隻小豬之歌》裡，命案發生在遙遠的過去，白羅必須判斷相關人士之間關係的本質。對於喜歡這種比較鬆散、「心理」角度的眾多讀者而言，這本是大家最喜歡的白羅小說。但我們也將看到，當阿嘉莎又從心理學角度來思考和寫作，意味著她自己的心理不是一切都好。

在她戰時出版的小說裡，只有《密碼》明確提到戰事：部分原因是出版商希望小說提供給讀者一個解脫，部分是因為對阿嘉莎而言，從側面描寫主題是最好的方式。例如《幕後黑手》裡的確有戰爭，不過是在幕後，故事是從一場飛機失事開始，雖然沒有詳細說明，但不列顛戰役立即浮現在讀者腦海中。主角被迫退出男性的世界，與妹妹同住在一個「恬靜至極」的小鎮。這正是受閃電戰摧殘的英國最想要的。

J．C．伯恩塔指出，阿嘉莎戰時小說作品中包括至少十四名女性受害者，相較之下，一九二〇年代全部作品裡只有三位女性受害者。另一個重點是這些女性死者都極具有女性特質。《豔陽下的謀殺案》裡，女性身體是解謎的重要關鍵，一名女子假扮曬得黝黑美麗的女演員阿倫娜．斯圖爾特。在《藏書室的陌生人》（阿嘉莎自認「我寫過最好的開場」），一名身穿露背晚裝的歌舞團女孩被發現死在班崔上校和班崔太太的圖書室。[41] 瑪波小姐注意到死者有咬指甲的習慣，才意識到這個看似豔麗的女孩是個被打扮過的女童軍。[42] 在那個十年裡，很多女性都想盡辦法改造自己的外表，例如買不到絲襪，就用眉筆在小腿上畫一條線代替。* 就像上次戰爭一樣，阿嘉莎有意或無意地回到了讀者所需要的：從暴力的男性氣質喘口氣。

但文學評論家彼得・基廷認為同樣重要的是，阿嘉莎的作品像是精神分析師的躺椅，戰爭的壓力藉此浮現。瑪波小姐在戰爭年代再次出現，她不僅糾正錯誤，也探索心靈。瑪波小姐在《藏書室的陌生人》（一九四二年）裡分析一個朋友的夢，揭露出她對於丈夫的擔憂。她在《幕後黑手》（一九四三年）裡，像精神分析師那樣為心靈受創的男主角提供諮商，在《死亡不長眠》（約一九四二年）喚起女主角壓抑的記憶以帶來療癒。

阿嘉莎・克莉絲蒂或許看似已經從一九二六年的創痛中復原。但其實這並不完全正確。戰爭年代有可能再次喚起她的不安全感和憂鬱。[43]

而阿嘉莎不只擔心自己和麥克斯，也格外擔心她的女兒。

---

* 譯註：二戰期間，尼龍被列為管制物資，使得尼龍絲襪成為稀有品，女士們用眉筆從小腿底端畫一條線到大腿，模仿絲襪後方連接的部分，遠看就像有穿絲襪。

第二十八章　女兒就是女兒

一九四〇年夏天，法國就快要淪陷，蘿莎琳突然宣布她改變主意，不加入本土輔助部隊，阿嘉莎非常驚訝。

「我想到一件更好的事情可以做，」二十歲的她神祕地宣布。結果，這件事是結婚。這解釋了綠徑屋電話旁邊堆高高的菸蒂，因為電話講了很久。

休伯特・德・伯格・培察（Hubert de Burgh Prichard）是皇家威爾斯燧發槍軍團的職業軍人。一九四〇年五月二十九日，休伯特有許多同事（雖然不是他所在的營隊）參與了敦克爾克大撤退。六月十一日，在英國陷入險境的氣氛中，蘿莎琳嫁給了他。

休伯特三十三歲，高大而相貌非凡，一頭黑髮往後梳，戴著單片眼鏡，熱愛靈㹴犬，是個文靜的男人。一九三九年，《閒談者》雜誌刊登過一張令人心酸的照片，是他與板球隊其他成員的合照。所有年輕人都將被徵召去服役。

然而休伯特已經習慣了。他從桑赫斯特（Sandhurst）*畢業後就成為職業軍人，待過直

* 譯註：指桑赫斯特皇家軍事學院（Royal Military Academy Sandhurst, RMAS）。

布羅陀、香港、勒克瑙（Lucknow），最近則是蘇丹。[1] 休伯特出生於位在南威爾斯格拉摩根（Glamorgan）的家族莊園普爾利拉赫（Pwllywrach），他的成年禮晚宴邀來了九十名佃戶和員工，他們送給少爺的禮物是一個刻了字的金錶。[2]

蘿莎琳是透過瑪琪阿姨，在阿布尼公館認識了休伯特。她的社會地位就要提升了，比起米勒家族或克莉絲蒂家族，她的未婚夫穩穩屬於地主鄉紳的階級。然而，蘿莎琳甚至不願意讓母親參加這場臨時的戰時婚禮，它帶有阿嘉莎不幸的第一段婚姻的影子。婚禮在北威爾斯登比（Denbigh）戶籍登記處舉行，靠近休伯所屬兵團位於雷克瑟姆（Wrexham）的總部。

阿嘉莎希望她有「更多機會了解他」，因為她猜休伯特是個「可愛的人」，具有「優秀氣質，不完全是詩歌，而是他身上的某種東西。」但她擔心他有某種致命的缺點：「也不是憂鬱，而是那種注定不長命的人特有的氣質或神情。」

這場婚禮各方的心情似乎都有點矛盾，但就像一九四〇年的許多婚禮一樣，只有「最低限度的**麻煩事！**」「他們想要非常低調，」阿嘉莎告訴科克，「我只希望他平安歸來。」[3] 如果說她因為女兒迅速而祕密的決定而覺得傷心，那麼也經歷過兩次迅速而祕密婚禮的她，幾乎沒有什麼好抱怨的。

然而在阿嘉莎的自傳裡，這場婚姻幾乎被視為蘿莎琳徬徨人生的「解決方案」。蘿莎琳沒有什麼強烈愛好或是人生規劃。阿嘉莎描述女兒有趣、情感豐富但具有毀滅性。在她的描述下，蘿莎琳像一部機器，行事非常隱密，缺乏幽默感。阿嘉莎說，她的女兒「在生活中扮演很寶貴的角色，就是永遠試著讓我洩氣，但沒有成功。」

蘿莎琳的動力到底是什麼，說不上來。她形容自己主要的特質是「批評別人」，被問到如果不做自己，她希望成為誰時，她回答「我不在乎」。[4]

可憐的蘿莎琳似乎已經內化了一個事實：她不如母親那麼引人注目，也沒有她重要。「沒有個性，」她在博奈頓中學觀察入微的女舍監寫道，「除了偶爾找樂子之外，目前似乎沒有什麼興趣或熱情。以她的聰明才智，她應該更有發揮才是。」[5]阿嘉莎自己接受那麼非正式的教育，給女兒的教育好得多了，但她沒能給蘿莎琳足夠的空間和穩定，讓她成長為一個獨立的個體。蘿莎琳注定要活在母親的陰影下。

關於工作，蘿莎琳考慮當個土地少女（Land Girl）*，但沒有做最後決定。她的朋友蘇珊跟一個已婚男子同居，對家長們而言可說是走上錯誤的道路。「他應該要和妻子離婚，」阿嘉莎提到，「所有家務事和做飯等等都是她在做。」[6]然而，漫無目的的蘿莎琳，處境也沒有比較令人滿意。歷史學家安妮．德．柯西（Anne de Courcy）指出，像蘿莎琳這些在一九三〇年代晚期進入社交界的女孩，「比英國社會其他階層更感受到和平時期與戰爭時期生活的鮮明對比。」[7]有些人覺得被解放了。但其他人卻不知所措。

---

* 譯註：二戰期間，大帝英國農業部創辦女子地面軍，招募二十多萬女性下田做粗活，以彌補男性被徵召上戰場而帶來的糧食生產問題，這些女性被稱為土地少女。

蘿莎琳踩著不穩的腳步踏入成人生活之時，她害怕自己成為母親助理卡蘿的替身。「沒有費雪小姐，我**什麼東西**都找不到！！」阿嘉莎抱怨道。顯然有一個空缺需要填補。「我希望蘿西能來幫我，」她寫道，綠徑屋有一些實際事務要處理，「有必要的話拎著她的脖子過來！」[8]但蘿莎琳卻把時間花在「英格蘭各地漫遊，在身後留下一排菸灰」。[9]

與蘿莎琳同一個階級的女孩大多在物質條件充足的環境中長大，但情感上卻有些冷漠。身為單親媽媽的獨生女，蘿莎琳與母親的關係肯定比許多同齡的孩子更密切。然而，蘿莎琳還是幼兒的時候就被拋下，阿嘉莎自己和亞契踏上長達九個月的壯遊。旅行回來之後，阿嘉莎描述說，這個小女孩把父母視為「不認識的陌生人。她冷冷地看了我們一眼，問：『龐琪阿姨在哪裡？』」

如同阿嘉莎在自傳中所描述的，蘿莎琳的「神神祕祕」也可以理解為防禦心，因為她擔心被嘲笑。在關於考古生活的書中，阿嘉莎描述和十四歲的女兒說再見：「我們踏上普爾曼車廂，火車轟隆隆啟動，我們出發了。有大約四十五秒的時間，我感覺很糟糕，然後當維多利亞車站被拋在腦後，狂喜再次湧上心頭。」[10]

儘管這顯然是阿嘉莎對生活的諷刺書寫，但蘿莎琳讀到她的母親不怎麼想念她，心裡或許會感到難過。保存下來的蘿莎琳信件中，不坦率的她顯得防禦心很強，或許她是將婚姻視為逃避手段。畢竟，麥克斯可以在繼女身上看到一些實用主義的心態。「她比你還成熟，不是嗎？」他曾經在給阿嘉莎的信裡這麼寫。[11]

這一切是否讓阿嘉莎成為落井下石的目標，一個「壞媽媽」？當然不是，因為世界上沒有「壞媽媽」，只有純粹的「母親」，她們的日子有時平順，有時則否。不過阿嘉莎是一位不尋常的母親，這也是她之所以有趣的原因之一。她從不覺得自己必須全心投入母職；她看著自己做這件事，並誠實地寫下來，無論好壞。她描繪最深入的一些關係就是母女關係。

然而她缺乏傳統的母性特質，卻成為她被貼上「負面」標籤的一項理由，在派對上變成一個問題：「我跟她說了一些關於我孩子的事，看得出她一點興趣都沒有，」某個在派對上認識她的人說，「我的一位朋友甚至問那個難相處的女人是誰。」[12] 喔，那個「難相處的女人」。她多麼努力地試圖當個正常人，又因為失敗而受到多麼嚴厲的評判。

蘿莎琳婚後有了新家，與休伯特的母親和姐姐住在培察家族建於十七世紀的莊園。她去倫敦的時候會跟母親見面，兩人花時間走遍家裡的房子整理東西。

從一九四二年二月開始，阿嘉莎有更多的時間為了蘿莎琳而煩惱，因為另一個變化即將到來。麥克斯志願去國外工作，他將在開羅建立盟軍和對外聯絡局的前哨站。那個寒冷的春天，阿嘉莎和麥克斯在綠徑屋度過他登船前的時光，一起種樹，麥克斯在筆記本裡記下山茶、木蘭和櫻草開花開得晚了。[13]

在阿嘉莎的自傳裡，即使黑暗的經歷也用輕鬆口吻來描寫，顯示她不會輕易表達內心感情。然而她一九四二年之後寄給經紀人的信，以及許許多多她寄到開羅以及其他北非駐地給麥克斯的信裡，透露出她非常寂寞。

未來幾年，阿嘉莎會大方地慶祝後更年期的人生階段，以及它重新激發了尋常的人生樂趣。從這點判斷，我們知道她在一九四〇年代不只經歷了戰爭，可能還有荷爾蒙的改變。步入新的階段後，她寫道：「當你結束了情緒與人際關係的人生，迎接你的是第二次綻放：到了五十歲，你忽然發現全新的人生等著你。」

然而，一九四二年的阿嘉莎還沒到那個階段。她寫給麥克斯的信顯示，沒有麥克斯在身邊，她的心理健康在惡化。她夢見被遺棄：「他們跟我說你不在乎我也不要我，你離開了，我驚慌失措地醒來。」[14]「我今晚很難過，」她寫道，「我哭了。」[15]

雖然這麼說不太好，但壓力有助於她創作。一九四〇年代中期是一段煎熬的時光，卻也是她人生中最投入寫作的幾年。

與此同時，逃到陽光下的麥克斯又怎麼了？他先是住在開羅的大陸飯店（Continental Hotel），那裡有著名的屋頂餐廳。開羅現在湧入三萬五千名英國和帝國軍隊。遠離了閃電戰，這裡有一點派對的氣氛。[16]

阿嘉莎一心只想和丈夫重聚。她努力尋找可以去埃及寫作的工作機會，她一再要科克幫她找《週六晚郵報》（*Saturday Evening Post*）委託她寫文章，但最後因為官僚主義和她的性別而無法成行。資訊部長布蘭登・布瑞肯（Brendan Bracken）不得不傳達令人失望的消息，英國陸軍部「不願委派女性駐地記者的態度不變」。[17]

阿嘉莎只能一讀再讀麥克斯寄來的薄薄的航空郵簡，她開始擔心兩人會漸行漸遠。「有時候我好害怕，」她寫信給他，「多寫信，沒有晴朗日子的時候，我需要打氣，喔！好想去埃及，這裡是冬天了！」[18]

她的擔心是可以理解的。麥克斯現在身處一個陽光明媚的城市，城裡充滿了英國人，他們面臨著世界危機，家人不在身邊，其中大多數不到三十歲。社交風氣如此熱絡，一名中產階級白人女性可以每天晚上和不同男士去餐廳吃飯，由對方付帳，連續幾個月都沒問題。麥克斯不是一直都勤於回信。「我也很想你，但我沒時間自怨自艾，」當他終於放下身段寫信，他說，「我最近太忙。」[19]畢竟三十八歲的他，正處在阿嘉莎所謂的「情緒人生」當中。

「克莉絲蒂手法」最高明的一招，就是描述人的外表但不描述年紀，來操弄我們對某人的看法。這顯然是阿嘉莎經常在想的事情，因為她嫁了一個很多人會認為太過年輕的老公。例如在《殺人不難》（一九三九年），主角是一名退休警察，他覺得自己跟他二十八歲的女友屬於同一個世代。他花了一些時間，才意識到他認知裡的「老太太」嫌犯，其實跟他自己的歲數比較接近。她曾經也被認為是富有吸引力的。

如果年近四十的麥克斯娶的是小他十五歲的蘿莎琳，而不是大他十四歲的阿嘉莎，會比較符合傳統。要是阿嘉莎的人生就像她寫的小說，那麼麥克斯與蘿莎琳搞不好會是「祕密戀人」。麥克斯的年紀意味著他和蘿莎琳是可以互相開玩笑的平輩關係，偶爾還有激烈爭執。

阿嘉莎寫信給不在身邊的麥克斯，說她並不懷念「你跟蘿西爭執」的時候。[20]

分隔三地的三個人，必須透過書信的媒介重新建立關係，至少在麥克斯肯寫信的時候。「我比你想像中的更把你當朋友，」他告訴蘿莎琳，「從我寫信給你的這個小舉動就知道。」他不太有說服力地為自己開脫，解釋說「我發現要我寫信給我真正喜歡的人很困難，非常困難。」[21]

另一方面，他也能寫出親密到令人驚訝的信給繼女：「我對你的感覺沒有變……願我活得長長久久，就為了搖醒你、批評你、同你爭論、同你共食、同你爭吵、同你歡笑、同你交流，並且發現人生因為你而越來越精采……不知道這麼寫會不會讓你尷尬。」[22]我是不知道阿嘉莎有沒有看過麥克斯寫給她女兒的這封信啦，希望沒有。

失去綠徑屋的時候，正常生活似乎又少了一大塊。他們必須面對一些「不愉快的事實，」阿嘉莎在一九四二年八月三十一日警告麥克斯。「海軍部要接管綠徑屋……。我希望他們能讓我保留兩個房間（也許是客廳）來存放家具。」[23]打包家當喚起了當年整理梣田的危險記憶。「我受夠了，」那年秋天她寫道，「一直裝箱、被蜘蛛網弄得渾身髒兮兮，我受夠了！」[24]

約莫在交出綠徑屋的同時，麥克斯寫信問到錢。「你的財務狀況怎麼樣，」他問。「你從來不提……需要多少錢，就去我的銀行帳戶提款。」[25]他總算有一次能當慷慨的那一方。獨自一人在埃及，他不得不長大。「我知道我正在做一份男人的工作，」他解釋道，「這活化了我的人生，一直以來我走得很輕鬆。」[26]不過最需要錢的不是他的妻子，而是他的爸媽。一九四二年，麥克斯的父親佛瑞德列克因為試圖販賣一千兩百二十四罐在黑市買的罐頭李子而被起訴。[27]阿嘉莎試著幫瑪格麗特找翻譯工作，但最後決定直接每年給她的婆婆兩百英鎊零用金。

由於郵務速度很慢，阿嘉莎六個月後才收到麥克斯詢問她財務狀況的信。到了這時，她的稅務問題變得更嚴重了，連還沒拿到的美國收入，英國稅務機關也要她繳稅。「跟惡夢一樣，」她的英國經紀人寫信給她的美國經紀人。「如果你不敢相信克莉絲蒂得為她尚未收到的款項籌錢繳所得稅，我完全可以理解。」[28]

然而阿嘉莎沒有讓麥克斯知道現實狀況。「擔心，親愛的？」她回答他的詢問。「只要你過得安好幸福，我就沒有任何擔心。我的債務越來越多，但這好像不重要，我也不在乎。綠徑屋的事情都不需要我操心了，無論是帳單、修繕或園丁！」[29]

但她是輕描淡寫必須離開綠徑屋的悲傷。她跟麥克斯說她看了花園最後一眼：

> 我走到可以俯瞰房子和河流的座位坐下，想像你就坐在我身邊（感覺很真實），我覺得我們好像一起看著房子，它看起來非常潔白，非常美好，一如往常地寧靜超然。它美得令我心痛。[30]

其他家族成員也經歷戰爭帶來的流離失所。阿布尼也可能被軍隊接管。「徵用！」阿嘉莎告訴麥克斯。「十天前才通知！什麼人生啊！」[31]瓦茨家族在曼徹斯特的倉庫被轟炸，員工用倉庫裡儲存的布料設法滅火才免於燒毀。

瑪琪在只有一名廚師的幫忙下，現在得打理成為營舍的這棟十四個臥房的房子。她五點半起床做事，她的勞動量在愛德華時代是十六個傭人的份量：阿嘉莎形容她「像個人類發電機」。根據家族傳統，瑪琪發揮戲劇本能假扮成女傭，服務住在她家裡的軍官。某天早上，她在撞球室撿到一顆未爆彈，是夜裡從屋頂掉進來的。

隨著戰時歲月的流逝，阿嘉莎收藏越來越多麥克斯寫得密密麻麻的航空信箋。他們都意識到時間造成外表的變化。「我依然是個糟糕的老饕，」他承認，並描述某次餐後的點心：「五個鬆餅和一罐牛肉。」[32]一九四三年時，麥克斯派駐在利比亞，住在一棟有「夾竹桃和九重葛」花園的房子裡。[33]他很高興能住在有趣的古代遺跡附近，還寫到他計畫打曲棍球，不過「我猜我現在動起來可能會有點喘。」但他也認為阿嘉莎會很高興聽到他「白髮多得多了」。[34]

對於兩人的年齡差距，阿嘉莎解釋道，她的擔心一直都是麥克斯因此而錯過一些經歷。「你朋友的妻子都如此年輕，」她跟他說，「都有小寶寶和小朋友，我（為了你）很介意我自己年紀大這麼多。」[35]一九四四年五月六日，麥克斯終於滿四十歲，阿嘉莎很開心：「親愛的！你今天四十歲了！歡呼！終於！愛你多多，這對我來說意義重大，我覺得我們的年齡差距小一點了。當你還三十多歲而我已經五十歲的時候，還真是令人沮喪。」[36]

在一九四三年五月，麥克斯和蘿莎琳依然透過斷斷續續的通信在吵架。他抱怨她沒寄信祝他生日快樂，但「或許我沒資格收到……事實上我還是很喜歡你，想念你的頻率高到讓我意外，差不多是每一天！……我很想過去好好地搖搖你。」[37]「你對我而言一直很重要，永遠如此，」他承諾，「戰爭之中，我最朝思暮想的一件事就是美。」[38]

麥克斯信裡的語言近乎不妥，因為他只知道如何跟男性考古學家說話。不過，無論二十三歲的蘿莎琳如何看待她的繼父，她還有其他事要操心。同一個月裡，阿嘉莎報告說她的女兒「不情願地透露了她將於九月生產！我好高興……鬼鬼祟祟的小惡魔，但我也慶幸是現在才知道。」蘿莎琳已經流產過一次，跟阿嘉莎一樣。「真心希望這次會沒事，」阿嘉莎祈禱，「她已經遠超過三個月的階段了。」[39]

夏末，德軍撤離西西里島，盟軍轟炸義大利，蘿莎琳撤退到阿布尼待產。「龐琪阿姨」比她自己的母親更能提供實際幫助。「孩子出生的時候，我會非常感恩，」阿嘉莎寫道。她正在倫敦辛勤工作，她的舞台劇《一個都不留》即將搬上舞台。阿嘉莎說，蘿莎琳懷孕，是「唯一一件我希望能給她帶來幸福的事……我知道有了孩子她會開心，但要是她難產或出了什麼差錯，我好替她擔心。」[40]

蘿莎琳的寶寶過了預產期，在療養院等了五天之後，她出院到阿布尼繼續等，「氣得要命！」[41]雖然萬分擔心，阿嘉莎終於在一九四三年九月二十一日成為外婆。馬修．卡拉多克・湯瑪斯・培察（Mathew Caradoc Thomas Prichard）是個「大男孩……他看起來好像休伯特，就差一副單片眼鏡。」阿嘉莎沒參加她的舞台劇開幕夜，趕往北部。同時，與營隊駐紮在北愛爾蘭而不在場的休伯特，打電話來焦急地問問題。「她喜歡嗎？」休伯特問。「跟他說是個巨嬰，」蘿西說。「太大了。」「她又生氣了嗎？」休伯特問。「我覺得她沒事！！」「哦，親愛的麥克斯——我太開心了。」[42]

「而且是男孩，」麥克斯回信，「做得好！」[43]在寫給蘿莎琳的祝賀信裡，他用盡力氣讓自己顯得風趣：「這場戰爭期間從家裡傳來最棒的消息……別把寶寶在浴缸裡摔著了，我相信嬰兒的手臂是很脆弱的。」[44]

蘿莎琳一如既往的冷漠，回信說「我可能會請你當教父，但我還不確定。」[45]於是，這個三角家庭發展出了第四角，這個寶寶後來會讓他們更加親密。

然而人在非洲的麥克斯收到了阿嘉莎寄來的一連串情書，或許還沒有意識到自己有被淘汰掉的危機。跟一九二〇年代剛離婚時一樣，現在人在倫敦的阿嘉莎實際上就是個單身女子，而且依然十分有魅力。把她晾在一旁，等於邀請其他追求者上門。

第二十九章　人生相當複雜

阿嘉莎歡喜地接受外婆的新身份。蘿莎琳請她幫忙照顧孩子，提供生活上的協助，她和女兒的關係現在更緊密了。

蘿莎琳和馬修預計住在休伯特家在威爾斯的房子，準備過程中，母子先棲身在阿嘉莎在倫敦卡姆登街的房子。

阿嘉莎每天去看她們。她睡在附近的卡蘿家：前任員工已成為患難之交。阿嘉莎每天早上過去卡姆登街充當女傭和保姆，因為現在請不到人。她做早飯，打掃廁所，之後再過去做晚飯。「小蘇打和肥皂讓我的手看起來像肉荳蔻磨碎器，」她告訴麥克斯，「而且我的膝蓋好痛。」[1]

空襲警報這時仍然不時響起，馬修寶寶就被放到桌子下面。等到終於請了一位專業保姆，阿嘉莎依舊來幫忙。新來的保姆不知寶寶的外婆是名作家，把她視為幫傭。當保姆的家人說他們看了大受歡迎舞台劇——阿嘉莎．克莉絲蒂寫的《一個都不留》，她的回答是：「咦，我知道她，她是我們的廚子。」[2]

雖然阿嘉莎深愛外孫，但戰爭和工作開始對她造成影響。一九四三年冬天，她深為流感所苦。「我不知道自己是怎麼了，」她寫道，「我很憂鬱，好像有一大片烏雲罩頂……我覺得不想再撐下去，害怕明天的到來。我從來沒有過這種感覺。」[3]但她確實有過這種感覺，就在狀況很糟的一九二六年，這次和那次的共同點是她當時也缺乏配偶的支持。這段低潮期出現在她的小說裡，在《魂縈舊恨》中，蘿絲瑪麗「流感後的憂鬱」被當成神祕猝死的合理原因。[4]「不知為何，那不是真正活著，」阿嘉莎寫到戰爭晚期的年代，「我彷彿像車燈一樣被『調暗』。」[5]

麥克斯做著有趣的工作，過著地中海生活方式，狀況比她好得多。他在的黎波里（Tripoli）當上政戰官，協助處理平民「糧食救援，包括農收、稅收、安全、司法、種族」事務，並支援軍隊。[6]

阿嘉莎和麥克斯之間有個長年玩笑，她調侃麥克斯有「眾多女朋友」，其中包括她的朋友桃樂絲．諾斯（Dorothy North），而她經常唸他要跟她們保持聯絡。「我得寫信給她，還有我所有的女朋友，」他盡責地同意。[7]阿嘉莎在一九四三年開玩笑說，她也可以去利比亞，就算「你在那邊有好幾個老婆」。[8]然而當麥克斯一整個月沒寫信，接著又休假一個月去埃及，玩笑開不下去了，她真的很受傷。聽到他休假的消息讓她「痛徹心扉，」她埋怨道，「你休假應該跟我在一起。」[9]「你這個卑鄙小人，」她在另一封信裡這麼寫。「我覺得你我越來越疏遠了……想到又要孤獨度過冬天，我就感到很沮喪。」[10]「玩得開心，親愛的，」她懇求他，幾乎像是不想再管他，「想做什麼或需要做什麼就盡量去做，只要你心裡還有我這個摯友和愛人。」[11]

阿嘉莎只好從他處尋求她需要的對話和支持。和丈夫分隔兩地已經兩年，眼看就要邁入第三年，她找的是麥克斯的朋友。

麥克斯的老友史蒂芬·格蘭維爾比阿嘉莎小十歲。他有一張精靈般的臉，大眼睛，戴著眼鏡。他是個敏感、善於表達的人，患有偏頭痛，喜歡聊感情關係。史蒂芬的太太艾瑟兒帶著兩個小孩安全地住在加拿大。一個人在倫敦生活的史蒂芬過得像個單身男人，他繼續在空軍服務，擔任與英國盟友聯絡的角色。憑著他的機智和口才，他非常勝任這項工作。

史蒂芬也是阿嘉莎要麥克斯寫信的人。他會「很傷心，如果你不和他保持聯絡，」她跟丈夫說，「他是個敏感的人，有些事他會介意。」[12]

史蒂芬和阿嘉莎在一起的時間越來越多。她去參加他的公開演講，聽得津津有味：「以前沒意識到他的嗓音有多迷人。」不意外地，他事後說他這陣子「很不舒服，所以才有那種淡淡的憂鬱模樣，我認為很有藝術氣質！」[13]食物是兩人關係的重心：

他會到醫院來接我去他在海格（Highgat）的家一起吃晚飯。如果他或我收到食物包裹，我們通常會一起慶祝。「我收到美國寄來的奶油，你能不能帶一罐湯來？」「有人寄給我兩罐龍蝦還有一打蛋，棕色的喔。」

阿嘉莎跟麥克斯說到她在草坪路公寓的小廚房煮給史蒂芬的一頓飯：「一頓非常美味的晚餐，我這麼覺得（他好像也是！）一些肉醬（是替代品，但我加了一些松露進去，以假亂真），小番茄燉龍蝦。」[14]當然了，一九四〇年一月實施糧食配給之後，所有倫敦人都為食物痴狂。但這是麥克斯的領域；他和阿嘉莎最享受的事情之一就是享用美食，討論食物。

一九四三年五月，艾瑟兒・格蘭維爾從加拿大回來，阿嘉莎不禁想「他會覺得被約束！」[15]她想得沒錯：史蒂芬現在想擺脫婚姻束縛，他並不期待「家人即將返家」。[16]經過了一段痛苦時期，他拋下妻兒，搬進草坪路的一間公寓。

到了一九四三年十一月，史蒂芬幾乎成為阿嘉莎的護花使者，陪著她參加《一個都不留》舞台劇首演。事後他以親密的口吻寫了一封信給她：

親愛的阿嘉莎——昨晚真是難忘……更棒的是體驗到不同的阿嘉莎：不只害羞、而且很緊張的阿嘉莎（她一定是緊張到整齣戲結束），就連在好友身邊也緊張；接受掌聲和喝采的阿嘉莎，如此光彩照人，但還是只和朋友一道，而且一點也不自負；最後也許也是最可貴的，是依然暗暗興奮的阿嘉莎，但沉穩優雅而滿足，享受著眼前無比成就的同時，也思量著未來要更努力……上帝保佑你，謝謝你，親愛的，給了我一個永生難忘的夜晚。[17]

史蒂芬潛藏的吸引力或危險，在這封信中表露無遺，包括無微不至的關注和敏銳的溢美之詞。史蒂芬宣稱，他甚至無法跟其他人說起他和阿嘉莎的特殊關係，因為他無法描述「圓滿了我們的夜晚的美妙話題」。[18]

阿嘉莎對這種事特別無法招架。她想要也需要人與人的接觸。「有時候我很想跟你說話，想到幾乎放聲尖叫！」她告訴麥克斯，「我討厭十一月天。」[19] 麥克斯也在擔心。「我覺得明智的做法是，你找一些可以說話的人在身邊，而且不要一個人住，」他勸阿嘉莎。[20] 但是我們不清楚他是否希望阿嘉莎這麼依賴史蒂芬。

史蒂芬對考古學的豐富知識也使他相當迷人。一九二九年，他在皇家學院為兒童舉辦了關於古埃及日常生活的聖誕講座。他也用零碎時間持續在大英博物館進行紙莎草目錄的記錄。現在，他拉攏阿嘉莎一起來宣傳古埃及。

史蒂芬建議阿嘉莎以埃及為背景寫一本懸疑小說，這個成果就是《死亡終有時》（*Death Comes As the End*）。這本書在阿嘉莎的作品裡不算特別有名，但是非常重要。她很早就以《ABC謀殺案》貢獻了連續殺人犯小說類型，這次透過本書，又發明了把犯罪時間設定在過去的小說類型。[21]

這個故事的靈感大致來自一九二〇年代在一座墳墓出土的赫卡納克特紙莎草紙（Heqanakht Papyri），赫卡納克特是居住在底比斯附近一位的祭司，這些紙莎草紙是他的信件。阿嘉莎用它們編造了一個歷史故事，說到祭司娶了一個家人不喜歡的年輕妻子。她也放進了大英博物館的各種文物：一個張嘴的玩具獅子，另外還有一個上面有金色野獸的手鐲。[22]

史蒂芬得到前人從未有過的待遇：對故事情節出主意。他因此成為「史上唯一一個說服阿嘉莎修改小說結局的人」。[23] 結果阿嘉莎後悔了。「我得說，我很遺憾自己向他屈服，」她寫道。「我一直都為了自己這樣做而感到氣惱。」

麥克斯嗅到了史蒂芬和阿嘉莎聯手企劃的令人擔心之處。他對這本書表達了擔憂（未留下記錄），史蒂芬給了明快的回答：「我不確定你是害怕這本書會損害她作為偵探小說家的聲譽，還是你覺得考古學不該自我貶低跑進小說裡攪和。」[24] 他盡可能讓麥克斯安心，說阿嘉莎不會讓自己出醜。史蒂芬宣稱本書包含了恰到好處的埃及色彩，「要做到這點很不容易，但她成功了。」[25]

但麥克斯的擔憂是有道理的，因為書出版之後，有一些考古學家不願意看到小說家入侵他們的領地，埃及學雜誌上刊了一篇負評。即使是超級忠誠的蘿莎琳（她現在成為母親文學傳承最堅定的守護者）也沒有什麼好話。她說這本書「大膽嘗試描繪古埃及生活，但我必須承認並沒有成功。」[26] 最出名的是文學評論家愛德蒙．威爾森（Edmund Wilson）的說法，他覺得本書「無病呻吟又平淡乏味，在我看來根本讀不下去。」

阿嘉莎接受史蒂芬對結局的建議，部分原因是他為本書做了許多研究。這段友誼讓阿嘉莎付出了代價。不但耗費時間，而且還有侵門踏戶的可能性：他「隨時願意介入婚姻糾紛」。[27] 不過，他對阿嘉莎的興趣也不是永久的。沒過多久，他與阿嘉莎的深度對話不再是關於艾瑟兒或阿嘉莎本人，而是他的新任情婦瑪格麗特。

史蒂芬的「人生現在相當複雜」，阿嘉莎在一九四四年這麼寫。[28]她不贊成他和瑪格麗特在一起，因為她是已婚婦女，這段關係不太可能長久：「我是認為，她只為了錢才會跟丈夫離婚然後再婚！」[29]不過，阿嘉莎最感到同情的是史蒂芬的下堂妻艾瑟兒，現在她獨自照顧兩個女兒：「我一直想到可憐的艾瑟兒，結婚十九年卻被拋棄，真是太殘忍了。」[30]

某些作家暗指阿嘉莎和史蒂芬發展出超越純聊天的關係，這個可能性有多少呢？婚外情完全不在阿嘉莎的經驗裡，在她的小說情節中，她從未因為一個女性角色在性方面活躍而懲罰她，但她也不善於描寫火辣的情色場景。正如她說過的，她覺得浪漫情事「在偵探小說裡很無聊」。史蒂芬講述他曲折的愛情生活時，她真正感興趣的是現代婚姻觀念的改變。

阿嘉莎自己受到一九二〇年代離婚法放寬的影響，而戰爭帶來了更多動盪。歷史學家克萊兒．朗哈默（Claire Langhamer）描述當代理想婚姻的概念隨著戰爭接近尾聲而發生變化。阿嘉莎那一代較激進的族群，追求的是陪伴或平等的婚姻，這正是她在麥克斯身上找到的。然而到了此刻，浪漫的愛情，也就是為「對的人」全心全意付出，開始被認為是婚姻契約的核心。諷刺的是，「信奉浪漫」的新觀念意味著到了一九四〇年代時，婚前性行為漸漸在社會上被接受。相愛的人當然會情不自禁。[31]

史蒂芬對《死亡終有時》有著明顯的影響，但在另一部小說也隱約可見。《五隻小豬之歌》（一九四二）也是獻給他，本書以白羅為主角，故事核心論及婚姻本質的改變。

「我愛他，」第三者艾莎．葛里爾說到她的已婚情人，「我才能給他幸福。」她覺得把他從妻子身邊奪走完全沒問題。她的觀點是，如果婚姻破裂，「如果兩個人在一起不快樂，最好是分手。」[32] 其他角色強烈反對艾莎的想法，但她代表著未來。到了一九六九年，阿嘉莎的人生進入最後章節的時候，這種浪漫婚姻派意味著「無法挽回的破裂」（浪漫愛情的失敗）最終可以被接受為離婚的理由。[33]

但史蒂芬真正扮演的角色，是為阿嘉莎提供麥克斯不在國內而缺少的陪伴和談話。麥克斯才是最重要的人。「其他人來來去去，」阿嘉莎告訴他，「但背景始終是你。」[34]「哦！麥克斯，我好想與你一同大笑，」她寫道。「我常常去找史蒂芬，可是他無法替代你。」[35] 她對麥克斯也依然有著強烈的肉體渴望，「那感覺好像身體中間有個開瓶器在鑽，」她解釋，「我最近做了各種關於你的夢，全都很色情很粗鄙！我們已經結婚那麼多年了，真不敢相信！做夢很好，只是醒來很討厭。我也想念你的粗言穢語！」[36]

當看起來「瘦又悲慘的史蒂芬」決定回到艾瑟兒身邊，「努力為孩子們維持一個家，」[37] 阿嘉莎很高興。鬧劇結束了，但一九四四年成為戰爭傷亡最慘烈的一年。

倫敦現在遭到可怕的V1飛彈攻擊，而休伯特則參加盟軍攻入法國的行動。他加入了一個諾曼地登陸之後成立的新營部，在諾曼第戰役（Battle of Normandy）作戰。「他有許多軍官弟兄都戰死了，」阿嘉莎告訴麥克斯。「我萬分希望並祈禱他不會出什麼事。」[38]

不過，休伯特的家書描寫的都是令人安心的嬉鬧：他在刮鬍子時發現了幾個德國士兵，將他們俘虜，他也表現了英勇的行為，從一輛燃燒的吉普車裡救出一瓶威士忌。阿嘉莎可愛的外孫緩和了她的焦慮。「我喜愛他到無以復加，」她寫道，在顧孫的時候仔細觀察他。馬修也被寫進書裡。一小口「卡士達布丁被塞進M的嘴裡。他坐著品嚐，表情就像個老頭品嚐某種可疑的波特酒，在嘴裡翻來覆去，最後做出決定……『先生，這酒一點也不差，』然後把它吞了下去」。[39] 馬修對阿嘉莎最早的記憶則包括帶著他的絨毛玩具大象走進阿嘉莎的房間，「尼瑪（Nima）在床上跟我說關於牠們在叢林中生活的幻想故事。」[40]「尼瑪」是阿嘉莎一連串的別名之一，馬修總是這樣稱呼他的外婆。

休伯特不在身邊，蘿莎琳變得焦慮，也負擔很重。她在威爾斯的新家大而破舊。阿嘉莎來訪時，她發現女兒「從不坐下」，而且「如果其他人坐下來，她會發怒。」蘿莎琳搖身一變成了務實、忙碌的瑪琪，她會說「媽媽，你怎麼在閒晃，還一邊唱歌！要做的事情還很多，我們必須**繼續幹活**！」[41]「沒有**僕人**，什麼都很困難，」阿嘉莎抱怨道，「我真不知道蘿莎琳是怎麼經得起這一切。」[42]

但結果那些都還是算美好時光。八月，蘿莎琳得知休伯特被呈報為作戰失蹤人員。「可憐的孩子，」阿嘉莎寫道，「我馬上過去……我感覺好難受。」她立刻明白，不表達出情感才是對的：「我在蘿西身邊必須表現得非常從容和充滿信心。這是唯一能幫助她的方法。」[43]

「她表現得太好了，」八月的日子繼續過，阿嘉莎寫信給麥克斯，沒有傳來休伯特的進一步消息，「她面不改色，一切一如往常，打理三餐、狗兒們、馬修，我們裝作好像沒事一樣……我無法忍受她不快樂。只要他沒有戰死就好了……幾個月不知道情況真的很煎熬。」

十月，他們終於收到最壞的消息。休伯特不是俘虜，他於八月十六日戰死在卡瓦多斯（Calvados）的萊洛日索爾斯（Les Loges-Saulces）。他在傍晚時分孤注一擲地率領一支營救隊要去接一些遭到伏擊的士兵，然而在救出他們之前，他的坦克就被炸毀了。「英勇但愚蠢的舉動，」他的上校認為。[44] 阿嘉莎可以想像那個場景：「我能想像他開著坦克衝出去，急切而魯莽，像個小男孩。」[45] 他的家人在報上刊登的訃告寫著：「請勿寫信給他的妻子。」這句話幾乎沒說什麼，但蘿莎琳素來沉默寡言，這讀起來像是可怕的痛苦哀嚎。

對於沒有機會深入了解休伯特的阿嘉莎而言，最糟糕的部分是蘿莎琳的悲傷。「生命中最悲傷的事情，」她寫道，「就是無法將深愛的人從痛苦中拯救出來……我想（雖然我也有可能是錯的），我能為蘿莎琳做的就是盡量不多說什麼，像往常一樣過日子。」和蘿莎琳同住在威爾斯的超大房子，一同在內心哀悼，比阿嘉莎想像的還要累：「我真希望能有人陪著蘿莎琳。」她找到一位或許能入住的幫傭，但那位女士第二天就離職：「她說房子太大了。」[46]

喪夫之後，蘿莎琳「不讓生活受到影響，依照原定計畫帶馬修出去和約好的人喝茶，好好吃飯，平靜地安排訃告等事宜。」阿嘉莎非常擔心：「如此壓抑一定不是好事。」[47] 當蘿莎琳寫信給麥克斯，她聽起來心裡空空的：「我現在不思考，也不看書……我想你不會覺得我是個很有趣的同伴。」[48]

蘿莎琳不只喪夫，她獨立生活的日子也結束了。她人生中唯一的意外之舉，也就是突然祕婚，如今走到了死胡同。依照她母親的說詞，蘿莎琳現在變成一個很難捉摸而且負面的人，經常掃興。寫完一個段落後，「我就可以想見蘿莎琳的激烈惡評，」阿嘉莎洩氣地寫道。「如果她說『媽，這很不錯，』我會樂得飛上天去。」[49]

十月底，阿嘉莎從威爾斯回到倫敦的醫院，「每個人都說我看起來病了，而且很累。」[50]戰爭和喪親之痛不是她唯一的煩惱。儘管科克向美國稅務機關申訴說他的客戶為了銀行貸款而支付「高額」利息，但她的稅務案件一直被擱置到戰爭結束。[51]「我受夠在美國當作家了，」阿嘉莎抱怨道，「對於完成工作並交付成果的作家來說非常不公平。」她認為她乾脆「找個舒適的地方當廚師，不要再寫作。」[52]她還出售珠寶、銀器和家具以減少透支。十二月，她的心情跌到了前所未有的低谷。「寫一些關於信念和勇氣的話語給我，」她命令麥克斯，「如果又有災難來襲，我就能拿出來讀一讀。」[53]

擔心戰爭，麥克斯不在身邊，喪親之痛，甚至史蒂芬轉移注意：這一切肯定讓阿嘉莎擔心自己心理失衡。卡蘿手上的資料可證實阿嘉莎在一九四〇年代尋求進階專業協助，提供協助的人，可能是作家兼精神分析師羅伯特・塞西爾・莫蒂默（Robert Cecil Mortimer）。[54]

特蕾莎・尼爾夫人的鬼魂還沒有完全安息。

第三十章 瑪莉・魏斯麥珂特著

阿嘉莎曾經預測，如果蘿莎琳或麥克斯「出了什麼事」，她會「錯愕到不知所措」。[1]蘿莎琳喪夫之後，阿嘉莎的預言成真了。她沒有辦法工作：「寫作似乎一點用也沒有。」[2]但是字句會回來。阿嘉莎總是有個可靠的方法來逃離戰爭時期的倫敦：忘情於寫作。最終，寫作再次拯救了她。

回頭來看，她才意識到自己在戰時的寫作量有多少：「多到不可思議。」回顧她的人生軌跡，對藝術家阿嘉莎・克莉絲蒂而言，人生困境帶來了旺盛的創造力。她在一次世界大戰最激烈的時期想出白羅，在婚姻最煎熬的階段寫出了《羅傑・艾克洛命案》，在心理疾病過後想出了瑪波小姐。

「在戰爭期間寫作，」阿嘉莎事後回憶道，「我把自己關在思緒的另一個部分。我可以活在書裡。」她在草坪路公寓裡，窗外的樹輕輕敲著窗玻璃，營造了高生產效率的理想狀態。除了冷之外，公寓很安靜。阿嘉莎需要熱水瓶，穿保暖衣物。「我喜歡想著你穿我送你那件耶格牌（Jaeger）厚羊毛晨袍，」麥克斯寫道，「我的毛茸茸的熊！」[3]

「我現在寫很多東西，」她在一九四三年四月告訴他。[4] 當她需要休息的時候，就可以坐進那張獨特的彎曲合板椅，叫做「伊索肯長椅」。這種為「身體各部位提供符合科學的放鬆」而設計的椅子，草坪路公寓裡每一間公寓都配備一張。阿嘉莎告訴麥克斯她有時會「躺在公寓裡那張外表奇特但真的很舒服的滑稽椅子上，」想像自己是和他一起在希臘。[5]

除了偵探小說，阿嘉莎在草坪路寫的書包括對她而言最重要的一套作品，也就是阿嘉莎以瑪莉．魏斯麥珂特為化名發表的小說。目前為止我們提到了一些，但還不夠。瑪莉是阿嘉莎的中名，「馬丁．魏斯特」（Martin West）是她原本想用的化名，但被出版商勸退。調動幾個字母，就成了瑪莉．魏斯麥珂特。

阿嘉莎曾經解釋她為何要用別的名字來寫非偵探小說或驚悚小說。當然了，她現在是阿嘉莎．馬洛溫，「阿嘉莎．克莉絲蒂」本身也成了筆名。但除此之外，她解釋道「把這兩類書分開來比較好。我喜歡把這一類書留給自己，我可以愛些什麼就寫什麼。」

阿嘉莎匿名出書的部分樂趣，在於她覺得「可以把自己的生活寫進去」。[6] 即使在她的偵探小說裡，她也相當大方地承認她使用現實生活來「調色」，例如環遊世界時碰到的討人厭的貝爾徹少校，就被寫成《褐衣男子》故事裡的壞人。但使用化名保護自己的隱私，她可以跨出更大的一步。

今日的讀者閱讀瑪莉．魏斯麥珂特的作品，主要是因為書裡揭露了阿嘉莎．克莉絲蒂的生活和觀點。特別是《未完成的肖像》所記錄的成長經歷和婚姻破裂的過程，跟阿嘉莎本人的非常近似。麥克斯認為，書中女主角西莉亞「比起她的任何書寫，最為接近阿嘉莎的寫照。」[7]

事實與虛構之間的界線在這些小說裡變模糊了，也讓人想到，自傳其實就是小說家對人物地點改編過的記憶的彙整。阿嘉莎自傳裡出現的一些故事和魏斯麥珂特書中的場景幾乎完全重疊，尤其是早期出版的作品裡。例如《撒旦的情歌》裡，妮兒在戰爭時期的工作是護士，跟阿嘉莎自傳裡記載的經驗如出一轍。

從一九三〇年之後，甚至在阿嘉莎・克莉絲蒂偵探小說裡，也看得出「瑪莉・魏斯麥珂特」的影響力與日俱增，因為現在心理學比情節更讓她著迷。阿嘉莎在一九四六年寫到她對「犯罪的前奏」越來越感興趣。角色之間的相互作用，不一定會浮出檯面的深仇大恨和不滿，[8]這些在以角色驅動情節的偵探小說如《五隻小豬之歌》或《池邊的幻影》較為顯著。例如在《池邊的幻影》，兇手吉妲被封閉的生活和予取予求又不忠的丈夫逼瘋：「整個世界縮小成盤子裡涼掉的羊腿。」[9]阿嘉莎真的很想以瑪莉・魏斯麥珂特的口吻來寫作，完全放掉偵探小說元素。她不滿意《池邊的幻影》裡呈現的白羅，覺得他沒必要出現（確實沒錯）。「白羅令人受不了，」她抱怨道。「大多數公眾人物都活得太久了。可是沒人想退休。」[10]

阿嘉莎在草坪路公寓的家不僅給了她以寫作讓自己再次完整的時間，也給了她必要的獨處時間，這段時期為她下一本魏斯麥珂特小說提供了轉折點。寫偵探小說時，她會先經過長時間的鋪陳，但魏斯麥珂特的小說則是一氣呵成。她發現自己越來越入迷，「真是驚人，」她講到非偵探小說，「人總是想做跟自己工作無關的事。就像貼壁紙，雖然做得很差，但因為不算工作，所以做得很開心。」[11]

《幸福假面》（*Absent in the Spring*）有五萬字，但阿嘉莎只花了三天就寫完了。第三天時，她甚至沒去醫院上班，「因為我不敢抛下我的書……我必須寫完才能停止。」她坐在公寓裡寫，「情緒高漲，」之後：

> 我想我從來沒有這麼累過。寫完之後，我看剛寫完的章節沒有一個字需要更動，我就倒在床上，沒記錯的話連續睡了差不多二十四個小時。然後我起床吃了一頓豐盛的晚餐，隔天又可以去醫院了。
>
> 我看起來很怪，以至於醫院的每個人都很擔心我。「你一定病得很重，」大家說，「你的黑眼圈好深。」[12]

雖然如此，這是個振奮的體驗。《幸福假面》是「讓我完全滿意的一本書……我一直想寫的書。」

在我看來，《幸福假面》是魏斯麥珂特最好的作品之一。女主角瓊擁有阿嘉莎特有的雙重個性：「樂天、自信、溫情……聰明、高效率又忙碌，非常滿足而成功，」這是她丈夫的描述。但他知道（瓊自己也懷疑）褪去了外殼，瓊是個寂寞、時而冷漠、難相處、會犯錯的人。「希特勒絕對不敢開戰」就是她措辭強硬、判斷錯誤的言論之一。[13]瓊活在黑暗中，她自我欺騙，不受神的恩典眷顧。阿嘉莎把瓊在兩種觀點之間的翻轉寫得非常出色，她寫的謀殺推理小說最關鍵的部分，就在於同一人物的對比觀點，瓊的觀點翻轉就是這種手法的即興延伸。她希望故事的發展能夠「輕鬆、通俗，但要逐漸增加緊張和不安的程度，人會有一種感覺，我究竟是誰？我想每個人偶爾都有這種感覺。」故事裡，阿嘉莎的陌生人主題「槍人」再度出現。但這次是出現在敘述者的內心。

阿嘉莎對心理學的興趣也出現在我很喜歡的另一本魏斯麥珂特著作，《女兒就是女兒》（*A Daughter's a Daughter*）。在這個故事裡，講真話的角色蘿拉本身就是一名心理學家。故事情節描述一位母親為了女兒而犧牲一段親密關係，卻發現女兒永遠不會理解或是給予回報。本書的情節比其他魏斯麥珂特作品更大快人心，因為它的原始形式是一九三〇年代寫的**劇本**，舞台劇需要有節奏和結局。戲劇史學家朱利・斯格林（Julius Green）認為，本書應該歸類在阿嘉莎其他較不為人知、關於婚姻本質及婚姻帶給女性負擔的劇本。由於情節描寫了母女之間的緊張關係，本書經常被解讀成阿嘉莎對自己和女兒緊張關係的評論。然而一旦知道本書是在蘿莎琳還是幼兒時寫的，就曉得這個說法不合理。[14]與其說是關於她和蘿莎琳，不如說是關於阿嘉莎自己的母女關係。

「你哪裡懂人生？」劇本裡黑暗、受創的主角問道。「你什麼都不懂。我可以帶你去一些地方，骯髒可怕的地方，讓你看一看狂暴而黑暗的生活，你可以好好去感覺，直到你明白活著就是一種陰鬱的狂喜！」[15]

在托基的客廳裡，亞契．克莉絲蒂也許沒有表達得這麼好，但一樣有說服力。

一九四七年的《玫瑰與紫杉》（*The Rose and the Yew Tree*），阿嘉莎為自己設下另一個困難的挑戰：展現情慾的力量可以多強大。在這個故事中，性慾有能力把壞人變成好人。書評馬丁．費德（Martin Fido）描述本書「在理性唯物主義時代，大膽地嘗試向世人昭示神奇天道的公正。」*[16]確實大膽，但最終卻缺乏說服力。阿嘉莎的出版商柯林斯也不喜歡這本小說，理由是主角作為保守黨候選人，卻如此令人討厭。阿嘉莎對政治人物的生活有一些洞見，因為她的外甥傑克參政，後來成為保守黨議員。

魏斯麥珂特作品的品質當然參差不齊，但其接受度卻也因為作者是女性以及書的主題而受到影響：男書評人的總結是「不太成熟的言情小說」。[17]然而，這些書總會有支持者，尤其是那些不以閱讀二十世紀中期作家如莫妮卡．狄更斯（Monica Dickens）或桃樂絲．惠普爾（Dorothy Whipple）為恥的讀者。「瑪莉．魏斯麥珂特的作品沒有被好好對待，」美國犯罪小說家桃樂絲．B．休斯（Dorothy B. Hughes）認為。「總會有那輕蔑的隨口一句，『不怎

* 譯註：出自約翰．彌爾頓（John Milton）的史詩作品《失樂園》（*Paradise Lost*）：I may assert eternal providence, / And justify the ways of God to men。

麼樣，女性類型的東西』。什麼女性類型！」[18]

蘿莎琳的觀察敏銳，她稱魏斯麥珂特作品「被描述為浪漫小說，但我認為這並不是公正的評價。這些不是一般意義上的『愛情故事』，而且肯定都沒有幸福結局。我認為它們是關於最強大和最具破壞性的愛。」[19]

但描寫愛情並不是人們對阿嘉莎・克莉絲蒂的期望。《玫瑰與紫杉樹》得到柯林斯的冷淡回應之後，瑪莉・魏斯麥珂特與她的出版商分道揚鑣。「柯林斯從來沒有欣賞過這位女士，」阿嘉莎向艾德蒙・科克抱怨，「請找別人出版M・W・的書。」[20]於是魏斯麥珂特跳槽到海尼曼（Heinemann）。

然而，阿嘉莎以筆名出書的事業在一九四九年二月遭遇重大挫折，當時《星期日泰晤士報》揭露了魏斯麥珂特的真實身份。有些人早就知道了：麥克斯很早就知道這個祕密，而阿嘉莎的嫂嫂南從文筆就猜了出來。但是《星期日泰晤士報》卻是透過《幸福假面》的一篇美國書評知道的，寫書評的記者透過美國著作權局的文件而揭開這個祕密。

阿嘉莎大受打擊。這感覺一定就像她之前被媒體曝光時一樣，她「覺得像隻被獵捕的狐狸。」「我受不了再打開關於這件事的信，」阿嘉莎寫道，因為生氣而變得幾乎沒有條理：「我真正在乎知道這件事的人是我的朋友（受限於主題）一切都沒用了。」[21]

事件過後，阿嘉莎對她的作品和工作流程更進一步保護和保密。「珍・瑪波不是真有其人，」她在晚年堅決否認，「她完全是想像出來的。」[22]這並非事實：她之前曾經承認，瑪波小姐確實包含了她和姨母奶奶相處的經歷和回憶片段。但在晚年，她悍然不讓別人一窺她的心思。

阿嘉莎知道化名無法再保護她，她以魏斯麥珂特的名字出了最後一本小說《愛的重量》（*The Burden*）。她祕密地寫，寫得開心，科克說她「沒告訴任何人就把它寫完。」但就連他也反應平淡：「這不是她思索一段時間想寫的重要的魏斯麥珂特小說……結局肯定會修改。」[23] 在這之後，阿嘉莎就讓她的另一個自我退休。

阿嘉莎經常極力宣稱自己是工匠而不是藝術家，並堅持寫作是一種勞動。但在不設防的時刻，她有時候透露寫作是她心甘情願做的事。她在戰時了密集花了三天寫出《幸福假面》就是最好的明證。[24]

「當我無法再寫的時候會是多麼悲傷啊，」她默想。她想的很可能是《幸福假面》：「這本書寫得誠實，寫得真摯，以我該寫的方式寫出來，這是一個作者最自豪的快樂……有時我認為這是人感覺最接近上帝的時刻，因為你被允許感受到一點創造的喜悅。」

也許阿嘉莎．克莉絲蒂的終極形象不該是她展示給草坪路公寓鄰居看的：那位「看起來令人想給她一個擁抱的和藹女士」關上了她現代主義公寓的門，炸彈在外面落下，阿嘉莎更像是瑪莉．魏斯麥珂特筆下一個最引人注目的角色——《撒旦的情歌》裡的弗農。

弗農是一位充滿熱情的藝術家，一心一意在創作：

弗農鬆了一口氣。

現在再沒有什麼東西能阻礙他工作了，他伏案創作。[25]

第八部

順水推舟—— 1950年代

第三十一章　浩大昂貴的夢想

一九四五年四月三十日，希特勒在柏林自殺。幾週後的一個寒冷夜晚，阿嘉莎在草坪路公寓的廚房，聽到外面走廊傳來奇怪的聲音。正在煎煙燻鯡魚的她抬起頭，好奇會是什麼。她打開門，看到一個人背著行李，「身上掛著叮噹作響的東西。」是麥克斯。

「你究竟在吃什麼啊？」麥克斯問。

「煙燻鯡魚，」我說。「你最好來一點。」然後我們看著彼此。「麥克斯！」我說。「你看起來重了兩英石。」*

「差不多。而你的體重一點也沒掉，」他說。

但其他的一切都沒變，彷佛他沒離開過。「那天晚上多麼美好！我們吃煎焦了的煙燻鯡

* 譯註：大約十二點七公斤。

魚，很開心。」就像阿嘉莎在一封信裡預測過的：「等到我們團聚的時候，一定是美好時光——我們要吃東西！……椅子上擺滿了書，充滿笑聲，我們會聊啊聊的聊不停。」[1]

隨著和平降臨，馬洛溫夫婦「輕輕地」進入了戰後的世界，「感恩能夠在一起，嘗試過生活，看看我們會有什麼樣的人生。」阿嘉莎五十四歲，準備再造自我。她受夠了住在倫敦公寓當個被壓力催逼的專業人士，德文郡在呼喚她回家。

她筆下的一個角色說女人是越活越精采：「六十歲的男人通常像留聲機唱片一樣重複自己的話……六十歲的女人如果有自己的個性的話，就是個有意思的人。」[2]阿嘉莎說，中年之後「你又可以自由地審視自己……彷彿一股新鮮的想法和念頭在心裡油然而生……我想在這個年紀，一個人知道活著就要感恩，這感覺比以往任何時候都更強烈也更關鍵，帶著一點夢想的真實和強度。」阿嘉莎這段話出版的時間已是四十多年前，但現在還是很少讀到如此公開歡慶女性後更年期生活的文字。阿嘉莎的行動比她的文字更重要。她自己晚年獲得許多成就，儘管她確實是上了年紀的女人，但還是站上了流行文化的中心。

不過她接下來的創意作品不是一本書，而是一棟房子。一九四五年聖誕節，軍隊解除接管綠徑屋。阿嘉莎在一九四六年的小說《池邊的幻影》裡寫的這個段落，可以看出綠徑屋對她的引力有多麼強：那棟「白色優雅的房屋，那棵巨大的玉蘭花樹延伸到門前，整個場景坐落在樹木茂盛如圓形劇場的山丘上」。[3]小說裡擁有這棟屋子的家庭，覺得它對他們的生活有著巨大的影響。

離開綠徑屋以及屋子的庭園是一次心酸的體驗；戰後回到這裡也是。「莽榛蔓草，像個美麗的叢林，」阿嘉莎回憶，「看到房子處在這種情況很傷心，但它依然那麼美。」修繕完畢，庭園也重新種起，經過戰爭劇變，綠徑屋是一家人前來療傷的地方。

阿嘉莎不是英國唯一一個寬心回歸家庭生活的人。一九四三年時，百分之八十的已婚婦女從事戰爭勞動。一九五一年雖已回歸和平，全體女性裡只有百分之三十四點七的人從事經濟活動。這個數字與一九三一年女性的勞動比例驚人地相似：百分之三十四點二。[4] 事實上，一九五六年發表的一篇關於女性生活的社會學研究，始於一個大膽陳述。「工作和家庭兩個世界之間的鴻溝，」研究人員宣稱，「在今日比過去更加徹底。」[5] 阿嘉莎**將會**回歸工作，但工作已經從她的優先事項清單往後移了。在一九四〇年代晚期，她把大部分創意發揮

綠徑屋是一棟優雅的喬治時代風格房屋，「非常潔白，非常美好」，位於德文郡達特河上方。一九四五年政府徵用結束，阿嘉莎和麥克斯很高興能搬回來。圖片來源：Alamy Stock Photo

在妝點自己的家。

總的來說，居住在這裡的美國海軍精心維護著這棟宅邸。美國海岸防衛隊有五十一名成員，三到四個人睡一個房間。「我們印象非常深刻的一個東西，」其中一位寫道，「就是那個巨大的紅木王座。」[6]他指的是一樓的華麗廁所。這些水兵之中有許多人來自路易斯安納州，他們稱呼不在場的女主人為「阿嘉莎阿姨」。[7]他們操作的一些船隻負責在諾曼第登陸日運送步兵橫渡英吉利海峽。泰莎・塔特索爾（Tessa Tattersall）是住在當地的孩子，她記得跟美國士兵玩，也享用他們的戰利品：「我記得有人請我吃鳳梨塊、桃子切片和切半的桃子，還給了我一大罐糖果。」[8]

美國士兵把綠徑屋的圖書室作為酒吧使用，其中一個人在檐壁上面畫了一個裸體女子，就像戰鬥機機頭上會看到的那種。要離開時，他們說要塗掉，但阿嘉莎要求留著，當作他們暫居在這裡的紀念。

因為綠徑屋保存完好，又很美，也因為國民信託*煞費苦心維護，所以人們想像阿嘉莎在這個舒適而富麗堂皇的地方度過餘生。

但事實上這只是一間度假屋，冬天不使用。很難意識到背後必須要花多少工夫才能維護

* 譯註：全名為國家名勝古蹟信託（National Trust for Places of Historic Interest or Natural Beauty），歐洲最大的歷史文化保護組織與慈善團體。

這個地方。阿嘉莎大可去一個小一點、便宜一點的地方，過著悠閒的生活，然而她太享受在綠徑屋當個熱情好客的鄉村女士，因此在短暫休息後，她又回頭寫書賺錢來支付這一切。

有關必要修繕的信件開始頻繁抵達，令人沮喪。有一份關於供水系統的報告讓人聞而生畏：「牛好像會去喝水。」[9] 阿嘉莎也很快得知，要維護三十三英畝的休閒庭園成本很高，她乾脆試著利用陽光充足又有圍欄的菜園，經營小農蔬果供應的生意，她請來一位麥克佛森太太（Mrs MacPherson）負責把農產品推銷給顧客並記帳，處理「溫室實際作業」，渡輪小屋則提供給她作為住宿。[10]

科克盡量與綠徑屋保持距離，但有一次阿嘉莎不在的時候，他被迫緊急來一趟。他明白她想做什麼，也對這項工作規模之大感到絕望。「我從來沒有見過像綠徑屋這麼可愛的地方，」他寫道，

一切都那麼清新優雅，有如美夢，但這是個浩大昂貴的夢想……稅務人員不相信目前的基礎能夠合理地商業營運，我的看法相同。[11]

雖然科克「只是」文學經紀人，他發現自己參與阿嘉莎的生活越來越多。她有諸多要求：要古籍珍本、要楓糖、要舞台劇門票，在科克的員工之間變得相當惡名昭彰。「阿嘉莎要求的東西有些真的很麻煩，」其中一位抱怨。[12]

科克意識到僱用麥克佛森太太是個災難。她訂購各種物品的未付賬單開始寄到他的辦公室，等到她以阿嘉莎的名義欠下八百英鎊的債務，大家才發現這個可憐的女人有賭博問題，還企圖自殺。

科克覺得空有熱忱但沒有商業頭腦的園丁長伯特・布里斯利（Bert Brisley）也有問題，麥克佛森太太的事件過後，布里斯利也被解僱，由技術高超的法蘭克・萊文（Frank Lavin）取而代之。當阿嘉莎在布里克瑟姆園藝協會展獲得十八個一等獎，有人問她成功的祕訣是什麼，她回答：「一流的園丁。」[13]

綠徑屋裡逐漸充滿了阿嘉莎消費購物的戰利品，購物是她最主要的壞習慣之一。儘管稅務問題在身，她還是無法克制對老家具、陶瓷和銀器、現代藝術的熱愛。房子變成了一個寶庫，堆滿了奇特漂亮的東西，不分你我地擠在一起。從庫存目錄裡隨便挑一頁，上面列了：「十二吋青銅公牛，附橡木架、瓷頭骨與青蛙蓋、兩個羅金厄姆（Rockingham）*農舍裝飾品、一對裝飾了仿紅寶石的中國黃銅斧頭。」[14]綠徑屋變得越來越像梣田。

這裡的餐點也很像愛德華時代米勒夫婦當家時那麼輝煌，其中一些還是阿嘉莎親自製作的。「我喜歡醬汁，」她解釋道，「用貝類和酪梨來發想真的很不錯。」[15]一個朋友收到邀請函如此寫著，「八點半左右來**吃一大堆魚子醬**，在你聽起來還算吸引人嗎？」[16]不過，現

* 譯註：十九世紀時英國著名的陶瓷生產商。

在阿嘉莎樂於不下廚，她很興奮找到了一位新廚師：「她做的酥皮餡餅！還有舒芙蕾！」[17]「我吃太多了，」她說，但沒有一絲悔意，因為「不偶爾放縱食慾一下還算什麼人生？！」[18]

阿嘉莎現在完全無視任何節食的社會壓力。一個久沒見面的乾女兒，見面時「直截了當地說……你好**胖**。我記得你是瘦的啊！」[19]在實行食物配給的年代，奢侈的最高點就是油膩膩的食物，阿嘉莎在一九五二年點的一份午餐包括：法式焗龍蝦（lobster thermidor）（龍蝦肉在葡萄酒中煮熟，與格呂耶爾起司〔Gruyère〕、蛋黃和白蘭地製成的醬汁混合，放回龍蝦殼中燒烤）和卡納佩蒂安（Canapé Diane）（吐司切小塊塗奶油烤過，上面點綴培根和雞肝）。[20]

馬修回憶一九五〇年代夏天在綠徑屋的午後慣例：「濃縮鮮奶油、果醬、司康、紅茶，尼瑪比我更熱衷，」她喝茶用的大杯子外面寫著**別貪心**，但她可從來沒有要配合這句話的意思。」[21]對於這個失去父親的外孫，阿嘉莎一直密切參與他的生活。來到綠徑屋的客人被告知入住須知：

阿嘉莎與孫子馬修。圖片來源：Christie Archive Trust

「住在這間房子裡的人想做什麼就做什麼。大部分的人早上會打板球。」這是為了馬修而安排的，多年夏天過去，他的技術越來越好，以至於最後他得換成用左手跟外婆還有她的朋友們打球。[22]（「女人不打板球，」坎普探長在《魂縈舊恨》（*Sparkling Cyanide*）裡說道。但雷斯上校微笑回答說：「其實打板球的女人很多。」）[23]

一九四九年十月，蘿莎琳再次意想不到地邀請母親參加婚禮。蘿莎琳的第二次婚姻跟第一次一樣低調，在肯辛頓戶籍登記處登記成婚。[24]她以一種隨性的方式把母親叫到城裡來參與這個場合：「這是一個深深的黑暗祕密，不要讓任何人知道，我不覺得會有人想來，但你一定要到場……絕對不要打扮得太時髦。」[25]

蘿莎琳的新夫婿名叫安東尼．希克斯（Anthony Hicks），讀的是法律但沒有執業，麥克斯覺得他這個人「擁有天生才華，但沒有一絲個人野心」。他有一頭黑髮，有用手指頭捲著頭髮玩的習慣。他的新岳母在劇作《捕鼠器》裡把這個當成「露餡的線索」，描述某個角色雖然外表發生了變化，但還是因為這點而被另一個角色給認出來。麥克斯描述安東尼「擁有許許多多令人意外的知識」，包括優質葡萄酒、梵文和許多其他神祕主題。[26]

「我想你會看到馬修很開心，」蘿莎琳向她的母親保證，「他總是要求他待久一點，我真的不覺得他會吃醋。」[27]他確實沒有：馬修形容他的繼父「文靜、機智、博學、忠誠」。[28]他完全融入這個家庭。麥克斯認為，安東尼是「我所認識最善良的人」，而善良正是寂寞的蘿莎琳最需要的。[29]安東尼後來參與經營阿嘉莎的綠徑屋，擔任菜園經理並在實務上支援各種活動，是為他的職業。

而且，阿嘉莎對綠徑屋的雄心壯志多麼需要人力啊，那裡的生活從來不曾順暢無事或照計畫進行，小說家艾德蒙・克里斯賓（Edmund Crispin）如此描述他的造訪：

> 非常隨興，屋裡有一間巨大的餐廳，永遠不知道會擺出什麼樣的餐具。你可能會用喬治時代的銀器用餐，或是伍爾沃斯超市的餐盤；可能會用十八世紀波特酒醒酒瓶倒葡萄酒，或是用阿嘉莎購物時找到的廉價玻璃杯喝酒。在場有孩子和狗，還有絕不乏味的談話。[30]

阿嘉莎知道，維持這個巨大、慷慨、好客的家的願景是在自找麻煩，但她卻放不下。她曾為此與蘿莎琳爭吵而道歉，「事實是，」她寫道，「我對綠徑屋有種內疚的感覺……我是

蘿莎琳在二十五歲時喪偶，後來找到了個性善良的第二任丈夫安東尼・希克斯。這張攝於綠徑屋的幸福家庭夏日合照，左起是安東尼、馬修、阿嘉莎和蘿莎琳。圖片來源：Christie Archive Trust

個該死的老巫婆。」她不顧經濟因素堅持保住她的房子，「因為我非常愛它。」[31]

綠徑屋的夏天對阿嘉莎來說變得越來越重要。因為在庭園圍牆之外，她的名聲和她的事業給她帶來了新而緊迫的壓力。

第三十二章 巴格達風雲

當安東尼・希克斯以王儲之姿進入阿嘉莎的宮廷，紓解了日常壓力，她再次把注意力放回做個考古學家的妻子。

麥克斯在一九四七年離開英國皇家空軍，打算回歸職涯。戰前的考古學適合阿嘉莎和麥克斯，如同阿嘉莎的說法，那是「私人事務，而【我們】是非常注重隱私的人。」[1]可是戰後的考古學不一樣了，現在考古學不再像是私人俱樂部，而是一種公共服務。

倫敦大學考古研究院當時位在攝政公園裡的一棟大樓，戰爭期間在臨時院長凱斯林・肯揚（Kathleen Kenyon）的領導下維持運作，但和許多女性面臨的情形一樣，當男性從戰場回來之後，她就得辭掉職務。一九四六年，著名澳洲考古學家維爾・戈登・柴爾德（Vere Gordon Childe）接任院長，朋友們催促他為麥克斯找點事做。他提議在西亞考古學領域安插新的系主任，但不會對外招聘，因為「我們不認為這樣做有什麼好處」，[2]於是麥克斯成為馬洛溫教授。

麥克斯的新工作是有薪水的，考古圈內的傳聞宣稱是阿嘉莎「贊助」了他的職位，[3]然而大學帳冊裡沒有這筆金錢紀錄，以免損害男性尊嚴。薪資會循非正式管道直接加到他的大學收入。科克為了替阿嘉莎節稅，向她建議「麥克斯今年四月五日之後再領薪水會比較好，因為你四九到五〇年度的收入特別多。」[4] 麥克斯也透過阿嘉莎的出版商好友艾倫．蘭恩得到工作，蘭恩僱用麥克斯編輯考古學的書，贊助他的考古挖掘，不只提供資金，還寄了大量斯蒂爾頓（Stilton）* 起司到挖掘現場。

「我很幸運能找到這份工作，」麥克斯寫道，他已為自己最喜愛的生活做好了準備。[5] 他每天從切爾西區國王路轉角天鵝閣（Swan Court）的倫敦新家去上班，切爾西當時仍充滿藝術氣息和創意。天鵝閣類似草坪路公寓，是建於一九三一年、生活機能良好的公寓大樓，頂樓有十六戶採光良好的「藝術家小套房公寓」。[6] 麥克斯和阿嘉莎的公寓凌亂、舒適，與宏偉完全相反：家裡的古老沙發「面料磨損，彈簧嚴重損壞」。[7]

麥克斯也去「他的」沃陵福房子度週末，暑假在綠徑屋度過，每年有五個月去西亞進行挖掘。他寫道在研究所時，「我一走進大樓裡，幾百個人拜倒在地，大多是女性……我只想關上研究室的門看我的書。」不過他自己可能也挺意外的，後來他愛上教書，還有「幫助他人思考」。[8]

在實地考察的部分，麥克斯現在決心進行一項後來令他成名的計畫：他要調查伊拉克南

---

* 譯註：原產於英國的起司，共有兩種，包括加入青黴素發酵的藍紋起司以及不含青黴素的白起司。

部一座名為尼姆魯德（Nimrud）的古城，地點在摩蘇爾以南二十英里。在古代，這座城市被稱為迦拉（Kalhu），考古學家今日也是如此稱呼，但麥克斯那一代的人稱其為尼姆魯德。

他胸懷大志，希望他在那裡的努力能夠與亨利．萊亞德爵士（Sir Henry Layard）一個世紀前的發現和聲望相媲美。一八四五年至一八五一年間，萊亞德發現了巨大的有翼公牛石像（stone winged bulls），至今仍給大英博物館訪客留下了深刻的印象。但從那時之後，尼姆魯德一直沉睡著未受打擾。

對麥克斯的計畫至關重要的一點，是伊拉克的政治局勢相對地不那麼排外。戰爭期間，英國再次控制伊拉克，石油是原因之一。如同歷史學家艾蓮諾．羅布森（Eleanor Robson）解釋的，「壟斷的伊拉克石油公司只在名義上屬於伊拉克，事實上公司註冊在倫敦，由英國石油公司（BP）*、殼牌公司和美國石油生產商財團等西方大公司共同持有。」[9] 麥克斯的探險隊實際上是英國在該地區軟實力的觸角，他的工作與英國的其他關注點包括工業和軍事交織在一起。他的探險報告顯示，除了伊拉克石油公司借出一台推土機外，帝國化學工業（Imperial Chemical Industries）公司還提供了材料，英國皇家空軍提供空拍照片。[10]

不過在前往尼姆魯德之前，麥克斯的團隊在巴格達建立了一個基地。這是伊拉克英國考古學院的復刻版，麥克斯被任命為院長。一九四八年十月，一位叫羅伯特．漢密爾頓

---

* 譯註：目前名稱為BP公眾有限公司。

（Robert Hamilton）的考古學家被派到巴格達租用校地。「我找到理想的校舍，」他寫道，「有很多不同大小的房間。」他「在巴格達滿城跑，買了鋁鍋、門墊、清潔液、沙丁魚和茶杯。」[11]

阿嘉莎於一九四九年一月十八日與麥克斯抵達那裡，逐漸喜歡上這座河岸邊的老房子，它有涼爽的庭院，戶外陽台邊棕櫚樹搖曳。麥克斯工作的時候，她自己的生活平靜而富有創意：「每天到露台上曬太陽，看看底格里斯河，真是太好了。休息，坐在陽光下，想一些有趣的謀殺案，家裡的壁爐才有柴火能燒。」[12]有一張阿嘉莎在陽台上吃早餐的照片，她穿套裝、戴著珍珠項鍊，一邊看書，一邊從圓形棕色茶壺倒茶。經過了戰時的英國，這是多麼幸福。

學校日常事務由另一位考古學家管理，她以一個小角色進入我們的故事，但在後來的幾年裡會佔有重要位置。芭芭拉．帕克（Barbara Parker）正式來說是祕書兼圖書館

阿嘉莎在英國考古學院的陽台上吃早餐，俯瞰巴格達的底格里斯河。圖片來源：Christie Archive Trust

員，不過她也做很多別的事。芭芭拉身材高挑優雅，曾是時尚品牌沃斯（House of Worth）的模特兒，後來研讀中國藝術和考古學。剛修業合格的她到現在的以色列挖掘，期間一名同事被槍殺。她回到倫敦，閃電戰期間在消防隊服役。

同事形容芭芭拉・帕克「做事雜亂無章」、「粗心」、「可愛」和「極其善良」，這些特質導致她樂於助人，而忽略了自己作為碑銘學家的學術工作。但漢密爾頓的評價客氣多了，形容她「忠誠、勤奮、能夠隨機應變」，指她全心全意幫助麥克斯完成事務，麥克斯卻不斷開她玩笑作為回報。[13] 麥克斯的一名學生把芭芭拉形容為他的「奴隸」，[14] 她身邊的人覺得她是那種無法不被別人利用的人，阿嘉莎稱呼她「殉道者聖芭芭拉」（Saint Barbara the Martyr）。一九五〇年代被取笑的她，現在被視為整個二十世紀考古學之中樸實做事的女性成員之一，是她們的工作成就了

也是在綠徑屋，阿嘉莎坐在左邊，麥克斯站在桌子後面。阿嘉莎旁邊是芭芭拉・帕克，麥克斯那位聖人般的考古助理，後來成為他的第二任妻子。圖片來源：Christie Archive Trust

男老闆們撰寫的引人注目的書籍。

阿嘉莎在伊拉克寫的其中一本書裡，《巴格達風雲》（*They Came to Baghdad*，一九五一年），描述了英國學校使用的房子。寫這本書的主要目的是為了把這次旅行歸類為商務開支，這是一部「驚悚小說」，而不是偵探小說。她的出版商看得出來她並沒有用心在寫。「我很難相信，」柯林斯的一份審書報告寫道，「克莉絲蒂夫人並不是只把這本書當笑話看待。」[15]

但《巴格達風雲》有趣之處，在於它初次意識到英國在伊拉克的地位不再穩固。戰爭期間，麥克斯決定返回西亞後要改變做事方式：「我們不能再站遠遠的，與當地人保持距離。」[16] 在阿嘉莎的作品中，本書第一次包含了重要的伊拉克角色。女主角維多莉亞從遊客搖身一變為間諜，只因為招募她的政府機構找不到人。在她之前的特工卡麥柯是愛德華時代的人，出身伊頓公學。維多莉亞只是個小小的打字員，但她擁有卡麥柯和當權派似乎缺乏的重要特質：常識。[17]

不過，巴格達只是麥克斯於一九四九年至一九五八年間前往尼姆魯德挖掘途中的一站，尼姆魯德距離偉大的底格里斯河有一英里的距離。「多麼美麗的地點，」阿嘉莎寫道，「巨大的亞述人頭像從土裡冒出來。某個地方還看到有翼神靈的巨大翅膀……平和，浪漫，充滿了歷史。」麥克斯在這裡探查了亞述國王亞述納西爾帕二世（Ashurnasirpal II）的家，這位強大的君主曾在宮殿的喬遷派對上招待了七萬名賓客。麥克斯的團隊在這裡找到許多珍寶，但要等到過了麥克斯的年代，接續他在伊拉克挖掘的穆扎希姆．馬哈茂德．侯賽因（Muzahim Mahmoud Hussein）才發現了國王的偉大黃金寶藏。

與以往一樣，挖掘隊碰到的障礙不僅包括要在哪裡挖才對，還包括管理一群在麥克斯看來心懷不滿又沒秩序的本地工人。有些是戰前幫麥克斯挖掘過的工人，因此「稱阿嘉莎為他們的阿姨」。[18] 現在出土報告用阿拉伯語和英語書寫，挖掘者的工資比以前高了一點。[19] 但是工資爭議仍在，用「鎚矛（maces）和刀子」解決，「導致一些人頭破血流。」[20]

在尼姆魯德發現的物件，包括多到令人難以置信的精美象牙雕刻。據考古學家友人瓊．奧茨（Joan Oates）的說法，阿嘉莎對考古學最大的貢獻：

> 她幾乎自己一個人重組了一九五三年從一口井裡發現的三十多塊木頭和象牙寫字板。這裡頭包括好幾百塊非常小又非常相像的碎片，就像她最愛的拼圖遊戲。[21]

阿嘉莎本人也以她的成果為榮：

> 我有自己喜歡的工具……一根橘色的棒子，有可能是一根細的編織棒針；某一年挖掘季有位牙醫借我他的工具，準確來說是給了我；一罐潔膚霜，我發現這比其他東西都好用，可以輕輕地把污垢從縫隙裡推出來……多麼令人興奮啊，做這個需要耐心，細心，還有細膩的

觸感。

她也拍照，照片是必要的。「在不通風的小暗房裡工作了一上午，渾身是汗地」走出來。[22] 就像在醫院工作的日子一樣，她非常高興能成為忙碌的尼姆魯德團隊的一員，身邊都是她信任的人。

阿嘉莎記述的挖掘經歷和奧茨的一樣，通常會強調她工作中的女性特質：複雜的勞動、細膩的觸感、面霜。但其實這不是她最重要的貢獻，這只是身為考古學家的妻子能做的最為社會接受的貢獻。

她的另一個任務是坐在探險隊營舍裡，透過牆上的小窗口把工資交給工人。有時來參觀的遊客會說：「來看那些正在領工資的人，是阿嘉莎．克莉絲蒂在發錢給他們。」[23]

確實是阿嘉莎在發錢給他們，因為一開始就是她出錢，挖掘計畫才可能執行。除了資

一九五〇年代，麥克斯和阿嘉莎在伊拉克尼姆魯德（又稱迦拉）古遺址進行挖掘工作。阿嘉莎覺得這個地方「平和，浪漫，充滿了歷史」。圖片來源：Christie Archive Trust

助個人探險隊之外，英國考古學院也是她出的資金。例如在一九五三年，她將《黑麥滿口袋》（*A Pocket Full of Rye*）的收入捐給了學校，因為如同她的經紀人說明的，「紐約大都會博物館終止對學院的贊助……意味著阿嘉莎丈夫的畢生心血可能因缺乏資金而無法繼續進行。」[24]

當然了，在挖掘現場，阿嘉莎表現得好像麥克斯才是負責人。團隊成員很快就意識到，他們應該把老闆的妻子當作團隊成員。一位考古學家形容她「除了在朋友身邊、以及知道不要討論她的寫作的團隊成員之外，她是個很害羞的人」。[25] 然而與此同時，大家也都知道她不只是團隊成員。「麥克斯十分暴躁，」瓊・奧茨解釋，「他常會發火……她只要輕輕說一句『好了，麥克斯，』，他就會停頓片刻，無論他當時為了什麼而發怒都會放下。」[26] 伊拉克英國考古學院改制之後的組織* 主席保羅・柯林斯博士（Dr Paul Collins）說：「我感覺她像個女王，她能做決定。」[27]

根據一般說法，阿嘉莎在挖掘地生活的好處之一是她能擺脫人數越來越多、要求也越來越多的民眾，但這也不是事實。阿嘉莎出現在尼姆魯德這件事就是個觀光景點。她是伊拉克石油公司贊助挖掘活動的關鍵人物，艾蓮諾・羅布森寫道：「為了向伊拉克石油公司借用起重和運輸設備，高層的妻子們得到與阿嘉莎喝茶的機會。」[28] 某一年挖掘季，一千五百多名

* 譯註：改制之後為英國伊拉克研究學會（British Institute for the Study of Iraq）。

遊客來到這裡看挖掘地點和阿嘉莎，「有演習中的軍官，有坐巴士來的孩子，有教會高階人員，甚至還有騎驢抵達的當地人……阿嘉莎坐在長桌的一邊，面前擺了咖啡壺或茶壺，招待不分貴賤。」[29]

阿嘉莎盡了她的義務，但也付出了個人代價。瓊・奧茨記得她某次真的被圍住：

遠遠看到一輛車開過來，阿嘉莎總是走進自己的小房間，鎖上門。有兩個來自芬蘭的年輕人要看阿嘉莎・克莉絲蒂，而且是非看到不可，他們知道她在，為了看到她……他們居然跑去敲門。[30]

阿嘉莎在尼姆魯德的另一種女王感是食物。英國稅務法允許扣除業務支出，阿嘉莎就把它定義為幫她的書增添「地方色彩」，因此阿嘉莎幫探險隊買食物來節稅，這當然也是一大樂事。她派廚師去商店，還叮囑一句：「別忘了鮮奶油。」[31]因此，考古學家們得以享用「由我們的印度籍廚師用煤油加熱的紙箱製作的烤箱奇蹟似地烤出來、淋上濃厚水牛鮮奶油的熱巧克力舒芙蕾。」[32]

即使有這麼多活動在進行，阿嘉莎仍然必須寫書來資助下一季的挖掘工作。因此在一九五一年，在一段與維吉尼亞・吳爾芙相呼應的著名段落裡，她描述她請人在挖掘隊營舍擴建一個空間：

我花五十英鎊蓋了一個小小的方形磚房，我們的碑銘學家唐納・懷斯曼（Donald Wiseman）用楔形文字安了一個標牌，說明這是阿嘉莎之屋（Beit Agatha）*，我每天走進阿嘉莎之屋，做一點自己的工作。

標牌很快又被拆除，以免遊客找到阿嘉莎的隱居處。她的祕密房間面向庫德斯坦（Kurdistan）山脈，裡面有一張自家製的桌子，上面放著「她的打字機，和一大堆用陶片和一堆平裝書固定的文件。」[33]麥克斯說，阿嘉莎在這裡度過了每天早上的一部分時間，快速把下一本書打出來，「在一年又一年的挖掘季，超過六本都是這樣完成的。」[34]

但這些年度探險活動最終還是結束了。一九五八年，隨著伊拉克走向革命，緊張局勢

考古學家和考古學家住在「探險隊營舍」裡，阿嘉莎整個上午都在寫小說，她必須賺錢來資助下一季的挖掘工作。
圖片來源：Christie Archive Trust

* 譯註：Beit，阿拉伯文字或希伯來文字，指房屋。

日益加劇，伊拉克民族主義再次高漲。一九五五年，尼姆魯德的第六個挖掘季進展並不順利，六十四歲的阿嘉莎得了膀胱炎，必須送醫。四月，一場颶風幾乎掀了挖掘隊營舍的屋頂。漢密爾頓認為麥克斯「處理探險隊的運作不像往常一樣完善」。[35]

而且麥克斯偏好的老派尋寶式考古學，其重要性逐漸不如年輕同事的「科學」方法。做他的女學生聽起來特別考驗人，當他把「一名女學生惹哭」，他還以為溝通才剛開始有所進展，把這件事描述為「完全有益健康」。麥克斯仍然在目前已被認為相當守舊的《倫敦新聞畫報》發表文章，他公開對自己的職業「遭到專業精神的粗暴壓迫」表示遺憾。[36]正如一位考古學家所說的，「麥克斯和阿嘉莎把挖掘工作運作得像在異國情調的環境辦私人家庭派對一樣」，那種「無憂無慮的日子」就要結束了。[37]

一九五七年是麥克斯擔任領隊的最後一個挖掘季，一九五八年七月十四日，伊拉克哈希姆君主政體結束，新的共和政權上台。但麥克斯停止挖掘的真正原因是阿嘉莎已經六十七歲，沒有體力再一起同行。他的考古挖掘職涯結束了，從開始到結束，阿嘉莎都是他的合資企業的重要夥伴。

回到英國，麥克斯埋頭寫他的代表作《尼姆魯德及其遺跡》（*Nimrud and It Remains*，一九六六年）。這次又多虧他的妻子才能出書，企鵝圖書拒絕了企劃，科克為了做人情而接手。在美國的哈洛德·歐伯興趣缺缺，形容這本書「叫尼姆魯德什麼什麼的，我看不懂其他內容，推測是有關考古學。」[38]

雖然麥克斯的名字出現在封面，阿嘉莎只出現在題獻辭頁，但這本書實際上是他們共同的成就。在他們的名字背後，還有芭芭拉・帕克、其他助手以及數百名實際進行挖掘工作的伊拉克工人的貢獻。決定書名時，麥克斯把自己定位成伊拉克考古學之父亨利・萊亞德爵士的傳人，《尼姆魯德及其遺跡》書名是仿效一八四九年的《尼尼微及其遺跡》。[39] 阿嘉莎也在自傳裡做了同樣比對，描述偉大的古城卡魯或稱迦拉（Kahlu or Calah）：

沉睡著……萊亞德來擾亂它的平靜。迦拉-尼姆魯德再次沉睡……麥克斯・馬洛溫和妻子來到此地。現在迦拉又沉睡了……下次來打攪的會是誰？

這個問題的答案是伊拉克、義大利和波蘭考古學家組成的團隊。但他們多年的辛苦工作卻遭到令人震驚的暴力干預，二〇一五年，伊斯蘭國（IS）武裝部隊將古遺址的遺跡夷為平地，他們的行為被聯合國教科文組織認定為戰爭罪，其動機是「抹滅伊拉克人民所有的歷史痕跡」。[40] 阿嘉莎在尼姆魯德的寫作室在二〇〇〇年代初期荒廢倒塌，但二〇一五年時，連接的磚造探險隊營舍仍然倖存，它的最後一刻被記錄在影片裡並發佈到網路上，就是伊斯蘭國用炸藥將其炸到半空中時的錄影片段。[41]

遺址被毀，似乎是尼姆魯德故事的結束。但尼姆魯德專家艾蓮諾・羅布森後來前往當地評估損害，她發現放炸藥是為了製作有效的宣傳影片，而不是為了徹底破壞遺址。金字形神塔雖然不在了，但遺址的其他部分大都完好無損。羅布森談到損壞時說：「雖然一片凌亂，但並非無法修復。」[42]阿嘉莎和麥克斯營舍的一堵牆仍然矗立著。「我們會在二〇二〇年重建這座傳奇之屋，」當地考古學家卡里丁・納賽爾（Kheiriddin Nasser）說，「它對我們來說具有強烈的情感價值。」[43]

因此尼姆魯德依然存在，沉睡著，等著下一個世代出現。

第三十三章　戰後的克莉絲蒂樂園

戰後回到綠徑屋，先鬆了一口氣之後，阿嘉莎和很多英國人一樣，都覺得和平有點令人失望。

「這是戰爭留下的餘波，」阿嘉莎寫的一個角色在《順水推舟》（*Taken at the Flood*）（一九八四年）裡說道。「在火車上、巴士上和商店裡，敵意、不舒服的感覺無所不在。」一九四〇年代末和一九五〇年代，克莉絲蒂樂園的許多居民面臨中產階級生活水準下滑，他們不是要改善生活水準，只是想牢牢掌握自己所擁有的東西，新的福利國家能給他們的很少。阿嘉莎認為它提供了：

> 免於恐懼的自由，安全，每日的糧食，以及比每日糧食再多一點的東西。但在我看來，目前在這個福利國家，一年比一年更難展望未來。

然而出了克莉絲蒂樂園，這些擔憂就開始顯得狹隘。一九五〇年代，阿嘉莎的商業成功更勝以往，她的書銷售量直上雲霄，因為她道出了她的讀者感受到的帝國懷舊情緒和不安全感。但與此同時，她的文學聲譽開始下滑，自此之後她開始逆著潮流書寫。來自不同階級的不同作家將會主導對話，如金斯利・艾米斯（Kingsley Amis）、約翰・福爾斯（John Fowles）、菲利普・拉金。一九二〇年代和一九三〇年代，現代主義作家搶走了書賣得比較好的中庸中產階級（通常是女性）作家的聲望，現在輪到「憤怒青年」（Angrey Young Men）*做同樣的事。

即使在偵探小說界也有憤青，雖然其中比較重要的人物，像是達許・漢密特（Dashiell Hammett）已經不算年輕了。融合暴力及厭女的冷硬派（hard-boiled）偵探小說，從戰前就從美國滲透到英國。阿嘉莎對冷硬派小說評價不高，瑪波小姐也是。珍・瑪波聽說過漢密特先生：「我侄子雷蒙告訴我，他被視為所謂『硬漢』文學風格的第一把交椅。」[1]

瑪波小姐或許嘲笑「硬漢」文學，但她的創造者的作品其實也以自己的方式變得「更強硬」。根據歷史學家妮可拉・杭博的說法，一個新主題出現在戰後英國所有中庸品味小說中：一種「偏執的警覺心」。由於生活方式受到威脅，這些小說裡的人轉向內心，轉向自己，玩殘酷的「排他和貶低別人的遊戲」。[2]正如瑪波小姐觀察到的，舊的社會規則不再適用：「十五年前，大家都互相認識。」

* 譯註：指一九五〇年代在作品裡表現出憤世嫉俗情緒的英國青年作家和評論家。

人們對階級失去信心，有一部分原因是中產階級收入減少。追求富足安逸生活的主題在《謀殺啟事》（*A Murder Is Announced*，一九五〇年）裡不斷出現，書裡提到當地報紙刊登了「急徵家事幫傭」，還說「除非家裡有個老奶媽」，否則根本沒人整理家務。

許多大宅邸的女主人現在得親自做家務，即便是住在阿布尼公館的瓦茨家族這種富貴人家也一樣。阿嘉莎的姐姐瑪琪五點半起床「整理」家裡，她「撣灰塵、打掃房間、掃地、生火、擦黃銅器、擦家具，然後開始叫大家起床喝早茶」。瑪琪的持家方式收錄在《謀殺啟事》，牧師的妻子同樣很早起床，「點燃鍋爐，像蒸汽機一樣忙進忙出，到了八點所有的事就做完了」，還英勇地聲稱大房子不會比小房子更難保持乾淨。

失去原本的階級身份甚至可以成為殺人動機，在《葬禮變奏曲》裡，紀奎絲小姐因為恨自己不得不做卑下的支薪伴護而行兇。她曾經是茶館老闆，但因為戰爭期間買不到做蛋糕的雞蛋，而不得不關店。書中其他角色因為這名「淑女兇手」感到很吃驚，但在一九五〇年代，阿嘉莎的讀者對於失去獨立和身份地位都有共鳴。

紀奎絲小姐拿短斧砍死雇主，是個格外兇殘的兇手，阿嘉莎戰後寫的小說對兒童也比較不和善。她對兒童從不感情用事：例如在《謀殺不難》，她一派輕鬆地寫到一名男童被殺，實在令人捏把冷汗。她在《畸屋》（*Crooked House*，一九四九年）裡甚至還寫了個兒童兇手，並相當滿意自己的創作，後來還稱《畸屋》是她寫過的書裡自己很喜歡的一本。

但就算阿嘉莎的書裡出現一種新的懷舊之情，她也沒有讓它成為焦點。在《無辜者的試煉》（*Ordeal by Innocence*，一九五八年），一個男孩「嘴上唸的心裡想的都是太空船」。阿嘉莎仍然熱愛未來，她在一九五六年受訪，訪談內容刊登在人造絲和通用電氣（General Electric）電視的雜誌廣告頁面之間（「進步是我們最重要的產品」）。她對記者說她「熱衷於科幻小說」，「因為它為神祕的發明提供了美好的新視野。」[3]麥克斯的侄子約翰．馬洛溫（John Mallowan）曾經與叔叔和阿嘉莎嬸嬸一起過學校假期，「我給她看科幻小說，」他說，「她來者不拒。」他也慫恿阿嘉莎，在新建的M4高速公路上把她的新款Wolsey 1500（譯按：應為Wolseley）開到極速八十五英里，[4]她不需要太多鼓勵，因為她一直就很熱愛速度。

阿嘉莎對現代生活的熱情，是她不斷令人驚奇的地方。克莉絲蒂的一個手法是在情節中使用當代新聞，她的驚悚小說《未知的旅途》（*Destination Unknown*，一九五四年）讓人想起間諜克勞斯．富赫斯（Klaus Fuchs）（一九五〇年身份曝光）和布魯諾．龐蒂科夫（Bruno Pontecorvo）（一九五〇年叛逃至蘇聯），後者曾經在哈威爾（Harwell）的原子能研究機構工作。[5]劇作《捕鼠器》源自一九四五年真實事件，一名被領養的男孩丹尼斯．歐尼爾（Dennis O'Neill）遭虐死，當局進行公開調查。

除了真實事件，阿嘉莎也一直對真實地點很感興趣。《五隻小豬之歌》（一九四二年）用上綠徑屋的庭園為場景，《弄假成真》（一九五六年）輪到船屋當犯罪現場。利用實際地點來幫助設計謎團的做法，也是一種「克莉絲蒂手法」。為了寫《謀殺啟事》，阿嘉莎說動鄰居進來家裡的客廳，請他們描述燈忽然關掉之後他們看到了什麼。「他們看到的，更有意思的是他們沒看到的，」這些都成了書裡的關鍵要素。小說出版之後，其中一位參與者才意識到自己參加了小說家的田野實驗。[6]

阿嘉莎有時候並沒有意識到她把生活融入藝術裡。她在美國方面的事務，逐漸從哈洛德・歐伯手中移交給一位新進文學經紀人桃樂絲・歐丁（Dorothy Olding）處理，當歐丁第一次讀《破鏡謀殺案》（一九六二年），她「非常不安」，擔心阿嘉莎會把德國麻疹對懷孕的影響寫進書裡，[7] 她擔心的事發生了，麻煩在於真實生活中的女演員吉恩・蒂爾尼（Gene Tierney）有同樣的經歷，她跟書裡的電影明星一樣被粉絲傳染，結果生下了一個殘疾的孩子，這個情節看起來會像是利用。《破鏡謀殺案》確實引發了眾多投訴：「描述蒂爾尼小姐的煩惱和憂傷，實在是沒必要的殘酷做法。」[8] 但在英國的科克為阿嘉莎強力辯護，「聽起來或許不可思議，」他承認，但阿嘉莎「並不知道那位女演員的事」。[9]

阿嘉莎也因為一直沒意識到反猶的問題，而冒犯了一些人。在《謀殺啟事》裡登場的不幸難民米茲（Mitzi）被當成一個笑料，她害怕警察「會把我送進集中營」，這是個非常不好笑的笑話。[10] 一九四七年和一九四八年時，《池邊的幻影》（一九四六年）在美國收到了最多投訴，讀者認為，阿嘉莎描寫一個「刻薄小猶太人」的「聲音刺耳」，是反猶主義的刻板印象。後來美國的反對不容異己委員會（Council Against Intolerance）接受申訴，要求阿嘉莎的出版商在新版書中刪除所有反猶內容，而且一路回溯到《藍色列車之謎》。[11] 阿嘉莎的團隊在這個問題上瞻前顧後，「你若有機會跟她談話，」她的美國經紀人建議她的英國經紀人，「告訴她，未來不要再提到猶太人會比較明智。」[12]

當然，作者的觀點和她筆下角色的觀點是完全不同的兩回事，阿嘉莎常因為《玫瑰與紫杉》裡有個角色批評另一個人的腿是所謂「平民」的腿而遭受譴責。如果這是阿嘉莎自己的觀點，當然就是「醜陋的階級偏見」，[13]但在書中，讀者是透過一個有點荒謬的敘述者的眼睛來看那個人的腿。阿嘉莎是從住在托基朋友瑪格麗特．露西（Marguerite Lucy）口中引用這句話，她曾經如此描述一個人而被嘲諷：「可惜他長了兩條很平民的腿。」[14]在不同的時代，原本的諷刺意味或許完全讀不出來。

不過，當阿嘉莎賦予筆下角色令人反感的觀點，但與揭露角色性格或推動情節無關的時候，那就一定會引發眾怒。科克不想負責跟阿嘉莎說她反猶太主義的問題，但他確實在一九五三年寫了一封信給她的美國經紀人，吩咐他們「未來如果書裡有不討喜的角色是猶太人，直接把『猶太』兩個字拿掉。」[15]他這麼做等於默認阿嘉莎自己無法處理這個問題。

一般刻板印象在阿嘉莎的作品裡是如此不可或缺的一環，以至於她一直沒有放棄，即便她實在不該再繼續使用了。「外國人」就是阿嘉莎使用不當的一個經典例子。白羅以他的國籍當作保護傘：《ＡＢＣ謀殺案》的兇手被逮到的時候，大喊「你這個可惡、自大無禮的矮子外國人！」在《無辜者的試煉》則是相反，家族律師引導讀者不去懷疑瑞典籍角色（其實這位才是真兇），因為如果是「外國人」下的手就太明顯了。《池邊的幻影》裡「尖酸刻薄的猶太女人」的問題在於，書裡提她的宗教信仰只是為了讓她更討人厭，很可惜阿嘉莎的手法不再像從前細膩。在以學生宿舍為背景的《國際學舍謀殺案》（一九五五年）裡，阿嘉莎試著引入兩個角色「錢卓・萊爾」和「艾基班博先生」處理當代種族關係，這本書的書評很差。《星期日泰晤士報》的法蘭西斯・艾爾斯（Francis Iles）認為本書沒什麼說服力：「所有外國人都很好笑，但有色人種外國人更好笑，」伊夫林・沃則認為本書是「一堆廢話」。[16] 阿嘉莎曾經很擅長玩弄刻板印象和讀者預期，但隨著年歲漸長，這對她而言變得越來越困難。

戰後這些年裡，阿嘉莎減少產量，不像一九三〇年代寫得那麼多。她覺得寫得再多也只造福了「稅務局，他們把大部分錢花在愚蠢的事情上。」[17] 但她還是相當多產。她漸漸培養出一個工作模式，以六週時間努力工作，在三月交付手稿，聖誕節出版。她會過一個長長的暑假，「閒暇懶散的美好日子」，再計畫下一本書。[18]

她在一九五五年的廣播節目裡低調談及自己的專業精神。「令人失望的事實是，」她聲稱，「我沒有什麼方法。我用一台古老而忠實的機器打出自己的草稿。」[19] 然而，即使那台「古老的打字機」也只是她那心不在焉公眾形象的道具：她其實擁有最高規格的新產品，像是美國經紀人在一九四九年寄過來的「新款雷明頓無聲打字機」。[20] 而且一直以來都有人幫阿嘉莎打字。卡蘿的職責包括做口述記錄，在她退休搬去伊斯特本（Eastbourne）之後，一九五〇年代起祕書工作就由史黛拉・科爾萬（Stella Kirwan）接替。作家約翰・卡倫（John

Curran）*可能是最熟悉阿嘉莎如何發展情節的人。她的方法是在練習本上做筆記。「我總是在奇怪的時刻想出情節，」她說，「走在路上，或是興致勃勃地逛帽子店的時候……我把我的絕妙點子記在練習本上，目前為止一切順利，但我總是無可避免地把練習本搞丟。」她還描述她會「泡在浴缸裡，吃著蘋果，喝著茶，手邊有紙筆」，幻想出故事情節。

這些有趣的筆記本保存下來的有七十多本，從廉價到豪華都有，有些品牌相當經典，如密涅瓦（Minerva）、馬爾沃（Marvel）和梅菲爾（Mayfair）。有一本很古老的本子題寫著「阿嘉莎．米勒，一九〇七年五月三十一日」，還有一本來自WH史

*譯註：愛爾蘭文學研究家，阿嘉莎．克莉絲蒂專家。

「我總是在奇怪的時刻想到故事情節，」阿嘉莎說，也許甚至是在某次家族野餐的時候。圖片來源：Christie Archive Trust

密斯（WHSmith）＊，自豪地宣傳其聚氯乙烯（PVC）封面「可以用海綿擦」。多美妙！

但打開筆記本只是個撩人體驗，因為其中大部分內容根本看不出所以然。但最重要的是，這些筆記本讓我們看到阿嘉莎低調的工作方式。小說情節分散在很多筆記本裡頭，顯然是手邊有哪一本就記在哪一本。例如，第三十一號筆記本的頁面上寫著一九五五年，一九六五年，**回到一九六三年**，然後「繼續一九六五年」，之後跳到一九七二年，她甚至懶得按照頁面順序來書寫。[21] 這些筆記本還顯露了阿嘉莎的工作如何貫穿了她的生活：人物情節的構想旁邊還寫了家具清單，提醒自己要預約美髮，和前往托基的火車時間。[22]

在她的寫作過程中，最算得上「方法」的是她會根據字母順序列出場景，有時她會重寫一本書，把場景按照不同順序來排列，這種重複過程在筆記本裡記得特別清楚的是《畸屋》這本書。她一開始沒有打算讓女孩成為兇手，在選定女孩之前，她考慮了其他三個角色。「她不斷構思發展，改了再改，打磨拋光。」約翰．卡倫解釋道。[23] 經過多年研究，他得出的結論是筆記本中包含的「高度隨機性」就是阿嘉莎的方法：「這就是她如何工作、創造、寫作。混亂讓她的心靈如魚得水，比起整齊秩序更能激發她，僵化會扼殺她的創作過程。」[24]

據阿嘉莎的一位朋友說，阿嘉莎最享受的部分是構思情節，「這是她寫作的最大樂趣：其餘都是苦工。」[25] 雖然如此，她並不介意回收利用好的情節，而且這的確是她很厲害的一

＊ 譯註：英國老牌連鎖商店，成立於一七九二年。

個「克莉絲蒂手法」。讀者不相信她會重複玩同一個把戲，但例如像是首次在《羅傑・艾克洛命案》出現的不可靠的敘事者或目擊者，在《西塔佛祕案》再度出現，後來在《無盡的夜》又出現一次。

情節構思完成後，接著阿嘉莎就得把字句打到紙上。從她在羅德島工作「度假」期間寫給麥克斯的信裡，可以清楚看到她是如何穩定、有條不紊地做到這一點的。她住在飯店裡，她跟他說：

八點吃早餐……冥想到九點。猛烈地敲打字機直到十一點半（或是本章的結尾。如果天氣很好，有時候我會作弊把它寫得短一點！），然後去海邊，跳進海裡……下午茶之後再做一點工作（有時不工作，只是睡覺）八點半吃晚餐，如果有午睡的話晚餐後就繼續工作。[26]

這是十月十日。到了十月十三日，「埃奇瓦男爵確定死了……白羅現在神神祕祕的。」六天後，「繼承財產的侄子正在告訴白羅他完美的不在場證明！」兩個星期後，「我到二十一章了。」她的進度良好，因為沒有任何干擾：「要是你在，我絕對不可能寫到這邊！」[27]

阿嘉莎的鉛筆、原子筆或鋼筆筆跡，在她的一生中多次改變。在戰前以及戰爭期間，也就是她創意最豐沛的時期，她的筆跡幾乎難以辨認，彷彿想法來得太快，她只能以自己才看得懂的方式寫下來。[28]阿嘉莎歡快活潑的一面透過活力奔放的筆跡表露無遺，不熟悉的人是看不到她這一面的。

然而戰後書籍的品質下降，字跡變得較大也比較容易讀。後來的本子裡的筆記較少，她也開始更常利用錄音機來製作文本。但錄音設備帶來一個不幸的負面影響：因為太容易使用了，導致阿嘉莎的文字變得冗長。[29]「我正在重寫前半本」，她的一本筆記本裡有一則類似日記的條目，指的是《顫刺的預兆》（*By the Pricking of My Thumbs*，一九六八年），「這次不要那麼囉嗦。」[30]

生活在綠徑屋的時期，家裡有個儀式是由阿嘉莎朗讀她的新書。「每天晚上吃完晚飯後，尼瑪會唸《黑麥滿口袋》的一兩個章節，」阿嘉莎的外孫馬修說：

> 應該是一九五三年沒錯……全家人坐在綠徑屋的客廳，咖啡杯都空了……尼瑪坐在一張椅面較深的椅子……除了前兩三段以外，尼瑪每唸完一段，就請大家猜猜兇手是誰。[31]

聽起來像是測試情節，寫作過程中的重要步驟，不過她讀的版本已經完成校樣，對阿嘉莎來說已經來不及再做任何重大改變。[32]她這樣做是為了娛樂家人，而不是因為她想知道大家的想法。

在她訂正過校樣後如果還出現任何錯誤，出版社就麻煩大了。一家美國公司發行的《五隻小豬之歌》版本裡，某個角色提供的關於謀殺的陳述漏了「用撬棍」（with a crowbar）三個字，她抱怨道，「我真的很憤怒」。讀者可從其他來源知道，該角色的說法並非事實，收錄這三個字是要說明敘述者說的不對，而且帶有偏見。某個倒霉的編輯在無意中刪除了一條重要線索。[33]阿嘉莎對書介特別挑剔，某一篇書介曾經被她用潦草的大字簡單寫了「**不行！**」。[34]

她在專業上的自信，與她的公眾形象自始至終都有出入。「等我死了十年之後，」她會說，「我敢說不會有人知道我是誰。」[35]然而在一九四八年八月，企鵝出版社在同一天內發行了她的十本書，每本十萬冊（共一百萬本小說），打破有史以來的最高印量紀錄。

一九五〇年時，一場派對盛大地慶祝阿嘉莎出版第五十本書。為了探索內心世界，她開始寫自傳，這件事斷斷續續地佔據了她十五年的時間。到了五〇年代，儘管阿嘉莎發表的公開言論都很謙遜，她已經非常清楚自己的人生是值得記錄的。

第三十四章 正廳前座區第二排

一九五八年四月十三日傍晚，阿嘉莎・克莉絲蒂一生中決定性的形象出爐。那天晚上，據稱倫敦「有史以來最盛大的戲劇界盛會」在薩伏飯店舉行。[1] 雖然阿嘉莎在今日是以小說家的身份名垂青史，但在那個紀念十年成就的光榮夜晚，她也成為了一位世界著名的劇作家。前一天晚上是她的劇作《捕鼠器》第兩千兩百三十九次演出，劇團經理彼得・桑德斯（Peter Saunders）非常開心。

桑德斯想辦派對的理由不是很明確。《捕鼠器》已經是西區劇院最長壽的舞台劇，連續演出了六個月。到了一九五八年四月，《捕鼠器》打破了一齣一九二二年熱門音樂劇的紀錄，成為不分類最長壽的戲劇製作。

但是桑德斯非常善於利用機會。在阿嘉莎看來，這個場合「擁有派對最可怕的一切：人群、電視、燈光、攝影師、記者、演說。」但是她知道她必須參加。她解釋說她非常尊敬桑德斯，「因為他讓我做到了我說我做不到的事。」[2]

桑德斯邀請了一千名賓客，從李察・艾登保羅（Richard Attenborough）到安娜・尼格爾

（Anna Neagle）都來了，但最重要的還是這位臉上掛著報上稱「慈母般微笑」的文靜女士。[3]

阿嘉莎為了這個磨人的場合，穿了雪紡袖深色緞面禮服，

戴著白手套和三股珍珠項鍊。她確實欣賞演員和劇場界人士，但是跟這些人相處的時間太長會令她疲憊不堪。「嗯，我必須做我該做的事了，」她出去面對演員之前跟麥克斯說，「要喊彼此的教名，還得不停地說『親愛的』！」[4]

大約有三十名攝影師會出席，阿嘉莎被要求提前到達薩伏飯店來拍一些照片，以下是她描述接下來的事情經過：

我照吩咐提前到，但硬生生被薩伏的工作人員攔下來，「半小時後才開放進場，現在不能進去。」

我不知道怎麼辦，一句話也說不出來，就悄悄離開了。

最後，桑德斯團隊的一名成員發現阿嘉莎．克莉絲蒂一個人坐在飯店大廳，問她「你怎麼不說你是誰？」口氣應該是有些不悅。「我說不出口，」阿嘉莎回答，「我整個人呆住了。」[5]

到了上台時，她發表了一篇令人滿意的演說，但她之前受挫的小插曲更值得寫進「我見我思」（diary column）這種專欄裡。《每日郵報》的記者愛死了，這個事件完全捕捉了現年

六十七歲的阿嘉莎形象：一個看似平凡的巨星。[6]

阿嘉莎在倫敦西區呼風喚雨的事蹟不知為何現在被忽視，但當時非常驚人。一九四四年，她根據《一個都不留》改編的舞台劇同時在倫敦和紐約百老匯上演，一九五四年，她有三齣戲同時在西區上演。更驚人的是在六十八年後，三齣戲之中的兩齣現在還在倫敦劇院演出。

雖然如此，阿嘉莎作為劇作家的作品評價並不高。例如，《二戰以降英國和愛爾蘭劇作家》（*British and Irish Dramatists Since World War II*，暫譯）詞典連阿嘉莎·克莉絲蒂的條目都沒有。對於湯姆·史達帕（Tom Stoppard）惡搞阿嘉莎《捕鼠器》的劇作的描述*，還比對於《捕鼠器》本身的描述多出許多。阿嘉莎的名字只出現在引述一名男性劇作家說的話裡，這位劇作家佔了十六頁篇幅，他把她貶為「那種沒人想看的舞台劇」作家。[7]

研究阿嘉莎戲劇生涯的史學家朱利斯·格林解釋了阿嘉莎聲譽下滑的部分原因。克莉絲蒂的劇本對業餘劇團特別有吸引力，舉例來說，這些劇團演員人數通常不多，簡單的佈景就足以應付。授權劇本給業餘劇團，也意味著無需長期的專業演出就能獲得商業成功，因此阿嘉莎的經紀團隊不是每次都優先考慮專業團隊。同樣出於商業理由，她的名字經常跟他人根據她的小說改編、但品質欠佳的劇本連在一起。

* 譯註：此劇作名稱為《真正的督查官亨德》（*The Real Inspector Hound*，暫譯）。

另一個令人驚訝的點，是阿嘉莎第一部大獲成功的劇本，也是第一部由女性導演的舞台劇。她的聲譽也遭到一群男導演的集體詆毀，因為他們難以接受一個原本坐在正廳前座區第二排的資深作家，現在開始在彩排時發表意見。格林根據以上，對於克莉絲蒂舞台劇作品做了權威性的重新評估，得出以下驚人的聲明：

> 這是有史以來最成功的女劇作家的故事，她也寫了一些書。[8]

但阿嘉莎在舞台上的成功是文火慢燉來的，經過長期努力才得以實現。她七歲時最喜歡的職業是「讀劇」，但直到她四十歲，作品才搬上舞台，而她的劇作家生涯則到六十多歲才真正起飛。[9]

第一部根據克莉絲蒂小說改編的劇本是《不在場證明》，由別人改編自《羅傑・艾克洛命案》，一九二八年四月在倫敦威爾斯親王劇院首演。四月也是阿嘉莎離婚聽證會的月份。《每日快報》錯誤地描述該劇為「失蹤女性小說家」的作品，並說她在「觀眾大喊『劇作家！』*的時候，躲在包廂裡沒有露面。」[10]

《不在場證明》裡的白羅由魅力十足的查爾斯・勞頓（Charles Laughton）飾演，阿嘉莎

* 譯註：英國劇場傳統，若觀眾在一齣戲結束時大喊「劇作家！」，表示欣賞這齣戲，希望劇作家上台謝幕。

很欣賞他，但覺得他跟她寫的角色完全不像。她後來很討厭自己的小說被別人改編成戲劇，這一次就是個初體驗。因此在一九四一年四月，她決定接受請託，親自把《一個都不留》改編成舞台劇。「如果有誰要把它改編成劇本，」她告訴科克，「不如我自己先試試看！」[11]她向來喜歡寫劇本，覺得「比寫書有趣得多……你必須寫得很快，維持在情緒裡，讓對話自然流暢。」[12]當然了，她的強項從來不是描述地方或人物。寫劇本適合她，因為「不像寫書那樣，被敘述絆著腳，難以進入接下來發生的事。」

但如同書評艾莉森．萊特認為的，阿嘉莎的小說本來就有一些類似舞台表演的成分。阿嘉莎也很清楚這點，套句諾爾．寇威爾（Noël Coward）*的話，人生「就是戴著面具，易碎、上了色的面具。受現代生活所迫，我們都佩戴面具作為一種保護形式。」一九五〇年代的階級意識依然強烈，人們對於「舉止、姿勢、外表和『得體』的聲調」極為敏感，[13]阿嘉莎最成功的劇本都以這點為核心考量。

可是科克找不到人來搬演阿嘉莎的劇本。隔年她決定重寫，這次給了《一個都不留》一個圓滿結局。劇本不同於原著，以薇拉和隆巴德墜入愛河作結，而且故事最後揭露原來兩個人都是好人：隆巴德「其實是個英雄，他冒著生命危險拯救當地人。」[14]當他看似被槍殺，隨後卻從地上站起來說：「感謝老天，女人的槍法不準。」這歡欣的結局遠遠不像小說那麼

* 譯註：英國男演員、劇作家、流行音樂作曲家，曾獲東尼獎及奧斯卡終身成就獎。

令人毛骨悚然，在戰時倫敦要容易接受得多了。[15]

最終，第一位站上在莎士比亞紀念劇院（Shakespeare Memorial Theatre）*的女導演艾琳・亨徹爾（Irene Hentschel）同意出任導演。[16] 首映之夜時阿嘉莎非常緊張，史蒂芬・格蘭維爾和普尼爾（Prunier）餐廳**的晚餐安撫了她。但她其實無需擔心：沒多久，舞台劇就在英國各地巡迴，之後在紐約首演，一九四五年拍成電影，一九四七年改編成廣播劇，一九四九年重製成電視劇。這是阿嘉莎第一本同時有書籍、舞台劇、電影、廣播劇和電視劇的小說。[17]

然而，要複製這項成功卻很困難。一九四五年推出《死亡約會》後，她承認「劇評相當糟糕」。重點是阿嘉莎因為這次戲劇製作而認識了一位年輕女演員，兩人共進了愉快的午餐並保持通信。阿嘉莎在一封信中寫道，「希望有一天我親愛的瑪波小姐能由你來演，」這位女演員名叫瓊・希克森（Joan Hickson）。[18] 日後，希克斯確實成為電視上最著名的瑪波小姐，從一九八四年一直演到一九九二年。

把阿嘉莎・克莉絲蒂的名字放到燈箱上的是彼得・桑德斯。她的劇本常常是整體演員並

* 譯註：一九六一年更名為皇家莎士比亞劇院。
** 譯註：法國餐廳，一九七六年歇業。業主為 Simone Prunier，其祖父 Alfred Prunier 於一八七二年在巴黎開設了第一家 Prunier 餐廳。二戰期間，Simone Prunier 關掉巴黎的店，在倫敦另起爐灶，是為 Prunier St James，當年愛德華八世會直接從聖詹姆士宮走到 Prunier 吃午飯。

重，而不是以明星為主，這似乎造成了問題。但桑德斯反向思考，既然她「有廣大的讀者群，」他心想，「何不讓**她**當明星呢？」[19] 這種新穎的做法，使得阿嘉莎同意選他當製作人，製作她的下一部舞台劇《池邊的幻影》。

但年輕而雄心勃勃的桑德斯為《池邊的幻影》所選的導演是同樣沒經驗的休伯特．格雷格（Hubert Gregg）。多年後，格雷格以一種非常公開又難看的方式詆毀阿嘉莎，他在回憶錄裡寫說當他收到《池邊的幻影》的劇本，覺得「糟透了，對話拗口……角色誇張可笑……那老傢伙會樂意改寫嗎？」

格雷格在他充滿惡意的書裡，不只宣稱自己改寫了《池邊的幻影》，還說阿嘉莎謊報年齡，「胃口奇大無比」，喜歡在媒體曝光。他的書收錄了一張很可怕的阿嘉莎照片，附上說明文字「我所記得的她」，他還再三用令人不舒服的方式稱呼這位作家是「刻薄的老賤貨」。[20] 攤在我們眼前的，就是阿嘉莎一直不願意扮演大眾期待的公眾人物的原因。

雖然有格雷格這號人物，《池邊的幻影》在一九五一年的票房相當不錯。但更好的還在後頭。阿嘉莎最著名的劇本是《捕鼠器》，故事的來龍去脈要從一九四六年說起。英國廣播公司請瑪麗王后選一樣八十大壽賀禮，她想要的是一齣新的阿嘉莎．克莉絲蒂廣播劇。因此在一九四七年五月三十日，當時名為《三隻瞎老鼠》（*Three Blind Mice*）的半小時廣播劇播出了，阿嘉莎把編劇費用捐給一個兒童慈善機構，也是恰如其分的舉動，因為故事靈感來自男童丹尼斯．歐尼爾遭養父母虐死的真實事件。

故事篇幅加長後，改寫成舞台劇，重新命名為《捕鼠器》，以戰後的混亂和糟糕的食物為背景。在劇情發展開來的旅館裡，鍋爐用的焦炭眼看要耗盡，晚餐是「碎牛肉加穀物」罐頭，水管也結冰了。阿嘉莎在劇本裡指出，英國社會辜負了年輕的一輩。劇裡地方法官把兒童交給施虐者，學校老師則未能回應受虐兒童的求助。許多父母在戰爭疏散期間，將自己的孩子交給陌生人照顧，這個故事可能觸動了他們的焦慮。舞台劇於一九五二年十一月二十五日首演，當天還有其他四十三家倫敦劇院有舞台劇上演，但《捕鼠器》後來比任何一部都要長壽。[21]

阿嘉莎第二出名的舞台劇《控方證人》也經歷了漫長的醞釀期，結局有兩個出人意表的轉折，情節取自她一九二五年發表的一篇小說。阿嘉莎一九五三年在伊拉克的時候，在某次密集寫作期間完成了這個劇本。她解釋說，她突然間開始享受寫劇本的樂趣，「寫作時的美妙時刻通常不會持續很久，但那個了不起的能量承載著你，就像大浪把你送到岸邊……我想我只花了兩三個星期就寫完了。」

這是一個規模大、成本高、風險也高的製作。唯一有空檔的劇院是一個擁有一千六百四十個座位的大型劇院。故事中間有個很具挑戰性的場景轉換，法庭要出現在舞台上，[22]團隊極為焦慮，壓力不斷攀升。阿嘉莎私下承認，「桑德斯好像快完蛋了！」[23]

但一九五三年十二月的首映之夜出乎所有人的意料，根據《每日快報》的報導，「觀眾歡呼，跺腳，大喊『劇作家！』」「三十位演員全體向一個舞台包廂恭敬鞠躬。六十二歲的阿嘉莎．克莉絲蒂微笑坐在陰影裡，看起來就像維多利亞女王。」[24]

桑德斯也興奮地提到當晚情形：

> 我有生之年都不會忘記……演員們轉向阿嘉莎所在的上層包廂，全體人員鞠躬。劇院裡一片騷動，不只鼓掌、喊叫，還有人起立揮手。[25]

《控方證人》的女主角是外國人，她知道陪審團成員帶著偏見，不會採信她所說的話。因此當她想撒謊，她就講實話。這是阿嘉莎．克莉絲蒂的經典手法，不但娛樂性高，同時也使人們注意到英國司法系統做出的假設。[26]

然而克莉絲蒂的劇本從未得到戲劇界的全面尊重。《衛報》戲劇評論家麥克．畢林頓（Michael Billington）認為阿嘉莎是「糟糕的劇作家，」他說，「我從前在輪演劇目劇場（rep）*工作，《危機四伏》要搬演前，演員被迫再演出一次活死人時叫苦連天的抱怨聲，我到現在還記得。」或許如此吧，但如同格林指出的，《危機四伏》的劇本不是阿嘉莎寫的，是另一個功力較差的劇作家從她的小說改編的。

彼得．科特斯（Peter Cotes）參與過執導《捕鼠器》，他對阿嘉莎的看法和休伯特．格雷

* 譯註：全稱 reportoery theater，簡稱 rep，由同一個劇團在該劇院輪流演出不同劇目。

格相反，他認為她表現出極致專業精神，還有「接受意見的能力，這在非常成功的作家身上不一定會看到。」也許格雷格真正不滿的，是阿嘉莎並不渴求要討人喜歡：如同科特斯也承認，「她總是想擺脫寒暄和聊戲劇圈閒話的場合。」[27]在私底下，阿嘉莎對劇場同事相當嚴格：她說她**必須**參加排練，「如果不去參加排練，後果會很可怕，演員會自己編台詞，把劇本搞得讓人看不懂！」[28]

一九六二年時又舉辦了一次《捕鼠器》派對，這次是慶祝十週年，阿嘉莎被迫發表了一篇（令人相當困惑的）演說，「有時候我真不敢相信我做到了，」她說，

我的意思是說，這不像是會發生在我身上的事。我的意思是，如果我是寫書的人，我不會是寫出一部連續上演了十年的舞台劇的人。

「媽，你應該要費點心，」蘿莎琳說，「事先做好準備再演講。」

阿嘉莎統御西區的時期終會結束。不過在她走下坡之前，且讓我們回味一下她自己對一九五三年《控方證人》盛大首演之夜的回憶，「我很開心，快樂無比，」她說，

總算有那麼一次，我不會緊張或在意別人對我的看法。是的，那是個難忘的夜晚，我至今仍引以為榮。

第三十五章　迷人的老太太

戰爭年代一結束，阿嘉莎不再那麼需要把私密想法寫在紙上。她不必再熱烈寫信給麥克斯，因為他都在身邊。她的公眾形象開始和她本人有所出入，迷思開始取代了真正的她。有人說過阿嘉莎・克莉絲蒂創造過最偉大的角色……就是「阿嘉莎・克莉絲蒂」。這話沒說錯。一九五七年，她接受一份美國雜誌採訪，訪談者覺得她是個

笑瞇瞇、灰眼睛、迷人的老太太，她像王室成員一樣收集漂亮的紙漿托盤（papier-mâché trays），她給人一個印象，就是你覺得她應該最了解的事情，她卻表現得非常迷糊。阿嘉莎・克莉絲蒂，一位擁有數百萬子民的女王（她的書總銷量大約是五千萬冊），用困惑的語氣說道：「我不知道為什麼人們要訪問我。」[1]

然而，她在一九五〇年成為英國皇家文學學會（Royal Society of Literature）會員，在一九五六年獲頒大英帝國司令勳章（Commander of the Order of the British Empire），一九六一

年時，這個沒有真正上過學的女孩獲艾希特大學（Exeter University）授予榮譽文學博士學位。

有一些關於她的迷思可說難以推翻，範圍從重大（她「消失」是為了報復亞契）到枝微末節的都有。很多人堅稱以下這句話出自阿嘉莎：「考古學家是女人最理想的丈夫，隨著她年齡增長，他對她就越感興趣。」「其實阿嘉莎沒有說過這句話，」科克得不停地解釋，「她最討厭的就是有人把這句話算在她頭上。」[2] 而妙的是，第一次刊登阿嘉莎說了這句話的出版品，是一九五二年的《哥德堡貿易與航運雜誌》（*Gothenburg Trade and Shipping Journal*）。

有人提起失蹤事件也還是讓她很痛苦。一九五七年，科克向《每日郵報》嚴正抗議，因為該報用「學阿嘉莎．克莉絲蒂那一招」的說法來形容失蹤的人。[3] 阿嘉莎仍然樂意避開需要自我行銷的場合，當她被要求簽書，她抱著希望問科克，「我想你們的員工都很有才華，應該有人能偽造我的簽名吧？」[4] 她寫給經紀人的一封典型信件內容如下：「幫我順利擺脫掉這件事，你知道該說什麼。」[5]

久居德文郡鄉下的慈祥老太太的形象，是她和少數獲准採訪她的記者合作創造出來的，在她於一九五〇年代和一九六〇年代悠閒寫下的自傳裡，這個形象繼續強化。這本書在她去世後才出版，但柯林斯出版社負責本書的責任編輯菲利普．齊格勒（Philip Ziegler）記得，所有重大決定都出自阿嘉莎本人。[6] 她開始寫自傳是為了好玩，「我相當享受記下發生過的愚蠢小事」，但這也是一種阻止別人為她作傳的策略。[7] 想幫她作傳的人會收到阿嘉莎經紀人的簡短的拒絕信函：不必勞煩他們，因為「她正在寫自己的長篇傳記，實際上已經差不多寫完了。」[8]

書終於出版的時候，齊格勒記得「有點失望，書沒有得到評論家的廣泛迴響和更尊重的評論。」[9] 期待看到辛辣內幕消息的讀者頗為失望，「如果你對維多利亞時代的風俗習慣有興趣，」一位書評說，「這本書還算堪讀」，但對其他人而言本書「乏味且令人失望」。[10] 真正的問題在於，阿嘉莎眼中的自己與世人眼中的她有落差，後者雖然不是真正的她，但那個形象一直沒有變過：她是個神祕而狡詐的女人。

但對於在現實生活中認識她的人而言，這本自傳非常合理。考古學家莫蒂默・惠勒爵士（Sir Mortimer Wheeler）認為阿嘉莎本人具有的「拘謹特質」，也是「她的寫作之不可或缺的特質。」[11] 她只對少數值得信賴的人敞開心扉。「我相信我真正愛的是你內心的狂野精神，」她曾經在給麥克斯信裡這麼寫，「我們在這方面很像。我們的外表很溫和，舉止得體，但我們心裡都有一種**自由奔放**的感覺。」[12]

阿嘉莎對名氣的厭惡似乎越來越與時代格格不入，但這的確完全是一八九〇年出生的中上階級女性的典型特徵，吉蓮・吉爾指出，許多與她同時代的小說家，也「幾乎偏執地躲避媒體和公眾。」瑪格莉・艾林翰、約瑟芬・鐵伊（Josephine Tey）、奈歐・馬許、喬潔・黑爾（Georgette Heyer）和桃樂西・榭爾絲同樣堅定維護自己的隱私。[13] 阿嘉莎之所以在一九五〇年代和一九六〇年代成為比其他人更不愛曝光的名人，部分原因是她的同儕逐漸淡出，而她仍在創作新作品。

邁入六十多歲之後，阿嘉莎越來越不願意拍照。她形容自己是「十三英石的一身肉*，還有一張只能用『慈祥』來形容的臉。」艾德蒙．科克就醫療保險的事給蘿莎琳意見時，私下警告她：「我們兩個知道就好，醫療總監擔心阿嘉莎的體重。」[14]

阿嘉莎非常不喜歡她六十歲生日拍攝的照片。照片公開「讓我很難過，」她說，「並且加深了我對自己外表的自卑感。」[15]「聽著，艾德蒙，」另一次失敗的拍攝行程之後，她寫信給經紀人，「我有必要忍受這一切嗎？我不明白為什麼我要不斷地受辱和受苦。」[16]

但除了被觀看和批判的痛苦之外，不瘦是一種自由。阿嘉莎晚年的外表變得更有特色：搶眼的印花洋裝、貓眼鏡框眼鏡、珍珠項鍊、長外套、天鵝絨無邊小圓帽或是一頂大遮陽帽。很多人都覺得她令人生畏。「她完全讓我想到瑪麗王后，」一個在一九五七年見過她的人寫道，

雄偉的胸脯……周圍掛著很多串珍珠項鍊，別著一個大胸針。我覺得她看起來很巨大，但……我想是因為我太敬畏她了，所以她在我心中可能被放大成巨大的身材。[17]

* 譯註：大約八十二公斤。

阿嘉莎很知道自己喜歡怎麼穿，也只穿自己喜歡的衣服，達特茅斯的奧利芙・羅賓森（Olive Robinson）和關・羅賓森（Gwen Robinson）小姐為她製作了許多服飾。[18] 一九六六年她去美國旅行，她的經紀人提醒美國經紀人要安排一次購物之旅。「注意了，親愛的桃樂絲！」科克寫道。「阿嘉莎昨天告訴我，她去美國的真正目的是買一些大尺寸內褲……她想到你挑泳衣的高超能力，親愛的，恐怕這個任務就落在你頭上了。」[19]

麥克斯曾經形容他的妻子是「外在害羞、內在無比自信」，有些跡象顯示，她在公開場合的「害羞」，與其說是天生的性格，不如說是一種武器。一些男性同僚肯定抱著這種觀點，他們發現她沒有想像中的好應付。人們覺得她不喜閒聊很嚇人：「當她沉默時，你意識到她在觀察對方的一切，並且看透了對方。」[20] 演出《捕鼠器》的演員傑佛瑞・科維爾（Geoffrey Colville）聲稱，他「不太相信她像大家說的那麼害羞，她可能只是不想被打擾。」[21] 休伯特・格雷格也認為她冷漠：「精明又有點冷酷，對事情漠不關心，有點虛榮，而且克制。她極為克制。」[22]

可想而知，阿嘉莎在下一齣戲《蜘蛛網》與格雷格分道揚鑣。她寫這齣戲是為了幫電影女演員瑪格麗特・洛克伍德（Margaret Lockwood）打造一個角色，阿嘉莎和她處得不錯，洛克伍德也仰慕阿嘉莎。「阿嘉莎的天賦是她做了所有女人都想做的事，」她解釋道，「她有所成就……每個女人的心裡……都希望如此。但是我們只能做夢。」「這是一個男人的世界，」洛克伍德下結論，「我唯一的安慰就是阿嘉莎殺掉了一些男人。」[23]

但《蜘蛛網》是阿嘉莎最後一齣大獲成功的戲劇作品。一九五〇年代後期是個更黑暗、悲傷的時期，瑪琪七十多歲時心臟病去世，她的兒子傑克在一九五八年賣掉阿布尼公館，搬到倫敦，結束了瓦茨家族一個世紀的業主身份。阿嘉莎想邀她的嫂子南到佩恩頓（Paignton）居住，來綠徑屋也方便。但隔年南就去世了，阿嘉莎悲痛欲絕：「我最後一個朋友，唯一一個能跟我一起笑談往事的人也走了。」[24]同樣在一九五八年，南西・尼爾去世，阿嘉莎鼓起勇氣寫信給亞契請他節哀順變，這是許多年來她寫給他的第一封信。亞契回信說他「很感動」。[25]

但一九五八年最令人沮喪的事情之一，是阿嘉莎的新劇《判決》（*Verdict*）徹底栽跟斗，《每日電訊報》的頭條是：「**高層樓座噓爆克莉絲蒂舞台劇，一個憂傷的時刻**」。我們可以把《判決》跟當年熱門作品謝拉・德萊尼（Shelagh Delaney）的《蜂蜜的滋味》（*A Taste of Honey*）做個有趣的比對。這齣不同凡響的舞台劇由十九歲的勞動階級劇作家撰寫，主要場景是個小套房，故事以一位單親媽媽和她的女兒為中心，戲裡還有黑人和同性戀角色。在某種程度上，這齣戲達到了像《憤怒的回顧》（*Look Back in Anger*）*那樣的地位，不習慣在舞台上看到勞動階級女性生活的觀眾看得吃驚不已。但在一九五九年一篇聲名狼藉的訪問裡，

＊譯註：一九五六年公演的寫實舞台劇，由約翰・奧斯朋（John Osborne）撰寫，「憤怒青年」一詞便是由本劇衍生而來。

高傲自大的男訪談人告訴德萊尼，說她的劇本涵蓋了「齷齪」的主題。她被問寫劇本時得到什麼幫助，還被迫澄清她即將結婚的謠言。之後的十四年，德萊尼沒有再受訪。[26]

雖然謝拉·德萊尼和阿嘉莎·克莉絲蒂的主題截然不同，但同為女劇作家，她們有一些共同的經歷。一九五〇年代是阿嘉莎截至目前最成功的十年，但也給她帶來了殘酷的批評。還不如回到綠徑屋的奇幻世界。

第九部

復歸平靜——1960年代

第三十六章 克莉絲蒂財產之謎

一九四〇年代，阿嘉莎以小說家的身份聞名，在一九五〇年代，受矚目的是她的舞台劇，但一九六〇年代是她的作品接觸到最多人的十年，則是透過電影這個媒介。

其實數十年來，阿嘉莎的故事早已出現在電影裡。《謎樣的鬼豔先生》在一九二八年改編成電影，隔年就是《隱身魔鬼》。但在這個階段，她的作者身份對於電影團隊或觀眾都不是特別重要，剛起步的電影業迫切需要素材，什麼故事都好。電影史學家馬克・奧爾德里奇（Mark Aldridge）在他對阿嘉莎・克莉絲蒂電影的權威研究裡提到，她的早期電影作品都是「配額快片」（quota quickie），當時國會法令規定，英國電影院必須放映一定數量的英國本土電影，因此出現了許多低成本的片子。這條法令原本是為了對抗好萊塢的壟斷，但並沒有帶來高品質的電影製作。《綜藝報》（*Variety*）形容第一部出現在銀幕上的克莉絲蒂劇情片，包含了「影史上最沒有說服力的場景」。[1]

一九四〇年代又推出了其他長片，但當今還可能有人要看的是一九四五年由好萊塢華麗出品的《一個都不留》。不過到了戰後，科克就得應付爆炸性成長的電影市場。阿嘉莎短篇小說的地點和角色都不多，非常適合改編成長度較短的電視影集，隆納・雷根（Ronald Reagan）在一九五〇年演過哥倫比亞廣播公司（CBS）改編的影集，葛蕾西・菲爾茲（Gracie Fields）在一九五六年出演美國全國廣播公司（NBC）改編的影集。[2]但後來科克漸漸看出電影授權金的費用才高，於是開始優先考慮銷售電影版權，其次才是電視版權。

從一九二〇年代紳士圈般的倫敦出版業開始，科克與他最重要的客戶一同歷經精采的旅程。無可避免的，過程中也會出錯。「我從來沒碰過這麼麻煩的事！」處理完一樁特別棘手的交易之後，他如此寫道。[3]他與美國經紀人哈洛德・歐伯維持著長年合作關係，儘管有第三方形容歐伯「反應慢又老派，覺得十萬元就是一大筆錢。」後來證實就是如此，歐伯以三十二萬五千美元賣掉電影版權，結果買方迅速以四十三萬五千美元賣出套利。[4]

一九六〇年，科克決定換個方法，以分潤協議的方式把阿嘉莎的四十篇小說版權出售給米高梅影業公司（Metro-Goldwyn-Mayer）。阿嘉莎對於這項很有野心的協議有些疑慮，「我希望不會有什麼『傷心事』，」她寫道，「少賺一點錢，少一點憂慮。」[5]媒體報導合約金額為一百萬英鎊，但科克說實際數字「少得多」。[6]「米高梅合約差點讓我命休矣，」他承認，「變動又多又劇烈，簡直無法置信。」[7]

米高梅公司是電影圈的老牌公司，但是一九五〇年代電視出現之後，公司遭逢電影觀眾流失，正處於危急關頭。電影製片勞倫斯・巴赫曼（Larry Bachmann）和妻子到綠徑屋小住，目的是與他們的新編劇打好關係。一開始一切都順利：「幸好，」阿嘉莎解釋道，他們

「喜歡狗」。[8]

一九六一年，米高梅公司出品的第一部片完成。阿嘉莎的小說《殺人一瞬間》被重新命名為《命案目睹記》（*Murder She Said*），瑪波小姐由瑪格麗特．魯斯福德（Margaret Rutherford）飾演。她和阿嘉莎幾乎是同年代的人，兩人互相欣賞，由年紀這麼大的老太太來擔任電影主角真的很不錯。魯斯福德在拍片現場慶祝七十大壽，科克覺得「比起之前提議過的那些年輕世故的美國女演員，她才像瑪波小姐。」[9]

然而在一九六一年九月十七日，阿嘉莎承認《命案目睹記》令她失望。她帶家人去佩恩頓電影院（Paignton Picture House）看片，「老實說，蠻糟糕的！」她寫道，「我們離開的時候，我最大的外甥用悲傷的口氣說『不怎麼精采，是吧？』我太同意了。」[10]

問題在於雖然瑪格麗特．魯斯福德是演技高超的喜劇演員，但阿嘉莎並無意把瑪波小姐塑造成風趣的人，而癥結點是米高梅從來也沒打算保留阿嘉莎巧妙編織的情節。一九六〇年代一年年過去，她的讀者也不需要巧妙編織的情節。阿嘉莎年度出版的小說品質變得不太穩定，事實上，有一些還遠低於標準。但是讀者持續買書，銷售量比之前更多，因為她的個人品牌已經很穩健。阿嘉莎．克莉絲蒂的名字現在代表了帶點懷舊氣氛的高品質英國娛樂。書的內容變得不那麼重要了，重要的是封面的簽名。[11]

總之，米高梅的合約繼續進行，第四部片叫做《謀殺召喚》（*Murder Ahoy!*，一九六四年），這部片讓阿嘉莎大為震驚，因為片子不是根據她的小說改編，她並不知道米高梅合約允許他們使用她的角色在新的自創劇情裡。在米高梅的劇本裡，瑪波小姐被送上一艘船，「公海上的驚濤駭浪，」電影預告片說，「結合了謀殺和歡鬧的的滑稽瘋狂旅程，只有阿嘉莎．克莉絲蒂才寫得出來。」[12]我只能想像克莉絲蒂的原版瑪波小姐聽到之後會如何扁嘴。

阿嘉莎失望透頂，形容劇本是「亂七八糟的東西」。她強烈堅持說她不知道

米高梅有權用我的角色寫他們的劇本。我跟蘿莎琳都不知道是如此……我對於和米高梅簽約這件事感到噁心羞愧。是我自己做錯，為了錢而簽約就是不對，因為你就是和文學操守說再見……我一直堅持到七十歲，但最後卻失守了。[13]

阿嘉莎曾經很享受與戲劇界人士合作，但那些日子結束了。她告訴巴赫曼，她對他的「專橫行為」感到「深深不滿」。[14]當《東方快車謀殺案》被提議為米高梅的下一部片，她更是煩惱：她怕他們會把它變成「一齣瘋狂鬧劇，瑪波小姐會被丟進故事裡，搞不好還演火車司機。」[15]巴赫曼則認為阿嘉莎是個「不懂什麼叫拍電影的老婦人」。[16]事實上，阿嘉莎對電影這個媒介公開存疑，套一句她外孫的話，「她無法控制成品」。[17]

蘿莎琳現在是實質上家族企業的一份子，她覺得自己當初該做點什麼好讓母親不這麼痛苦。「你或許會說，」她私底下向科克承認，「這筆交易獲利甚豐，但我實在覺得……為了這個合約，我們真的讓母親非常失望。」[18]從此，蘿莎琳對電影和電視抱著很深的懷疑態

度，有了米高梅的慘痛經驗，往後只要是她覺得有可能會貶低母親作品的企劃，她都不會同意。

至於米高梅那邊，他們開始把阿嘉莎視為不受控的麻煩人物。這一次她不是話太少而是話太多，她跟《星期日泰晤士報》的記者說，「我避開電影多年，」

因為我覺得電影讓我很頭痛。結果我把電影版權出售給米高梅公司……很糟糕！……每當我想到那些片票房不好，就有一種不應該的快感。最後一部片《謀殺召喚》是他們自己寫的劇本，跟我一點關係都沒有，一部最愚蠢的電影。影評非常差，我很高興這麼說。[19]

傑克・塞登（Jack Seddon）[*]從電影工業的角度發言，他認同「如同克莉絲蒂小姐說的，銀幕上的瑪波小姐完全不像她筆下的角色。」但背後有充分的理由：

本來就不需要像。書裡的瑪波小姐給我的印象是勢利、不友善又冷漠，有著一雙鬼鬼祟祟幾乎像爬蟲類一樣的眼睛……克莉絲蒂小姐說「絕不建議任何人去看那些電影」說得有點太遲了，因為已經有幾百萬人看過，無疑給合約雙方帶來了很大的經濟利益。[20]

* 譯註：電影編劇，代表作為戰爭片《最長的一日》（*The Longest Day*，一九六二年）。

可以理解，雙方都覺得很洩氣。

阿嘉莎為何會陷入這樣的僵局？很顯然，她沒有必要在七十幾歲還繼續工作。但同樣明顯的是，她依然有寫作的衝動，部分原因是創作帶來的樂趣，部分是因為她的財務狀況其實一團糟。

當今的人們相信「死亡公爵夫人」一定極為富有。當阿嘉莎一九六〇年的舞台劇《謀殺迴路》（*Go Back for Murder*）得到負評，她的團隊猜測是她近期和米高梅簽約的傳言影響了劇評人的反應。「我不在乎克莉絲蒂小姐多麼富有，」《每日郵報》罵道，「這齣戲很爛！」

女作家賺大錢似乎又更不恰當。例如，參與製作阿嘉莎大受歡迎的舞台劇的休伯特．格雷格宣稱，那次差點「徹底毀了我作為導演的職涯」，但又抱怨說是他的能力「讓幾百萬英鎊進了她的圍裙（pinny）」。[21] 他用「圍裙」這個字眼就是掀了自己的底！阿嘉莎惱人的不只是她很富有，而且是女性。

但是要弄清楚阿嘉莎本人對金錢的態度是件困難的事。一位記者寫道「她像女王一樣，完全不知道自己有多少收入：『我只知道一來就是一大筆，然後會有一段時間沒有收入。』」[22] 不過，這就是她公眾形象的一部分，就像心不在焉的阿蕊登．奧利薇夫人。事實上阿嘉莎比表面上看起來更務實，而且絕對喜歡賺錢和花錢，但是她沒什麼生意頭腦，例如一九四九年她去巴格達五個月，留給科克「一份委任書」*，並指示他不要拿任何業務上的事來煩她！」[23]這種行為是沒辦法做及時決策的。「你有要我回答什麼問題嗎？」她從伊拉克寫信，「如果有的話，我不記得了。」[24]

她對金錢漫不經心，可能是因為成長在一個繼承了財富的家庭。早在一九二〇年代，從她大手筆花五百英鎊買新車這件事就看得出來。回頭來看，她顯然應該留一些錢來繳稅，但因為阿嘉莎很不願意稱自己為專業作家，她也很難用專業態度來面對金錢。

理清她的稅是個耗時數十年的痛苦過程，導致她常常**覺得**自己缺錢，但這完全是她自己的想像：客觀上，她極為富有。煞有其事的稅收不公（這點後來變成她個人的偏執），阿嘉莎有時候說她到七十幾歲還「必須」繼續寫，稅是其中一個原因。

繼續寫作的壓力（幾乎不考慮品質地寫）也變得越來越大，因為她要養活的人越來越多。她創造了一整個產業，其中有她的經紀人、分佈全球的授權經紀人，當然還包括她的出版商，在英國就是柯林斯出版社。

一九四五年，阿嘉莎的書銷售量有了大躍進的成功。科克要求柯林斯付給阿嘉莎雙倍預付金，於是柯林斯更用力推書以得到更好的銷量。結果非常有效：科克誇說「銷售量實際上

---

* 譯註：Power of Attorney，也稱授權書，指的是個人允許其他人以自己的名義從事個人事務、商業等法律活動的書面授權。

增加了三倍。」[25]而且還不斷成長，一九五九年，聯合國教科文組織宣布，《聖經》被翻譯成一百七十一種語言，莎士比亞的作品被翻譯成九十種語言，阿嘉莎．克莉絲蒂的作品則被翻譯成一百零三種語言。[26]

但這些收入都必須納稅，同時也還有從戰前到現在都沒解決且越來越嚴重的美國稅款未繳的問題。雖然請了昂貴的律師，還是無法協商成功，阿嘉莎跟不上事情發展：「生意令人擔憂……要簽合約、複雜的稅務問題，一大堆我不理解的東西。」

一九四八年，美國稅務的事終於協商成功，但接下來的問題計算是欠了多少利息。[27]當美國總算放行她的錢，輪到英國當局要對她徵收巨額欠稅，沒有人知道確切金額是多少。這一切造成的壓力，使得阿嘉莎一九四八年產出很少，她的會計師發現她「處於憂心忡忡的狀態。事實上，她跟我說她很難專心。」[28]誠然，同年九月，科克提到令人擔憂的前景，亦即「馬洛溫夫人逃過破產命運的可能性不大。」[29]

努力讓美國和英國當局達成共識的辛苦過程中，科克面臨了各種無能的官僚主義作風。他收到一名新上任稅務稽查員來信，說他理解「阿嘉莎．克莉絲蒂實際上是個筆名」，「看起來丈夫所在的稅區才是負責的單位。」[30]直到一九五四年，英國稅務機關才總算同意她在美國的稅務和解案，如今她需要繳納欠稅。

儘管擔心，但佛雷德里克．米勒的女兒本質上無法過著更節儉的生活。「我要繼續享受，」她告訴科克，「然後再瞬間破產！」[31]她有一種能夠把困難拋在腦後的快樂本事。「一切都好嗎？」她從巴格達寫信來。「舞台劇還有觀眾嗎？你能不能去國家障礙賽馬大賽，幫我下注一英鎊在舍格林（Shegreen）？」[32]阿嘉莎的書和劇本現在賺的錢多到科克覺得他應該參考一下演藝圈的做法，那些有不定期大筆進帳的人士都在尋找創意的稅務建議。從一九六〇年代一些搖滾明星和足球員的財務狀況來看，阿嘉莎沒有犯下跟他們一樣的錯誤：不老實的財務顧問，可疑的投資，最後失去了財產。

戰後英國的稅收是漸進稅率：到了一九六〇年代，年收入超過一萬五千英鎊的稅率是百分之八十八點七五。高收入者成為避稅者的情況越來越普遍，從樂手到作家都有，如滾石合唱團到和約翰・勒卡雷（John le Carré）。阿嘉莎的女婿安東尼建議她跟進，但她似乎沒有認真看待這個建議。[33]

一九五一年，科克提出一個經紀阿嘉莎・克莉絲蒂的新方法，不是從個人角度，而是企業角度。為了幫阿嘉莎節稅，成立了信託基金來結算《殺手魔術》小說和《捕鼠器》劇本的收益。伊恩・佛萊明（Ian Fleming）也注意到這一招，收購了一家有限公司來持有他的文學版權，而且一開始就把電影版權設立成信託交給他的兒子，那時根本還看不出詹姆士・龐德會大獲成功。[34]

下一個想法是成立阿嘉莎・克莉絲蒂有限公司（Agatha Christie Limited），僱用阿嘉莎並支付她薪水，避免她必須繳納巨額的個人稅。一九五五年六月，阿嘉莎・克莉絲蒂有限公司成立，擁有她創作的新書。公司董事為阿嘉莎本人、蘿莎琳和艾德蒙・科克。其他同等級的作家，如伊妮德・布萊頓（Enid Blyton）*和約翰・勒卡雷後來也從善如流。

阿嘉莎本人對這一切感到有點困惑。「這樣應該不會不道德吧？」她問。「這年頭真的很難知道。」[35]如果交給她自己處理，她可能根本懶得做。一個更精明的作者可能會思考科克是否為這些複雜安排的合適人選。例如，約翰・勒卡雷很出名的一點是他會換掉經紀人和出版社以獲得更有利的條件。但阿嘉莎的忠誠、放任、還有她看待金錢的愛德華時代態度，使她注定會和科克及柯林斯合作一輩子，而且不會過問太多。她告訴蘿莎琳和安東尼，公司「設立是為了你們的利益，不是我的利益，因為據我理解，我的謀生方式（以及奢侈的生活方式！）並沒有什麼改變……如果你們都認為值得為此操煩，那就著手去做吧。我個人不打算插手。」[36]

她說的不干涉有點心口不一，親情和金錢顯然讓家庭內部的關係變得複雜，有些玩笑話可能不只是說笑而已。「當個受僱的薪資奴隸，我覺得滿意，」阿嘉莎開玩笑說，「但這一點也不像工作。」[37]「我很高興阿嘉莎・克莉絲蒂有限公司有賺到錢，」蘿莎琳在給科克的信中寫道，「並真心希望這些錢不會全部付給我們的**薪資奴隸**！……當初不是說她應該領**微薄**薪資嗎？！」[38]但是阿嘉莎領的薪水必須夠高，才夠扣除她的應稅「花費」（包括「公司的」勞斯萊斯汽車）。這是個微妙的平衡。一九五八年，科克提議將阿嘉莎的薪水提高到七

* 譯註：著名英國童書作家。

千五百英鎊時，蘿莎琳回答：「我絕對認為這是個糟透的主意。」[39]

同時間，克莉絲蒂版權信託基金（Christie Copyrights Trust）成立，這樣阿嘉莎大部分庫存書的收入就可以被贈予，以避免被徵遺產稅。錢都給了親戚，如麥克斯的侄子和夏洛特·費雪。慈善捐款的金額從大額（阿嘉莎·克莉絲蒂兒童信託基金，Agatha Christie Trust for Children）到小額（綠徑屋附近教堂的一扇彩色玻璃窗）不等，位於伊拉克的英國考古學院和照顧老年婦女的慈善機構哈里森之家（Harrison Homes）都是定期收到捐款的單位。但即使公司成立了，仍然沒有解決阿嘉莎的稅務問題。稅務局已批准成立阿嘉莎·克莉絲蒂有限公司，但在一九五七年又有意見，直到一九六四年才終於和阿嘉莎協商成功。

阿嘉莎邁入七十多歲，收入仍然在增加。一九六一年，聯合國教科文組織正式將她列為世界最暢銷的作家，同年，威廉柯林斯出版社聲稱「克莉絲蒂聖誕禮」的廣告口號「可以額外賣出兩萬六千冊」。「女性開始在這個行業中嶄露頭角，」阿嘉莎的外孫說道（他後來接掌阿嘉莎·克莉絲蒂有限公司），「但她無疑是文學產業和娛樂產業中最成功的人，她證明了女人可以和男人平起平坐。每當我讀到今日女性的成就，我都會想，在某種程度上這是尼瑪的傳承。」[40]

一九六八年，阿嘉莎又收到了一筆巨額稅單，把問題丟給別人似乎是個好主意。於是在那一年，阿嘉莎·克莉絲蒂有限公司百分之五十一的股份賣給了布克圖書公司（Booker Books），[41]也是大公司布克·麥康奈爾（Booker McConnell）的子公司（布克·麥康奈爾因創辦布克獎〔Booker Prize〕而為讀者所熟知）。四年前，布克圖書同樣購買了伊恩・佛萊明遺留下來的文學遺產（the estate of Ian Fleming）。布克繳清了阿嘉莎的稅款，以交換阿嘉莎・克莉絲蒂有限公司的股份。長達數十年的稅務事件似乎終於解決了，稅務規劃則意味著阿嘉莎的後代都得到優渥的照顧。

一九七六年一月十九日，英國《金融時報》發表了一篇題為「克莉絲蒂財產之謎」的文章，試圖解釋一件普遍令人驚訝的事情，也就是阿嘉莎去世時遺產似乎少之又少，只有十萬英鎊多一點。

但這許多決策的最終結果是阿嘉莎感到自己的權利被剝奪而且錢不夠用。當她跟不上進行中的交易進度，她就變得脾氣暴躁。多年來，她一直告訴科克不要用公事打擾她，現在她偶爾會提出意想不到的要求。「你能把我的帳戶明細寄給我嗎？」她在一九六六年問道，「我**不曉得**到底有哪些進帳，所以我不知道我怎麼花錢或**為什麼**要花錢，我感到很擔心。」[42] 隨著進入七〇年代，阿嘉莎的房屋維護不佳，訪客驚訝地發現房子殘破不堪。但她仍然以一種了不起的能力繼續享受她的生活和財富：收集銀器、旅行遊玩、寵麥克斯。

世界上最暢銷的小說家確實喜歡金錢。她喜歡賺錢、花錢，也有強烈的自我價值感。但阿嘉莎和金錢之間不穩定的關係，終究還是受到身為女性以及她成長過程的影響。神祕的「克莉絲蒂財產」對於它的主人來說也像個謎團。

第三十七章　奇特的一群人

一九六〇年九月十五日，阿嘉莎在綠徑屋慶生。坐在一張鮮花圍繞的椅子，被她稱之為家人的人們簇擁，她看起來徹底像一個王朝的女族長。她度過了愉快的時光。「晚餐是味道濃郁的熱龍蝦！」她開心大喊，「我一點也不覺得自己老！！」[1]

想到七十歲的阿嘉莎在美麗、充滿奢華物品的綠徑屋享受夏天，這讓我覺得高興。但這棟房子以及阿嘉莎在這裡的生活，對我來說像是精心打造的行為藝術，還算不上她晚年最重要的成就。

「我認為我把這棟房子變美了，」她談到心愛的房子時說道，「或者更確切來說，是我把它的美展示出來。」[2]阿嘉莎的小說《西塔佛祕案》裡某個男性角色認為，女人有辦法「不做任何明顯可見的調整，就改變一個房間的特色。」[3]

在搬演莊園夫人這齣戲時，阿嘉莎就像她的許多角色一樣也是在演一個角色。她對於「所有人都在演戲」這一事實的高度認知，對她的藝術至關重要，這讓她的觀點和酷兒作家有一點類似。

幾十年來，她一直是個不想出名的名人，但在一九六〇年代，不出名變得越來越困難。一九六〇年時阿嘉莎寫道，她去海邊度假，兩個攝影師試著拍她，她當時「姿勢很不優雅」，他們拍的「根本就是一個大屁股的特寫」。[4]一九六七年，一名斯洛維尼亞記者的舉動聽起來像變態。阿嘉莎為了隱私特地選擇了一家偏僻的飯店，但記者雅內茲·庫切克「假裝自己是一般客人，說服櫃檯幫我安排入住她隔壁的房間……我就從陽台跨過去。」當麥克斯忙著報警時，被激怒的阿嘉莎跟這名記者說「她從來沒想過要出名」。[5]

但阿嘉莎對這種事越來越看得開。當她得知記者里奇·考德要寫她一九二六年失蹤期間時他個人的經歷，她的態度出奇地輕鬆。「都過這麼久了，有什麼關係？」她安撫科克，

活到七十歲有一個好處，就是你真的不會再在乎別人怎麼說你。沒辦法，確實是這樣，只是有一點煩而已。[6]

阿嘉莎過世後，考德甚至聲稱他在哈洛蓋特飯店與她面對面，說她對「克莉絲蒂夫人」這個稱呼有反應，還跟他說她患了失憶症。[7]考德後來承認這是他捏造出來的，[8]但多年下來，考德的不實報導創造了一個阿嘉莎無論做什麼都反駁不了的迷思：她是個騙子。

儘管阿嘉莎只生了一個孩子，但從她的七十歲生日派對來看，她仍然成功建立了一個以她為中心的複雜大家庭。畢竟，這就是她一直以來的生活方式，她把值得信賴的人帶入受她

青睞的朋友圈，從醫院時期的「奇女子」、瓦茨夫婦，再到一九二六年分居時期幫助過她的卡蘿等友人。再婚初期，當她獨自從蜜月旅行回來，她告訴馬克斯她又「安全回到收養家庭的懷抱裡」。她指的不只蘿莎琳，還包括卡蘿、她的廚師佛羅倫斯·波特，當然還有她的愛犬彼得：「P是我的孩子，你知道的！」[9]

一位綠徑屋的客人，覺得阿嘉莎的大家庭（大部分人沒有血緣關係）令人困惑：

> 這是一個開枝散葉的家庭。我一直弄不清楚誰是誰，但這個地方肯定有很多人，更不用說狗了，狗和年輕人都圍著她。吃午飯的時候，很可能會有十六個人坐在餐桌前，其中許多是她感興趣的年輕人，他們像家教很好的孩子，對她很有禮貌，但不會特別敬畏。[10]

儘管大家把她當成一個普通老奶奶對待，但阿嘉莎最親近的家人也是她的生意夥伴。彼得·桑德斯描述他接受他們一家人面試，看看他是否能獲准進入，安東尼被邀請前去午餐，他

> 努力談天說地來緩解氣氛……坦白說，阿嘉莎的女兒蘿莎琳讓我害怕……我覺得她一直在監視我，以防我把手伸進阿嘉莎的手提袋偷走她的錢包。[11]

綠徑屋的生活不算窮極奢華，但也絕對不是波西米亞風格，一位工作人員形容是「富足

安逸的生活」。沒有矯揉造作，但這是一棟鄉間別墅，而不是托基的郊區公館。客人接受「皇家般的款待」，麥克斯的侄子回憶他「八點鐘，在臥室裡的床上喝早茶，」「甚至可以把鞋子留在臥房外面，有專人來擦亮。」[12]家庭晚餐由阿嘉莎負責切肉，用餐時間長達兩個半小時，而且「他們還有那種放了檸檬片的手指碗，這個年代很少看到這東西了。」[13]週末會有客人來，享受正式老派的家庭聚會。菜單可能包括：週五晚上吃烤鴿子和櫻桃塔，週六晚上吃美奶茲烤鮭魚，週日中餐吃烤牛肉。[14]「十幾隻免費龍蝦擺在面前，還有比這更好的事嗎？」曾經在綠徑屋擔任廚子的迪西・格瑞格斯（Dixie Griggs）回憶道。[15]綠徑屋的例行日常既豐富又令人滿足。米勒家族在經濟上和社交上失去的一切，阿嘉莎都拿回來了。

雖然過著「富足安逸的生活」，阿嘉莎一點也不勢利眼。改編自她的小說的電影裡，常常呈現出一種傳統、經典的英式鄉村「豪宅」，有錢人住在別墅裡，而窮人住在門口的門樓（gatehouse）。但是阿嘉莎在書裡總是把鄉村房屋呈現為現代生活與事件的場景。就連聖瑪莉米德村（St Mary Mead）的大房子戈辛頓莊，在瑪波小姐的生活中也轉手過兩次：一次由她的朋友班崔夫婦買下，之後他們把房子賣給一個電影明星。[16]

住在鄉村房屋過生活，也讓麥克斯成為彷彿上流社會的一員。他在一九六八年受封爵士，身為外國人子女的外來者身份從此再也不是問題。他的母親在一九五一年驟逝，當時他和阿嘉莎遠在巴格達：「我親愛的媽媽，」他在兩人一生中無數通信裡頭的最後一封寫著，「只想簡短跟你說，我每天都想著你。」[17]

一九六一年，麥克斯在德黑蘭中風，雖然復原，但身體大不如前，「看起來年歲老了一倍，相當虛弱。」[18]他現在彷彿和阿嘉莎同一個年紀：「左手和手臂無力，舉不起來。」[19]他在一九六七年第二次中風，同樣是在伊朗旅行途中。「等待和未知如此難以承受，」阿嘉莎安排醫生送他回國時寫道。[20]

芭芭拉．帕克在一九六一年從伊拉克返國，和麥克斯一起在考古研究所教書。從這時候起，考古圈開始謠傳兩人不只是朋友，他們絕對是密切合作的專業夥伴關係，不過麥克斯是佔優勢的一方：考古學家艾倫．麥克亞當（Ellen McAdam）形容芭芭拉「缺乏自信」並且「時常為自己的行為道歉」。[21]但無論多少考古學家堅稱他們也有肉體關係，並沒有證據能證實這項傳聞。就算有，這也不會是一段傳統異性戀，麥克斯從伍利夫婦身上學到，共同投入學術研究也一樣重要。

阿嘉莎和麥克斯沒有生小孩，但現在綠徑屋充滿了孩子。他們考慮過收養，但最終決定還是不要：「我想我和麥克斯太老了。」[22]不過，要加入阿嘉莎的家庭並不需要正式的收養手續。麥克斯的侄子或朋友的小孩都會來做客。他們巴格達友人的女兒艾瑪．沙克爾（Emma Shackle）回憶道，「出任何事的時候，」阿嘉莎會「開著她的迷你汽車載我去綠徑屋，只有她懂。」[23]他們就像「我的另一對父母，」麥克斯的研究助理喬治娜．赫爾曼（Georgina Herrmann）說。[24]

當然了，蘿莎琳、安東尼和馬修也是常客。馬修解釋說，綠徑屋的夏天「一部分是又完成一部克莉絲蒂聖誕禮的獎勵」。[25]一九六二年，他覺得雖然過去發生過家族紛爭，他還是想見見祖父亞契，他就住在不遠的戈達爾明。亞契此時已七十三歲，頭髮灰白，但仍然是個「英挺的傢伙」，他患有支氣管炎。[26]「我經常跟他見面，」蘿莎琳回憶道，「我們一直都喜歡也了解彼此。」[27]亞契一直在思考生命有限的問題，甚至寫了一封關於這個主題的信給女兒。他意識到「人有旦夕禍福」，他重讀又撕毀要給蘿莎琳的信，以免被別人看到。亞契跟她說，這些信「有些寫得非常好，很有新的想法，有些還感情充沛！……愛你的老爸。」[28]他們倆都是克制、一語千金、注重隱私的人。

但是還沒來得及安排把馬修介紹給祖父，亞契就於一九六二年十二月二十日，在位於薩里郡戈達爾明杜松山的自宅去世。一切都太遲了。

蘿莎琳在晚年提到，她很遺憾父親在阿嘉莎．克莉絲蒂的故事裡成了壞人：「我不喜歡他被描述成冷漠無情的人。」[29]

但這是她母親一手造成的，當阿嘉莎的自傳出版時，她就是選擇用這樣的方式來呈現他。阿嘉莎沒辦法既往不咎，這點也影響了蘿莎琳。她雖然喜歡和父親見面，但她覺得母親「似乎不能接受我們過於親密。」[30]於是他們保持著一定距離。甚至到了父親葬禮時，蘿莎琳才第一次和同父異母的弟弟波見面。「對我而言，」阿嘉莎的孫子馬修說，「我出生前的事造成家庭之間的隔閡，這是一個悲劇。」[31]不愉快的一九二六年帶來的創傷和媒體報導，許多年來依然糾纏著這個家庭。

一九六三年，亞契過世隔年，他的弟弟坎貝爾也去世了。他「被發現死在家中充滿煤氣的廚房裡」，[32] 這起事件令人聯想到他們父親的心理健康問題。阿嘉莎雖然與亞契保持距離，但與坎貝爾一直有聯絡，坎貝爾後來成為一名成功的劇作家。她把他納入自己創建的家族，她的外甥傑克．瓦茨也經常在場。馬修在一九六七年娶了牛津同學安潔拉．梅普斯（Angela Maples）之後，綠徑屋的家族更為壯大。[33]「馬修的婚事讓我們很高興，」阿嘉莎寫道，「她是個很好的女孩。」馬修從牛津大學畢業後，在綠徑屋常客艾倫．連恩旗下工作。馬修結婚意味著兩個世代的大搬風：他和安潔拉搬進普爾利拉赫，也就是培察家族在威爾斯的祖厝，而蘿莎琳和安東尼住在綠徑屋的渡輪小屋，以便管理房子，也照顧阿嘉莎。

規模越來越大的演員群，每年照慣例演出綠徑屋的夏天，這時阿嘉莎會開心地假裝自己不是作家。「從來沒看過她在工作，」一位綠徑屋的常客說，「她是完美的女主人，總是在場和大家同樂。」她從來不曾「站起來說『我現在得去寫作了』然後把自己關在房裡。」[34] 但她仍然在寫，套一句阿嘉莎友人A．L．羅斯（A. L. Rowse）的話，她是個「偏執型作家：寫作就是她的生命。或說，她的兩個生命之一：外表看起來，她擁有充實正常的社交生活，有家庭、兩段婚姻、朋友，她款待和娛樂親友、做家務（她非常拿手）、購物（她非常熱衷）。」[35] 出版商菲利普．齊格勒來綠徑屋做客過幾次，也注意到阿嘉莎離不開打字機。他認為，「沒有任何事能阻止她縱情享受工作。」[36]

然而隨著一年年過去，綠徑屋需要的員工也越來越難找到。一九五〇年代時，曾經在醫院擔任廚子的喬治．高勒（George Gowler）回覆了綠徑屋徵求管家的啟事。阿嘉莎在倫敦和他面談，他表現得非常好，即便他沒有當管家的經驗。一個演員朋友給了他一件燕尾服，他就出發去德文郡展開新生活了。路上經過帕丁頓車站（Paddington station）時，他買了一本叫做《如何成為管家》（*How to Be a Butler*）的小手冊。[37]

高勒帶著妻子和祖母搬進來。在阿嘉莎進廚房做美乃茲時愉快地跟她聊個兩句。[38]有時候，阿嘉莎的家人會擠在高勒的電視機前面（屋裡唯一的一台），看賽馬或高爾夫球賽。這裡和愛德華時代的梣田不一樣，屋子不分前後區域。

高勒熱愛扮演他的角色，他敲鑼宣布晚餐時間，還為客人表演魔術。他覺得自己的付出被珍惜：「你知道，我沒有將阿嘉莎視為我的雇主，她是一個朋友，我們就像個家庭，團結在一起……在我看來，她就像女王一樣。」高勒有表演天分，後來轉為職業表演家，以暢談擔任「阿嘉莎．克莉絲蒂」管家的時光謀生。扮演這個角色時，他甚至乘坐東方快車旅行，火車上「有很多令人難以置信的拍攝和盛宴」。[39]

高勒代表的階層，似乎與家事服務的戲劇表演性質完全一致，阿嘉莎在許多小說裡都描述過。早在《羅傑．艾克洛命案》裡，一名女僕其實是家中成員假扮的。年輕時阿嘉莎宣稱她可以輕易「扮成」女傭，亞契還不太相信，但她完全沒說錯：在戰時，馬修的保姆就以為她是廚子。瑪琪更進一步，在請不到「真正」的傭人時，她在阿布尼公館假裝自己是女傭。畢竟，變身的概念就是戲劇吸引阿嘉莎的地方。「你知道，我認為再也沒有什麼比演藝界更讓人遠離真實事物和發生的事件了，」她告訴麥克斯，「他們是好奇怪的一群人！」[40]

家庭同樣是個流動的概念，絕不只是傳統異性戀夫婦生兩個小孩這麼單純而已，這讓我想到另一個「克莉絲蒂手法」。這個技巧比較舊，但經常出現在她一九六〇年代的小說裡：讓人無法一眼看出來的家庭。在阿嘉莎的書裡，一個失散多年的親人往往以新的身份再次出現，《破鏡謀殺案》（一九六二年）幾乎把這一招玩得過頭。出現的不只兇手領養的女兒，還有個她完全忘記自己嫁過的丈夫。

除了模糊家庭的界線，戰後阿嘉莎也越來越自在地在情節裡運用到性，尤其是她採用評論家菲・史都華（Faye Stewart）所謂的「薰衣草鯡魚」，[41]也就是角色的同性戀性向可能指出他們的罪嫌。在《十三人的晚宴》裡，徹底討人厭的埃奇瓦男爵似乎與他的管家有不尋常的關係，在《殺人不難》，令人毛骨悚然的愛渥西先生有張「女人一樣的嘴」，走路「忸怩作態」，開古董店，以上都沒有任何可取之處，但這些負面氣質都是誤導的：兩個角色都無罪。

阿嘉莎的寫作事業慢慢發展，她筆下的同性戀角色也隨著變得更突出且更有同理心。《捕鼠器》沒有對男女同志克里斯多夫・雷恩（Christopher Wren）和克斯維爾小姐（Miss Casewell）的性向多加著墨，送審才能輕鬆過關，這兩個角色僅僅被歸類為「奇怪的一群」。[42]雖然克里斯多夫・雷恩的角色是諷刺坎普（camp）（原劇本裡描述他「聲音娘娘腔」），但他還是迷人又風趣。[43]

不過克里斯多夫與後來的同性戀角色還有一步之遙，一九五〇年《謀殺啟事》以更富同理心的手法描寫一對女同志：辛珂芙小姐留著「像男人一樣的平頭髮型」，有著「男人一樣的站姿」，伴侶莫加璐小姐遇害令她哀慟不已。[44]

在後來的作品裡，阿嘉莎對差異更加含容。例如《怪鐘》（一九六三年）就呈現了好幾個四肢健全的人低估了盲女米莉森·佩瑪的橋段。白羅當然沒犯錯，他認真考量了她的嫌疑，他從社會角度而非醫學角度來思考殘障，前者認為只要環境設計得宜，殘障人士沒有做不到的事，後者則把焦點放在殘障人士沒有能力做的事。[45]在一九六三年，這樣的態度在商業小說中極為罕見，那些把阿嘉莎純粹視為保守派作家的人，就是沒有看見其中所展示的非傳統思維。

目前在國家信託的管理下，要造訪美麗的綠徑屋非常容易，它被精心打造、重現一九六〇年代的輝煌歲月，也因此，人們很容易誤以為綠徑屋呈現的是阿嘉莎最主要的生活方式。但我要提出最後一個論點，說明這裡是個表演場所。很多人忽略了一個事實，也就是阿嘉莎並不真正住在那裡。綠徑屋雖然輝煌，但它「只是」一個度假屋。「那不是真實生活，」馬修說。[46]

真實生活和真正的工作發生在完全不一樣的地方，我後面會提到。但在此之前，讓我們先隆重介紹阿嘉莎晚年最重要的成就：瑪波小姐。

第三十八章 女偵探

麥克斯曾經試著解釋為何他的妻子不是女性主義者。「她沒有必要對婦女解放運動感興趣，」他說。[1]說得有理。阿嘉莎有辦法得到她想在人生追求的大部分東西，同時還能宣稱她維持了「淑女身份」，也是最重要的維多利亞時代特質。

這有部分意味著公然反對女性主義。「男人的頭腦比女人好得多，你不覺得嗎？」她說。[2]但**可以說**阿嘉莎是「祕密的」女性主義者。她這個人的行動，還有她的小說角色，比她的話更有份量。

或許阿嘉莎作品裡最顯著的訊息，除了善能勝惡之外，就是不被看好的一方也可以得勝。白羅的角色顯示了一個風趣虛榮的矮個子可以在困難重重之下成功。而在後來的女偵探角色身上，阿嘉莎讓我們看到了上了年紀的人，特別是老女人，可以貢獻的比表面上看起來更多。珍・瑪波說：「女人要團結。」因為她的創造者沒有辦法這麼說。[3]

當瑪波小姐於一九三〇年首次在《牧師公館謀殺案》裡正式亮相，桃樂西・榭爾絲立刻抓到重點。「愛講閒話的老婦人，」她寫信給阿嘉莎，「是唯一合適的女偵探類型……我覺得這是你最優秀的創作。」[4]

前面提過，瑪波小姐是從好幾個階段發展而來，每個階段都是阿嘉莎經歷動盪和痛苦成長的時期。瑪波小姐最早的原型是阿嘉莎維多利亞時代的姨母奶奶，阿嘉莎說瑪波小姐「這樣的老太太很像我外婆在伊令的一些密友」。文學評論家彼得．基廷是瑪波小姐的「傳記作家」，他指出阿嘉莎在一九二〇年代和艱苦的戰爭時期先後試過心理分析，所以瑪波小姐帶有一點心理分析師的特質。但是戰爭過後，瑪波小姐和阿嘉莎本人一樣避開人與人的接觸，開始評論社會變遷。

也就是說，解謎的部分在晚期的瑪波小姐故事中變得較不重要。也是基於這個原因，有些讀者偏好白羅，但如此一來就完全錯過瑪波小姐敏銳觀察力所帶來的樂趣了。如果你有興趣的是阿嘉莎．克莉絲蒂這個人，而不僅是她的創作，你應當可以推論出瑪波小姐對她而言遠比那位比利時偵探更重要。

其中一個原因，是阿嘉莎的故事幾乎都設定在寫作當時的年代，而白羅在這一點已行不通了。「隨著時間過去，他變得越來越不真實，」她在一九六六年時承認。「私家偵探接案件，這年頭已經沒有這種事了……瑪波小姐就沒有這個問題。」[5]

不過阿嘉莎保護瑪波小姐的隱私跟保護自己隱私一樣小心翼翼，她很少寫及珍．瑪波過去的生活細節。她確實有一次無意中透露了瑪波小姐以前是經驗豐富的護士（就跟阿嘉莎本人一樣），跟病人「有很多往來」。從一九三〇年起，瑪波小姐一直是六十五歲，一直到阿嘉莎追上她的年紀，然後她們就一起變老。她也和她的創造者一樣，以家務為掩護（在瑪波小姐的例子是園藝），以防人們注意到她犀利的頭腦。[6]

瑪波小姐曾經解釋，說到破案，「當然對男士而言比較簡單。」[7]不過，她的性別開展了新的辦案方向。女偵探對於藏在女體身上的線索，以及外表的偽裝更為敏銳。例如在《殺人不難》中，是助理偵探布莉姬注意到兇案死者女傭艾蜜絕對不可能把帽子塗成緋紅色，因為不配她的紅髮。同樣在《藏書室的陌生人》，瑪波小姐發覺金髮死者的髮色原本不是金色的。瑪波小姐對案件核心的年輕女子富有同理心的觀察，展現的是她終生對女孩的同情。她幫助孤女受訓找到女傭的工作，她逼迫一個男髮型師跟被他搞懷孕的女孩結婚。她那一代單身女性付出廣泛的勞動，她做出了小小貢獻。「回顧過去五十年，」薩默維爾學院（Somerville College）院長在一九五三年寫道，「單身女性付出了有薪或無薪的諸多貢獻，」徹底改變了照護、教育、托嬰育兒，「她們扮演領導角色，也扮演了行政角色。」[8]

後來的瑪波小姐又多了一點社工特質。如同彼得．基廷認為，成熟的瑪波小姐作品不是懸疑小說，更像在描述「英國的狀態」。《殺手魔術》裡管理失敗的少年觀護所，《黑麥滿口袋》裡不肖商人的失能家庭，還有《殺人一瞬間》裡自私的鄉村別墅屋主，都表現出阿嘉莎認為英國出了問題，但一位單身老太太還是能帶來善的力量。

至少，瑪波小姐這股善的力量，是阿嘉莎所認為的「善」：成功富裕的女性，社會保守派，生於一八九〇年，相信死刑。她在自傳裡以充滿嫌惡的口吻建議，死刑的一個可能替代方案，就是把壞人移送到「某個只有原始人居住的空曠土地」。隨著六〇年代繼續進展，瑪波小姐和她的創造者的判斷也變得嚴厲到嚇人的程度。

例如在《黑麥滿口袋》，瑪波小姐變得憤怒、強大而且充滿復仇之心。她對於被謀殺的女傭所遭受的邪惡作為感到非常憤怒，雖然一個步履蹣跚的老太太遠遠「不像一般想像中的復仇者……但這大概就是現在的她。」

瑪波小姐最後一次出現在她住的村子聖瑪莉米德是在《破鏡謀殺案》，這時在村子裡已是六〇年代。阿嘉莎雖然已經七十二歲，還是很清楚時代的變化。村裡現在有了超市，而不是雜貨店。村民吃玉米片而非培根當早餐，村子外緣有個新的「建案」。但聖瑪莉米德雖然變了，卻沒有衰敗。「新的世界跟舊的世界一樣，」瑪波小姐心想，「雖然衣服不同，聲音也不同，但人性還是一如既往。」

阿嘉莎晚期的書中偶爾會有一些回憶段落，早期作品會省略這些段落，因為無法推動情節發展。例如在《復仇女神》（*Nemesis*），《泰晤士報》令人困惑的版面改變令瑪波小姐思考了良久。寫這一段的樂趣，純粹是刻畫作者本人再熟悉不過的體驗。但就連瑪波小姐也一直試著跟上時代的腳步。「人不可能回頭，」她在《柏翠門旅館》（*At Bertram's Hotel*）裡這麼想，「生命的本質就是前進。」這本書在一九六五年出版，書裡兩次呼應了哈洛德・麥克米倫（Harold Macmillan）的名言「變革之風」（the wind of change），出自他在一九六〇年代發表的著名演說，主題是非洲前英國殖民地無可避免終將獨立。[9]

《破鏡謀殺案》裡越來越虛弱的瑪波小姐彷彿在跟讀者說再見，我們也確實向聖瑪莉米德道別。但阿嘉莎後來又寫了三部瑪波小姐作品：《加勒比海疑雲》（*A Caribbean Mystery*，一九六四年）、有關一九六〇年代犯罪與名流文化的《柏翠門旅館》、以及瑪波小姐最後一次出場的《復仇女神》。阿嘉莎在一本一九六五年使用的筆記本裡，記錄了她稱之為「國家信託庭園之旅」的想法，就是瑪波小姐參加英國歷史建築巴士旅遊團（途中注定有人死亡）的故事。[10]

在瑪波小姐人生的最後階段，當她離開了聖瑪莉米德之後，她和她的創造者發展出越來越多共同點：她去巴貝多旅遊，阿嘉莎在一九五六年也去過；她住豪華飯店（阿嘉莎一直以來的最愛），最後在《復仇女神》中，她成為了富翁。這部最終曲的原文書名Nemisis出自希臘神話，正確無誤地意指瑪波小姐也成為了超人，相當於現代版的希臘女神涅墨西斯（Nemesis），比父權制更早存在，毫不寬容。[11]

我們也得承認，她幾乎不近人情。瑪波小姐的這一面老早就存在了，在一九五〇年的《謀殺啟事》裡，一個角色留意到「她撅著嘴，平時溫柔的藍眼睛閃爍著冷酷的光。非常嚴峻，毫不寬容的決心。」在《復仇女神》，瑪波小姐面對的是別的神話角色：代表命運三女神的三姐妹，以及一樁與同性情慾相關的犯罪。晚期的瑪波小姐不再關心人類的正義和法律，套一句小說裡內政大臣的話來形容，她變成「我遇過最可怕的女人」。

阿嘉莎自己善惡對錯的信念對她晚年作品的影響越發明顯。無意識的動機，也就是一九三〇年代的「心理學」手法，已經不再令她感興趣。一九五〇年時，克拉多克督察（Inspector Craddock）*說他「很受不了心理學術語被任意使用在當今一切事物上」，聽起來像是作者要說的話。[12] 阿嘉莎開始覺得，英國戰後社會對不法行為採取的寬鬆、容忍、「心理學」角度做法，是搞錯了方向，瑪波小姐也這麼認為。

雖然阿嘉莎迫切希望跟上時代，她以上的訊息卻也引起了讀者的共鳴，他們也開始感到與寬容的社會有點格格不入。這一群沉默的多數人不穿迷你裙，而且看不慣穿迷你裙的少數人。他們認為「克莉絲蒂聖誕禮」就是現代寓言故事（麥克斯如此形容阿嘉莎的作品），也可以說是「給已長大的孩子看的童話故事」。[13]

所謂阿嘉莎小說就是大人看的童話故事的概念，可以從阿嘉莎在戰後常用童謠當書名得到佐證，《麥金堤太太之死》（*Mrs McGinty's Dead*，一九五二年）、《黑麥滿口袋》（一九五三年）、《國際學舍謀殺案》（一九五五年），都暗指「童年世界裡潛藏著邪惡」。[14]「我喜歡童謠，你呢？」《捕鼠器》的一個角色說。「它們總是悲慘而可怕。」[15]

阿嘉莎．克莉絲蒂一直被批評的一點是她的世界太狹隘，出場角色範圍有限。但吉蓮．吉爾認為剛好相反，對她而言，阿嘉莎把視野聚焦，正是她作品中的黑暗色彩如此強大的原因。

---

* 譯註：《謀殺啟事》的角色。

聖瑪莉米德是一個邪惡不該存在的地方，就像童年。瑪波小姐工作的環境是富裕中產階級人士所熟悉的，「克莉絲蒂不是把暴力放在富人和特權世界之外，放在『我們』不認識的人之中，」吉蓮解釋道，「而是放在我們這群人裡頭。」[16]就連一個如巧克力禮盒般的英國鄉村也蘊藏著邪惡。「她無意**談論**」不自然的性行為、強姦、亂倫和各種變態行為，瑪波小姐說，但「她仍然知道這些事」。[17]

雖然瑪波小姐的故事經常被描述為舒逸犯罪小說*，但她提出的是個大膽、黑暗、令人不安的世界觀。

瑪波小姐和她的創作者都沒有不切實際的幻想。她們相信邪惡**無所不在**，無論在任何關係、在任何人身上，都可能出現。

* 譯註：舒逸推理（Cozy Mystery）是推理小說的一個子類型，通常不含性與暴力的重口味情節。

第三十九章　該下台的時刻

「知道什麼時候下台一鞠躬，是人生的必要能力。在失勢之前離去，在掌握不了時放手，在感到一絲僵化之前離開。」

這段話出自阿嘉莎《鴿群裏的貓》（*Cat Among the Pigeons*，一九五九年），女校長包士卓小姐正在思索手中成功的女子學校的未來。阿嘉莎的出版團隊也在問同一個問題。「不要告訴阿嘉莎是我說的，但這不是她寫過最扣人心弦的故事吧？」她的美國經紀人在一九六〇年寫道。[1]

許多死忠的克莉絲蒂書迷熱愛她的晚期作品，他們從中看到奇異的豐富性和深度。然而在一九六〇年代，隨著她的早期作品改編成影視，阿嘉莎變得更有名氣，而且她也首次被塑造成一個傳承品牌。新書的品質變得次要，人們會買，是因為上面有她的名字。阿嘉莎很清楚這點。「說不定我可以一直寫同一本書，」她承認，「也不會有人注意到。」[2]她開始鬆懈下來。

她試著維持新鮮度，在《第三個單身女郎》（*Third Girl*，一九六六年）描述六〇年代生活，提到迷幻藥和年輕人在出租公寓的喧鬧行為，但就偵探小說而言說服力不足。[3] 她在一九六七年的《無盡的夜》跨出更大步，從一個年輕工人階級男性心理病態者的角度來寫，極為不尋常。「人們在搖頭，」阿嘉莎回憶道，「彷彿在說『像她那樣的鄉村女士寫這種角色做什麼？她一定會搞砸！』唔，我不覺得我搞砸……我聽打掃女傭說話，聽她跟親戚說了什麼。我一直都喜歡商店、公車、咖啡店，我都豎著耳朵，這就是我的祕訣。」[4]《無盡的夜》不到六個星期就完成，是阿嘉莎最後一次密集寫作。「這本書跟我以前寫過的都不同，」她在出版之前的訪問裡說明，「更為嚴肅，說的其實是一個悲劇。」柯林斯很緊張，不知道書會收到什麼樣的反應。

但他們沒有必要擔心。雖然《無盡的夜》調性不同，但重要的是它有個很熟悉的地方。由罪犯來敘事的核心手法，與四十年前《羅傑．艾克洛命案》的手法完全相同。了不起的是，人們還是吃這一套。《衛報》認為書中有著「這位充滿意外的作家」所寫過「最驚人的劇情轉折」。「我這次也被她唬了，」《太陽報》（*The Sun*）的書評承認道。阿嘉莎也還在創作「驚悚小說」，最後一本是一九七〇年的《法蘭克福機場怪客》（*Passenger to Frankfurt*）。這部不同凡響的作品在今天讀起來異想天開至極，但結合了與她八十大壽相關的大規模促銷活動，本書在暢銷書排行榜停留了六個多月的時間。[5]

與這部作品相關的筆記本裡記載了一連串令人不安的事物，準備結合主角要對抗的邪惡組織：「恐怖活動，美國大學，黑人人權運動等，都敘述了暴力的興起和受青睞（訓練成施虐者，特別在過去過去五、六十年），都可能吸收了青年的理想主義。」[6]

阿嘉莎後來選擇的情節如下：希特勒在二戰中躲進瘋人院，偷偷倖存下來，並生下一個兒子，繼續他的邪惡勾當。故事情節雖然牽強，但至少強烈的氛圍吸引了她的讀者。現代性令他們擔驚受怕，他們將城市中爆發的學生抗議視為不受控的暴力。一位真正的阿嘉莎信徒把《法蘭克福機場怪客》形容為「現代版的《天路歷程》（*Prilgrim's Progess*）*……她以驚悚小說體裁，嚴肅地描繪出她所看到的世界，如同威爾第以他最擅長的歌劇語言創作了《安魂曲》。」[7] 如果阿嘉莎看到的一九七〇年代世界是如此，還真是個令人沮喪的地方。

與此同時，阿嘉莎作品的製作團隊面對越來越嚴重的問題。哈洛德．歐伯於一九五九年過世，桃樂絲．歐丁接替他的位置，歐丁是一位高貴老派的紐約女士，打扮像《廣告狂人》（*Mad Men*）裡的角色，抽菸時用菸嘴，做事毫不留情。她初次讀完《法蘭克福機場怪客》時滿腹困惑：「我對這本書很失望，看起來彷彿是對間諜小說的拙劣模仿，而且毫無說服力。」[8]《紐約時報》也同意，「每個人都有權寫一本爛小說，」書評寫著，「但應該要有人介入，阻止小說出版。」[9]

雖然專家意見是如此，阿嘉莎的讀者顯然還是想讀這種東西。小說獲得巨大的商業成

＊　譯註：一六七八年出版的著名的基督教寓言文學，約翰．班揚（John Bunyan）著作。

功，科克不得不收回自己的看法：「關於《法蘭克福機場怪客》，你說得太正確了，」他向阿嘉莎承認，「我以為應該要有一些修改，但後來沒改，結果這是目前為止你最成功的一本書。」[10]

除了少數幾部傑出的作品外，阿嘉莎從來沒有徹底認真地交代小細節。比如說，白羅住在白港公寓（Whitehaven Mansions），但也住在白羅大廈（Whitehouse Mansions）。在《死亡不長眠》中，一個職員、一個接待員和一個火車乘客不小心都被取名為納拉科特（Narracott），而這也是在另外三本書裡一個女服務生、一個船夫和一個警察的名字。[11]

但現在小失誤變得越來越明顯了。歐丁在讀《柏翠門旅館》的時候充滿疑問，瑪波小姐怎麼知道其中一個角色是另一個角色的女兒？難道她「就這麼聰明地推斷出來了？」[12] 但很明顯，要表達這樣的觀點有難度，即使是阿嘉莎的親生女兒也不敢。一九七一年，阿嘉莎堅持做最後一齣戲《五個提琴手》（*Fiddler's Five*，暫譯），該劇首次公演是在布里斯托。蘿莎琳懇求母親不要從布里斯托搬到倫敦公演，以免遭到更嚴格的檢視，科克也很緊張：「我們必須面對事實，媒體不會友善的。」[13]

但阿嘉莎動怒且升起防禦。「我不明白你為什麼這麼反對，」她憤憤地告訴蘿莎琳，「你、馬修、哈里森之家或其他從公司受益的人，都不會真的拒絕分成吧。」這是兩人之間長期以來關於蘿莎琳悲觀態度的爭論，阿嘉莎發動了真正惡毒的回擊。「要是我被你成功說服只寫書就好，大概就不會有《捕鼠器》、《控方證人》、《蜘蛛網》……人一生中若是不冒一些風險，那不如死了算了。」[14]

但是蘿莎琳的擔心有憑有據，因為《五個提琴手》裡描寫了不繳稅卻逍遙法外的人物，「你的粉絲確實欣賞你的作品，甚至對你本人的欣賞到了驚人的程度，」她試著向母親解釋。「但我認為這部劇本不到你該有的水準，你在劇本裡讓犯罪的人逍遙法外……就算是為了笑果我也不覺得好笑。」[15]

艾德蒙・科克也收到好幾封阿嘉莎咆哮的書信。「**首先，**」一封六頁的信寫道：「對於我的出版商和其他多事的人所做的愚蠢且煩人的事，我必須要更嚴格管控才行……我不是你們所有人的馬戲犬。我是作家，為自己感到羞恥是痛苦的事。」[16] 這封信讀起來像是年邁李爾王的怒斥。

關於阿嘉莎後期作品品質下降，近年來有人提出一個更傷感的解釋。在分析她使用的語言之後，顯示她可能患有阿茲海默症。阿嘉莎的語法一向不複雜：這是她的作品之所以能有效地翻譯成其他語言而且不太會過時的原因之一。然而，她的語法現在變得更簡單了。

《問大象去吧！》（*Elephants Can Remember*，一九七二年）是阿嘉莎筆下的阿蕊登・奧利薇最後一次登場。從書名就可以看出，記憶這個主題開始困擾著八十一歲的作者。根據多倫多大學語言研究人員的計算，這部小說的詞彙量比她六十三歲寫的《未知的旅途》少了百分之三十一。

同一個團隊的分析還發現，阿嘉莎年輕時的作品《史岱爾莊謀殺案》中只有百分之零點二七由「thing」、「something」和「anything」等「不定詞」組成，而她八十三歲寫的作品《死亡暗道》（*Postern of Fate*），這個比例上升到百分之一點二三。[17] 該研究的作者之一伊恩．蘭開夏（Ian Lancashire）指出，《問大象去吧！》也可以被解讀為奧利薇夫人智力衰退的寫照，她忘記了她應該知道的事情，必須找赫丘勒．白羅來幫忙。「這是作者對一些她感覺得到但無能為力的事情的反應，」他說，「彷彿真正的罪行不是雙重謀殺加自殺，而是失智症。」[18]

這個解釋改變了對阿嘉莎作品品質下降的批評，以及她自己對此的防禦性回應。對於不願優雅下台的藝術家的不耐煩現在變成了同情，因為她可能正開始與疾病奮戰。

阿嘉莎從未被確診患有這種疾病。但考慮到人們如今仍然不願談論失智症，尤其在發病早期階段，再考慮到一九七〇年代失智症被污名化的嚴重程度，這是一個既令人心碎、又值得認真以待的論點。

也許阿嘉莎周圍的人開始懷疑她正在失去她最寶貴的資產：她的心智。

第十部

謝幕——1970年代

第四十章 冬溪屋

一九六〇年，建築許可核發下來，梣田要拆除了，原址將蓋公寓大樓和專屬停車場，也有人提議建案可增加一個加油站。[1]

當阿嘉莎發現這件事，為時已晚。當然，當她多年前賣掉梣田，她就已經放棄了對這個地方的所有權。但她律師的兒子記得她「想把它買回來」，並且「在最後一刻出價。」她的出價被拒絕時，「她非常、非常沮喪。」[2]

阿嘉莎自己說了接下來的故事：

一年半之後，我才下決心開車去巴頓路（Barton Road）……沒有任何東西能勾起一絲回憶。那些是我看過最簡陋、最粗製濫造的小房子……然後我看到了唯一的線索，那棵猴謎樹留下了不容被磨滅的痕跡。[3]

阿嘉莎的小說常與家庭和家屋有關，都是從梣田發展而來。失去了房屋實體令她想起母親過世，青春時期的自己也不復返。賣房子是她的決定，但她後來形容自己覺得「無家可歸……我很渴望回到梣田。」[4]

於是，當阿嘉莎即將完成自傳的終章時，她回到了她的出生之地：托基。回憶過去成了她晚年最主要的樂趣：

長時間散步不行了，唉，海水浴也沒辦法了；無法吃菲力牛排、蘋果、黑莓（牙口不好），小字看不清楚。但是能做的事情還很多……坐在陽光下，輕輕打瞌睡……還有回憶。

「我還記得，我出生的房子……」

比較近期發生的事件和地點開始變得不那麼重要了。七十九歲時，阿嘉莎首次在公開聲明裡提及南西．尼爾的存在。「我丈夫找了一個年輕女子，」她告訴採訪者。她甚至似乎間接提到了她創造的「特蕾莎．尼爾」：「你無法掌控降臨到你身上的命運。但你可以對自己創造的角色隨心所欲地做任何事。」[5]她說的或許是自己在一九二六年的行為，也可能是對人生哲學的陳述。阿嘉莎．克莉絲蒂確實是個書寫自己故事的女人。

一九七〇年九月，柯林斯堅持在倫敦為她舉辦八十歲生日派對，阿嘉莎戴著羽毛帽、貓眼鏡框眼鏡和二股珍珠項鍊出席。這次她總算不介意拍照，尤其不介意和長期合作的出版商比利．柯林斯合照。「我的出版商長得真是好看，」她告訴他。[6]這場派對也是所謂她的第八十本新書發表會，這討喜的數字是柯林斯巧妙計算而來，模糊之處則是因為加上了短篇小說集，而美國版和英國版的書名也不一樣。回到德文郡，晚餐時阿嘉莎享受了「特別招待——大半杯純鮮奶油給**我**，其他人喝香檳。」[7]

一九七一年新年，女王宣布授予阿嘉莎大英帝國司令勳章女爵士（Dame Commander of the British Empire），這是阿嘉莎生平多次改名的最後一次。「阿嘉莎女爵士」幾乎就像她在生平第一部短篇小說裡幻想成為的「阿嘉莎夫人」，那年一月，她得意地把「DBE」*寫在筆記本裡記錄《復仇女神》想法那一頁的最上方。[8]

即使在八十歲生日她也沒停止工作。這部作品大多在她和麥克斯多年來真正的家寫成，而不是在綠徑屋。冬溪屋位於沃陵福以南的泰晤士河畔，由阿嘉莎在一九三四年富豪時期買下，當時她買房都是出於隨興：

> 我在《泰晤士報》看到廣告。我們再一個星期左右就要出發去敘利亞……那是一棟小巧迷人的安妮女王時期房屋……草坪延伸到河畔。

儘管即將出國，阿嘉莎還是立即把它買下來。一名來作客的友人欣喜若狂，認為這棟房

---

* 譯註：Dame Commander of the British Empire 的縮寫。

子「賞心悅目，還有玫瑰花香。我向來覺得庭園盡頭有一條河是最完美的設計。」[9]另一位訪客描述這裡舒適輕鬆的氛圍：「酒紅色的秋光灑進通風舒適的房間，大型、膨潤的椅子（就像阿嘉莎），壁爐架上淡紫色的爐渣器皿。她秀出一件又一件老瓷器給我看，不是什麼令人嘆為觀止的物件……就是一些美好的維多利亞時代作品（一樣就像阿嘉莎本人）。」[10]

只有在這裡，在她祕密的家，阿嘉莎才能放下阿嘉莎女爵士的角色，退回到她最喜歡的角色：麥克斯的妻子。她說過冬溪屋是「麥克斯的家」，「向來都是。」綠徑屋漸漸地不那麼重要了，她在一九五九年把綠徑屋送給蘿莎琳，一九六七年，蘿莎琳和安東尼搬進去作為主要住所。[11]

阿嘉莎在冬溪屋過著非常低調的生活，但信封上只註明「伯克郡的阿嘉莎・克莉絲蒂夫

牛津郡沃陵福的冬溪屋被稱為「麥克斯的家」，阿嘉莎以馬洛溫夫人的身份在那裡過著恬靜生活。圖片來源：Lucy Worsley

人」，甚至「大不列顛島（Gran Bretaña）*的阿嘉莎．克莉絲蒂夫人」的信件，不可避免地還是會寄到那裡。[12]阿嘉莎維護自己的隱私，避開好事或求關注的人，意味著她從未完全融入沃陵福當地生活。前副鎮長形容她是「一位專斷且難以親近的女士」。[13]全世界最有名的作家就住在沃陵福，沃陵福期待她扮演慈善家女士（Lady Bountiful）的角色。但令人欽佩的是阿嘉莎拒不服從。不過，純粹當馬洛溫太太的她，可以溜進大街上的髮廊做頭髮，觀看當地戲劇社的表演，給幫冬溪屋送魚貨的小弟禮物。[14]她和馬克斯也去附近寧靜的科爾西村（Cholsey）上教堂。

他們在冬溪屋待的時間更長，一個原因是麥克斯在一九六二年轉換到附近牛津大學萬靈學院（All Soul's College）工作，協助編輯新的牛津版《希羅多德》（*Herodotus*）。這次任命對他意義重大：「我傾注畢生心血，總算彌補了年輕時缺乏學術成就的遺憾。」[15]這種智識型人生目標，與阿嘉莎從小接受的愛德華時代米勒家族的逸樂價值觀明顯不同。「服從絕對嚴格的紀律是我最幸福的時候，」麥克斯承認，「這可以讓我我停止浮想。」[16]是具有國際觀的知識分子麥克斯，說服阿嘉莎在一九七五年全民公投時違背她自己的意向，投票支持加入歐盟。

麥克斯在教學生涯中培育了多位年輕考古學家，「其中六人後來成為英國考古學院的院

---

* 譯註：Great Britain 的西班牙文翻譯。

長」。[17]但不是人人都喜歡他，比較客氣的同事把他暴躁的脾氣歸因於他中風後服用的藥物，但他在考古圈裡長年與人爭執。凱斯林．肯揚過世後，與她同住的女人燒了麥克斯的信，理由是這些信「太過惡毒」，她不想讓別的考古學家看到。[18]

與此同時，在保存了八十多年的家庭相簿的最後幾頁裡，阿嘉莎與新生的孫子見面，微笑坐在堆滿書籍、風信子和賀卡的房間裡，或者懶洋洋地躺在沙灘椅上；她去看起來冷颼颼的達特穆爾參加野餐會，或裹著毛皮大衣；她扶著麥克斯的手臂或拄著拐杖蹣跚前進；一群狗兒愛慕地圍在她的身邊；她經常戴著一頂紅帽子。在一張照片裡，她甚至穿著紫色套裝配紅帽子，就像那首描述古怪又有自信的老太太的詩*。[19]

但在一九七〇年代，冬溪屋的屋況漸漸變糟。「克莉絲蒂帝國」（套一句科克的說法）成立之後有複雜的稅務配置，意味著日常用的現金異常短缺。冬溪屋的線路年久失修而危險，科克還得被拉來幫忙維修。一九七一年，阿嘉莎描述「很多風雨灌進來，某個地方在漏水或滴水……星期一得緊急找水電工來。」[20]「要是現在有三個優秀的僕人，住在小房子裡，該有多好，」她嘆氣道。[21]

一九七一年六月，阿嘉莎摔斷髖關節，在納菲爾德骨科中心住了一段時間才回到自家床

---

* 譯註：詩名為〈警告〉（Warning），英國詩人 Jenny Joseph 著，前兩句是「等我是個老女人的時候我要穿一身紫／配上一頂不搭也不適合我的紅帽子」（When I am an old woman I shall wear purple / With a red hat which doesn't go, and doesn't suit me）。

上。[22]「有一兩天情況危急，」科克告訴同事，「但我很高興告訴大家，她奇蹟般地康復了。」[23]不久，她就「扶著雙拐踏出蹣跚的第一步」。[24]現在她的信裡不再有牢騷不斷的要求了。「最親愛的蘿莎琳，」她寫道，「能逃出醫院回到家真是太棒了！你把房間佈置得很漂亮……親愛的蘿莎琳，你真好，來到這裡盡力做了這麼多事。」[25]

跌倒之後，阿嘉莎開始為最後做安排。一九七二年，她寄給科克一本詩集，表示如果他認為合適的話可以出版。一九七三年《死亡暗道》出版，是上了年紀的湯米和陶品絲最後一次亮相，書裡描繪的房子處處反映了阿嘉莎晚年最心心念念的梣田。但作為小說，它的內容反覆而且有缺陷。「相當可怕，不是嗎？」歐丁心想。「比前兩本還糟糕得多……可憐的人，希望有人能告訴她這本書不該出版，這是為了她好。」[26]然而，《死亡暗道》再一次成為了暢銷書。

令人心酸的是，阿嘉莎最後一本筆記本裡還包含了下一部小說的想法。這是一個全新的想法，描述兩個學生純粹為了實驗而謀殺一個男孩。如同書評約翰・卡倫提出的，她衰退的是「佈局的能力，而不是想像力」。[27]

一九七四年，阿嘉莎心臟病發作，服用的處方藥讓她的體重掉了大半。東尼・史諾登（Tony Snowdon）*到冬溪屋為她拍照，留下一組非比尋常的溫柔影像，照片裡的阿嘉莎是個嬌小的老太太。他問阿嘉莎希望人們如何記住她，她自然是謙虛地回答，只說了「偵探小

* 譯註：即安東尼・阿姆斯壯—瓊斯（Antony Armstrong-Jones）著名攝影師，也是瑪格麗特公主的前夫。

說寫得相當好的作家。」[28]

那年秋天，她仍然外出活動，而且還有最後一次重要的公開露面。一九七二年，頗令人驚訝地，阿嘉莎再次接受了改編電影的邀請。這次提議來自對二十世紀各項事務都想插一手的蒙巴頓勳爵（Lord Mountbatten）。他為了幫助女婿約翰．布拉伯恩（John Brabourne）以及布拉伯恩的共同製片理查．古德溫（Richard Goodwin）而聯絡阿嘉莎，因為理查．古德溫想將《東方快車謀殺案》改寫成劇本。「我們都不認為，」他寫道，「目前為止製作的電影有哪一部真正體現了『阿嘉莎．克莉絲蒂』精神。」[29]

再次嘗試電影的時機已臻成熟。一九六〇年代米高梅公司擅自修改阿嘉莎的著作，[30]現在情況已經變了，新一代的製片認為《東方快車謀殺案》是經典的敘事作品，就像狄更斯或奧斯汀一樣，必須被尊重和保留原貌。就說古德溫好了，他是看到十歲的女兒讀這部小說讀到廢寢忘食，才動了改編的念頭。

當薛尼．盧梅（Sidney Lumet）被選為導演，亞伯特．芬尼（Albert Finney）和史恩．康納萊（Sean Connery）都答應接演，套一句布拉伯恩的話，所有一線演員都「排隊等著出現在片子裡」，[31]包括英格麗．褒曼（Ingrid Bergman）、洛琳．白考兒（Lauren Bacall）、凡妮莎．蕾格烈芙（Vanessa Redgrave）和約翰．吉爾古德（John Gielgud）。古德溫把電影的成功歸功於選角，他們都是「從片廠體系出身的老明星」。首先，他們紀律甚嚴。第二，他們就是很優秀。「製片只見過阿嘉莎幾次，而且「她沒說什麼，」古德溫說。「但不知怎的，每個人都知道她的要求是什麼。她有一種氣場。」[32]

電影預算高達驚人的四百五十萬英鎊，是幾位製片目前履歷上最貴的電影。過去慘痛的經驗讓阿嘉莎知道她不一定會喜歡電影版，但這次她看了很滿意。[33]《東方快車謀殺案》成為當時英國影史票房最高的電影，在美國登上賣座冠軍，也接連帶動書的大暢銷。[34] 電影在大西洋彼岸獲得熱烈反響後，一九七四年十一月在倫敦舉行了慈善首映，出席的不僅有女王，還有偵探小說女王（Queen of Crime）。「對她來說一定很辛苦，」古德溫談到阿嘉莎坐著輪椅出席時說道，但是「她知道她必須做這件事。」[35] 首映之後在克拉瑞芝飯店（Claridges）有個晚宴。夜晚接近尾聲，麥克斯腦中仍浮現蒙巴頓在午夜護送他的妻子走出餐廳、阿嘉莎「舉手道別」的畫面。[36]

這是她向倫敦的道別，也是向畢生事業的道別。一九七四年出版的不是書，而是短篇小說集《白羅的初期探案》（*Poirot's Early Cases*），一九七五年問世的是數十年前已經寫成的小

一九七四年，《東方快車謀殺案》成為英國有史以來票房最成功的電影，星光熠熠的演員陣容，亞伯特·芬尼（Albert Finney）領銜主演赫丘勒·白羅一角。© Photograph by Snowdon/Trunk Archive

說《謝幕》。《衛報》的書評寫了一篇動人的致敬。對於「自負的白羅，四十多本書的主角，」書評寫道，「這是一個耀眼而戲劇性的結束。『再見了，親愛的朋友，』他給倒霉的海斯汀留下最後的話語，『我們有過美好的時光。』對於世界各地的書迷而言，那些是最好的時光。」[37]白羅的訃聞還登上了《紐約時報》。

一九七五年夏天，已經非常虛弱的阿嘉莎，現在搬到冬溪屋樓下的臥房。一名護士晚上來照顧她，麥克斯還有芭芭拉·帕克也時時在身邊。[38]阿嘉莎寫下想在告別式引用的愛德蒙·史賓塞（Edmund Spencer）*的名言，為即將來臨的事做準備：

> 請在我的墓碑刻上：勞累後的休息，暴風雨後的港口，戰爭後的平靜，生命之後的死亡，都令人極為滿足**。請在我的葬禮播放巴哈第三號管弦樂組曲第二樂章，還有艾爾加（Edward Edgar）變奏曲***的獵人（Nimrud）（譯按：原文如此，但應為Nimrod。）

冬溪屋的秋天過去，來到了最後一個冬天，一九七六年一月十二日，阿嘉莎終究過世

* 譯註：十六世紀英國詩人。

** 譯註：摘自〈仙后〉（The Faerie Queene），原文為：Sleep after Toyle, Port after Stormie Seas. Ease after Warre, Death after Life, Doth greatly please。

*** 譯註：此指艾爾加的《謎語變奏曲》（*Enigma Variations*）。

了。事情發生的時候，麥克斯說：「午餐結束，我推著坐輪椅的她進到客廳……死亡溫柔而平靜地降臨，慈悲的解脫，我感謝上帝沒有讓她受苦。」[39]

麥克斯打電話給當地醫生說「她走了」，並警告說：「別說出去。」[40]但消息還是走漏了，大批記者開始湧入寧靜的沃陵福，為了報導一個時代以及一段非比尋常的人生的結束。

一九七六年一月稍晚，阿嘉莎安葬在冬溪屋附近科爾西村的聖瑪麗教堂。她的家人要求葬禮保密，[41]但無可避免，如同她的孫子說的，「這變成一場媒體事件（尼瑪會多麼震驚），到處都是相機。」[42]麥克斯得回覆五百封弔唁信，信件數量之多，他才曉得自己並沒有完全「意識到她受到多廣泛的愛戴和欽佩」。[43]

阿嘉莎戴著結婚戒指下葬，而麥克斯當然護送她直到下葬那一刻。她留給他一首詩，關於超越死亡的愛情：

我已離世，但我對你的愛不會消逝。
縱然無聲，天長地久。
如果我在未來的日子離開了你，
請別忘記這點。[44]

在生命的最後幾年，阿嘉莎經常反思她那衝動婚姻的結果是多麼美好。她姐姐曾經「求她」不要嫁給麥克斯。但是阿嘉莎心想，「我慶幸自己沒有聽她的話！否則就錯過了四十年的幸福時光。」[45]

這段婚姻的祕訣是什麼？「你善於和女人相處，」阿嘉莎曾經告訴麥克斯。「可惜我們住在一夫一妻制的國家，否則你大可幸福地擁有兩三個妻子！！」[46]長久以來一直有傳言麥克斯在晚年有外遇，芭芭拉·帕克的名字是最常被提到的一個。克莉絲蒂小說裡常寫到女職員愛上身為專業人士的男老闆，一位偵探如此形容：「這是祕書的一種職業病。」[47]據稱安東尼·希克斯說過「麥克斯和芭芭拉把自己鎖在房間裡處理尼姆魯德的文件，她會把鞋子留在門外……鞋子……就是一種信號。」[48]麥克斯有個友人在阿嘉莎過世之後去看他，很訝異地看到麥克斯忠誠的助理在按摩老闆的腳。[49]

若以二十世紀末的標準，理想婚姻應該是浪漫愛情加上對彼此忠貞不渝，或許這段婚姻有一些可批評之處。但這是對婚姻的狹隘見解。阿嘉莎在一九三〇年再婚，這段婚姻有許多極不尋常的面向。作為一個離婚的單親母親，她意外地找到一個年輕許多的伴侶，對方一直照顧她到她去世的那一天。這段婚姻是兩個充滿探索精神的知識分子終生的對話，核心是陪伴。「沒有別人比你更適合做我的伴侶，」麥克斯說，「你我恰是天造地設的一雙：兩個靈魂偶然相遇，契合的原因不是因為他們相像，而是因為他們互補。」[50]「她擁有許多我缺乏的東西，」他認為，「聖人般的謙遜……她的內心幾乎等同於耶穌基督。」[51]事實證明，這段伴侶婚姻驚人地持久而成功。

這也提醒了我們，我們對於感情關係的常規看法，不一定等於唯一的生活方式。「玩得開心，親愛的，」阿嘉莎曾說，「想做什麼或需要做什麼就盡量去做，只要你心裡還有我這個摯友和愛人。」[52]她不需要確切知道他做了什麼。現代人浪漫地認為人生所有意義都應該來自婚姻，才會造成問題。

麥克斯也確實遵守了他們的協議。一九四五年，他從利比亞告訴她，在他們分居的整整三年裡，她的照片一直陪伴著他。「即使晚上睡在沙漠裡的時候，」他寫道，「我也會把它放在我的行軍床邊，這樣我早上就能看到你。」他覺得妻子「在我眼中，永遠有可愛的臉龐和可愛的笑容，就算到九十歲還是一樣！」[53]他信守承諾。「麥克斯在夜裡如此慷慨地照顧我，」阿嘉莎在將近九十歲時寫道，「洗手間是天堂。」[54]

很久以前的一九三六年，麥克斯寫過一封情書給阿嘉莎。「有時，」他說：

> 但不是經常，也有人像我們一樣找到真愛……我們知道這份愛生死不渝……時光流逝，對我來說你將永遠美麗而珍貴。[55]

阿嘉莎逝世後，她的錢包裡找到一張馬修的照片，還有折成小小的這封信。三十九年來，她一直帶在身邊。

但麥克斯終究無法忍受獨自生活。阿嘉莎去世一年多後，一九七七年三月，他寫信給蘿莎琳表示他要再婚，對象當然是芭芭拉。「永遠沒人能取代我親愛的阿嘉莎，」他說，「但我想她會同意的，因為她以前常告訴我，如果她出了什麼事，我必須再娶……我現在很孤單，但和芭芭拉在一起就不會了，她一直是個忠誠的朋友。」[56] 一九七七年九月，麥克斯當了一年又七個月的鰥夫之後，和芭芭拉在肯辛頓戶籍登記處低調結婚。

對我來說，芭芭拉．帕克的角色在這個故事裡代表了所有的考古學家妻子，她們泡茶，組織後勤工作，打出手稿，維持二十世紀考古學的發展。當麥克斯終於娶她為妻，婚姻卻沒有維持多久。婚後不到一年，麥克斯在綠徑屋時「急性心肌衰竭」發作，他過世時，芭芭拉陪在丈夫身邊。[57] 她讓他和阿嘉莎一同安葬在聖瑪麗教堂墓地。

芭芭拉繼承了倫敦克雷斯維爾路的房子，她清空了冬溪屋，搬到沃陵福另一棟較小的房子，每天通勤到牛津大學東方研究所。[58]

於是，麥克斯和阿嘉莎團圓了。一九三〇年訂婚後的幾個禮拜，她就計畫兩人要這樣長眠在一起，她寫道她希望兩人合葬，然後等到

這張在阿嘉莎高齡時與麥克斯拍的照片，顯示兩人依然會談笑打趣。圖片來源：Christie Archive Trust

遙遠的那天再被挖出來，「而且是個年輕有為的考古學家（！）……死了以後還有點用處，豈不有趣。」[59]

站在她的墓前，在這許多人來過的綠草如茵、多風的牛津郡教堂墓園，我高興地想著，是啊，沒錯，阿嘉莎死後的「用處」還多著呢。

她依然帶給無數人數不清的快樂。

第四十一章　葬禮之後

阿嘉莎．克莉絲蒂過世那天晚上，西區兩間劇院熄燈以示悼念。《牧師公館謀殺案》和《捕鼠器》全體演員在台上向她追悼致敬，「觀眾起立默哀」。[1]

考古學界也哀悼阿嘉莎的去世，尤其是她長期支持的伊拉克英國考古學院，她使用過的行動馬桶代替她的身影，一度長存在位於巴格達的校舍。這是一個加裝了附黃銅鉸鏈紅木座椅的茶箱，專為攜帶到野外而設計，關於它的去向有不同版本的說法。一個說法是「一九七〇年代晚期，一名喝醉的挖掘隊成員在蓋伊．福克斯（Guy Fawkes）之夜*不小心把它給燒了」。[2]但艾倫．麥克亞當則記得在蓋海姆林大壩（Hemrin Dam）之前，行動馬桶被帶去考古調查現場。當考古學家們重新打開租來的房舍，準備新一季的工作，「有人驚呼『阿嘉莎長了白蟻！』最後只好把它燒掉。」[3]

* 譯註：又稱「篝火之夜」，是每年十一月五日在大不列顛島舉行的紀念活動，源自一六〇五年蓋伊．福克斯企圖暗殺信奉新教國王的「火藥陰謀」。

考古學院後來不再得到政府補助，轉型為英國伊拉克研究院（British Institute for the Study of Iraq），這個慈善機構的目標是支持伊拉克考古學家而非英國考古學家，並把焦點放在「協助當地人民及其遺產，而不是在考古遺址上挖大洞」。[4] 二〇一一年，大英博物館買下許多麥克斯和阿嘉莎在尼姆魯德挖掘出來的象牙雕刻品，由於巴格達博物館（Baghdad Museum）* 二〇〇三年遭到搶掠，有些象牙雕刻品被踐踏毀壞，因此這些收藏更顯得彌足珍貴。麥克斯和阿嘉莎在西亞的生活痕跡也以其他形式保留了下來，德國導演莎賓・沙納戈（Sabine Scharnagl）二〇二一年推出了一部動人紀錄片**，片中有個住在麥克斯挖掘過的敘利亞查加巴沙（Chagar Bazar）附近的人家，他們知道若伊斯蘭國佔領村莊，家中的書籍會被燒毀，於是事先找了一個祕密安全的地方，阿嘉莎・克莉絲蒂的小說就藏在水箱裡。[5]

阿嘉莎的遺囑內容曝光後，外界難以置信。她的律師說所有人都「對她的遺產價值之低感到訝異」。[6] 然而一九七五年時，她的公司進帳將近一百萬英鎊，《東方快車謀殺案》的成功帶動小說銷售量，平裝版賣出三百萬本。[7] 阿嘉莎在遺囑裡將遺產留給親友、教子和員工，對小擺設的處置很看得出她的個性。一九七五年，在她過世幾個月前，她的遺囑增加了

---

* 譯註：全名巴格達考古博物館（The Baghdad Archaeological Museum），一九六六年遷至新址並更名為伊拉克國家博物館（National Museum of Iraq）。

** 譯註：片名為 *Agatha Christie und der Orient*，收錄了阿嘉莎和麥克斯在西亞及德文郡的珍貴影片及檔案畫面，並訪問了馬修，全片請參考連結 https://tinyurl.com/2p9xvdsb。

一份附加條款，重新安排幾樣她珍視的物品：石雕佛像給安東尼，綠色威尼斯玻璃魚給馬修。[8]

蘿莎琳、艾德蒙．科克和其餘「克莉絲蒂帝國」子民，繼續執行阿嘉莎文學遺產的授權和維護工作。一九八三年的一份調查顯示，當年在英國輪演劇目劇院上演的二十八部女性劇作家創作的戲劇裡，其中二十二部是阿嘉莎寫的。[9] 一九八八年，九十四歲的科克過世。一九九四年彼得．桑德斯退休之後，《捕鼠器》的作者版稅都捐給支持藝術的慈善機構，桑德斯本人在二〇〇三年過世，享壽九十一歲。一九九八年，擁有伊妮德．布萊頓作品的科瑞恩媒體集團（Chorion PLC）收購布克．麥康奈爾所持有的阿嘉莎．克莉絲蒂有限公司股份，這些股份之後又被橡實媒體集團（Acorn Media）收購。[10]

馬修一直快樂地住在普爾利拉赫。一九七八年，一名來訪的記者描述這是一座「充滿藝術作品的灰色石造莊園」，並看到馬修和安潔拉的三個孩子正在跟他們的小馬、黑色獵犬、「一隻叫皮德爾的梗犬和三隻貓」玩耍。[11] 與此同時，在綠徑屋的蘿莎琳和安東尼辛苦維護著屋況和庭園。一名前去研究麥克斯文件的訪客亨利葉塔．麥考（Henrietta McCall）說她感覺他們「從未擁有大筆現金」，她在夜裡被臥室天花板滲透下來的雨水驚醒。[12]

維修顯然勢在必行。二〇〇〇年，蘿莎琳、安東尼和馬修共同決定將綠徑屋捐給國民信託。「做這個決定不容易，」馬修解釋道，但家人希望國家信託能夠「維護並加強」這個神奇地方的美。[13] 國民信託最初感興趣的是庭園而不是房子，而庭園很快就對遊客開放。但這個保護慈善組織在達特河畔並沒有受到普遍歡迎。對於未來可能會有遊客從狹窄小徑開車進來，當地人表示強烈抗議。「你們做了這樣的表示，卻面臨大家的激烈抗議，心裡一定很難受，」當地議員在給蘿莎琳的信裡表示同情。[14] 最終他們決定，未來要用渡輪沿著河流把許多遊客送過來。

庭園成為觀光景點之後，房屋本身先關閉整修。麥克斯臥房的外牆往外傾斜，還沒倒的原因是內建的長書架發揮功能，還支撐著結構。[15] 綠徑屋經過數十年的使用，凌亂地堆著許多東西。「蘿莎琳的書桌『高高疊了一堆信件和帳單，壯觀到某個藝術家詢問能不能畫下來。』」[16] 志工坐在臨時搭建的辦公室，將收藏在綠徑屋的兩萬件物品歸檔。

因為沒有空間能展示歷年來累積的物品，於是二〇〇六年在艾希特辦了一場拍賣會，以籌集資金來進行維護計畫。熱情的粉絲搶購了許多東西，例如綠徑屋使用的書寫紙，起價一百五十英鎊，最後以七百四十英鎊又十七便士售出。[17] 最幸運的買家付了一百英鎊買下一個上了鎖的「舊旅行箱」，可能是阿嘉莎童年時期米勒夫婦資金不足時避居法國所使用的。四年後，旅行箱的新主人終於打開了它，在裡頭發現一個屬於克拉拉的鑽石戒指。[18]

二〇〇四年，八十五歲的蘿莎琳去世，幾個月後她的丈夫也撒手人寰。她生前一直忠心耿耿地保護母親的形象，任何想破壞的人都會被她趕跑。蘿莎琳就像王室成員，天生就肩負著她的工作，無法放下對機構的責任感。「她無法信任我們任何一個人能把事情做好，」她的孫子詹姆斯說，現在是他負責管理曾外祖母的文學遺產。[19] 說完蘿莎琳一生的故事，我深深為她感到遺憾，在我看來，為了母親的傳奇能永垂不朽，蘿莎琳作為一個獨立個體的某部分生活不得不被犧牲掉。

阿嘉莎一生中堅持她的文件都是隱私，並宣稱她「毫無遺憾」地銷毀了信件和日記。[20]然而當她真的走後，事實上留下了大量信件和文件，目前都由克莉絲蒂檔案信託機構（Christie Archive Trust）保管，本書得以寫成就是因為有這些資料。

她也留下一本自傳，在她過世之後的一九七七年出版。蘿莎琳參與最終版本的編輯工作，她允許收錄一個短章節講述一九二六年的痛苦事件。畢竟還是得說點什麼。有人認為阿嘉莎是個操控他人的女人，策劃了自己的「失蹤」，守護著母親形象的蘿莎琳，仍然試著反駁這個觀點。

阿嘉莎在晚年越來越能夠輕鬆地看待這件事。例如在一九二六年的《破鏡謀殺案》裡，就有個小玩笑是關於一位認不得自己親戚的女士：瑪波小姐覺得她可能是「城府很深而不是喪失記憶」。另一方面，蘿莎琳覺得她絕不能放下戒心，在自傳出版之後，她絕口不再提「失蹤」事件。外婆在世的時候，馬修和她「從來不曾談過這件事」，而且「家裡從來沒討論過」。[21]「母親沒給我看過關於失蹤事件的著名信件，我對這件事一直有點懊惱。」他說。[22]過了將近一個世紀，一九二六年的事件仍然在人們的生活造成陰影。

但這個沉默也造成了一個真空，使得各式各樣的理論在其中紮根。記者關．羅賓斯要求寫官方授權傳記被拒之後，顯然想要報復，「我認為，」她在一九七八年出版的書裡寫到，當阿嘉莎・克莉絲蒂失蹤的時候，她「完全知道自己在做什麼……她決定給丈夫一個教訓。」[23]隔年上映的長片《難補情天恨》更進一步，片中以真實阿嘉莎為根據的角色不只企圖謀殺南西・尼爾，還打算自殺。蘿莎琳說，這部片「完全違背我們的意願，帶給我們巨大的痛苦。」[24]

最終，蘿莎琳考慮之後覺得，有限度地開放母親的檔案資料，或許能導正這些說法。一九八四年，她允許作家珍妮特・摩根出版了一本詳實、公正、嚴謹的阿嘉莎・克莉絲蒂傳記。摩根描述道，她自己一開始對克莉絲蒂的印象是「奇怪又會操控人，滿腦子是謀殺手法和詭計。」但深入分析物證之後，她改變了想法。她的結論是，這位作家是一位完美的專業人士，也是個善良快樂的人。這些都無可爭議，但我覺得有一個部分，無論摩根或阿嘉莎的家人在當時並未完全承認。二〇二二年和一九八〇年代不一樣，在二〇二二年，大家可以接受一個女人可能善良又勤奮，但同時也「奇怪又會操控人，滿腦子是謀殺手法和詭計。」這不是在詆毀她，而是承認一名女性的複雜度。

雖然摩根的傳記出版了，關於阿嘉莎是個壞人的迷思仍然揮之不去。眾多作家（想必還有這些作家的讀者），還是不相信阿嘉莎自稱發病的說法。傳記作家傑瑞德・凱德在一九九八年的書裡，認為阿嘉莎失蹤是因為「她想惹惱」亞契。[25]記者里奇・考爾德的兒子在二〇〇四年的書裡，把我們已知的謊言當作絕對事實來陳述：他父親「在哈洛蓋特追查到阿嘉莎・克莉絲蒂，她搞失蹤是為了讓出軌的丈夫被控謀殺她。」[26]

也就是說，雖然阿嘉莎成就不凡，但關於她的人生似乎還有件未竟之事，亦即精神疾病被拿來和撒謊混為一談，人們寧願相信謊言而非真相。

隨著社會越來越願意談論心理健康，也許潮流會扭轉，這個轉變已經可以從評估克莉絲蒂作為藝術家的地位上看到了。蘿拉・湯普森（Laura Thompson）在二〇〇七年的第二本官方授權傳記裡，以溫柔又熱情的方式頌讚阿嘉莎的作品。但在當時，一般認為克莉絲蒂的作品是低俗小說，湯普森想證明她是一位嚴肅的小說家，仍然不是容易的事。

然而在過去的十五年裡，對於「文化」的定義，以及什麼才值得進行研究，都大大擴展開來。學者開始問，為什麼這麼多人讀的作家卻很少被研究，於是克莉絲蒂現在經常出現在課程大綱和論文裡。諷刺的是，學界之前不願意認真看待她，部分是因為她的作品改編成電視劇之後大受歡迎。一九八九年，大衛・蘇切特（David Suchet）首度在獨立電視台（ITV）以赫丘勒・白羅現身，這個角色他一路演到二〇一三年。瓊・希克森在英國廣播公司當了一個世代的瑪波小姐，從一九八四年到一九九二年。二〇〇四年到二〇一三年之間，獨立電視台的瑪波小姐先後由潔若丁・麥克伊萬（Geraldine McEwan）和茱莉亞・麥肯齊（Julia McKenzie）擔任。這些節目讓人們在心中把克莉絲蒂貼上「傳承懷舊」的標籤，讓人感到輕鬆而舒服。

一九九〇年代和二〇〇〇年代英國電視台的改編，通常把阿嘉莎的故事年代設定在二十世紀初某個不特定的年份，節目在世界各地廣為流傳，以至於成為英國旅遊形象的重要成分，但也使得阿嘉莎的作品看起來比實際上更平淡乏味，同質性也比實際上高。一九九一年《芝加哥論壇報》（*Chicago Tribune*）描述：「在克莉絲蒂創造的虛構世界裡，有著擺滿古董的客廳，整齊的庭園，井然有序、不帶血腥的謀殺，在奧比松（Aubusson）地毯上幾乎不留一點血跡，似乎越來越古雅。」[27]但如果讀過小說，你就知道不是這麼回事。

這個情況有了徹底變化，英國廣播公司請來莎拉・菲爾普斯（Sarah Phelps）重新編寫的克莉絲蒂影集還原了故事的黑暗色彩，二〇一五年首度登場的《一個都不留》以殘酷、扣人心弦的情節受到熱烈喜愛。菲爾普斯的劇本一點也不懷舊，她將每個故事仔細放回寫作年份的歷史背景之中。左翼傾向的情節惹惱了一些克莉絲蒂書迷，但就連批評菲爾普斯的人也承認，她做到了之前的改編沒做到的事，就是尊重原始素材。

克莉絲蒂影視作品呈現出來的變化，與書評和學者對她的評價有關。不欣賞阿嘉莎・克莉絲蒂作品的包括一些名人，愛德蒙・威爾森、雷蒙・錢德勒（Raymond Chandler）、伯納德・列文（Bernard Levin）*和羅伯特・格雷夫斯（Robert Graves）**都曾經批評過她的風格、角色和可讀性。

兩位女學者開始了重新審視的工作。吉蓮・吉爾在一九九〇年出版的書裡，拒絕從表象

* 譯註：著名英國記者、作家。
** 譯註：英國詩人、學者、小說家、翻譯家。

來看待克莉絲蒂。我很喜歡吉爾透過重重薄紗，開始摸索背後那位難以捉摸的天才。首先，她指出阿嘉莎不只包含一個個人。我們討論的這個女人，在她的一生中經常重新創造自己。阿嘉莎・米勒成為亞契博德・克莉絲蒂夫人、阿嘉莎・克莉絲蒂、特蕾莎・尼爾、馬洛溫夫人、瑪莉・魏斯麥珂特，然後是親愛的尼瑪外婆，最後是阿嘉莎女爵士。吉爾也開始拆解阿嘉莎著名的注重隱私，它既是好事也是壞事。它讓阿嘉莎得以過著想要的生活，但也摧毀了她的聲譽。[28] 如果作家本人都不願意為自己的作品說話，並認真看待它，那其他人何必這麼做？

與其接受克莉絲蒂對自己作品的貶低，我們應該細看作品本身。這就是艾莉森・萊特在她影響深遠的研究裡做到的，一九九一年出版的《永遠的英格蘭：兩次世界大戰之間的女性氣質、文學與保守主義》（*Forever England: Femininity, Literature and Conservatism Between the Wars*，暫譯）。她重新定位克莉絲蒂，此舉值得大力讚揚，她不是將克莉絲蒂定位為墨守成規的人，而是「反傳統者……這位作家寫家族祕密，重塑維多利亞時代傳統形式的踰矩，包括遺產爭奪戰、弄錯身份、不可告人的瘋狂。」[29]

阿嘉莎或許永遠無法把自己當一回事。但其他人總算開始為她這麼做了。

阿嘉莎留給後世的遺產當然是她的作品，但我覺得還有一個顯而易見卻無人提及的遺產。阿嘉莎・克莉絲蒂不只是二十世紀最成功的小說家，她也為她的社會階級和性別重新定義了規則。

我們很容易忽視這點，因為阿嘉莎煞費苦心地否認自己是個夠格的小說家。「我不太覺得自己是個作家，」她到八十多歲仍然這麼說。只有她的女兒（或許是最相信「阿嘉莎．克莉絲蒂」的人），會說：「但你**就是**一位作家，媽。你絕對是一位作家。」

蘿莎琳比她年輕將近三十歲，對作家該有的樣子有不同的看法，就是她的母親拓展了作家的定義。作家不再是個留著鬍子的老頭。

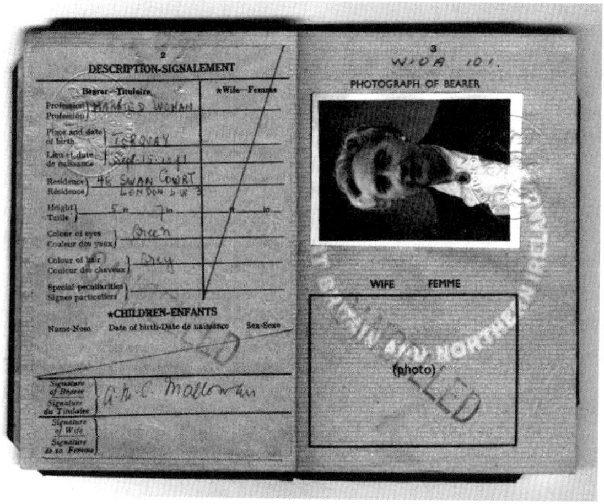

阿嘉莎對自己的名聲和非凡的專業成就有著矛盾的感覺，在她的護照上，她的職業不是「作家」，只填了「已婚婦女」。圖片來源：Christie Archive Trust

無論好壞，阿嘉莎經歷了二十世紀的許多巨大變化：倉促的戰時婚姻、在醫院的工作、家族對「瘋狂」的恐懼、離婚、精神疾病、心理治療、二戰時的喪親之痛、在娛樂產業取得前所未見的全球性成功。

但儘管這個世紀影響了阿嘉莎，卻**並未**塑造她。阿嘉莎憑藉自己的意志力、獨立性和勤奮塑造了自己。就像瑪格麗特．洛克伍德於一九五四年說過的：「阿嘉莎的天賦是她做了所有女人都想做的事，她有所成就……每個女人的心裡……都希望如此。但是我們只能做夢。」[30]

阿嘉莎從來沒能描述她心裡面無疑熊熊燃燒著的抱負，總是選擇更謙遜的定義來描述自己的生活。她寫的關於考古學的書以一個警告開頭，「這不是一本高深的書，」她說，

不會有美麗的風景描述，不會涉及經濟問題，不會有種族思考，也不會有歷史。事實上，這是一本微不足道的小書，充滿了日常活動和事件。[31]

在戲劇性的一九二六年之後，阿嘉莎的生活讀起來或許微不足道，充滿了日常活動和各種小事。

但儘管她的野心看似微不足道，她卻給二十世紀文化留下了深遠的影響。

致謝

感謝以下人士允許我引用版權資料：克莉絲蒂檔案信託機構受託人，Mathew and James Prichard、Nigel Wollen、John Mallowan，感謝Mathew Prichard提供私人保存未發表的阿嘉莎・克莉絲蒂信件和詩歌，感謝大英博物館、帝國戰爭博物館（The Imperial War Museum）、哈洛德・歐伯協會受託人，感謝桃樂西・榭爾絲文學遺產（the estate of Dorothy L. Sayers）、Anthony Steen、雅德萊德菲爾波茨文學遺產（the estate of Adelaide Phillpotts）、艾希特大學圖書館特別館藏、Georgina Herrmann、Nicholas and Caroline Christie，以及倫敦大學學院考古研究所所長Sue Hamilton教授。引用的阿嘉莎・克莉絲蒂作品由哈潑柯林斯出版（HarperCollins Publishers），@ Agatha Christie （1921、1922、1923、1924、1925、1930、1931、1932、1933、1934、1935、1936、1939、1941、1942、1944、1945、1946、1947、1950、1952、1955、1956、1962、1964、1967、1968、1975、1976）。

之前為克莉絲蒂作傳的作家們提供給我慷慨協助，感謝Mark Aldridge、Kemper Donovan、Julius Green、Alison Light、Henrietta McCall、Tony Medawar、Janet Morgan，當然還有

J.C. Bernthal，他將酷兒理論應用到克莉絲蒂的作品中，啟發了本書的走向。我還要感謝兩本書提供了專業知識，Laura Thompson的精美著作《阿嘉莎・克莉絲蒂：英國之謎》（*Agatha Christie: An English Mystery*，二〇〇七年，暫譯）和Jared Cade所著的《阿嘉莎・克莉絲蒂與失蹤的十一天》（*Agatha Christie And The Eleven Missing Days*，一九九八年，暫譯）。Judy Dewey、Mark Aldridge、Tony Medawar、Kemper Donovan和J.C. Bernthal善心閱讀我的手稿，並做了詳細的修訂與改善建議。我也非常感謝以下人士在實際上、智識上或情感上的支持：

Colleen A. Brady、Simon Bradley、Juliet Carey、Rosalind Crone, John Curran Paul Collins、Rosalind Crone、John Curran、John Curtis、Ophelia Field、Paul Finn、Gillian Gill、Daisy and Richard Goodwin、Annie Gray、Edgar Jones、Christine Hallett、Georgina Herrmann、Katherine Ibbett、Josh Levine、Jane Levi、Tracey Loughran、John Mallowan、Ellen McAdam、Katie Meheux、Pastor Michael Mortimer、Eleanor Robson、Caroline Shenton、Judy Suh、Alexandra Wilson和Philip Ziegler。感謝雷克瑟姆檔案館（Wrexham Archives）的Kevin Plant、皇家韋爾奇燧發槍博物館信託基金（Royal Welch Fusiliers Museum Trust）受託人以及國民信託基金的Belinda Smith、Laura Murray和Laura Cooper。我也很感謝能取得已故國家信託志工Patrick Dipper的研究資料。感謝比爾道格拉斯電影博物館（Bill Douglas Cinema Museum）的Phil Wickham博士和艾希特大學特別館藏部的Anna Harding、哈羅蓋特圖書館（Harrogate Library）Avril McKean、哈羅蓋特當地歷史學家Malcolm Neesam和皇家精神科學院（Royal

College of Psychiatrists）Claire Hilton。我要向Kemper Donovan和已故的Catherine Brobeck精彩的podcast《關於阿嘉莎的一切》（*All About Agatha*）獻上特別敬意，並感謝Hélène Maloigne在考古學研究方面提供的專業協助。感謝在英國廣播公司的同事Rachel Jardine、Edmund Moriarty和Eleanor Scoones 的協助和友誼。感謝在Hodder的好同事Rupert Lancaster、Ciara Mongey、Vero Norton、Alice Morley和Juliet Brightmore，也很感謝文案編輯Jacqui Lewis。衷心感謝在Pegasus的Claiborne Hancock、Jessica Case和團隊。這是我與我非常懷念的文學經紀人Felicity Bryan最後一次合作，我也深深感謝Catherine Clarke和菲麗絲蒂・布萊恩事務所所有人，以及KBJ經紀（KBJ Management）的Tracey MacLeod和她的同事。但我最感恩的是一些慷慨大方的好人，沒有他們，這本書就不可能出版：James, Mathew 和Lucy Prichard、Joe Keogh，以及我的朋友和家人，特別是Enid Worsley和Jim Emerson，當然還有Mark Hines。

參考資料

檔案來源

博德利海德有限公司檔案館，雷丁大學圖書館 The Bodley Head Ltd Archive, Reading University Library（BHL）
大英博物館 British Museum（BM）
克莉絲蒂檔案信託機構 Christie Archive Trust（CAT）
艾希特大學圖書館特殊館藏部，休斯・馬西檔案 Exeter University Library, Department of Special Collections, Hughes Massie Archive（EUL）
國家檔案館 The National Archives（TNA）
國民信託檔案館，德文郡格林威 National Trust archive at Greenway, Devon（NT）
喬治娜・赫爾曼個人收藏 Personal collection of Georgina Herrmann（GH）
薩里郡歷史中心 Surrey History Centre（SHC）
大學學院考古研究所檔案室，倫敦圖書館 Archive of the Institute of Archaeology at University College London Library（UCLL）
哈洛蓋特圖書館 Harrogate Library

出版文獻選

Mark Aldridge, *Agatha Christie on Screen* (2016)
Jane Arnold, 'Detecting Social History: Jews in the work of Agatha Christie', *Jewish Social Studies*, vol. 49, no. 3–4 (Summer–Autumn, 1987) pp. 275–282
Rachel Aviv, 'How A Young Woman Lost Her Identity', *New Yorker* (26 March 2018)
Earl F. Bargainnier, *The Gentle Art of Murder* (1980)
Robert Barnard, *A Talent to Deceive* (1979; 1987 edition)
Marcelle Bernstein, 'Hercule Poirot is 130', *Observer* (14 December 1969)
James Carl Bernthal, 'A Queer Approach to Agatha Christie', PhD thesis, University of Exeter (2015)
– 'If Not Yourself, Who Would You Be?': Writing the Female Body in Agatha Christie's Second World War Fiction', *Women: A Cultural Review* (vol. 26, 2015) pp. 40–56
– ed., *The Ageless Agatha, Essays on the Mystery and the Legacy* (2016)

– *Queering Agatha* (2017)
Vera Brittain, *Testament of Youth* (1933)
Erica Brown and Mary Grover, eds., *Middlebrow Literary Cultures: The Battle of the Brows, 1920–1960* (2012)
Jared Cade, *Agatha Christie and the Eleven Missing Days* (1998; 2011 edition)
Ritchie Calder, 'Agatha and I', *New Statesman* (30 January 1976) pp. 128–9
Stuart Campbell, 'Arpachiyah'in Trümpler, ed., (1999; 2001 edition) pp. 89–103
Lydia Carr, *Tessa Verney Wheeler: Women and Archaeology Before World War Two* (2012)
Agatha Christie, *An Autobiography* (1977; 2011 edition)
Sarah Cole, *Modernism, Male Friendship, and the First World War* (2003)
Artemis Cooper, *Cairo in the War, 1939–45* (1989; 2013 edition)
Donald Elms Core, *Functional Nervous Disorders* (1922)
John Curran, *Agatha Christie's Secret Notebooks* (2009; 2010 edition) – *Agatha Christie, Murder in the Making: More Stories and Secrets from Her Notebooks* (2011)
Elizabeth Darling, *Wells Coates* (2012)
Miriam C. Davis, *Dame Kathleen Kenyon* (2008)
Leyla Daybelge and Magnus Englund, *Isokon and the Bauhaus in Britain* (2019)
Nigel Dennis, 'Genteel Queen of Crime', *Life* (May 1956)
Arthur Conan Doyle, *Letters to the Press* (1986)
Andrew Eames, *The 8.55 to Baghdad* (2004; 2005 edition)
Martin Edwards, ed., *Ask a Policemen, by Members of the Detection Club* (1933; 2013 edition)
Brian Fagan, *Return to Babylon* (1979)
Alison S. Fell and Christine E. Hallett, eds., *First World War Nursing: New Perspectives* (2013)
Martin Fido, *The World of Agatha Christie* (1999)
Gillian Franks, article in the *Aberdeen Press and Journal* (23 September 1970) p. 5
Gillian Gill, *Agatha Christie: The Woman and Her Mysteries* (1990)
Julius Green, *Curtain Up – Agatha Christie: A Life in Theatre* (2015; 2018 edition)
Hubert Gregg, *Agatha Christie and All That Mousetrap* (1980)
Richard Hack, *Duchess of Death* (2009)
Christine E. Hallett, *Nurse Writers of the Great War* (2016)
Kathryn Harkup, *A Is For Arsenic: The Poisons of Agatha Christie* (2015)
Wilfred Harris, *Nerve Injuries and Shock* (1915)
Peter Hart, *Fire and Movement: The British Expeditionary Force and the Campaign of 1914* (2014)
Bret Hawthorne, *Agatha Christie's Devon* (2009)
Emily Hornby, *A Nile Journal* (1908)
Janet H. Howarth, *Women in Britain* (2019)

Dorothy B. Hughes, 'The Christie Nobody Knew', in Harold Bloom et al, *Modern Critical Views: Agatha Christie* (1992; 2002 edition)

Nicola Humble, *The Feminine Middlebrow Novel, 1920s to 1950s: Class, Domesticity and Bohemianism* (2001)

Maroula Joannou, *The History of British Women's Writing, 1920–1945* (2012; 2015 edition)

H.R.F. Keating, ed., *Agatha Christie: First Lady of Crime* (1977)

Peter Keating, *Agatha Christie and Shrewd Miss Marple* (2017)

Viola Klein and Alva Myrdal, *Women's Two Roles* (1956)

Marty S. Knepper, 'The Curtain Falls: Agatha Christie's Last Novels', *Clues*, vol. 23, issue 5 (2005) pp. 69–84

Ian Lancashire and Graeme Hirst, 'Vocabulary Changes in Agatha Christie's Mysteries as an Indication of Dementia: A Case Study', *19th Annual Rotman Research Institute Conference, Cognitive Aging: Research and Practice* (2009)

Alison Light, *Forever England: Femininity, Literature and Conservatism between the Wars* (1991; 2013)

– *Mrs Woolf and the Servants* (2007)

Hilary Macaskill, *Agatha Christie at Home* (2009; 2014 edition)

Merja Makinen, *Agatha Christie: Investigating Femininity* (2006)

M.E.L. Mallowan *Twenty-Five Years of Mesopotamian Discovery* (1959)

– *Mallowan's Memoirs* (1977; 2021 edition)

M.E.L. Mallowan and J. Cruikshank Rose, 'Excavations at Tall Arpachiyah, 1933', *Iraq*, vol. 2, no. 1 (1935) pp. 1–178

Henrietta McCall, *The Life of Max Mallowan* (2001)

Katie Meheux, '"An Awfully Nice Job". Kathleen Kenyon as Secretary and Acting Director of the University of London Institute of Archaeology, 1935–1948', Archaeology International, vol. 21, no. 1 (2018) pp. 122–140

Billie Melman, *Empires of Antiquities: Modernity and the Rediscovery of the Ancient Near East, 1914–1950* (2020)

Richard Metcalfe, *Hydropathy in England* (1906)

Janet Morgan, *Agatha Christie: A Biography* (1984; 2017 edition)

John Howard Morrow, *The Great War In The Air: Military Aviation from 1909 to 1921* (1993)

Juliet Nicolson, *The Great Silence, 1918–1920: Living in the Shadow of the Great War* (2009; 2010 edition)

Andrew Norman, *Agatha Christie: The Disappearing Novelist* (2014) Joan Oates, 'Agatha Christie, Nimrud and Baghdad', in Trümpler, ed. (1999; 2001 edition) pp. 205–228

Richard Ollard, ed., *The Diaries of A.L. Rowse* (2003)

Charles Osborne, *The Life and Crimes of Agatha Christie* (1982; 2000 edition)
– 'Appearance and Disappearance', in Harold Bloom et al, *Modern Critical Views: Agatha Christie* (1992; 2002 edition) pp. 108–9
Mathew Prichard, ed., *Agatha Christie: The Grand Tour* (2012)
Gordon C. Ramsey, *Agatha Christie: Mistress of Mystery* (1967)
Eleanor Robson, 'Old habits die hard: Writing the excavation and dispersal history of Nimrud', *Museum History Journal* (vol. 10, 2017) pp. 217–232
Gwen Robyns, *The Mystery of Agatha Christie* (1978; 1979 edition)
A.L. Rowse, *Memories and Glimpses* (1980; 1986 edition)
Dennis Sanders and Len Lovallo, *The Agatha Christie Companion* (1984)
Peter Saunders, *The Mousetrap Man* (1972)
Mary Shepperston, 'The Turbulent Life of the British School of Archaeology in Iraq', *Guardian* (17 July 2018)
Dorothy Sheridan, ed., *Wartime Women: A Mass-Observation Anthology* (2000)
Adrian Shire, ed., *Belsize 2000: A Living Suburb* (2000)
Michael Smith, *Bletchley Park and the Code-Breakers of Station X* (2013; 2016 edition)
Tom Stern, 'Traces of Agatha Christie in Syria and Turkey' in Trümpler (1999; 2001 edition) pp. 287–302
Faye Stewart, 'Of Red Herrings and Lavender: Reading Crime and Identity in Queer Detective Fiction', *Clues: A Journal of Detection*, vol. 27.2 (2009) pp. 33–44
Judy Suh, 'Agatha Christie in the American Century', *Studies in Popular Culture*, vol. 39 (Fall 2016) pp. 61–80
Julian Symons, *Bloody Murder* (1972; 1974 edition)
– 'Foreword: A Portrait of Agatha Christie', in Harold Bloom et al, *Modern Critical Views: Agatha Christie* (1992; 2002 edition)
Marguerite Tarrant, 'Mathew Prichard', *People* (10 April 1978)
James Tatum, *The Mourner's Song: War and Remembrance from the Iliad to Vietnam* (2003)
Laura Thompson, *Agatha Christie: An English Mystery* (2007; 2008 edition)
Charlotte Trümpler, ed., *Agatha Christie and Archaeology* (1999; 2001 edition)
Lynn Underwood, ed., *Agatha Christie, Official Centenary Edition* (1990)
H.V.F. Winstone, *Woolley of Ur* (1990)
Lucy Worsley, *A Very British Murder* (2013)
Peter Wright, 'In the Shadow of Hercule: The War Service of Archibald Christie', *Cross & Cockade International*, vol. 41/3 (2010) pp. 161–4
Francis Wyndham, 'The Algebra of Agatha Christie', *The Sunday Times* (26 February 1966)

網路資料

David Burnett's blog, williamhallburnett.uk

Juliette Desplatt, 'Decolonising Archaeology in Iraq?' The National Archive Blog (27 June 1917) https://blog.nationalarchives.gov. uk/decolonising-archaeology-iraq

Carine Harmand, 'Sparking the imagination: the rediscovery of Assyria's great lost city', https://blog.britishmuseum.org/sparking- the-imagination-the-rediscovery-of-assyrias-great-lost-city

Peter Harrington, dealer, catalogue for the sale of inscribed books from the library of Charlotte 'Carlo' Fisher, https://www.peter- harrington.co.uk/blog/wp-content/uploads/2016/09/Christie. pdf

Matt Houlbrook, 'How the "Roaring Twenties" myth obscures the making of modern Britain', https://www.historyextra.com

Kyra Kaercher, 'Adventure Calls: The Life of a Woman Adventurer', Penn Museum blog (29 February 2016) https://www.penn.museum/ blog/museum/adventure-calls-the-life-of-a-woman-adventurer

Archives of the Red Cross, online at museumandarchives.redcross. org.uk

Eleanor Robson, 'Remnants of Empire: Views of Kalhu in 1950', oracc.museum.upenn.edu (2016)

Tim Barmby and Peter Dalton, 'The Riddle of the Sands: Incentives and Labour Contracts on Archaeological Digs in Northern Syria in the 1930s', University of Aberdeen Business School, discussion paper (2006)

Tina Hodgkinson, 'Disability and Ableism', a paper presented at the Agatha Christie conference at Solent University, Southampton (5–6 September 2019)

Ann Laver, 'Agatha Christie's Surrey', research paper, copy available at SHC (2013)

Janet Likeman, 'Nursing at University College, London, 1862– 1948', PhD thesis, University of London (2002)

Hélène Maloigne, '"Striking the Imagination through the Eye": Relating the Archaeology of Mesopotamia to the British Public, 1920–1939', PhD thesis, University College London (2020)

Henrietta McCall, 'Deadlier Than The Male: The Mysterious Life of Katharine Woolley (1888–1945)'

Margaret C. Terrill, 'Popular (Non) Fiction: The Private Detective in Modern Britain', MA thesis, Dedman College, Southern Methodist University (2016)

Christopher Charles Yiannitsaros, 'Deadly Domesticity: Agatha Christie's "Middlebrow" Gothic, 1930–1970', PhD thesis, University of Warwick (2016)

各章註釋

序章

1. Godfrey Winn, 'The Real Agatha Christie', *Daily Mail* (12 September 1970)
2. Agatha Christie, *An Autobiography* (1977; 2011 edition) p. 517. 文中所有未加尾註的引文皆出自此同一出處。
3. See in particular Gillian Gill, *Agatha Christie: The Woman and Her Mysteries* (1990)

第 1 章 我出生的那棟房子

1. *Torquay Times & South Devon Advertiser* (19 September 1890) p. 1; *Morning Post* (18 September 1890)
2. Richard Hack, *Duchess of Death* (2009) p. 6
3. Police missing persons description 1926; Ramsey (1967) p. 22; her passport
4. CAT photograph album
5. CAT the Miller family's book 'Confessions, An Album to Record Thoughts Feelings' (27 October 1903)
6. Mathew Prichard, personal conversation (29 September 2020)
7. CAT 'Confessions' (15 October 1897)
8. *Daily Mail* (January 1938)
9. CAT Adelaide Ross (née Phillpotts) to Agatha (15 March 1966)
10. Gillian Gill, *Agatha Christie: The Woman and Her Mysteries* (1990) pp. 5-6
11. 我很感謝柯琳·A·布雷迪（Colleen A. Brady）認真且詳盡的研究。
12. CAT unpublished typescript of 'The House of Beauty'
13. *Endless Night* (1967); see also Laura Thompson, *Agatha Christie: An English Mystery* (2007; 2008 edition) p. 7

第 2 章 家族中的瘋狂因子

1. 'The H.B. Claflin Company', *New York Times* (20 April 1890); Colleen A. Brady
2. 二〇二一年，筆者在綠徑屋看過這件為了採訪而被拿出來的禮服。

3. CAT no. 30, letter to Whitelaw Reid, American ambassador to London (2 April 1909)
4. Ian Rowden, 'When Agatha Christie kept the cricket score', *Torquay Times* (24 September 1974)
5. Advert for sale of leasehold, *The Times* (9 October 1880)
6. Miss Gwen Petty quoted in Gwen Robyns, *The Mystery of Agatha Christie* (1978; 1979 edition) p. 36
7. CAT 'Confessions' (1 May 1871)
8. CAT Garrison of Dublin, Certificate of Baptism (14 March 1854)
9. 這都得歸功於柯琳・A・布雷迪在家譜調查上的卓越貢獻。
10. CAT typescript of 'The House of Beauty'
11. CAT 'Album' of family poetry written in the hand of Clara Miller
12. Max Mallowan, *Mallowan's Memoirs* (1977; 2021 edition) p. 196

第 3 章　屋裡的那東西

1. *Torquay Times and South Devon Advertiser* (6 January 1893) p. 7
2. NT 121991, book in Clara Miller's hand of 'receipts for Agatha'
3. Quoted in Robyns (1978; 1979 edition) pp. 49–50
4. NT 122993, 122998, 123010, 122953, 122976, 123024 bills for Ashfield
5. *Daily Mail* (7 December 1926)
6. CAT 'Confessions' (1870)
7. *The Mirror Crack'd from Side to Side* (1962)
8. *By the Pricking of My Thumbs* (1968)
9. Francis Wyndham, 'The Algebra of Agatha Christie', *The Sunday Times* (26 February 1966)
10. Marcelle Bernstein, 'Hercule Poirot is 130', *Observer* (14 December 1969)
11. *Sleeping Murder* (1976)
12. Mallowan (1977; 2021 edition) p. 195
13. *Giant's Bread* (1930)
14. Alison Light, *Forever England: Femininity, Literature and Conservatism between the Wars* (1991; 2013) p. 94
15. CAT typescript of 'The House of Beauty'

第 4 章　破產了

1. *An Autobiography*, p. 103
2. 'A.B. Townsend Tries Suicide', *New York Times* (15 March 1901) p. 1
3. *New-York Daily Tribune* (10 January 1896) p. 7

4. https://www.findagrave.com/memorial/196044102/margaret-frary-watts
5. CAT unpublished typescript 'Then and Now' (1949)
6. CAT 'Confessions' (n.d.)
7. CAT notebook of Monty (1924)
8. CAT Frederick to Clara (24 October 1901)
9. CAT Agatha to Frederick (undated, probably 1901)
10. *An Autobiography*, p. 111; items in CAT
11. Hack (2009) p. 28
12. *Law Reports – East Africa Protectorate*, vol. 4, p. 135; *An Autobiography*, p. 382
13. http://www.nationalarchives.gov.uk/pathways/census/living/making/women.htm; http://www.nationalarchives.gov.uk/pathways/census/events/polecon3.htm
14. *An Autobiography*, p. 113

第 5 章　等待那個男人

1. Barbara Cartland quoted in Juliet Nicolson, *The Great Silence: 1918–1920* (2009; 2010 edition) pp. 3-4
2. http://www.nationalarchives.gov.uk/pathways/census/living/making/women.htm
3. CAT 'Confessions' (14 October 897)
4. CAT Madge to Agatha (26 February, n.y.)
5. James Burnett, *Delicate, Backward, Puny and Stunted Children* (1895) pp. 90–91
6. Gillian Franks, *Aberdeen Press and Journal* (23 September 1970) p. 5
7. *Wyndham* (1966)
8. *Murder Is Easy* (1939)

第 6 章　維多利亞時期最好的廁所

1. CAT unpublished typescript, 'Then and Now' (1949)
2. CAT 'Confessions' (19 April 1954)
3. 一九〇一年英國官方的人口普查。
4. Clare Hartwell, *Matthew Hyde and Nikolaus Pevsner, Cheshire: The Buildings of England* (2011) p. 207
5. Jared Cade, *Agatha Christie and the Eleven Missing Days* (1998; 2011 edition) p. 32
6. *An Autobiography*, p. 139; Cade (1998; 2011 edition) p. 34

第 7 章　傑奇瑞宮飯店

1. 這趟旅程原本被記錄為一九一〇年啟程，但由於 SS 赫里奧波里斯號於一九〇九年初就停止前往開羅的運輸服務，再加上其他一些原因，柯琳・A・布雷迪推算啟航年份為一九〇八年。
2. Artemis Cooper, *Cairo in the War, 1939–45* (1989; 2013 edition) pp. 489, 511
3. Karl Baedeker (firm), *Egypt and the Sudân, Handbook for Travellers* (1908) p. 74
4. CAT red leather photo album of Agatha's youth
5. 根據阿嘉莎護照裡的紀錄。
6. CAT unpublished typescript 'Then and Now' (1949)
7. *Dead Man's Folly* (1956)
8. Bernstein (1969)
9. David Burnett's blog williamhallburnett.uk (14 September 2017)
10. CAT unpublished typescript Snow upon The Desert, pp. 31, 4–5, 36
11. CAT Eden Phillpotts to Agatha (6 February 1909)

第 8 章　遇見亞契博德

1. Quoted in Robyns (1978; 1979 edition) p. 49
2. Julius Green, *Curtain Up – Agatha Christie: A Life in Theatre* (2015; 2018 edition) pp. 45–6
3. *The Secret of Chimneys* (1925)
4. Robert Barnard, *A Talent to Deceive* (1979; 1987 edition) pp. 31–2
5. *Murder on the Orient Express* (1934)
6. *Quoted in Robyns* (1978; 1979 edition) p. 66
7. SHC Admissions to Brookwood and Holloway Mental Hospitals (1867–1900) entry for Archibald Christie (patient number 1744)
8. CAT copy of a handwritten notebook listing the events of Archie Christie's life
9. *Exeter and Plymouth Gazette* (2 January 1913) p. 5
10. CAT copy of a handwritten notebook listing the events of Archie Christie's life
11. *Western Daily Mercury* (28 December 1912) p. 4
12. https://www.thegazette.co.uk/London/issue/28725/page/3914

第 9 章　托基市政廳

1. https://www.rafmuseum.org.uk/research/online-exhibitions/rfc_centenary/the- rfc/the-central-flying-school.aspx
2. CAT Archie to Agatha (n.d., 1913) 'Monday 10pm Royal Flying Corps Netheravon'
3. CAT Archie to Agatha (n.d., 1913) 'Sunday Royal Flying Corps Netheravon'
4. CAT Archie to Agatha (n.d., 1913) 'Wednesday RFC'
5. CAT copy of Archibald Christie's flying logbook (1913)

6. CAT Archie to Agatha (n.d., 1913?) 'Sunday Royal Flying Corps'
7. CAT Archie to Agatha (n.d., 1913) 'Wednesday RFC'
8. CAT Archie to Agatha (n.d., 1913) 'Wednesday, Royal Flying Corps Netheravon'
9. TNA AIR 76/86/79
10. Peter Wright, 'In the Shadow of Hercule: The War Service of Archibald Christie', *Cross & Cockade International*, vol. 41/3 (2010) pp. 161–4, 162
11. John Howard Morrow, *The Great War In The Air: Military Aviation from 1909 to 1921* (1993) p. xv
12. CAT Archie to Agatha (n.d., 1914) 'Sunday Royal Flying Corps'
13. *Unfinished Portrait* (1934)
14. CAT photograph (studio Lafayette) of Archibald Christie (no. 53218a)
15. *Giant's Bread* (1930)
16. Imperial War Museum audio interview (16 /October 1974) accession number 493
17. Franks (1970) p. 5
18. Imperial War Museum audio interview (16 /October 1974) accession number 493
19. Vera Brittain, *Testament of Youth*, (1933) p. 210
20. Brittain (1933) pp. 213; 211
21. Christine E. Hallett, Nurse Writers of the Great War (2016) p. 190
22. Alison S. Fell and Christine E. Hallett, eds., First World War Nursing: New Perspectives (2013)
23. *Giant's Bread* (1930)
24. John Curran, *Agatha Christie's Secret Notebooks* (2009; 2010 edition) p. 309
25. Agatha Miller's Red Cross service card, museumandarchives.redcross.org.uk/ objects/28068
26. Clementina Black, *Married Women's Work* (1915) p. 1
27. British Private Thomas Baker in 'Voice of the First World War: Home on Leave', Imperial War Museum podcast, https://www.iwm.org.uk/history/voices-of-the- first-world-war-home-on-leave
28. Imperial War Museum audio interview (16 /October 1974) accession number 493
29. CAT album called 'What we did in the Great War', a spoof magazine, 'Hints on Etiquette'
30. ibid., 'M.E's Dream of Queer Women'
31. Miss Marion Eileen Morris service card, vad.redcross.org.uk
32. CAT album called 'What we did in the Great War', a spoof magazine, 'Police Court News, Coroners Inquest at Torquay'

第10章 愛與死

1. CAT copy of Archibald Christie's war journal

2. *London Gazette* (20 October 1914)
3. Patrick Bishop, Fighter Boys (2003) p. 10
4. Quoted in Bishop (2003) p. 12
5. TNA AIR1/742/204/2/50 (25 May 1915) quoted in Peter Wright, 'In the Shadow of Hercule: The War Service of Archibald Christie', Cross & Cockade International, vol. 41/3 (2010) pp. 161–4, p. 163
6. *The Murder on the Links* (1923)
7. CAT copy of Archibald Christie's war journal
8. *Giant's Bread* (1930)
9. https://www.nationalarchives.gov.uk/first-world-war/home-front-stories/love-and-war/
10. CAT typescript 'THE A.A. ALPHABET for 1915'
11. CAT Archie's 'Character of Miss A.M.C. Miller' (9 July 1916)
12. Janet H. Howarth, *Women in Britain* (2019) p. xxxiv
13. Gill (1990) p. 56; *A Caribbean Mystery* (1964)
14. Quoted in Nicolson (2009; 2010 edition) p. 123
15. Marie Stopes, *Married Love* (1918) Chapter 5, p. 7
16. CAT Archie to Agatha (21 December 1915)
17. ibid.
18. CAT Archie to Agatha (n.d., '26th' 1916?)
19. Wright (2010) p. 163
20. CAT Archie to Agatha (4 April 1917)
21. *Unfinished Portrait* (1934)

第 11 章　進入白羅時期

1. Quoted in Anthony Thwaite, ed., *Further Requirements, Philip Larkin* (2001; 2013 edition) p. 57
2. 'In a Dispensary', reproduced in *Star Over Bethlehem and other stories* (2014 edition) p. 207
3. CAT notebook 40; Janet Morgan, *Agatha Christie: A Biography* (1984; 2017 edition) p. 70
4. Lynn Underwood, ed., Agatha Christie, Official Centenary Edition (1990) p. 18
5. Kathryn Harkup, *A Is For Arsenic: The Poisons of Agatha Christie* (2015) pp. 291–307, p. 71
6. *An Autobiography*, p. 211
7. 參見 Gill (1990) pp. 55–61 and Light (1991; 2013) pp. 66–7，其中對《史岱爾莊謀殺案》的解讀很有說服力。
8. *Unfinished Portrait* (1934)
9. Rupert Brooke quoted in Peter Hart, *Fire and Movement: The British Expeditionary Force and*

the Campaign of 1914 (2014) p. 256
10. *Curtain* (1975)
11. Arthur Conan Doyle, *A Study in Scarlet* (1887; 1974 edition) p. 43
12. *The Murder on the Links* (1923)

第 12 章　莫爾蘭德飯店

1. Nigel Dennis, 'Genteel Queen of Crime', Life (May 1956) p. 102
2. Advert for the Moorland Hotel (1916) in Bret Hawthorne, Agatha Christie's Devon (2009) p. 71
3. Charles Osborne, *The Life and Crimes of Agatha Christie* (1982; 2000 edition) p. viii
4. Eden Phillpotts, *My Devon Year* (1916) p. 192
5. Bernstein (1969)
6. Gill (1990) p. 46
7. Gill (1990) pp. 47–57

第 13 章　來到倫敦

1. Nicola Humble, *The Feminine Middlebrow Novel, 1920s to 1950s* (2001) p. 111
2. Nicolson (2009; 2010 edition) p. 7
3. Humble (2001) p. 125
4. Alison Light, *Mrs Woolf and the Servants* (2007) p. 132
5. Quoted in Nicolson (2009; 2010 edition) p. 37
6. The Labour Research Department, *Wages Prices and Profits* (1922) pp. 54, 63, 87
7. George Orwell, *The Road to Wigan Pier* (1937; 2021 edition) p. 84
8. Howarth (2019) p. xiv
9. Howarth (2019) p. l
10. *Unfinished Portrait* (1934)
11. Suzie Grogan, *Shell Shocked Britain: The First World War's Legacy for Britain's Mental Health* (2014) pp. 99–136

第 14 章　蘿莎琳的到來

1. CAT 'Confessions' (27 October 1903)
2. *Evil under the Sun* (1941)
3. *Unfinished Portrait* (1934)
4. *Unfinished Portrait* (1934)
5. See Thompson (2007; 2008 edition) p. 123–5

6. CAT Agatha to Max (20 February 1944)
7. *The Body in the Library* (1942)
8. Humble (2001) p. 116
9. Nicolson (2009; 2010 edition) p. 183
10. Philip Gibbs quoted in Sarah Cole, *Modernism, Male Friendship, and the First World War* (2003) p. 206
11. *Unfinished Portrait* (1934)

第 15 章　英國的任務

1. CAT Eden Phillpotts to Agatha (6 February 1909)
2. Quoted in Underwood (1990) p. 34
3. Peter D. McDonald, 'Lane, John', Oxford Dictionary of National Biography (2004)
4. BHL reader's reports for Styles (one dated 7 October 1919)
5. James Carl Bernthal, 'A Queer Approach to Agatha Christie', PhD thesis, University of Exeter (2015) p. 29
6. *The Man in the Brown Suit* (1924)
7. *Pall Mall Gazette* (20 January 1922)
8. Matt Houlbrook, 'How the "Roaring Twenties" myth obscures the making of modern Britain', https://www.historyextra.com/period/20th-century/roaring- twenties-myth-britain-british-history-1920s-interwar-why-important
9. Light (1991; 2013 edition) p. 90
10. *The Times* (21 January 1922)
11. Quoted in Mathew Prichard, ed., *Agatha Christie: The Grand Tour* (2012) p. 31
12. Hilary Macaskill, *Agatha Christie at Home* (2009; 2014 edition) p. 24
13. Quoted in Prichard, ed., (2012) pp. 223, 156
14. ibid., pp. 98, 90
15. ibid., p. 344

第 16 章　犯罪驚悚小說

1. John Curran, 'An introduction' to *The Mysterious Affair at Styles* (1921; 2016 edition) p. 1
2. *Times Literary Supplement* (2 March 1921); Hack (2008) p. 75
3. Dennis Sanders and Len Lovallo, *The Agatha Christie Companion* (1984) p. 10
4. Harkup (2015) p. 15
5. Quoted in Underwood (1990) p. 34
6. BHL Agatha to Basil Willets (19 October 1920)

7. *Pall Mall Gazette* (20 January 1922)
8. Adrian Bingham, 'Cultural Hierarchies and the Interwar British Press' in Erica Brown and Mary Grover, eds., *Middlebrow Literary Cultures: The Battle of the Brows, 1920–1960* (2012) pp. 55–68
9. Maroula Joannou, *The History of British Women's Writing, 1920–1945* (2012; 2015 edition) pp. 1; 3
10. *The Murder at the Vicarage* (1930)
11. EUL MS 99/1/1956/1 Agatha to Cork (8 January 1956)
12. Virginia Woolf, 'Middlebrow' (1932) in *The Death of the Moth and Other Essays* (1942) p. 119; Christopher Charles Yiannitsaros, 'Deadly Domesticity: Agatha Christie's 'Middlebrow' Gothic, 1930–1970', PhD thesis, University of Warwick (2016) p. 30
13. Joannou (2012; 2015 edition) p. 15
14. Merja Makinen, *Agatha Christie: Investigating Femininity (2006) p. 30; The Secret Adversary* (1922)
15. Bernthal (2015) pp. 26–7
16. *Daily Mail* (19 May 1923)
17. BHL Agatha to Basil Willett (17 September 1920); Archie to The Bodley Head (3 October 1921); Agatha to Basil Willett (6 December 1921)
18. Quoted in Robyns (1978; 1979 edition) p. 77
19. BHL Agatha to Basil Willetts (4 November 1923)
20. Cade (1998; 2011 edition) p. 66
21. ibid., p. 53; Hack (2009) p. 84
22. Margaret Forster, *Daphne du Maurier* (1993) p. 235
23. *The Secret of Chimneys* (1925); Gill (1990) pp. 81–2
24. Bernstein (1969)
25. Osborne (1982; 2000 edition) p. 43
26. *Why Didn't They Ask Evans?* (1934)
27. Gill (1990) p. 90
28. Barnard (1979; 1987 edition) p. 17

第 17 章 桑尼戴爾

1. Reproduced in Trümpler (1999; 2001 edition) p. 390
2. Bernard Darwin, *The Sunningdale Golf Club* (1924) pp. 8, 12
3. Quoted in Andrew Lycett, *Ian Fleming: The Man Who Created James Bond* (1995) p. 387
4. *The Secret of Chimneys* (1925)

5. Margaret Rhondda, *Leisured Woman* (1928) quoted in Howarth (2019) p. 41
6. CAT typescript 'THE A.A. ALPHABET for 1915'
7. 筆者很感謝克莉絲汀・哈雷特（Christine Hallett）的這些觀點。
8. Cade (1998; 2011 edition) p. 57
9. CAT Agatha to Max (5 November 1930)
10. CAT Madge to Jimmy Miller (n.d., 1924)
11. *The Secret of Chimneys* (1925); The Secret Adversary (1922)
12. CAT typescript of the play Ten Years
13. Green (2015; 2018 edition) p. 50
14. *The Sittaford Mystery* (1931)
15. CAT notebook of Monty (1924)
16. *Western Times* (2 April 1931)
17. *Western Morning News* (22 July 1926) p. 2
18. CAT notebook of Monty (1924); Thompson (2007; 2008 edition) pp. 54–5
19. Nicolson (2009; 2010 edition) pp. 133–4
20. *Giant's Bread* (1930)
21. CAT notebook of Monty (1924)
22. *Western Times* (2 April 1931) p. 1
23. *Torquay Times and South Devon Advertiser* (28 May 1987) p. 3

第 18 章　史岱爾莊之謎

1. *Daily Sketch* quoted in Sanders and Lovallo (1984) p. 35
2. Wyndham (1966)
3. Quoted in Ramsey (1967) p 37
4. *Daily Mail* (27 May 1926)
5. *Westminster Gazette* (6 June 1925) p. 10; *The Times* (17 May 1927)
6. *Daily Express* (10 December 1926)
7. Rosalind Hicks in *The Times* (8 September 1990) p. 65
8. *Daily Mail* (7 December 1926)
9. https://www.peterharrington.co.uk/blog/wpcontent/uploads/2016/09/Christie.Pdf
10. A letter from Charlotte Fisher to Rosalind, paraphrased in Morgan (1984; 2017 edition) pp. 130–134
11. *Westminster Gazette* (8 December 1926) p. 1
12. Morgan (1984; 2017 edition) p. 128
13. 'Mr London' in the Daily Graphic quoted in Portsmouth Evening News (20 August 1926)

14. *Montrose, Arbroath and Brechin Review* (6 March 1925) p. 3
15. *Dundee Courier* (17 December 1926)
16. CAT Archie to Agatha (n.d., 1913) 'Wednesday, Royal Flying Corps Netheravon'
17. CAT Agatha to Max (6 May 1944)
18. *Murder Is Easy* (1939)
19. Yiannitsaros (2016) p. 11
20. *Daily Mail* (10 December 1926)
21. *The Times* (3, 4 December 1926)

第 19 章　失蹤

1. *Daily Mail* (10 December 1926)
2. *Daily Mail* (7 December 1926)
3. *Daily Mail* (7 December 1926)
4. Bernard Krönig in *Goodwin's Weekly* (1915) vol. 16, p. 11
5. *Daily Mail* (7 December 1926)
6. *Daily Mail* (10 December 1926)
7. *Daily Mail* (11 December 1926)
8. *Daily Mail* (7 December 1926)
9. *Daily Mail* (9 December 1926)
10. *Daily Mail* (11 December 1926)
11. *Daily Mail* (16 February 1928)
12. *Daily Mail* (9 December 1926)
13. *Daily Mail* (16 February 1928)
14. *Daily Mail* (6 December 1926)
15. *Daily Mail* (9 December 1926)
16. *Daily Mail* (7 December 1926)
17. 'She must leave this house', *Daily Mail* (15 December 1926); Morgan (1984; 2017 edition) p. 155
18. *Daily Express* (15 December 1926)
19. Morgan (1984; 2017 edition) p. 155
20. *Daily Mail* (7 December 1926)
21. *Daily Mail* (16 February 1928)
22. *Daily Mail* (9 December 1926)
23. *Daily Mail* (11 December 1926)
24. *Surrey Advertiser* (11 December 1926) pp. 6–7

25. *Daily Mail* (16 February 1928)
26. *Daily Mail* (6 December 1926)
27. *Daily Mail* (11 December 1926)
28. *Unfinished Portrait* (1934)
29. *The Hollow* (1946)
30. Mallowan (1977; 2021 edition) p. 201
31. *Daily Mail* (16 February 1928)
32. *Daily Mail* (6 December; 9 December 1926)
33. TNA HO 45/25904
34. *Daily Express* (7 December 1926)
35. TNA HO 45/25904
36. Andrew Norman, *Agatha Christie, The Disappearing Novelist* (2014) p. 107
37. *Daily Express* (16 May 1932)
38. *Surrey Advertiser* (18 December 1926) p. 6
39. *Daily Mail* (11 December 1926)
40. Ritchie Calder, 'Agatha and I', *New Statesman* (30 January 1976) p. 128
41. *Daily Express* (11 December 1926)

第 20 章　哈洛蓋特水療飯店

1. Rachel Aviv, 'How A Young Woman Lost Her Identity', New Yorker (26 March 2018)
2. ibid.
3. Hubert Gregg, *Agatha Christie and All That Mousetrap* (1980) p. 36
4. *Daily Mail* (16 February 1928)
5. *Daily Mail* (15 December 1926)
6. *Daily Mail* (16 February 1928)
7. *Daily Mail* (17 December 1926)
8. According to *The Times*, quoted in Norman (2014) p. 43
9. *Daily Mail* (16 February 1928)
10. Bernstein (1969)
11. *Daily Mail* (16 February 1928)
12. 筆者很感激翠西・洛克倫（Tracey Loughran）和克莉絲汀・哈雷特的幫助。
13. 筆者很感激伯利恆皇家醫院（Bethlem Royal Hospital）的大衛・勒克（David Luck）的幫助。
14. Mrs da Silva in the *Daily Mail* (7 December 1926)
15. *Daily Mail* (15 December 1926)

16. Richard Metcalfe, *Hydropathy in England* (1906) p. 214
17. *Daily Mail* (15 December 1926)
18. Cade (1998; 2011 edition) p. 137
19. *Daily Mail* (15 December 1926)
20. Cade (1998; 2011 edition) p. 126 詳盡引述了羅西．艾許提供的證言。
21. *Daily Mail* (16 December 1926)
22. *Daily Express* (15 December 1926)
23. TNA HO 45/25904
24. *The Times* (7 December 1926)
25. *Daily Mail* (7 December 1926)
26. *Daily Mail* (7 December 1926)
27. *Surrey Advertiser* (18 December 1926) p. 6
28. *Daily Mail* (15 December 1926)
29. Ritchie Calder quoted in Robyns (1978; 1979 edition) p. 105
30. *Daily Mail* (11 December 1926)
31. *Daily Sketch* quoted in Cade (1998; 2011 edition) p. 93
32. *Daily Mail* (15 December 1926)
33. Cade (1998; 2011 edition) p. 125
34. *New York Times* (6 December 1926)
35. Cade (1998; 2011 edition) pp. 124–5
36. *Daily Mail* (15 December 1926)
37. *Daily Express* (10 December 1926)
38. *Daily Mail* (17 December 1926)
39. *Daily News* (7 December 1926) p. 7
40. *Westminster Gazette* (7 December 1926) p. 1
41. Mrs da Silva in *Daily Mail* (7 December 1926)
42. *Daily Mail* (8 December 1926)
43. Wilfred Harris, *Nerve Injuries and Shock* (1915) p. 108
44. 筆者很感激翠西．洛克倫的這個論點。
45. *Daily Mail* (8 December 1926)
46. *Daily Mail* (15 December 1926)
47. *Daily Express* (15 December 1926)
48. Westminster Gazette (8 December 1926) p. 1; TNA HO 45/25904
49. Daily Telegraph (15 December 1926) p. 11
50. Agatha Christie, 'The Disappearance of Mr Davenheim' quoted in 'Why people disappear',

Daily Mail (7 December 1926)

51. *Daily Express* (16 May 1932)
52. *Daily Mail* (8 December 1926)
53. *Daily Mail* (8 December 1926)
54. *The Times* (8 December 1926)
55. *The Times* (8 December 1926)
56. *Daily Mail* (14 December 1926)
57. *Daily Express* (9 December 1926)
58. *Daily Express* (9 December 1926)
59. *Daily Mail* (9 December 1926)
60. *Daily Express* (9 December 1926)
61. *Armstrong's Illustrated Harrogate Hand-book* (1900) p. 38
62. *Daily Mail* (16 February 1928)
63. *Daily Express* (9 December 1926)
64. *Daily Mail* (16 February 1928)
65. Quoted in Cade (1998; 2011 edition) p. 126
66. *The Times* (11 December 1926) p. 1
67. *Daily Express* (13 December 1926)
68. *Westminster Gazette* (9 December 1926) p. 1
69. *Daily Mail* (16 February 1928)
70. *Daily Mail* (16 December 1926)
71. *Daily Mail* (16 December 1926)
72. Ritchie Calder (1976)
73. Robyns (1978; 1979 edition) p. 101
74. *Daily Mail* (9 December 1926)
75. Cade (1998; 2011 edition) p. 126
76. *Daily Mail* (10 December 1926)
77. *Daily Mail* (10 December 1926)
78. *Baltimore Sun* (12 December 1926)
79. *Evening News* quoted in Thompson (2007; 2008 edition) p. 228
80. *Daily Mail* (11 December 1926)
81. Cade (1998; 2011 edition) p. 126
82. *Daily Telegraph* (11 December 1926) p. 5
83. *Daily Telegraph* (15 December 1926) p. 11
84. *The Times* (13 December 1926)

85. *Daily Mail* (10 December 1926)
86. *Daily Mail* (13 December 1926)
87. John Michael Gibson and Richard Lancelyn Green eds., *Arthur Conan Doyle, Letters to the Press* (1986) p. 322
88. *Daily Express* (13 December 1926)
89. Edgar Wallace, 'My Theory of Mrs Christie', *Daily Mail* (11 December 1926)
90. Harris (1915) p. 108
91. *Daily Telegraph* (13 December 1926) p. 9
92. *Daily Mail* (11 December 1926)
93. *Daily Mail* (14 December 1926)
94. Cade (1998; 2011 edition) p. 131
95. Hack (2009) p. 98
96. Production notes for the 1979 film *Agatha*, copy at the Bill Douglas Cinema Museum, Exeter, p. 6
97. Cade (1998; 2011 edition) pp. 118–9
98. *The Times* (14 December 1926)
99. *Daily Mail* (14 December 1926)

第21章　再次現身

1. *Daily Express* (15 December 1926)
2. *Daily Mail* (15 December 1926)
3. *The Times* (15 December 1926)
4. *Daily Express* (15 December 1926)
5. *Daily Mail* (15 December 1926)
6. *Daily Mail* (15 December 1926)
7. *Daily Mail* (15 December 1926)
8. *Daily Mail* (16 December 1926)
9. *Daily Mail* (15 December 1926)
10. *Yorkshire Post* (15 December 1926) p. 10
11. *Daily Mail* (15 December 1926)
12. Gibson and Green, eds., (1986)
13. *Daily Express* (16 December 1926)
14. *Daily Mail* (16 December 1926)
15. *New York Times* (16 December 1926); Manchester *Guardian* (16 December 1926)
16. *Daily Express* (16 December 1926)

17. *Daily Mail* (16 December 1926)
18. *Daily Mail* (17 December 1926)
19. *New York Times* (16 December 1926)
20. *Daily Mail* (15 December 1926)
21. *Daily Mail* (16 December 1926)
22. *Daily Mail* (17 December 1926)
23. George Rothwell Brown, 'Post-scripts', *Washington Post* (16 December 1926)
24. *Surrey Advertiser* (18 December 1926) p. 6
25. *Daily Mail* (17 December 1926)
26. Daily Telegraph (11 February 1927) p. 6
27. TNA HO 45/25904
28. Westminster Gazette (17 December 1926) p. 2
29. *New York Times* (17 December 1926)
30. *Daily Express* (17 December 1926)
31. *Daily Mail* (17 December 1926)
32. *The Times* (17 December 1926)
33. Rosalind Hicks in *The Times* (8 September 1990) p. 65
34. Donald Elms Core, Functional Nervous Disorders (1922) p. 349
35. *Daily Mail* (16 February 1928)
36. Morgan (1984; 2017 edition) p. 148
37. *Giant's Bread* (1930)
38. William Brown, *Suggestion and Mental Analysis* (1922) pp. 22, 41; Grogan (2014) pp. 99–101
39. 筆者很感激翠西・洛克倫，還有尤其是瑞秋・賈丁（Rachel Jardine），為我提供一九二〇年代心理治療的建議。
40. Harris (1915) pp. 109–108
41. *Daily Mail* (16 February 1928)
42. Harris (1915) p. 109; p. 108
43. Core (1922) p. 357
44. CAT Agatha to Max (undated, May 1930)
45. *The Times*, law report (10 February 1928)
46. *Daily Mail* (16 February 1928)
47. Lawrence Stone, The Road to Divorce, 1530–1987 (1990) p. 396
48. Robyns (1978; 1979 edition) p. 129
49. *The Times*, 'Decree Nisi for a Novelist' (21 April 1928)
50. *Unfinished Portrait* (1934)

51. TNA J 77/2492/7646 divorce court file
52. 此文獻被收錄於 'in a writing case along with Archie's letters', quoted in Morgan (1984; 2017 edition) p. 165，在 CAT 中找不到。
53. Mallowan (1977; 2021 edition) p. 195
54. See John Baxendale and John Shapcott's contributions to Erica Brown and Mary Grover, eds., *Middlebrow Literary Cultures: The Battle of the Brows, 1920–1960* (2012)
55. Osborne (1982; 2000 edition) p. 57
56. Elizabeth Walter, 'The Case of the Escalating Sales' in H.R.F. Keating, ed., *Agatha Christie: First Lady of Crime* (1977) pp. 13–24, p. 15
57. A.L. Rowse, *Memories and Glimpses* (1980, 1986 edition) p. 78

第 22 章 美索不達米亞

1. CAT typescript of poem, 'A Choice
2. CAT Agatha to Max (undated, probably November 1930
3. *Come, Tell Me How You Live* (1946) p. 12
4. Andrew Eames, *The 8.55 to Baghdad,* London (2004; 2005 edition) p. 274
5. Hélène Maloigne, ' "Striking the Imagination through the Eye": Relating the Archaeology of Mesopotamia to the British Public, 1920–1939', PhD thesis, University College London (2020) p. 43
6. *Murder on the Orient Express* (1934)
7. Trümpler (1999; 2001 edition) p. 330
8. Mallowan (1977; 2021 edition) p. 34
9. *Come, Tell Me How You Live* (1946, 2015 edition) p. 49
10. *The Secret of Chimneys* (1925)
11. Judy Suh, 'Agatha Christie in the American Century', Studies in Popular Culture, vol. 39 (Fall 2016) p. 71
12. Maloigne (2020) p. 12
13. Mallowan (1977; 2021 edition) p. 35
14. 人們常誤傳他舉槍自盡，但國家檔案館收藏、亨利葉塔・麥考對凱瑟琳・伍利的傳記研究中記錄了事實經過。參考 'More Deadly Than The Male: The Mysterious Life of Katharine Woolley (1888–1945)'。
15. Quoted in Kaercher (2016); H.V.F. Winstone, *Woolley of Ur* (1990) pp. 137–9
16. Quoted in Winstone (1990) p. 143
17. Winstone (1990) p. 147
18. Mallowan (1977; 2021 edition) pp. 36, 208

第 23 章　麥克斯上場

1. NT 123598 Leonard Woolley to Max Mallowan (2 August 1927)
2. 'The World This Weekend' (11 September 1977) BBC Archive
3. For a full biography, see Henrietta McCall, *The Life of Max Mallowan* (2001)
4. Mallowan (1977; 2021 edition) p. 36
5. Mallowan (1977; 2021 edition) p. 29
6. NT 123593 Marguerite Mallowan to Max Mallowan (2 December 1926)
7. Mallowan (1977; 2021 edition) p. 14
8. NT 123612.1 Marguerite Mallowan to Frederick Mallowan (27 December 1929)
9. Mallowan (1977; 2021 edition) p. 19
10. NT 123591 Max Mallowan to Marguerite Mallowan (16 February 1919)
11. NT 123665 Marguerite Mallowan to Max Mallowan (23 November 1926)
12. Mallowan (1977; 2021 edition) p. 28
13. Mallowan (1977; 2021 edition) p. 36
14. McCall (2001) pp. 41–3
15. CAT Agatha to Max (undated, 1930)
16. CAT Max to Agatha (23 November 1930)
17. CAT Agatha to Max (undated, 1930)
18. CAT Agatha to Max (undated, 1930)

第 24 章　我想我會嫁給你

1. CAT Agatha to Max (undated, May 1930)
2. CAT Max to Agatha (14 May 1930)
3. CAT Agatha to Max (undated, 1930)
4. CAT Agatha to Max (11 December 1930)
5. CAT Agatha to Max (23 October 1931)
6. CAT Agatha to Max, from Ashfi eld (21 May 1930)
7. *Murder in Mesopotamia* (1936)
8. CAT Max to Agatha (1 September 1930)
9. CAT Max to Agatha (13 May 1930)
10. CAT Agatha to Max (undated, probably November 1930)
11. CAT Agatha to Max (21 May 1930)
12. CAT Max to Agatha (14 May 1930)
13. CAT Max to Agatha (19 May 1930)

14. CAT Agatha to Max (undated, May 1930)
15. CAT Max to Agatha (15 May 1930)
16. CAT Max to Agatha (6 September 1930)
17. CAT Agatha to Max (undated, May 1930)
18. CAT Agatha to Max (undated, probably November 1930)
19. CAT Agatha to Max (undated, 1930)
20. CAT Max to Agatha (25 February 1945)
21. CAT Agatha to Rosalind (undated, July 1971)
22. CAT Agatha to Max (undated, July 1930)
23. CAT Max to Agatha (31 July 1930)
24. CAT Agatha to Max (undated, probably autumn 1930)
25. CAT Agatha to Max (21 May 1930)
26. CAT Max to Agatha (18 July 1930)
27. CAT Max to Agatha (31 July 1930)
28. CAT Max to Agatha (14 May 1930)
29. CAT Max to Agatha (26 August 1930)
30. NT 123612.1 Marguerite Mallowan to Frederick Mallowan (27 December 1929)
31. CAT Agatha to Max (undated, 1930)
32. CAT Max to Agatha (1 September 1930)
33. CAT Max to Agatha (29 July 1930)
34. CAT Max to Agatha (4 September 1930)
35. *Towards Zero* (1944)
36. CAT Max to Agatha (27 August 1930)
37. CAT Agatha to Max (undated, August 1930)
38. CAT Max to Agatha (1 September 1930)
39. CAT Max to Agatha (17 August 1930)
40. *Daily Express* (17 September 1930)
41. CAT notebook 40
42. CAT Agatha to Max (undated, October 1930)
43. CAT Max to Agatha (8 November 1930)
44. CAT Agatha to Max (undated, autumn 1930)
45. CAT Max to Agatha (15 December 1930)
46. CAT Agatha to Max (10 October 1931)
47. CAT Agatha to Max (31 December 1931)
48. CAT Agatha to Max (24 December 1930)

第25章 八棟房子

1. Light (1991; 2013 edition) p. 94
2. Wyndham (1966); Yiannitsaros (2016) p. 41
3. *Death on the Nile* (1937)
4. Yiannitsaros (2016) p. 13
5. *The Secret Adversary* (1922)
6. Agatha Christie, 'Detective Writers in England', republished in Martin Edwards, ed., *Ask A Policeman* (1933; 2013 edition) pp. xiii-xx, p. xx
7. Humble (2001) p. 124
8. Dennis (1956) p. 88
9. Light (1991; 2013 edition) p. 94
10. *Star* quoted in Thompson (2007; 2008 edition) p. 284
11. CAT Agatha to Max (26 November 1930)
12. Dorothy L. Sayers quoted in Edwards, ed. (1933; 2013 edition) p. v
13. CAT Agatha to Max (undated, November 1930); (undated, possibly 5 December 1930)
14. Quoted in Thompson (2007; 2008 edition) p. 506
15. Quoted in Mark Aldridge, *Agatha Christie on Screen* (2016) pp. 59–62
16. CAT Dorothy L. Sayers to Agatha (17 December 1930)
17. CAT Rosalind to Agatha (7 February 1931)
18. NT Rosalind Christie, Benenden School Report (summer term, 1935)
19. CAT Agatha to Max (5 November 1930)
20. CAT Agatha to Max (26 November 1930)
21. CAT Agatha to Max (13 October 1931)
22. CAT Agatha to Max (23 October 1931)
23. CAT Agatha to Max (10 October 1931)
24. CAT Max to Agatha (25 October 1931)
25. CAT Max to Agatha (27 September 1942)
26. 《阿嘉莎・克莉絲蒂自傳》裡錯誤寫成四十八。See Emily Cole, ed., *Lived in London, Blue Plaques and the Stories Behind Them* (2009) p. 211
27. Gill (1990) p. 10
28. M.E.L. Mallowan, *Twenty-Five Years of Mesopotamian Discovery* (1959) p. 1
29. BM Archives CE32/42/6, letter of Sidney Smith (3 May 1932)
30. BM Archives CE32/42/25/1 (21 November 1932)
31. Reproduced in Michael Gilbert, 'A Very English Lady' in Keating, ed. (1977) p. 64

32. Mallowan (1977; 2021 edition) p. 302
33. Stuart Campbell, 'Arpachiyah' in Trümpler (1999; 2001 edition) pp. 89–103
34. Trümpler (1999; 2001 edition) p. 167
35. NT 123770.2 undated shopping list for an expedition in Agatha's hand
36. Dr Juliette Desplatt, 'Decolonising Archaeology in Iraq?' The National Archive Blog (27 June 2017) https://blog.nationalarchives.gov.uk/decolonising-archaeologyiraq
37. NT 123609 Max to Mentor magazine, New York (29 September 1929)
38. Richard Ollard, ed., The Diaries of A.L. Rowse (2003) p. 437
39. Tim Barmby and Peter Dalton, 'The Riddle of the Sands, Incentives and Labour Contracts on Archaeological Digs in Northern Syria in the 1930s', University of Aberdeen Business School (2006)
40. Tom Stern, 'Traces of Agatha Christie in Syria and Turkey' in Trümpler (1999; 2001 edition) pp. 287–302; pp. 300–301
41. *The Secret of Chimneys* (1925)
42. *Come, Tell Me How You Live* (1946; 2015 edition) p. 7
43. McCall (2001) p. 124
44. Mallowan (1977; 2021 edition) p. 48
45. CAT Rosalind to Agatha (27 January 1936)
46. CAT Rosalind to Max (undated, 'Thursday', probably May 1936)
47. CAT Rosalind to Agatha (25 May 1936)
48. CAT Agatha to Rosalind (30 January 1937)
49. CAT Agatha to Max (9 April 1944)
50. Macaskill (2009; 2014 edition) p. 50
51. Colleen Smith interview in Torquay Herald Express (1990) quoted in Macaskill (2009; 2014 edition) p. 50
52. NT 122918.2 'Survey of the Greenway Estate' (1937)
53. *Country Life* (27 August 1938) p. xviii
54. NT 122918.22, receipt for purchase (28 October 1938)
55. *Come, Tell Me How You Live* (1946; 2015 edition) p. 242

第 26 章　黃金年代

1. *Hercule Poirot's Christmas* (1938)
2. EUL MS 99/1/1942 Agatha to Cork (21 February 1942)
3. Wyndham (1966)
4. Elizabeth Walter, 'The Case of the Escalating Sales' in Keating, ed. (1977) pp. 13–24, p. 15

5. Observer (29 April 1928)
6. Green (2015; 2018 edition) p. 8
7. *Murder in Mesopotamia* (1936)
8. *Cards on the Table* (1936)
9. *Dead Man's Folly* (1956); Curran (2009; 2010 edition) p. 87
10. Cade (1998; 2011 edition) p. 165; Keating (2017) p. 677
11. 'Meet Britain's Famous "Mrs Sherlock Holmes" ', Sydney Morning Herald (1 April 1954)
12. *New York Times* (30 November 1930)
13. CAT Agatha to Max (17 December 1931)
14. Trümpler, ed. (1999; 2001 edition) p. 281
15. Bernstein (1969)
16. Trümpler (1999; 2001 edition) p. 15
17. *Death on the Nile* (1937)
18. Quoted in Osborne (1982; 2000 edition) p. 129
19. *Murder in Mesopotamia* (1936)
20. Quoted in Trümpler (1999; 2001 edition) p. 419
21. All About Agatha podcast, 'A Very Special Episode: Interview with Jamie Bernthal' (2020)
22. Light (1991; 2013 edition) p. 92
23. Curran (2009; 2010 edition) p. 167
24. *And Then There Were None* (1939)
25. *New York Times* (25 February 1940)

第 27 章　炸彈之下

1. Morgan (1984; 2017 edition) p. 233
2. Janet Likeman, 'Nursing at University College, London, 1862–1948', PhD thesis (2002) p. 246
3. Morgan (1984; 2017 edition) p. 233
4. Jack Pritchard, *View from a Long Chair, The Memoirs of Jack Pritchard* (1984) p. 19
5. Robyns (1978; 1979 edition) p. 156
6. EUL MS 99/1/1940 Harold Ober to Edmund Cork (14 June 1940)
7. Mallowan (1977; 2021 edition) p. 167
8. TNA HO 396/58/188A, 189
9. 茱蒂・蘇即將出刊的文章。'Rerouting Wartime Paranoia in Agatha Christie's *N or M?*'; *N or M?*, p. 95
10. CAT Max to Rosalind (3 July 1940)

11. EUL MS 99/1/1940 Agatha to Cork (31 July 1940)
12. Edwards, ed., (1933; 2013 edition) pp. xiii–xx
13. EUL MS 99/1/1940 Agatha to Cork (5 June 1940)
14. EUL MS 99/1/1940 Agatha to Cork (31 July 1940)
15. NT 122921, National Registration Identity Card
16. EUL MS 99/1/1942 Agatha to Cork (2 June 1942)
17. EUL MS 99/1/1940 Agatha to Cork (22 July 1940)
18. EUL MS 99/1/1940 Agatha to Cork (14 September 1940)
19. EUL MS 99/1/1940 Cork to Agatha (10 September 1940)
20. EUL MS 99/1/1940 Agatha to Cork (18 April 1940)
21. Recollections of Doreen Vautour collected by the National Trust
22. EUL MS 99/1/1940 Agatha to Cork (22 July 1940)
23. EUL MS 99/1/1940 Cork to Agatha (29 August 1940)
24. Forster (1993) p. 174
25. EUL MS 99/1/1940 Cork to Ober (19 December 1940)
26. EUL MS 99/1/1940 Agatha to Cork (6 November 1940)
27. Quoted in Janet Morgan (1984; 2017 edition) p. 247
28. http://bombsight.org/explore/greater-london/camden/gospel-oak
29. Leyla Daybelge and Magnus Englund, *Isokon and the Bauhaus in Britain* (2019) pp. 164–6
30. Adrian Shire, ed., *Belsize 2000: A Living Suburb* (2000) p. 96
31. Shire, ed., (2000) p. 91
32. Elizabeth Darling, Wells Coates (2012) p. 72; Light (2007) p. 181
33. CAT Agatha to Max (2 March 1944)
34. EUL MS 99/1/1940 Agatha to Cork (22 October 1940)
35. Quoted in James Tatum, *The Mourner's Song* (2003) p. 152
36. Dorothy Sheridan, ed., *Wartime Women: A Mass-Observation Anthology* (2000) p. 72
37. Michael Smith, *Bletchley Park* (2013; 2016 edition) p. 32
38. Harold Davis, 'Dame Agatha Christie', *Pharmaceutical Journal*, vol. 216, no. 5853 (25 January 1976) pp. 64–5, p. 65
39. Celia Fremlin, 'The Christie Everyone Knew' in Keating, ed., (1977) p. 118
40. EUL MS 99/1/1940 Robert F. de Graff to Agatha Christie (19 February 1940)
41. Dennis (1956) pp. 97–8
42. J.C. Bernthal, 'If Not Yourself, Who Would You Be?': Writing the Female Body in Agatha Christie's Second World War Fiction', *Women: A Cultural Review* (vol. 26, 2015) pp. 40–56
43. Keating (2017)。特別是第七章。

第28章　女兒就是女兒

1. *Western Mail* (13 June 1940) p. 6; 資訊來自皇家韋爾奇燧發槍博物館信託基金。
2. 'Mr Hubert Prichard, majority celebrations at Colwinstone', *Western Mail* (28 April 1928)
3. EUL MS 99/1/1940 Agatha to Cork (11 June 1940)
4. CAT 'Confessions' (19 April 1954)
5. NT Rosalind Christie, Benenden School Report (Christmas term, 1934)
6. CAT Agatha to Max (29 November 1942)
7. Anne de Courcy, *Debs at War, How Wartime Changed Their Lives, 1939–45* (2005) p. ix
8. CAT Agatha to Max (31 August 1942)
9. CAT Max to Rosalind (15 September 1942)
10. *Come, Tell Me How You Live* (1946; 2015 edition) p. 13
11. CAT Max to Agatha (29 July 1930)
12. Eames (2004; 2005 edition) pp. 247–8
13. NT 119087.57.7。關於綠徑屋庭院的文章，附註釋。Audrey Le Lievre, published in Hortus (Spring, 1993)
14. CAT Agatha to Max (26 August 1943)
15. CAT Agatha to Max (15 December 1942)
16. Cooper (1989; 2013 edition) p. 103
17. EUL MS 99/1/1942 Cork to Agatha (21 September 1942)
18. CAT Agatha to Max (22 November 1942)
19. CAT Max to Agatha (15 June 1942)
20. CAT Agatha to Max (27 October 1942)
21. CAT Max to Rosalind (7 December 1941)
22. CAT Max to Rosalind (15 September 1942)
23. CAT Agatha to Max (31 August 1942)
24. EUL MS 99/1/1942 Agatha to Cork (4 October 1942)
25. CAT Max to Agatha (20 September 1942)
26. CAT Max to Agatha (16 October 1943)
27. *Coventry Evening Telegraph* (22 April 1942)
28. EUL MS 99/1/1941 Cork to Ober (3, 31 January 1941)
29. CAT Agatha to Max (15 May 1943)
30. CAT Agatha to Max (27 October 1942)
31. CAT Agatha to Max (17 October 1942)
32. CAT Max to Agatha (20 September 1942)

33. CAT Max to Agatha (12 January 1943)
34. CAT Max to Agatha (20 September 1942)
35. CAT Agatha to Max (7 March 1945)
36. CAT Agatha to Max (6 May 1944)
37. CAT Max to Rosalind (17 June 1943)
38. CAT Max to Rosalind (15 October 1943)
39. CAT Agatha to Max (19 May 1943)
40. CAT Agatha to Max (8 August 1943)
41. GH Agatha to Georgina Herrmann (8 February, late 1960s)
42. CAT Agatha to Max (22 September 1943)
43. CAT Max to Agatha (16 October 1943)
44. CAT Max to Rosalind (15 October 1943)
45. Quoted in Thompson (2007; 2008 edition) p. 341

第 29 章　人生相當複雜

1. CAT Agatha to Max (12 October 1943)
2. CAT Agatha to Max (20 October 1943)
3. CAT Agatha to Max (16 December 1943)
4. *Sparkling Cyanide* (1945)
5. CAT Agatha to Max (26 August 1943); CAT Agatha to Max (undated, 1945)
6. CAT Max to Agatha (22 March 1943)
7. CAT Max to Agatha (3 March 1943)
8. CAT Agatha to Max (20 February 1944)
9. CAT Agatha to Max (1 October 1943)
10. CAT Agatha to Max (30 October 1943)
11. CAT Agatha to Max (20 October 1943)
12. CAT Agatha to Max (27 March 1943)
13. CAT Agatha to Max (22 November 1942)
14. CAT Agatha to Max (12 March 1943)
15. CAT Agatha to Max (19 May 1943)
16. CAT Agatha to Max (12 March 1943)
17. CAT Stephen Glanville to Agatha (18 November 1943)
18. CAT Stephen Glanville to Agatha (9 March 1943)
19. CAT Agatha to Max (22 November 1942)
20. CAT Max to Agatha (16 October 1943)

21. Curran (2009; 2010 edition) p. 167
22. Trümpler (1999; 2001 edition) pp. 351; 362–5
23. Mallowan (1977; 2021 edition) p. 172
24. Thompson (2007; 2008 edition) p. 331
25. Trümpler (1999; 2001 edition) p. 28
26. Rosalind Hicks in *The Times* (8 September 1990) p. 65
27. Mallowan (1977; 2021 edition) p. 173
28. CAT Agatha to Max (9 January 1944)
29. CAT Agatha to Max (2 August 1944)
30. CAT Agatha to Max (9 April 1944)
31. Claire Langhamer, *The English In Love: The Intimate Story of an Emotional Revolution* (2013)
32. *Five Little Pigs* (1942)
33. Howarth (2019) p. xxxiv
34. CAT Agatha to Max (1 July 1944)
35. CAT Agatha to Max (9 January 1944)
36. CAT Agatha to Max (2 March 1944)
37. CAT Agatha to Max (9 June 1944)
38. CAT Agatha to Max (23 July 1944)
39. CAT Agatha to Max (28 April 1944)
40. Mathew Prichard in Underwood, ed., (1990) p. 65
41. CAT Agatha to Max (25 May 1944)
42. EUL MS 99/1/1947/1 Agatha to Cork (11 January 1947)
43. CAT Agatha to Max (25 August 1944)
44. CAT Agatha to Max (31 August 1944)
45. CAT Agatha to Max (13 October 1944)
46. CAT Agatha to Max (31 August 1944)
47. CAT Agatha to Max (6 October 1944)
48. McCall (2001) p. 148
49. EUL MS 99/1/1951 Agatha to Cork (14 February 1951)
50. CAT Agatha to Max (2 November 1944)
51. EUL MS 99/1/1944 Cork to Ober (22 February 1944)
52. EUL MS 99/1/1944 Agatha to Cork (19 December 1944)
53. CAT Agatha to Max (16 December 1944)
54. Norman (2014) p. 91

第 30 章 瑪莉・魏斯麥珂特著

1. EUL MS 99/1/1942 Agatha to Cork (21 February 1942)
2. EUL MS 99/1/1944 Agatha to Cork (11 October 1944)
3. CAT Max to Agatha (12 January 1943)
4. CAT Agatha to Max (14 April 1943)
5. CAT Agatha to Max (20 February 1944)
6. Quoted in Cade (1998; 2011 edition) pp. 276–7
7. Mallowan (1977; 2021 edition) p. 195
8. Curran (2011) p. 191
9. *The Hollow* (1946)
10. EUL MS 99/1/1940 Agatha to Sydney Horler, copy (16 November 1940)
11. Wyndham (1966)
12. *An Autobiography*, p. 499
13. *Absent in the Spring* (1944)
14. Green (2015; 2018 edition) p. 430
15. Quoted in Green (2015; 2018 edition) p. 431
16. Martin Fido, *The World of Agatha Christie* (1999) p. 94
17. Jeff rey Feinmann, *The Mysterious World of Agatha Christie* (1975)
18. Dorothy B. Hughes, 'The Christie Nobody Knew', in Bloom et al, (1992; 2002 edition) p. 20
19. Rosalind Hicks in Underwood, ed. (1990) p. 51
20. EUL MS 99/1/1947/1 Agatha to Cork (10 April 1947)
21. EUL MS 99/1/1949 Agatha to Cork (13 March 1949)
22. EUL MS 99/1/1970/2 Agatha to Yasuo Suto (undated, 1970)
23. EUL MS 99/1/1952 Cork to Ober (18 January 1952)
24. Gill (1990) p. 151
25. *Giant's Bread* (1930)

第 31 章 浩大昂貴的夢想

1. CAT Agatha to Max (1 July 1944)
2. *A Daughter's a Daughter* (1952)
3. *The Hollow* (1946)
4. ons.gov.uk, 英國女性就業年度百分比。
5. Viola Klein and Alva Myrdal, *Women's Two Roles* (1956) pp. 1–28

6. NT 123881 former Coast Guard to Agatha (16 September 1970)
7. NT 123882 former Coast Guard to Agatha (10 October 1970)
8. Recollections of Tessa Tattershall collected by the National Trust
9. NT 122918.3 R.J. Knapton & Son, builders and contractors, to Agatha (28 July 1945)
10. EUL MS 99/1/1951 Agatha to Mrs MacPherson (undated)
11. EUL MS 99/1/1952 Cork to Agatha (25 April 1952); Macaskill (2009; 2014 edition) p. 51
12. EUL MS 99/1/1958/2 Hughes Massie Agency employee to Dorothy Olding (12 December 1958); 99/1/1962/1 Hughes Massie Agency employee to Harold Ober Associates employee (21 February 1962)
13. Sunday Dispatch (30 August 1959) p. 8
14. NT 123690 Inventory and Valuation of Greenway (12 October 1942) p. 21
15. Bernstein (1969)
16. Morgan (1984; 2017 edition) p. 200
17. EUL MS 99/1/1950 Agatha to Cork (17 August 1950)
18. GH Agatha to Georgina Herrmann (12 June, late 1960s)
19. Morgan (1984; 2017 edition) p. 245
20. Saunders (1972) p. 109
21. Mathew Prichard in Underwood (1990) p. 66
22. Saunders (1972) p. 116
23. *Sparkling Cyanide* (1945)
24. *The Times* (8 November 1949)
25. CAT Rosalind to Agatha (23 October 1949)
26. Mallowan (1977; 2021 edition) p. 202
27. CAT Rosalind to Agatha (23 October 1949)
28. Mathew Prichard, personal conversation (27 July 2021)
29. Mallowan (1977; 2021 edition) p. 202
30. Quoted in Robyns (1978; 1979 edition) p. 294
31. CAT Agatha to Rosalind (undated)

第 32 章　巴格達風雲

1. CAT Agatha to Max (undated, January or February 1944)
2. UCLL 考古研究所所長致學術教務長的信 (3 February 1947)
3. McCall (2001) p. 155
4. EUL MS 99/1/1950 Cork to Agatha (2 March 1950)
5. CAT Max to Rosalind (5 May 1947)

6. Matthew Sturgis, 'The century makers: 1931', Telegraph (5 July 2003)
7. Quoted in Robyns (1978; 1979 edition) p. 148
8. CAT Max to Rosalind (5 May 1947)
9. Eleanor Robson, 'Remnants of empire: views of Kalhu in 1950', oracc.museum. upenn.edu (2016)
10. M.E.L. Mallowan, 'The Excavations at Nimrud (Kalhu), 1951', *Iraq* 14, no. 1 (1952) pp. 1–23; 1
11. Quoted in McCall (2001) pp. 158–9
12. CAT Agatha to Rosalind (7 January, n.y.)
13. McCall (2001) pp. 194; 162
14. Georgina Herrmann, personal conversation (18 January 2022)
15. Quoted in Curran (2011) p. 264
16. CAT Max to Agatha (17 February 1943)
17. Suh (2016) pp. 63–66
18. Mallowan (1977; 2021 edition) p. 248
19. Trümpler (1999; 2001 edition) p. 52
20. Mallowan (1977; 2021 edition) p. 248
21. Oates, in Trümpler, ed. (1999; 2001 edition) p. 215
22. Donald Wiseman in Underwood, ed. (1990) p. 62
23. Mallowan (1977; 2010 edition) p. 290
24. EUL MS 99/1/1953/1 Cork to Harold Ober (6 February 1953)
25. Donald Wiseman in Underwood, ed. (1990) p. 62
26. Joan Oates quoted in Thompson (2007; 2008 edition) p. 420
27. Dr Paul Collins, personal conversation (27 April 2021)
28. Robson (2016)
29. Donald Wiseman in Underwood, ed. (1990) p. 62
30. Joan Oates quoted in Thompson (2007; 2008 edition) p. 420
31. Donald Wiseman in Underwood, ed. (1990) p. 62
32. Joan Oates, 'Agatha Christie, Nimrud and Baghdad', in Trümpler, ed. (1999; 2001 edition) pp. 205–228; p. 211
33. Donald Wiseman in Underwood, ed. (1990) p. 61
34. Mallowan (1977; 2010 edition) p. 290
35. Quoted in McCall (2001) p. 174
36. Mallowan (1977; 2021 edition) pp. 237, 233
37. McCall (2001) p. 176

38. Quoted in Thompson (2007; 2008 edition) p. 417
39. Trümpler (1999; 2001 edition) p. 161
40. https://www.bbc.co.uk/news/world-middle-east-37992394
41. Eames (2004; 2005 edition) p. 330. 影片 58 秒之處可見探險隊營舍被炸毀。https://www.bbc.co.uk/news/world-middle-east-37992394
42. Eleanor Robson, 'Old habits die hard: Writing the excavation and dispersal history of Nimrud', *Museum History Journal* (vol. 10, 2017) pp. 217–232, footnote 52
43. Sabine Scharnagl, *Agatha Christie in the Middle East*. 二〇二一年九月十二日，該紀錄片在國際阿嘉莎克莉絲蒂節首映，地點是托基博物館。

第 33 章　戰後的克莉絲蒂樂園

1. *A Murder Is Announced* (1950)
2. Humble (2001) pp. 103, 107
3. Dennis (1956) p. 98
4. John Mallowan, personal conversation (8 January 2022)
5. Osborne (1982; 2000 edition) p. 272
6. Morgan (1984; 2017 edition) p. 270
7. EUL MS 99/1/1962/1 Olding to Cork (25 April 1962)
8. EUL MS 99/1/1964/2 Sara Jane Beal to Dodd, Mead (23 April 1964)
9. EUL MS 99/1/1964/2 employee of Hughes Massie to Sarajane Beal (9 June 1964)
10. Arnold (1987) p. 279
11. EUL MS 99/1/1949 James Wise to Raymond Bond (21 January 1949)
12. EUL MS 99/1/1947/1 Ober to Cork (6 February 1947)
13. Gill (1990) p. 161
14. *An Autobiography*, p. 192
15. EUL MS 99/1/1953/1 Cork to Ober (25 February 1953)
16. Quoted by Frelin in Keating, ed., (1977) pp. 13–24, p. 19; Osborne (1982; 2000 edition) p. 277
17. 'Agatha's last mystery – her fortune', *Chicago Tribune* (26 January 1976)
18. Wyndham (1966)
19. Agatha talk on BBC Radio Light Programme (13 February 1955)
20. EUL MS 99/1/1949 Agatha to Cork (13 March 1949)
21. Curran (2011) p. 24
22. Curran (2009; 2010 edition) p. 44
23. ibid., pp. 99–101

24. ibid., p. 74
25. Rowse (1980; 1986 edition) p. 74
26. CAT Agatha to Max (10 October 1931)
27. CAT Agatha to Max (13, 16 and 26 October 1931)
28. Curran (2011) p. 139
29. ibid., pp. 25, 335
30. Notebook 36 quoted in Curran (2011) p. 355
31. Mathew Prichard in Underwood (1990) p. 66
32. Rosalind Hicks in *The Times* (8 September 1990) p. 65
33. EUL MS 99/1/1947/1 Agatha to Cork (7 February 1947)
34. EUL MS 99/1/1952 (undated draft blurb)
35. Robyns (1978; 1979 edition) p. 25

第 34 章　正廳前座區第二排

1. *Daily Mail* (14 April 1958). 在《阿嘉莎・克莉絲蒂自傳》裡，阿嘉莎把第一千場演出派對跟一九六二年的十週年派對搞混。想來合理，彼得・桑德斯確實愛辦派對。
2. Peter Saunders, *The Mousetrap Man* (1972) pp. 7–8
3. *Daily Mail* (14 April 1958)
4. CAT Agatha to Max (31 January 1945)
5. Saunders (1972) p. 9
6. *Daily Mail* (14 April 1958)
7. John Bull, ed., *The Dictionary of Literary Biography volume on British and Irish Dramatists Since World War II* (2001) pp. 281, 98
8. Green (2015; 2018 edition) p. 1
9. CAT 'Confessions' (15 October 1897); Green (2015; 2018 edition) p. 7
10. *Daily Express* (16 May 1928)
11. EUL MS 99/1/1940 Agatha to Edmund Cork (15 January 1940)
12. Agatha talk on BBC Radio Light Programme (13 February 1955)
13. Light (1991; 2013 edition) pp. 96–7
14. EUL MS 99/1/1942 Agatha to Cork (17 September 1942)
15. Green (2015; 2018 edition) p. 165
16. CAT Agatha to Max (17 November 1943)
17. Peter Haining in Underwood, ed. (1990) p. 71
18. Aldridge (2016) p. 308 clarifi es the usual version of this story
19. Saunders (1972) p. 106

20. Gregg (1980) pp. 50–1, 19, 32, 37, opposite p. 80; quoted in Green (2015; 2018 edition) p. 266
21. Green (2015; 2018 edition) pp. 305, 320
22. Saunders (1972) p. 141
23. EUL MS 99/1/1952 Agatha to Cork (3 February 1952)
24. *Daily Express* quoted in Green (2015; 2018 edition) p. 367
25. Saunders (1972) p. 143
26. 《控方證人》導演露西．貝利的話，出自《衛報》（二〇一八年十一月二十八日。）
27. Quoted in Green (2015; 2018 edition) p. 318
28. CAT Agatha to Max (3 January 1945)
29. Quoted in Hack (2009) p. 215

第 35 章　迷人的老太太

1. Dennis (1956) pp. 88–9
2. EUL MS 99/1/1966/2 letter from Cork (31 January 1966)
3. EUL MS 99/1/1957/1 Cork to Rosalind (22 February 1957)
4. EUL MS 99/1/1940 Agatha to Edmund Cork (15 January 1940)
5. EUL MS 99/1/1960/1 Agatha to Cork (6 June 1960)
6. Philip Ziegler, personal conversation (16 November 2021)
7. Wyndham (1966)
8. EUL MS 99/1/1971/1 Cork to Mrs Arthur F. Chuttle (22 June 1971)
9. Philip Ziegler, personal conversation (16 November 2021)
10. Joseph G. Harrison, 'Agatha Christie's life – less interesting than her novels', *Christian Science Monitor* (1 December 1977)
11. Quoted in Robyns (1978; 1979 edition) p. 31
12. CAT Agatha to Max (23 October 1931)
13. Gill (1990) p. 212
14. EUL MS 99/1/1957/1 Cork to Rosalind (27 June 1957)
15. EUL MS 99/1/1950 Agatha to Cork (8 September 1950)
16. EUL MS 99/1/1953/1 Agatha to Cork (12 February 1953)
17. Quoted in Robyns (1978; 1979 edition) p. 190
18. Robyns (1978; 1979 edition) p. 270
19. CAT 科克寫給歐丁的信的副本。(6 October 1966) (原始信件在 EUL)
20. Rowse (1980; 1986 edition) pp. 84, 73
21. Quoted in Robyns (1978; 1979 edition) p. 192

22. Gregg (1980) p. 161
23. Margaret Lockwood interviewed in *Reynolds News* (17 January 1954) quoted in Green (2015; 2018 edition) p. 403
24. Quoted in Thompson (2007; 2008 edition) p. 483
25. Mallowan (1977; 2021 edition) p. 201
26. Susan Pedersen and Joanna Biggs, 'No, I'm not getting married!' *London Review of Books Conversations* podcast (9 June 2020)

第 36 章　克莉絲蒂財產之謎

1. Aldridge (2016) pp. 27–8
2. ibid., pp. 82–91
3. EUL MS 99/1/1955/1 Cork to Ober (8 September 1955)
4. Green (2015; 2018 edition) pp. 391–2
5. EUL MS 99/1/1960/1 Agatha to Cork (20 January 1960)
6. *Daily Mail* (12 March 1960)
7. EUL MS 99/1/1960/3 Cork to Rosalind (26 February 1960)
8. EUL MS 99/1/1961/1 Agatha to Cork (18 August 1961)
9. EUL MS/99/1/1961/3 Cork to Rosalind (11 January 1961)
10. EUL MS 99/1/1961/1 Agatha to Cork (17 September 1961)
11. Aldridge (2016) p. 150
12. Quoted in Aldridge (2016) p. 150
13. EUL MS 99/1/1964/1 Agatha to Pat Cork (18 March 1964)
14. EUL MS 99/1/1964/2 Agatha to Larry Bachmann (11 April 1964)
15. Quoted in Underwood (1990) p. 40
16. Quoted in Hack (2009) p. 213
17. Mathew Prichard in Underwood, ed. (1990) p. 68
18. EUL MS 99/1/1964/5 Rosalind to Cork (25 March 1964)
19. Wyndham (1966)
20. 彼得・謝登寫給《星期日泰晤士報》的信（一九七四年十一月十七日）並感謝馬克・奧爾德里奇。
21. Gregg (1980) p. 16
22. Dennis (1956) pp. 88–9
23. EUL MS 99/1/1949 Cork to Ober (20 January 1949)
24. EUL MS 99/1/1951 Agatha to Cork (16 April 1951)
25. EUL MS 99/1/1945 Cork to Ober (15 June 1945)

26. Osborne (1982; 2000 edition) p. 296
27. EUL MS 99/1/1947/1 'liability for income tax . . . 1930–1944'
28. EUL MS 99/1/1948 Norman Dixon to Cork (17 September 1948)
29. EUL MS 99/1/1948 Cork or Ober (30 September 1948)
30. EUL MS 99/1/1950 Inspector of Taxes to Hughes Massie (27 January 1950)
31. EUL MS 99/1/1948 Agatha to Cork (30 August 1948)
32. EUL MS 99/1/1950 Agatha to Cork (16 February 1950)
33. Adam Sisman, John le Carré (2015) pp. 271–2; EUL MS 99/1/1953/2 Hicks to Cork (19 December 1954)
34. Lycett (1995) p. 277
35. EUL MS 99/1/1955/1 Agatha to Cork (19 February 1955)
36. CAT Agatha to Rosalind and Anthony (20 February 1956)
37. EUL MS 99/1/1956/1 Agatha to Cork (8 January 1956)
38. EUL MS 99/1/1956/3 Rosalind to Cork (2 June 1956)
39. EUL MS 99/1/1958/2 Rosalind to Cork (5 December 1958)
40. Mathew Prichard, personal conversation (5 January 2022)
41. 珍妮特・摩根在二〇一七年發表的〈Christie Dame Agatha Mary Clarissa〉（*Oxford Dictionary of National Biography*）對此有清楚的摘要。
42. EUL MS 99/1/1966/2 Agatha to Cork (29 March 1966)

第 37 章　奇特的一群人

1. EUL MS 99/1/1960/1 Agatha to Cork (16 September 1960)
2. CAT Agatha to Max from Greenway (27 October 1942)
3. *The Sittaford Mystery* (1931)
4. EUL MS 99/1/1960/1 Agatha to Cork (11 January 1960)
5. Eames (2004; 2005 edition) pp. 86–7
6. EUL MS 99/1/1962/2 Agatha to Cork (undated, but September 1960)（歸檔錯誤）
7. Ritchie Calder (1976)
8. 他在未出版的回憶錄也說了同樣的話。Janet Morgan, personal conversation (3 January 2022)
9. CAT Agatha to Max (undated, probably autumn 1930)
10. Edmund Crispin quoted in Keating, ed., (1977) p. 45
11. Saunders (1972) p. 109
12. Sabine Scharnagl's documentary *Agatha Christie in the Middle East* (2021)
13. CAT 'In the Service of a Great Lady, the Queen of Crime', typescript by George Gowler, pp. 5, 16

14. NT 121991, list slipped into book in Clara Miller's book of 'receipts for Agatha'
15. Recollections of Dixie Griggs collected by the National Trust
16. Light (1991; 2013 edition) pp. 79–82
17. McCall (2001) p. 165
18. EUL MS 99/1/1961/1 Cork to Olding (29 August 1961)
19. Ollard, ed., (2003) p. 438
20. EUL MS 99/1/1968/2 Agatha to Cork (18 October 1968)
21. Ellen McAdam, personal conversation (8 April 2021)
22. CAT Agatha to Rosalind and Anthony (20 February 1956)
23. Programme for the Agatha Christie conference at Solent University, Southampton (5–6 September 2019) Emma Shackle's abstract, p. 9
24. Georgina Herrmann, personal conversation (18 January 2022)
25. Mathew Prichard in Underwood, ed. (1990) p. 65
26. Rowse (1980; 1986 edition) p. 77
27. Rosalind Hicks in *The Times* (8 September 1990) p. 66
28. CAT Archie to Rosalind (24 October 1958)
29. Quoted in Cade (1998; 2011 edition) p. 257
30. Rosalind Hicks quoted in Thompson (2007; 2008 edition) pp. 410–11
31. Mathew Prichard, personal conversation (5 January 1922)
32. 'Maj-Gen Campbell Christie', *The Times* (22 June 1963)
33. Marguerite Tarrant, 'Mathew Prichard', *People* (10 April 1978)
34. Underwood (1990) p. 42
35. Rowse (1980; 1986 edition) p. 89
36. Philip Ziegler, personal conversation (16 November 2021)
37. CAT 'In the Service of a Great Lady, the Queen of Crime', typescript by George Gowler, p. 4
38. George Gowler quoted in 'Devon cream', Daily Telegraph (7 October 1993)
39. CAT 'In the Service of a Great Lady, the Queen of Crime', typescript by George Gowler, pp. 16–22
40. Morgan (1984; 2017 edition) p. 239; EUL MS 991/1/1945 Agatha to Cork (18 January 1945)
41. Faye Stewart, 'Of red herrings and lavender: reading crime and identity in queer detective fi ction', *Clues: A Journal of Detection*, vol. 27.2 (2009) pp. 33–44
42. Green (2015; 2018 edition) p. 306
43. Curran (2009; 2010 edition) p. 179
44. *A Murder Is Announced* (1950)

45. Tina Hodgkinson, 'Disability and Ableism'. 在南安普頓阿嘉莎・克莉絲蒂會議發表的論文（5-6 Sep 2019）
46. Mathew Prichard in conversation (28 July 2021)

第 38 章　女偵探

1. Mallowan (1977; 2021 edition) p. 227
2. Wyndham (1966)
3. 'The Affair at the Bungalow' in *The Thirteen Problems* (1932) p. 261
4. CAT Dorothy L. Sayers to Agatha (17 December 1930)
5. Wyndham (1966)
6. Keating (2017) pp. 327, 425
7. *The Body in the Library* (1942)
8. Margery Fry, *The Single Woman* (1953) pp. 31–3, quoted in Howarth (2019) p. 154
9. Keating (2017)
10. CAT notebook 27
11. Gill (1990) p. 201
12. *A Murder Is Announced* (1950)
13. Gill (1990) p. 208
14. Thompson (2007; 2008 edition) p. 373
15. *The Mousetrap* (1954) p. 19
16. Gill (1990) p. 203
17. *A Caribbean Mystery* (1964)

第 39 章　該下台的時刻

1. EUL MS 99/1/1960/1 Olding to Cork (6 July 1960)
2. Wyndham (1966)
3. Curran (2011) p. 350
4. Franks (1970) p. 5
5. Curran (2011) p. 375
6. CAT notebook 3, 'Notes on Passenger to Frankfurt', p. 30
7. Osborne (1982; 2000 edition) pp. 340, 42
8. EUL MS 99/1/1970/2 Olding to Cork (30 June 1970)
9. *New York Times* (13 December 1970)
10. EUL MS 99/1/1971/1 Cork to Agatha (2 August 1971)
11. Macaskill (2009; 2014 edition) p. 73

12. EUL MS 99/1/1965/2 Olding to Hughes Massie employee (29 March 1965)
13. EUL MS 99/1/1971/1 Cork to Agatha (2 August 1971)
14. CAT Agatha to Rosalind (July 1971)
15. CAT Rosalind to Agatha (20 July 1971)
16. EUL MS 99/1/1966/2 Agatha to Cork (31 December 1966)
17. Ian Lancashire and Graeme Hirst, 'Vocabulary Changes in Agatha Christie's Mysteries as an Indication of Dementia: A Case Study', *19th Annual Rotman Research Institute Conference, Cognitive Aging: Research and Practice* (2009)
18. Ian Lancashire quoted in Alison Flood, 'Study Claims Agatha Christie had Alzheimers', *Guardian* (3 April 2009)

第 40 章 冬溪屋

1. 'Scheme for Torquay fl ats gets approval', Herald Express (1 October 1960); 'An appeal against planning refusal', *Torbay Express and South Devon Echo* (3 November 1962)
2. Macaskill (2009; 2014 edition) p. 42
3. *An Autobiography*, p. 531
4. CAT Agatha to Max (24 December 1943)
5. Bernstein (1969)
6. CAT Agatha to Billy Collins (28 October 1970)
7. Morgan (1984; 2017 edition) p. 365
8. CAT notebook 28, 14 pages from the back
9. NT 123654 Reginald Campbell Thompson to Max Mallowan (14 June, n.y. probably 1934)
10. Ollard, ed. (2003) p. 437
11. NT 119087.57.7, typescript history of Greenway
12. CAT. 書迷來信的幾個例子。
13. Michael Mortimer, personal conversation (12 January 2022)
14. 在策展人茱蒂・杜伊（Judy Dewey）用心之下，沃陵福博物館檔案庫收藏了許多阿嘉莎在當地生活的資訊。15. Mallowan (1977; 2021 edition) p. 293
16. CAT Max to Rosalind (15 October 1943)
17. McCall (2001) p. 191
18. Davis (2008) p. 136
19. CAT family photograph album
20. Morgan (1984; 2017 edition) p. 368
21. EUL MS 99/1/1966/2 Agatha to Cork (29 March 1966)
22. *Sun* (16 June 1971)

23. EUL MS 99/1/1971/1 Cork to Ober's agency (21 June 1971)
24. EUL MS 99/1/1971/1 Max to Cork (24 June 1971)
25. CAT Agatha to Rosalind (summer 1971)
26. EUL MS 99/1/1973/1 Olding to Cork (27 July 1973)
27. Curran (2011) p. 407
28. Quoted in Curran (2009; 2010 edition) p. 68
29. CAT Mountbatten of Burma to Agatha (8 November 1972)
30. Aldridge (2016) p. 174
31. Underwood (1990) p. 41
32. Richard Goodwin, personal conversation (22 May 2021)
33. Underwood (1990) p. 41
34. *The Times* (11 February 1975)
35. Richard Goodwin, personal conversation (22 May 2021)
36. Mallowan (1977; 2021 edition) p. 215
37. *Guardian* (9 October 1975)
38. EUL MS 99/1/1975/1 Max to Cork (31 July 1975)
39. Mallowan (1977; 2020 edition) p. 311; GH Max to Georgina Herrmann (29 January 1976)
40. Morgan (1984; 2017 edition) p. 376
41. 'Agatha Christie buried after closed funeral', *Hartford Courant* (17 January 1976)
42. Mathew Prichard in Underwood, ed. (1990) p. 69
43. GH Max to Georgina Herrmann (29 January 1976)
44. 'Remembrance', reproduced in Agatha's *Star Over Bethlehem and other stories* (2014 edition) p. 191
45. CAT Agatha to Rosalind (undated, July 1971)
46. CAT Agatha to Max (undated, 1930)
47. *The Mirror Crack'd from Side to Side* (1962)
48. Henrietta McCall, personal conversation (7 May 2021)
49. Cade (1998; 2011 edition) p. 280; McCall (2001) p. 193
50. Max to Agatha (22 December 1943)
51. GH Max to Georgina Herrmann (29 January 1976)
52. CAT Agatha to Max (20 October 1943)
53. CAT Max to Agatha (25 February 1945)
54. CAT Agatha to Rosalind (summer 1971)
55. CAT Max to Agatha (9 September 1936)
56. Quoted in Thompson (2007; 2008 edition) p. 453

57. NT Max Mallowan certified copy of an entry pursuant to the Births and Deaths Registration Act 1953
58. McCall (2001) p. 196
59. CAT Agatha to Max (21 May 1930)

第 41 章　葬禮之後

1. Nicholas de Jongh, 'Agatha Christie remains unsolved', *Guardian* (13 January 1976)
2. Mary Shepperston, 'The Turbulent Life of the British School of Archaeology in Iraq', *Guardian* (17 July 2018)
3. Ellen McAdam, personal conservation (8 April 2021)
4. Shepperston (2018)
5. Sabine Scharnagl's documentary, *Agatha Christie in the Middle East* (2021)
6. 'Prolifi c Author's Fortune Gone', *Los Angeles Times* (2 May 1976)
7. Osborne (1982; 2000 edition) p. 368
8. Robyns (1978; 1979 edition) p. 271
9. Green (2015; 2018 edition) p. 15
10. *The Times* (4 June 1998)
11. Tarrant (1978)
12. Henrietta McCall, personal conversation (7 May 2021)
13. Macaskill (2009; 2014 edition) p. 107
14. NT 119087.1 Anthony Steen MP to Rosalind Hicks (12 January 2000)
15. Hawthorne (2009) p. 18
16. Quoted in Macaskill (2009; 2014 edition) p. 125
17. Bearnes Hampton & Littlewood auction report (12 September 2006)
18. https://www.irishtimes.com/life-and-style/homes-and-property/fine-artantiques/agatha-christie-and-the-mystery-diamonds-1.1898074
19. James Prichard, personal conversation (4 May 2021)
20. CAT Agatha to Dorothy Claybourne (21 October 1970)
21. Tarrant (1978); *Liverpool Echo* (13 March 1990) p 8
22. Mathew Prichard, personal conversation (5 January 2022)
23. Robyns (1978; 1979 edition) p. 120
24. Letter to *The Times* (14 October 1977)
25. Cade (1998; 2011 edition) p. 131
26. Angus Calder, *Gods, Men and Mongrels* (2004) p. 2
27. Beth Gillin, 'Dame Agatha herself is still a big mystery', *Chicago Tribune* (11 January 1991)

28. Gill (1990) p. 2
29. Light (1991; 2013 edition) p. 61
30. Margaret Lockwood quoted in Green (2015; 2018 edition) p. 403
31. *Come, Tell Me How You Live* (1946) p. 2

阿嘉莎・克莉絲蒂出版作品年表

1920 史岱爾莊謀殺案（*The Mysterious Affair at Styles*）
1922 隱身魔鬼（*The Secret Adversary*）
1923 高爾夫球場命案（*Murder on the Links*）
1924 褐衣男子（*The Man in the Brown Suit*）
1924 白羅出擊（*Poirot Investigates*）
1925 煙囪的秘密（*The Secret of Chimneys*）
1926 羅傑・艾克洛命案（*The Murder of Roger Ackroyd*）
1927 四大天王（*The Big Four*）
1928 藍色列車之謎（*The Mystery Of The Blue Train*）
1929 七鐘面（*The Seven Dials Mystery*）
1929 鴛鴦神探（*Partners in Crime*）

1930 謎樣的鬼豔先生（*The Mysterious Mr. Quin*）
1930 牧師公館謀殺案（*The Murder at the Vicarage*）
1931 西塔佛秘案（*The Sittaford Mystery*）
1932 危機四伏（*Peril at End House*）
1932 13 個難題（*The Tuesday Club Murders*）
1933 十三人的晚宴（*Thirteen at Dinner*）
1933 死亡之犬（*The Hound of Death and Other Stories*）
1934 東方快車謀殺案（*Murder on the Orient Express*）
1934 李斯特岱奇案（*The Listerdale Mystery and Other Stories*）
1934 為甚麼不找伊文斯？（*Why Didn't They Ask Evans?*）
1934 帕克潘調查簿（*Parker Pyne Investigates*）
1934 三幕悲劇（*Three Act Tragedy*）
1935 謀殺在雲端（*Death in the Air*）
1936 ABC 謀殺案（*The A.B.C. Murders*）
1936 美索不達米亞驚魂（*Murder in Mesopotamia*）
1936 底牌（*Cards on the Table*）
1937 死無對證（*Dumb Witness*）
1937 尼羅河謀殺案（*Death on the Nile*）
1937 巴石立花園街謀殺案（*Dean Man's Mirror*）
1938 死亡約會（*Appointment with Death*）
1938 白羅的聖誕假期（*Hercule Poirot's Christmas*）
1939 殺人不難（*Easy to Kill*）
1939 一個都不留（*And Then There Were None*）

1940 絲柏的哀歌（*Sad Cypress*）
1940 一，二，縫好鞋釦（*One, Two, Buckle My Shoe*）
1941 豔陽下的謀殺案（*Evil Under the Sun*）
1941 密碼（*N or M?*）
1942 藏書室的陌生人（*The Body in the Library*）
1942 幕後黑手（*The Moving Finger*）
1942 五隻小豬之歌（*Five Little Pigs*）
1944 本末倒置（*Towards Zero*）

1944 死亡終有時（*Death Comes As the End*）
1945 魂縈舊恨（*Remembered Death*）
1946 池邊的幻影（*The Hollow*）
1947 赫丘勒的十二道任務（*The Labours of Hercules*）
1948 順水推舟（*Taken at the Flood*）
1949 畸屋（*Crooked House*）

1950 謀殺啟事（*A Murder is Announced*）
1950 捕鼠器（*Three Blind Mice and Other Stories*）
1951 巴格達風雲（*They Came to Baghdad*）
1952 麥金堤太太之死（*Mrs. McGinty's Dead*）
1952 殺手魔術（*They Do It with Mirrors*）
1953 葬禮變奏曲（*Funerals Are Fatal*）
1953 黑麥滿口袋（*A Pocket Full of Rye*）
1954 未知的旅途（*Destination Unknown*）
1955 國際學舍謀殺案（*Hickory Dickory Dock*）
1956 弄假成真（*Dead Man's Folly*）
1957 殺人一瞬間（*4.50 from Paddington*）
1958 無辜者的試煉（*Ordeal by Innocence*）
1959 鴿群裡的貓（*Cat Among the Pigeons*）

1960 哪個聖誕布丁（*The Adventure of the Christmas Pudding*）
1961 白馬酒館（*The Pale Horse*）
1962 破鏡謀殺案（*The Mirror Crack'd*）
1963 怪鐘（*The Clocks*）
1964 加勒比海疑雲（*A Caribbean Mystery*）
1965 柏翠門旅館（*At Bertram's Hotel*）
1966 第三個單身女郎（*Third Girl*）
1967 無盡的夜（*Endless Night*）
1968 顫刺的預兆（*By The Pricking Of My Thumbs*）
1969 萬聖節派對（*Hallowe'en Party*）
1970 法蘭克福機場怪客（*Passenger to Frankfurt*）
1971 復仇女神（*Nemesis*）
1972 問大象去吧（*Elephants Can Remember*）
1973 死亡暗道（*Postern of Fate*）
1974 白羅的初期探案（*Poirot's Early Cases*）
1975 謝幕（*Curtain*）
1976 死亡不長眠（*Sleeping Murder*）
1979 瑪波小姐的完結篇（*Miss Marple's Final Cases and Two Other Stories*）

1991 情牽波倫沙（*Problem at Pollensa Bay*）
1997 殘光夜影（*While the Lights Last and Other Stories*）

以筆名瑪莉・魏斯麥珂特所著浪漫愛情小說：

1930 撒旦的情歌（*Giant's Bread*）
1934 未完成的肖像（*Unfinished Portrait*）
1944 幸福假面（*Absent in the Spring*）
1948 玫瑰與紫杉（*The Rose and the Yew Tree*）
1952 母親的女兒（*A Daughter's a Daughter*）
1956 愛的重量（*The Burden*）

以筆名阿嘉莎・克莉斯蒂寫的其他作品：

1924 夢之路（*The Road of Dreams*）
1973 詩（*Poems*）
1977 克莉絲蒂自傳（*An Autobiography*）

以筆名阿嘉莎・克莉斯蒂・馬洛溫所著作品：

1946 情牽敘利亞（*Come, Tell Me How You Live*）
1965 星光閃耀伯利恆（*Star Over Bethlehem*）

New Black 027

阿嘉莎・克莉絲蒂：謀殺天后與她的未解之謎

Agatha Christie: An Elusive Woman

作　　者　露西・沃斯利（Lucy Worsley）
譯　　者　李佳純、薄文承

總 編 輯　簡欣彥
副總編輯　簡伯儒
責任編輯　梁燕樵
行銷企劃　曾羽彤
封面設計　萬勝安
內頁排版　新鑫電腦排版工作室

出　　版　堡壘文化有限公司
發　　行　遠足文化事業股份有限公司（讀書共和國出版集團）
地　　址　231 新北市新店區民權路 108-3 號 8 樓
電　　話　02-22181417
E m a i l　service@bookrep.com.tw
網　　址　http://www.bookrep.com.tw
法律顧問　華洋法律事務所　蘇文生律師
印　　製　韋懋實業有限公司
初版 1 刷　2024 年 3 月
定　　價　630 元
ISBN　978-626-7375-58-7
EISBN　9786267375600 (EPUB)
　　　　9786267375594 (PDF)

國家圖書館出版品預行編目資料

阿嘉莎・克莉絲蒂：謀殺天后與她的未解之謎／露西・沃斯利（Lucy Worsley）著 . 李佳純、薄文承譯 – 初版 . – 新北市 : 堡壘文化有限公司出版 : 遠足文化事業股份有限公司發行 , 2024.03
　面；　公分 . --（New black；27）
譯自：Agatha Christie
ISBN 978-626-7375-58-7（平裝）
1. CST: 克莉絲蒂 (Christie, Agatha, 1890-1976)　2. CST: 女作家
3. CST: 傳記　4. CST: 英國

784.18　　113000954